KB253886

설교로 못다한 이야기들 ②

양승복 목사 著

설교로 못다한 이야기들 ❷

초판 인쇄 2007년 01월 05일
초판 발행 2007년 01월 10일

지은이   양승복
발행인   이명수
발행처   도서출판 세줄(등록번호 2-4000)
         서울시 중구 인현동 1가 111-6
         ☎ 02)2265-3749
총 판   생명의샘 ☎ 02)419-1415 FAX. 419-1452

ISBN 978-89-92211-06-2 03230
판 권 ⓒ 양승복 2007

값 10,000 원

설교로
못다한
이야기들 ②

추천사 1

　한국 교회는 짧은 기간에 세계 기독교 역사상 유례가 없는 놀라운 교회 성장을 이루었습니다. 그에 따라 다방면에서 기독교의 영향력이 우리 한국 사회에 미쳤습니다. 그러나 이같은 성장 속에서 가장 아쉬운 것은 많은 목회자의 설교나 수필 그리고 교회 역사에 관한 기록들이 너무 빈약하다는 것입니다.

　칼빈의 종교개혁의 불길이 그의 사후에도 그리고 지금까지 지속될 수 있었던 원인 가운데 하나는 그가 남긴 《기독교강요》와 그의 수많은 작품 때문입니다. 결국 칼빈의 저서들이 당시의 세상과 교회를 바꾸어 놓은 것입니다. 만약에 그가 글을 남기지 않았다면 종교개혁의 불길이 후세에 전달되지 못하고 중단되었을지도 모릅니다. 그만큼 글은 위대한 힘을 가지고 있습니다.

　우리 속담에 '호랑이는 죽어서 가죽을 남기고 사람은 이름을 남긴다'고 했습니다. 그러나 목회자는 글을 남겨야 한다고 생각합니다. 가령 목회를 한다면 교회를 목양하면서 겪게 되는 여러 가지 체험을 기록으로 남길 경우 훌륭한 신앙고백록이 될 수도 있습니다. 때로 말로는 표현 못하는 목회자의 마음을 글을 통해서 교우들에게 전달할 수도 있을 것입니다. 주보에 실리는 목회자의 수필을 통해 지역주민에게 커다란 영향력을 미쳐서 부흥한 교회도 있습니다.

　이번에 양승복 목사님이 목회를 하시면서 기록을 남긴 칼럼들을 모아 책으로 발간하였습니다. 글이 갖는 위대한 힘을 생각한다면 목회를 하면서 겪는 체험, 느낌, 깨달음 등을 세월 속으로 흘려보내서는 안 된다고 생각합니다. 더구나 양승복 목사님은 한 교회에서 오랫동안 목회를 하시면서 교회와 관련된 모든 사항을 기록으로 남기셨습니다.

　일찍이 컴퓨터를 익히셔서 설교도 컴퓨터를 이용하셔서 전산화하셨고, 이번에 발간되는 칼럼집도 그런 작업을 통해 연대순으로 정리하여 활자화한 것입니다.

부디 이 글을 접하는 많은 분들이 책을 읽는 즐거움을 가지시기를 바랍니다. 설교가 줄 수 없는 은은한 인생의 향기와 삶의 여유가 이 책에는 담겨 있습니다. 독자들이 저자와 함께 잠시 이런 여유를 가지시기 바랍니다.

더운 여름날 많은 사람들에게 그늘을 제공해 주는 큰 나무는 하루 아침에 그렇게 되지 않습니다. 오랜 세월 가뭄과 태풍을 견뎌낸 인내가 큰 나무를 만든 것입니다. 불혹의 나이에 이 책을 내신 양승복 목사님은 그런 인생 과정을 겪으신 분입니다. 독자들께서는 큰 나무 그늘이 주는 편안함과 시원함을 이 책을 통해서 느끼실 것입니다.

전 총신대학교 총장 정 성 구

추천사 2

설교는 기독교의 예배 및 어떤 집회 시에도 중요 핵심이라는 것은 재론할 여지가 없습니다. 본래 설교의 본질은 성경, 곧 하나님의 말씀을 선포하여 가르치고 권하고 위로하고 축복도 하며 바른 진리의 길로 인도하려는 데 있으므로 매우 중요합니다. 그런데 '설교'라는 틀은 그 기법상 비본질적인 요소로 문제점을 맞게 되는 때가 종종 있습니다. 왜냐하면 설교는 특수한 경우가 아니고는 통상적으로 교회의 집회시간인 한두 시간 내에 이뤄져야 하기 때문입니다.

예배는 설교뿐만 아니라 묵상과 기도, 찬미, 봉헌과 간증, 성례 등 여러 순서들을 포함합니다. 그러다 보니 예배의 설교 틀은 시행상 시간적으로 충분한 해명과 내용을 다 전하지 못하는 어려움에 직면하게 됩니다. 요즘 어느 교회에서 설교자가 여러 시간 길게 설교를 계속한다면 그 설교자는 설교 내용상 잘잘못은 고사하고 듣는 자의 저항으로 어려움에 직면하게 될 것임은 익히 독자들께서도 짐작할 것입니다.

그러므로 설교를 듣는 자, 받는 자 편에서도 상고하고 감지해야 할 점이 많다는 말씀입니다. 즉 설교만으로는 기법상, 시간상 할 말을 다 할 수도 없고 또 완전하고 충분히 다 할 수도 없는 것이 설교라는 말씀입니다. 그런고로 설교로 못다한 사연들이 무수히 많다는 것이 분명한 사실로 입증되고 있습니다.

이때 양산(良山) 양승복 목사의 《설교로 못다한 이야기들 2》가 출간되었다는 것은 지극히 심대한 의의가 있다고 평하며, 경의와 축하의 심정을 금할 길 없습니다. 제1편도 교계가 엄청난 평가를 내린 것으로 알고 있습니다. 이번에 제2편 원문을 읽어보니 그 심도 높은 내용과 넓은 시야에 감동적 공감대를 불러일으켜서 경의와 축하의 심정으로 이렇게 추천사를 쓰게 되었습니다.

본서를 탐독하고 비유하여 말하자면, 햇빛 밝은 날 어느 때 하얀 뭉게 구름 한 덩어리가 하늘 높이 지나가고, 땅에는 그 구름 그림자가 지나갈 때 저자는 '넓은 들녘에 그늘이 들었네! 그런데 왜 그늘이 들었을까? 아하, 그것은 구름이 하늘에 떠서 그렇지! 그럼 구름 지나간다고 다 그늘 지나? 그렇지! 그것은 구름 위에 해가 있기 때문이지. 그럼 해 위에는 뭐가 있을까? 그야 하나님이시지! 그래, 바로 그것이야. 모두 다 하나님의 창조하신 솜씨로다!' 하는 식으로 집필되었음을 여러 곳에서 느끼게 됩니다.

다시 말하자면 본서는 하나님의 말씀을 근거로 했으나 설교라는 외형 틀 대신 글로 지상의 사물이나 사건을 거론하고 왜 인간 세상에 이런 일이 생겼는지 형이하학적 사고로 유도하면서 궁극적으로는 형이상학적인 결언을 유도하는 것이 본 저서의 특징입니다. 이는 실로 한국 기독교 문학사회에 신선한 충격이라 평하고 소개하지 않을 수 없습니다. 이름만이 거창한 설교집이 아닌 '금그릇 속에 흙덩어리가 들은 것이 아니라, 질그릇 속에 금덩어리가 들었다' 고나 비유할까요?

본 저서는 단순히 세상 이야기를 쓴 것 같은데 내용의 주 핵심은 하나님의 말씀과 하나님의 섭리를 배경으르 삼았기 때문에 독자들도 "그래, 그렇지! 그러니까 그런 것이야!" 공감하면서 하나님께 "할렐루야 아멘!"을 고백하리라 확신하며 양승복 목사의 본 저서를 추천하는 바입니다. 본 저서를 읽는 자들과 깨닫는 자들에게 복되시기를 기원하면서 추천사를 대신하고자 합니다.

2006년 12월 20일 비블리컬 학장
BIBLICAL 신학대학원 대학원장 신학박사 Joseph Lomusio

인 사 말

하나님 감사합니다. ≪설교로 못다한 이야기들 2≫를 발간케 됨을 먼저 하나님에게 감사드립니다. 이 책이 나오기까지 음으로 양으로 수고하신 분들이 있습니다. 바로 새길교회 당회와 모든 교인들의 수고입니다. 그리고 출판사와 교정을 보아주신 김미정 씨를 비롯하여 추천사를 써주신 분들과 출간의 모든 과정에서 수고하신 분들에게 하나님의 아름다운 축복이 함께 하시기를 기원합니다.

요즘 세간에는 많은 책들이 출간됩니다. 만화를 비롯하여 교과서, 전문서적, 영화의 대본이나 극본 같은 것들이 홍수같이 쏟아져 나오는 시대가 바로 오늘의 시대이며, 교계도 예외는 아닐 성싶습니다. 수많은 설교집, 칼럼집, 신학서적 등이 다양하게 출간되는데 전문가도 아닌 아마추어가 내는 책에 얼마나 관심을 가져줄까 하는 걱정을 하게 됩니다.

이 책을 출간하면서 얼마나 많은 사람들에게 읽히느냐보다는 극소수라 하더라도 읽는 사람들에게 얼마나 유익을 줄 수 있을 것인가를 고민해봅니다. 독후감을 쓸 때 공연히 시간만 낭비하였다고 한다면 유감스러운 일이나 그렇지 않다면 그나마 다행이지 싶습니다. 또한 누구든지 한 번 읽어보면 좋겠다고 하는 후문이 들렸으면 합니다. 많이 읽히는 이야기는 재미가 있어야 하고, 유명인의 전문서적이 아닌 이상 많이 읽히는 것은 감히 엄두도 못 낼 일이지만 읽는 사람들에게 참으로 영적인 양식이 되었으면 하는 마음 간절합니다.

성경에 보면 다음과 같은 이야기가 있습니다.

> 불의로 치부하는 자는 자고새가 낳지 아니한 알을 품음과 같아서 중년에 그것이 떠나겠고 마침내 어리석은 자가 되리라. (렘 17:11)

이 말은 자고새는 자기가 낳지 않은 알을 어렵게 부화시켜 기르지만 새끼들이 성장하면 제 갈길로 뿔뿔이 흩어진다는 이야기입니다. 우리나라 속담에도 이와 비슷한 이야기가 있습니다. 즉 뻐꾸기는 둥지를 만들지 않고 주변을 살펴다가 임시 어버이 새가 산란을 시작하면 알을 한 개 빼내고 자기의 알을 둥지 속에 낳는다고 합니다. 새끼가 부화하면 어미 뻐꾸기는 아직 부화하지 않은 임시 어버이 새의 알을 등에 하나씩 업고 둥지 밖으로 떨어뜨린 후 자기 새끼가 임시 어버이 새의 먹이를 받아먹게 합니다. 이윽고 새끼 뻐꾸기가 임시 어버이 새보다 몇 배 크게 자라면 둥지를 훨훨 날아가 버립니다.

이때 새끼를 낳아 기른 새의 입장에서는 헛수고만 한 것 같지만 남의 새를 키운 것을 헛된 삶으로 보아서는 안 될 것입니다. 어미새 자신은 허탈감에 빠지고 공연히 헛된 일을 하였다고 한(恨)할는지 모르나 누군가가 키워야 하는 것을 대신 하였다는 보람도 있을 것입니다. 둥지를 훨훨 날아가는 모습을 바라보는 어미새는 참으로 보람을 느끼고 대견함을 느낄 수도 있습니다. 그동안의 수고가 헛되지 않아 잘했다 싶은 감정도 있을 것입니다. 나 역시 이 책을 출간하면서 나의 헛된 모든 것을 낭비하였다 하더라도 한 생명을 키워낸 보람을 갖고 싶었습니다.

이 책을 대하는 사람들이 진정으로 많은 교훈을 얻고 인생의 노정기(路程記)에 영의 양식으로 받아들여 삶의 질을 높이는 유익이 있기를 바라면서 인사말을 대신합니다.

2006년 12월 25일
양산(良山) 양승복 목사

목 차

제1부
부르심에 충실한 이웃

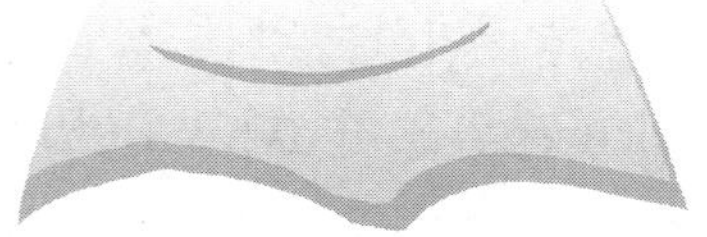

제 2 부

주님이 기억하는 이웃

제3부

믿음을 통한 기적

제 1 부

부르심에 충실한 이웃

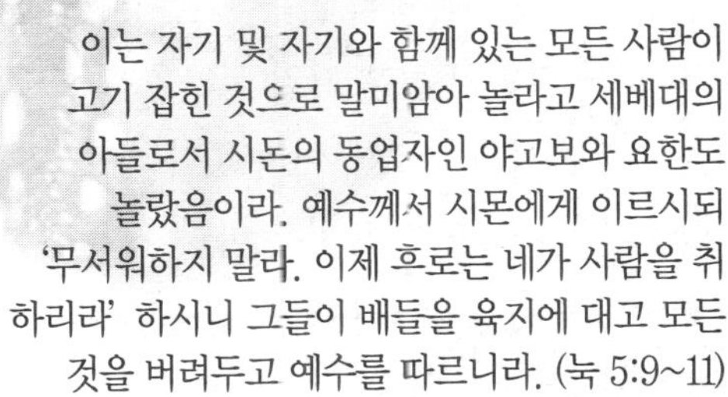

이는 자기 및 자기와 함께 있는 모든 사람이
고기 잡힌 것으로 말미암아 놀라고 세베대의
아들로서 시몬의 동업자인 야고보와 요한도
놀랐음이라. 예수께서 시몬에게 이르시되
'무서워하지 말라. 이제 후로는 네가 사람을 취
하리라' 하시니 그들이 배들을 육지에 대고 모든
것을 버려두고 예수를 따르니라. (눅 5:9~11)

참된 행복의 길
The truly happy -Well Bing- road

　과연 우리는 지금 행복한가? 어쩌면 생활에 찌들려 행복을 못 느끼며 원치 않는 일을 하면서 그날그날을 견뎌가는 것은 아닌지, 즐겁기는커녕 삶의 질곡 속에서 헤어나지 못해 불행한 처지에 놓여 있다고 비관하는 것은 아닌지 돌이켜볼 일이다.

　행복은 모든 것이 다 갖추어졌을 때 느끼는 것이라고 흔히 생각한다. 그러나 이 세상을 살아가는 사람 가운데 누가 과연 모든 것을 다 갖추어 행복할 수 있단 말인가. 인생의 경험에서 보면 행복이란 고난 후에야 느끼는 것이다. 즉 우물이 마른 뒤에야 물의 귀중함을 알게 되고 병을 앓아봐야 건강의 소중함을 알게 되며, 실직자가 되어봐야 직업의 귀중함을 깨닫고 난리를 겪어본 사람이라야 평화의 가치를 알게 되듯이 무릇 행복이란 어려움을 겪고 고생한 후에야 비로소 알 수 있다. 이처럼 행복이란 현실에서는 깨달을 수 없고 고난을 겪은 훗날에 가서야 '지난날 나는 참으로 행복하였다' 는 것을 깨닫게 된다. 그러나 현실에서 나는 참으로 행복하다고 느끼는 것이 진정으로 성경이 말하는 행복인가는 훗날에 가서 판단해야 할 것이다. 당시에는 참으로 행복하다고 느꼈던 일들이 훗날 가서는 후회스럽고 잘못된 것임을 발견할 때도 있기 때문이다. 그러므로 행복을 느끼고 살아가기란 상당히 어려운 감이 있다.

　그런 면에서 행복은 은행의 많은 예금이나 엄청난 부동산을 소유하고 남들이 부러워하리만치 높은 지위에 있을 때 느낄 수 있는 것이 아니다. 비록 이러한 것들이 모두 갖추어져 있다 해도 불행을 느끼는 경우가 있음은 지금까지의 경험이 가르치는 바이다. 뿐만 아니라 소유가 없고 권력이 없고 세상 사람들이 행복의 조건으로 여기는 것들이 전혀 없다 하더라도 불행치 않음을 알아야 한다. 모든 것을 갖추어도 행복하지 않은 반면, 아무런 행복의 조건을 갖추지 못했다 하더라도 행복할 수 있다.

세상의 행복은 육적(肉的)인 것이 아니라 영적(靈的)인 것임을 알아야 한다. 다시 말해 정신적인 것이지 육체적인 것이 아님을 알아야 한다. 과연 어떤 정신적인 요소가 채워져야 행복하다고 할 수 있을까? 행복이 소유에 있다면 그 소유가 얼마나 값비싼 가치가 있는지 알아봐야 할 것이다. 이 세상에서 제일 값비싼 가치는 무엇일까? 이를 소유한 사람이면 참으로 행복할 것이다. 예수님은 다음과 같이 말씀하셨다.

> 사람이 온 세상을 다 얻는다 해도 제 목숨을 잃거나 망해버린다면 무슨 이익이 있겠느냐. (눅 9:25)

결국 사람들은 생명에 최고의 가치가 있다고 믿는다. 그렇다면 생명 있는 모든 사람은 다 행복할 수 있을까? 이런 생각은 남다른 행복을 느끼고자 하는 사람들에게는 치명적이다. 나의 생명은 죄를 졌기에 사망은 결국 죗값이라고 했다. 세상 사람들의 생명이 죽음을 전제로 한 생명이라면 세상 생명이 아닌 다른 생명, 즉 영원을 보장받은 생명을 소유한 이는 진정 행복한 사람일 것이다.

믿음으로 영원한 생명을 받은 우리는 참으로 행복한 사람이다. 그럼에도 불구하고 행복을 느끼지 못하고 세상 사람들과 같이 세상 소유에서 행복을 찾는다면 이는 잘못된 신앙이다. 그러므로 신앙인은 영원한 생명을 받은 일을 생각하여 행복감을 느끼며 살아가야 한다. 믿음으로 얻어지는 영원한 생명이라면 믿음에 대한 가치를 주어 믿음을 귀하고 소중하게 생각할 수 있어야 하며 믿음 생활을 잘해야 할 것이다. 믿음 하나를 위하여 앞서간 선진들은 자기 생명을 헌신짝처럼 버리는 순교를 감수하기도 했다. 다시 말해 예수가 나의 구주라는 믿음을 위하여 최선을 다하는 성도가 되어야 할 것이다. 에스더는 유대 민족과 하나님과의 언약을 믿음으로써 '죽으면 죽으리라' 는 믿음으로 승리하게 되었다. 이 같은 신앙의 성품이 마침내 유대민족을 구원한 것이다. *Ω*

문전성시를 이룬 세도가(勢道家)
having a constant stream of callers

'정승 집 개가 죽으면 문전성시(門前成市)를 이루고 정작 정승이 죽으면 찾아오는 사람이 없다' 는 속담이 있다. 평범한 사람들이 생각하기에는 이해하기 어려운 속담이다.

사람이 죽으면 많은 사람이 찾아와야 하고 개가 죽으면 찾아오는 사람이 없어야 한다. 또한 정승이면 그 사회의 저명인사요, 국가의 녹을 먹고 살아가는 세도가 사람이다. 그렇다면 그의 공로와 업적을 애도하기 위해서라도 찾아가야 할 텐데, 찾는 사람이 없다면 아무래도 잘못된 사회 같다. 그러나 문제는 그 사람, 즉 정승이 죽었다고 하는 데 있다. 그 사람이 죽었다는 것은 그 사람이 가지고 있던 권세가 사라졌다는 의미이다. 즉 그가 가진 권력의 영향력이 없어졌다는 말이다. 그러므로 '정승이 죽은 장례 집에는 찾는 사람이 없다' 는 것이다.

요즘 들어 인기가 고조되고 있는 정치인이 있다. 모 야당 정당의 총재이다. 신문지상에 보도된 것을 보니 이번 설날에 엄청나게 많은 사람이 그의 집을 찾는 바람에 문전성시를 이루었다고 한다. 발 디딜 틈이 없으리만치 많은 사람이 찾았다고 한다. 하루에 천여 명씩 찾았다고 한다. 야당 인사는 물론이고 연예계와 체육계 인사 등 각계각층의 사람들이 찾았다는 것이다. 그러나 여당의 총재에게는 아무도 찾아오지 않았다고 한다. 지금의 실세는 여당이므로 현 정국을 잡고 있는 정당 총재의 집을 찾아가야 하는 것이 당연하지 않을까?

야당 당수의 집이 문전성시를 이룬다는 것은 아무래도 잘못된 감이 있다. 그러나 여기에는 그럴 만한 이유가 있다. 이들이 문전성시를 이룬 표면상의 이유는 인사차 간 것이라고 하지만 속내는 따로 있다. 훗날 한 자리를 차지할 수 있을까 해서 찾아간 것이다. 그의 인기가 상승되고 여론이 그에게 유리하게 돌아가니까 어떤 흑심을 품고 찾아간 것이다. 세상 인심이 이런 것임을 감안하면 참으로 한심하기 그지없다.

이를 신앙 면에서 봐도 엄청난 잘못이다. 살아 계신 하나님은 인간의 생사화복(生事禍福)을 주장하시는 분이다. 한자리 하는 것도, 정치적 야욕을 채우는 것도 인간이 아니라 살아 계신 하나님이 결정하실 일이다. 그렇다면 이 하나님에 대해서 관심을 가져야 하지 않을까? 즉 하나님의 집이 문전성시를 이루어야 한다.

지난 12월 31일 0시에 교회에서 송구영신(送舊迎新) 예배를 드렸다. 그럼에도 불구하고 우리 교회에는 정치인들이 없고, 있다 하더라도 저들은 신앙이 없기 때문에 찾지 않았다고 할 수 있지만 믿는다고 하는 사람들마저도 찾지 않아 교회가 썰렁했던 것을 생각하면 가슴 칠 일이다. 더욱이 중직을 맡은 사람들과 신앙에 내로라하는 사람들도 예배에 불참한 것을 생각하면 하나님이 얼마나 마음 아파하실까 하는 생각을 가져 본다. 세상 사람들은 한자리를 얻고자 하는 속내를 가지고 정치인의 집을 찾아가 문전성시를 이루는데 하나님의 집이 썰렁한 것을 생각한다면 신앙인들은 대오각성(大悟覺醒)해야 할 일이다.

성경에 나오는 요셉은 팔려온 노예 신분이다. 그는 애굽에서 감히 한자리를 할 수 없는 노예 출신이다. 애굽에는 기라성 같은 정객들도 있고 내로라하는 정치인들도 있다. 이런 상황이라 요셉은 누구에게도 명함을 내밀 수 없지만, 그를 애굽의 총리로 오르게 하신 이는 살아 계신 하나님이시다. 이 같은 사실을 믿는다면 새해 첫날은 하나님의 집이 문전성시를 이루어 하나님께 먼저 인사하는 것이 바람직한 신앙인의 도리일 것이다. 인간 중심, 세상 중심으로 살아가는 인심에 안타까움을 금할 길이 없다. ☪

가난 속에 숨겨진 행복
The hidden happy in the poverty

　마음가짐을 어떻게 가지느냐에 따라 행복을 느끼는 감정도 달라질 것이다. '가난 속에 숨겨진 행복' 이라는 말은 참으로 이해하기 어렵다. 대부분의 평범한 사람들은 가난을 불행의 대명사처럼 생각한다. 그러나 이는 행복을 물질과 소유로부터 찾는 데서 비롯된 오류이다. 무엇인가를 소유해야 행복하다고 생각하기 때문이다. 물질이든 권세든 명예든 학문이든 남들보다 더 많이 소유할 때 남들이 느끼지 못하는 행복을 갖게 된다고 착각하기 때문이다. 이처럼 보통 사람들은 많은 소유가 이웃의 부러움과 존경을 받고 섬김을 받는 것으로 알고 그것을 행복의 목표로 삼고 살아간다.

　그러나 행복이란 스스로 만족하는 데 있다. 우리가 남보다 나은 점에서 행복을 구한다면 영원히 얻지 못할 것이다. 누구든지 남보다 한두 가지 나은 점은 있지만 열 가지 전부가 뛰어날 수는 없기 때문이다. 따라서 행복을 남과 비교하여 찾을 것이 아니라 스스로 만족해야 행복을 느낄 수 있음을 아는 것이 중요하다. 1억의 재산을 가진 자가 2억의 재산을 가진 자를 의식한다면 그는 행복하지 못할 것이다. 항상 위축되고 불안해하고 괴로워할 것은 당연하다. 1억 이상을 소유한 사람이 이 세상에는 얼마나 많은고! 반면에 1억을 만져보지도 못한 사람 역시 많다. 이처럼 1억을 듣도 보도 못한 사람들한테는 1억 가진 사람이 부러움의 대상이지만 그 사람은 2억 가진 사람을 부러워하며 스스로 불행하다고 생각한다. 그래서 항상 불만이 많고 좀 더 갖기 위해 안간힘을 쓰게 된다.

　그렇다면 권세를 가져야만 행복한 것으로 착각할는지 모른다. 우리나라 최고의 권력자인 대통령은 권력으로는 더 이상 기대할 수 없는 정상의 자리이다. 대통령은 자기보다 더 높은 양반이 없다. 그러면 현직 대통령은 참으로 행복할까? 지난번 연두 신년기자 회견에서 몹시 초췌하고 건강이 예전 같지 않은 대통령의 모습을 볼 수 있었다. 들리는 말에 의하면 많은 사람이 청와대로 전화를 걸어 대통령의 건강이 좋지 않냐고 물어보았다고 한다. 남들 눈에도 건강이 좋지 않아 보였다는 것이다. 부러움보다는 동정의 시선으로 대통령을 보았다는 말이기도 하다. 한 나라의 대통령이라면 진정으로 정상에서 행복을 누리며 인생을 살 것만 같지만 그렇지 않다.

바울은 자족의 비결을 우리에게 알려준다. 성경을 보면 깊은 감옥에서 영어의 몸으로 행복감을 느끼며 살아가는 바울이 있다.

> 나는 비천에 처할 줄도 알고 풍부에 처할 줄도 알아 모든 일, 곧 배부름과 배고픔과 풍부와 궁핍에도 처할 줄 아는 일체의 비결을 배웠노라. 내게 능력 주시는 자 안에서 내가 모든 것을 할 수 있느니라. (빌 4:12~13)

우리는 이 말에 귀를 기울여야 한다. 즉 내게 능력 주시는 자 안에서 모든 것을 할 수 있다는 의미이다. 사람들은 흔히 행복해지려면 마음을 비워야 한다고 말한다. 그러나 마음을 비우는 것이 그렇게 쉬운 일은 아니다. 남이 가진 것을 보고 부러워하지 않거나 탐내지 않는 사람은 이 세상에 없다. 인간의 탐심은 그 누구도 인위적으로 다스릴 수 없는 것이다. 있는 바를 족히 여기고 행복을 느낄 수 있는 사람은 진정으로 신적 역사 속에서만 가능하다.

> 노하기를 더디하는 자는 용사보다 낫고 자기의 마음을 다스리는 자는 성을 빼앗는 자보다 나으니라. (잠 16:32)

즉 인간은 어느 누구도 자기감정을 다스릴 수 없다는 의미이다. 자족의 비결을 깨우친 바울은 자신에게 근원을 두지 않고 신앙에 근원을 둔 채 내게 능력 주시는 자 안에서 모든 것을 할 수 있다는 말로서 신앙의 필요성을 강조하고 있다. Ω

비탈길에 조심하자
to care slope

지난 월요일 아침 6시에 일어나 평소처럼 도봉산을 찾았다. 동행한 목사님과 둘이서 도봉산 주차장에 주차를 해놓고 등산을 하는데, 이른 아침이라 날이 어두워서 산을 오르기가 몹시 어려웠다. 한참을 가다보니 어젯밤에 내린 눈이 약 10센티미터나 쌓여 있어 등산에 많은 어려움이 있었다. 조심조심 몸을 움직여 간신히 1야영장 정상에 다다랐다. 그곳에서 걸음을 재촉하여 민초샘까지는 무사히 올라갔다. 만장봉까지 오르는 길은 너무나 미끄러워 걸음을 옮길 때마다 더욱 조심해야 했다. 만장봉 뒤에서 깡통집까지 가는 길목에는 쇠줄을 잡고 내려가는 곳이 있다. 그러나 날이 춥다보니 쇠줄을 쥐면 손이 달라붙어 너무 시렸고 바닥 또한 미끄러워 한 걸음도 내디딜 수가 없었다. 마침 그곳을 지나가는 젊은 사람이 자신이 찼던 아이젠을 풀어주어 무사히 고비를 넘겼다.

그 후 우이암 쪽에 도착하여 이제는 무사히 갈 수 있겠지 하고 아이젠을 풀어 주인에게 돌려주었다. 그리고 나서 내려오는 길에 미끄러워 비탈길에서 무려 20번이나 거듭 넘어졌다. 눈길에 엉덩방아를 찧는 일이라 그리 무리는 가지 않았지만 자주 넘어지다 보니 몸이 아팠다. 뉴턴의 만유인력법칙이 정확히 적용되어 발에서 엉덩이까지 약 50~70센티미터의 높이에서 80킬로그램의 몸무게가 그대로 바닥에 떨어졌으니 얼마나 아팠겠는가.

여기서 고생한 이야기를 장황하게 늘어놓자는 것은 아니다. 중요한 것은 정상에 오를 때까지 한 번도 넘어지지 않았는데 비탈길에서 넘어졌다는 점이다. 곰곰 생각해보니 인생도 신앙생활도 비탈길에서 조심해야 한다는 교훈을 얻을 수 있었다. 사람들 대부분이 높은 곳을 오를 때는 오히려 실수가 없다. 그러나 내리막길이나 비탈길을 내려올 때는 방심하다가 넘어지는 수가 많은 것이다.

예수님께서는 십자가에 매달려 운명할 때 누구를 원망하지 않고 불평하지 않고 오히려 원수들을 위하여 저들이 알지 못하오니 용서하여 달라고 기도를 드렸다. 그렇게 함으로써 그의 인생 마지막 길을 떠날 때 마무리를 잘 지었다. 우편 강도는 인생의 마지막 비탈길에서 주님으로부터 오늘밤 나와 함께 낙원에 있으리라는 말을 들음으로써 마무리 잘한 사람으로 꼽힌다.

도스토예프스키의 《백치》에 나오는 이야기가 있다. 사형대에 오르던 한 사나이가 집행 5분 전 지난날을 후회하며 이렇게 탄식한다.

"내게 재생의 기회가 한 번 더 주어진다면 매순간을 낭비하지 않고 손가락으로 초를 세듯 그렇게 시간을 아끼며 값지게 살 텐데…."

이러한 후회를 남긴 것도 훌륭하지만 그가 신앙으로 회개했더라면 비탈길에 넘어지는 우를 범하지는 않았을 것이다. 사람들은 마지막 마무리를 잘못하여 인생의 오점을 남기는 경우가 많다. 죽음 직전까지도 남을 원망하고 불평하고 한을 품곤 한다. 그러나 망할 바에는 깨끗이 망해야 한다. 사업이나 대인관계에서 비탈길임을 인지할 때 마무리를 잘해야 한다는 뜻이다. 인간 본성을 드러내고 문제를 감정적으로 풀다보면 비탈길에서 넘어지는 과오를 범하게 된다. 내려가는 길목에 어려움이 있음을 알아 넘어지지 않도록 조심하는 지혜를 가져야 한다.

나는 《구약》에 나오는 모르드개를 좋아한다. 그는 신앙적인 차원에서 하만에게 인사하지 않는 바람에 그 자신과 민족 전체가 죽음을 만나게 된다. 이때 모르드개는 비탈길에 서 있는 사람으로서 인간적인 수단과 방법을 동원할 수도 있었지만 모든 것을 포기한다. 그리고 신앙으로 시작한 일이기에 깨끗이 하나님에게 맡기고 금식하며 기도를 올린다. 그러자 하나님에 의해 죽음 직전에 다시 사는 역사가 그와 그의 민족 전체에 임하는 기적을 보게 된다. 즉 모르드개는 인생의 비탈길에서 신앙으로 마무리를 잘한 것이다. 비탈길에서 자신을 내세우지 말고 신앙을 앞세우는 지혜를 갖자. Ω

이웃 속에 숨겨진 행복
The hidden Happy in the neighborhood

　부모는 자녀에게 맛있는 음식이나 좋은 물건을 사주고서 그 먹는 모습과 좋아하는 모습을 볼 때 행복을 느낀다. 자식들의 기쁨은 곧 어버이의 기쁨이기도 하다. 이러한 원리는 부모와 자식 간에만 해당하는 것이 아니라 부부, 형제, 이웃, 심지어 낯선 이국인에게도 느낄 수 있는 공통 원리이다. 이웃에게 관대하면 내 마음도 너그러워지지만, 이웃에게 야속하게 굴면 내 마음 또한 불안하고 괴로워진다. '때린 사람은 다리를 오그리고 자지만 맞은 사람은 다리를 뻗고 잔다' 는 옛말이 있다. 남의 행복을 배척하고 남의 행복 위에 자신의 행복을 세우려는 사람은 결국 그 자신도 행복할 수 없다.

　성경을 보면 아합은 자신의 궁궐 앞에 있는 포도원을 가지고 살아가는 나봇의 재산을 탐낸다. 아합은 자신의 행복을 위해 다른 사람의 재산을 탐내어 먹지도 않고 잠자리에 들지도 못한다. 이 사실을 알게 된 부인으로부터 거짓 증인을 세운 아합은 나봇의 재산을 강탈해버린다. 아합은 결국 남의 것을 빼앗아 자기 것으로 만들었으니 만족하고 행복했을는지 모른다. 그러나 항상 무엇엔가 눌리는 마음이 생겼는데, 이는 주는 자의 행복이 아니라 남의 것을 빼앗은 죄의식 때문이다.

　인간은 서로 협력하도록 되어 있는 존재이기에 남에게 친절하고 남을 위해 봉사하는 것이 내 마음의 평화를 유지하는 길이다. 현대인에게는 이상하게 들릴지 모르지만 행복은 남을 위해 봉사하는 데 있다.

　그 예로 아프리카 원시림의 성자 슈바이처 박사의 이야기를 할까 한다. 스물한 살 되던 해 아름다운 봄날 아침, 그가 아버지의 목사관에서 잠이 깼을 때 문득 머릿속에 떠오른 생각이 있었다고 한다.

　"지금의 행복을 당연하게 받아들여서는 안 된다. 이 행복의 대가로 세상에 뭔가를 줘야 한다."

슈바이처 박사는 30세가 되는 해에 아프리카 선교사로 파견되면서 지금까지 30년간은 나 자신만을 위해 살았으니 앞으로 30년간은 남을 위해 살아보자고 결심했다고 한다. 일상의 삶 속에서 행복을 깨닫는 것도 중요하지만 그 행복을 당연시하지 않고 이웃을 위해 봉사하는 것은 더 훌륭한 일이다. 무릇 세상에서 가장 행복한 사람은 이웃을 위해 내 것을 온전히 내어주는 사람일 것이다.

그때에 임금이 그 오른편에 있는 자들에게 이르시되 '내 아버지께 복 받을 자들이여, 나아와 창세로부터 너희를 위하여 예비된 나라를 상속받으라. 내가 주릴 때에 너희가 먹을 것을 주었고 목마를 때에 마시게 하였고 나그네 되었을 때에 영접하였고 헐벗었을 때에 옷을 입혔고 병들었을 때에 돌보았고 옥에 갇혔을 때에 와서 보았느니라.' 이에 의인들이 대답하여 이르되 '주여, 우리가 어느 때에 주께서 주리신 것을 보고 음식을 대접하였으며 목마르신 것을 보고 마시게 하였나이까? 어느 때에 나그네 되신 것을 보고 영접하였으며 헐벗으신 것을 보고 옷 입혔나이까? 어느 때에 병드신 것이나 옥에 갇히신 것을 보고 가서 뵈었나이까?' 하리니 임금이 대답하여 이르시되 '내가 진실로 너희에게 이르노니, 너희가 여기 내 형제 중에 지극히 작은 자 하나에게 한 것이 곧 내게 한 것이니라' 하시고 또 왼편에 있는 자들에게 이르시되 '저주를 받은 자들아, 나를 떠나 마귀와 그 사자들을 위하여 예비된 영원한 불에 들어가라. 내가 주릴 때에 너희가 먹을 것을 주지 아니하였고 목마를 때에 마시게 하지 아니하였고 나그네 되었을 때에 영접하지 아니하였고 헐벗었을 때에 옷 입히지 아니하였고 병들었을 때와 옥에 갇혔을 때에 돌보지 아니하였느니라' 하시니 그들도 대답하여 이르되 '주여, 우리가 어느 때에 주께서 주리신 것이나 목마르신 것이나 나그네 되신 것이나 헐벗으신 것이나 병드신 것이나 옥에 갇히신 것을 보고 공양하지 아니하더이까?' 하더라. (마 25:34~44)

상급이나 구원을 의식하지 않고 이웃을 위해 살아온 사람들은 이웃 속에서 자신의 삶을 가졌다. 하나님은 이들에게 영원한 행복의 상징인 천국을 상속받으라고 했다. 이웃 속에 숨겨진 행복을 찾아낼 수 있는 헌신의 지혜를 갖자. Ω

'아버지'라 부르는 호칭
a name of the 'FATHER'

갓 결혼한 젊은 부부들은 남편에 대한 호칭이나 아내에 대한 호칭을 제멋대로 부르는 경향이 있다. 주로 '여보, 당신, 자기, 그대' 같은 말들을 쓰지만 특별한 규정이 없기 때문에 편리한 대로 부르려고 한다. 젊은 부부 둘만 있을 때는 별문제가 없으나 시부모가 있다든지 친정 부모와 함께 있을 경우에는 서로를 부르는 호칭에 많은 신경을 써야 한다.

호칭 문제로 어른들에게 한 번쯤 꾸중을 들어보지 않은 신혼부부도 드물 것이다. 물론 시부모님이나 처갓집 장인 장모에게 한 마디씩 들었을 것이다. 시부모님이 돌아가셨다든지 장모 장인이 세상을 떠났을 경우는 예외일 테지만 말이다. 아무튼 부모님이 살아 계실 경우 어른들로부터 으레 한 마디씩 듣는 것은 당연하다. 요즘 젊은이들은 할아버지나 할머니 같은 어른들과 함께 산 경험이 거의 없고 또한 결혼생활에 익숙하지 않아 그런 말을 듣는 것이다.

시부모님과 함께 살게 될 경우에는 호칭 문제가 정말 심각하다. 지금까지 내 부모님에게만 아버지 어머니라고 불러왔는데, 생전 알지도 못하고 듣지도 못한 남편의 부모님에게 '아버님 어머님' 하고 부르는 것도 쉬운 일은 아닐 것이다. 개중에는 차마 '어머님' 소리가 나오지 않아서 고민하는 사람들도 많다. 그래서 때로는 눈짓으로 아니면 "저기…" "이것 할까요?" "저것 할까요?" 하면서 얼버무리며 적당한 호칭을 찾지 못해 고생하는 젊은 새댁들도 많다.

어머님 소리를 듣지 못하는 시어머니 입장에서 볼 때 이 또한 얼마나 서운하실까 하는 생각을 해본다. 그러다가 마침내 어머님 소리를 듣게 되는 날이면 남모르는 기쁨과 보람을 느끼는 시어머니도 있을 것이다. 이제야 진짜 내 자식이 된 것 같아 며느리가 대견하고 자랑스럽게 느껴질 것이다. 용기를 내어 어머님이라고 호칭한 며느리의 경우 좋아하시는 시어머니를 보는 순간, 진작 어머님이라고 부르지 못한 것을 후회할 것이다. 그러나 어머님이라고 부르기까지는 많은 고민과 복잡한 생각에 잠겼을 것이다. 기왕에 같이 사는 것, 친구 부모님한테도 어머님이라고 하는데 내 남편의 부모님에게 못 부를 것이 뭐가 있나 싶어 불러본 것이 시어머니에게 기쁨과 보람을 드리게 된다. 처음 시작이 어렵지 그 후로는 '어머님, 어머님' 하고 자연스럽게 시어머니를 부르게 된다. 더불어 시아버지한테도 '아버님' 소리가 절로 튀어나올 테고, 그 와중에 시집살이하는 재미도 솔솔 붙을 것이다.

신앙생활도 이와 동일하다. 하늘에 계셔서 보이지도 않고 있는지도 확실히 모르는 하나님을 '아버지'로 호칭하기란 허공에 대고 소리치는 격이요, 달 보고 짓는 개와 같다는 생각이 들 것이다. 사람들이 하나님을 '아버지! 아버지!' 하고 부르며 기도하는 것을 보면 천연덕스럽게 여겨지기도 하고, 육신의 아버지처럼 부르는 것이 이상하기도 하고 겸연쩍은 감도 있을 것이다. 그러나 교회를 자주 나오다 보면 하나님을 '아버지' 하고 자연스럽게 부르게 되고, 그것이 부끄럽기는커녕 너무도 당연하다는 생각이 든다. 이 정도 경지에 오르면 상당한 신앙 수준에 이른 것이다. 성경에 다음과 같은 말씀이 있다.

> 그러므로 내가 너희에게 알리노니, 하나님의 영으로 말하는 자는 누구든지 예수를 저주할 자라 하지 아니하고 또 성령으로 아니하고는 누구든지 예수를 주시라 할 수 없느니라. (고전 12:3)

즉 하늘에 계신 하나님을 아버지로 부르는 것은 신의 역사(役事)임을 말하고 있다. 내가 하는 것이 아니라 하나님의 영인 성령에 의하여 아버지라 부르며 하나님과 부자지간을 삼고 산다. 이 같은 일은 인간적인 것이 아니라 신의 기적이다. 이 기쁨 속에 하늘을 향하여 '아버지' 하고 고함쳐 보는 감사가 있어야 할 것이다. ℚ

신앙의 중독자
a faith addict

라틴어로 중독이란 '동의하는 것' '양도하거나 굴복하는 것' 즉 '노예화의 힘'이라 말할 수 있다. 이런 정의는 매우 적절한 듯하다. 요즘 심심찮게 인터넷 중독이란 말이 들려온다. 이것은 인터넷 범죄와는 다르지만 인터넷 범죄를 일으킬 수 있는 원인을 제공하기에 더 큰 문제이다.

중독이란 말은 알코올 중독, 약물 중독, 게임 중독 등으로 광범위하게 사용된다. 중독이란 한두 번 해서 되는 것은 아니다. 오랫동안 한 가지 일만 지속적으로 할 때 나타나는 현상이다. 즉 한두 번 술을 마셔서는 알코올 중독이 되지 않는다. 지속적으로 오랫동안 마실 때 자신도 모르게 술 없이는 살 수 없는 알코올 중독자가 되어버린다. 알코올 중독이 심각한 이유는 중독자 자신은 정작 알코올에 중독된 사실을 모른다는 점이다.

술을 먹는 자들은 ① 근심이나 불안으로부터 도피하고자 하는 욕구, ② 죄책감을 줄이려는 욕구, ③ 자기 환경에서의 지배감이나 권력에 대한 욕구, ④ 고통을 피하려는 욕구, ⑤ 완전한 사람이 되고자 하는 욕구 때문이다. 이들은 완전한 자아의 실현을 추구하고 완전한 인격의 실현을 추구하며 완전한 성취욕의 실현을 추구하지만 이 또한 술의 힘을 빌려서는 절대 이룰 수 없는 것들이기도 하다. 그렇다면 중독의 효과에는 어떤 것들이 있을까? 뭔가에 중독되면 자신의 진실한 감정에서 벗어나 일종의 도피를 꿈꾸게 된다. 중독은 중독자를 완전히 지배(통제)하며 그 지배력은 모든 논리나 이성을 능가한다. 또한 중독은 언제나 쾌감을 목적으로 한다.

결국 중독은 자기 파괴적이고 불건강한 병과 같다. 중독 행동은 다른 어떤 문제보다 우선순위이다. 중독자는 자신의 중독을 부인하지만 어떤 의미에서 모든 중독은 중독의 물질에 온전히 의존하기 마련이다. 그래서 그것이 아니면 안 된다는 식으로 사생결단으로 덤벼들어 그것만 추구하며 살아가게 된다.

중독에는 여러 종류가 있다.

① 흥분시키는 중독(각성과 황홀함을 주는 활동에 중독되는 것 : 아드레날린 분비), ② 진정시키는 중독(미움, 긴장, 불안을 줄여주는 것 : 엔도르핀 분비), ③ 심리적 욕구를 만족시키는 중독, ④ 독특한 식욕을 만족시키거나 특별한 물질 또는 감정에 대한 갈망, 즉 욕구가 중독의 기초가 되는 것(알코올 중독)

이처럼 중독이란 한 가지 일을 지나치게 함으로써 오는 현상이다. 이같은 일들은 상당히 많다. 살기 위해서는 당연히 먹어야 한다. 그러나 너무 많이 먹으면 비만과 식충이가 되는 해악이 있다. 사랑이란 참으로 아름답고 환상적이고 귀한 것이지만 지나치다 보면 많은 부작용이 뒤따른다. 부부가 너무 사랑한 것이 의부증이나 의처증으로 나타나 가정에 불화가 일고 심지어는 가정이 해체되는 사례까지 있음을 주변에서 흔히 보게 된다. 즉 어떤 일에 지나치게 빠져들면 결국 균형을 잃고 심각한 부작용을 가져오게 된다는 것이다. 그러나 어찌 사랑할 대상이 아내와 남편뿐이겠는가? 자식도 있고 이웃도 있고 일가와 친척도 있고 하나님도 있고 직장도 있다. 이 모든 것을 균형 있게 사랑하는 사람이라면 형평성을 잃지 않을 것이며, 병적인 증상도 나타나지 않을 것이다.

신앙생활도 이와 동일하다. 한 가지 일에 치중하다 보면 이단이 되거나 잘못된 신앙인이 될 가능성이 많다. 어떤 성도님은 기도만 중시하고 성경을 멀리 하다가 신비주의로 기울 가능성이 있고, 성경만 좋아하다가 감정이 메말라 결국 바리새적인 신앙인으로 기울 수도 있다. 봉사도 헌신도 충성도 이와 같은 원리를 가진다. 그러므로 나의 신앙이 바로 되었는지, 혹시라도 중독 상태에 빠진 것은 아닌지 한 번쯤 돌아볼 수 있기를 바란다. Ω

신앙의 유익
Benefit of faith

지난 1999년 1월 법조 비리에 연루되어 오명을 쓰고 퇴임한 심재륜(沈在淪) 씨에 대한 국민들의 관심이 부쩍 높아지고 있다. 최고의 특수 수사검사로 신망을 받았던 그는 비리에 연루되었다는 판결에 불복하고 소송을 제기해 면직 처분이 부당하다는 판결을 받아냈다. 그런 그가 복직 5개월 만에 다시금 물러남으로써 또다시 언론의 주목을 받게 된 것이다. 1차 퇴임시 동료 검사들에게서 받은 기념패의 내용을 보면 평소 여자, 안주, 스폰서가 없는 삼무(三無)의 술자리를 만들어준 일에 감사드린다고 씌어 있다. 그는 허름한 술집에서 고추장과 멸치 한 줌에 폭탄주 돌리기를 즐겼다고 한다.

심재륜 씨는 서울지검 특수강력부장, 대검중수부 강력부장을 모두 거치면서 특수 수사의 대가(大家)로 알려졌다. 검사 생활 30여 년 만에 신문 사회면의 톱을 장식한 사건만도 60여 건이나 된다. 퇴임식장에서 심씨는 최고인사권자까지 거명하며 검찰의 문제점을 거침없이 지적한 뒤 물러났다. 특히 검란(檢亂)에 대해서 '정치권력이 검찰권을 간섭해서 벌어진 사건'이라고 딱 잘라 말한 그는 최고인사권자가 그동안 신세를 진 사람을 검찰 요직에 앉히면 그 간부는 또 수족처럼 관리해온 사람들을 등용하는 관행 때문에 게이트가 발생하는 것이고, 게이트의 비리가 발각되지 않게 하려고 비리 속에 숨어 있는 실세들이 사건을 정당하게 수사하려는 검찰에게 압력을 가하기 때문에 어려움이 많다고 퇴임사에서 불편한 속내를 드러냈다. 그는 이러한 퇴임사를 준비하면서도 '죽으면 산다'는 각오로 마음을 다졌다고 한다.

이와 같이 조선일보에 보도된 내용을 읽으면서 심씨가 정말 대단한 사람임을 다시 한 번 실감할 수 있었다. 겉으로 드러나는 행동만 봐도 그는 보통 사람처럼 느껴지지 않는다. 강한 의지력과 결단력이 있고 심지가 곧은 사람임을 알 수 있다. 자신의 장래까지 걸고 하는 용기 있는 발언이라든가 단호한 행동들을 보면 참으로 특별검사답다. 그러나 자신의 발언을 정치권에 반영하기 위해서라든지, 확실한 장래를 보장받기 위해 의도적으로 그런 말과 행동을 한 것이라면 그는 훌륭한 사람이라고 할 수 없다. 그런 일들은 평범한 사람들도 의지만 있으면 얼마든지 할 수 있기 때문이다. 그러나 모든 것을 걸 수 있는 다른 차원의 사상과 믿음을 가지고 한 발언이라면 다시 한 번 평가해볼 문제이다.

여기서 세례 요한을 생각해본다. 그 당시 헤롯 왕은 동생 빌립의 부인을 데리고 살았다. 즉 제수씨를 아내로 삼은 것이다. 이 일로 인해 뒤에서 많은 사람이 수군거렸다. 그러나 그의 도덕성이라든지 비윤리적인 행동 등을 뒤에서만 헐뜯을 뿐 헤롯 왕 면전에 대고 바른말을 하는 사람은 단 한 명도 없었다. 다른 사람들이 차마 말하지 못한 내용들을 퇴임사에서 밝힌 심씨의 행동은 세례 요한이 헤롯 왕 면전에서 충고한 일과 거의 비슷하다. 그러나 세례 요한은 하나님의 말씀을 믿고 의지한 채 용기 있는 말과 행동을 했지만 심씨는 오로지 자신만을 믿고 자신의 의지와 결단력으로 속내를 밝힌 것이므로 요한과는 상당한 거리가 있다. 하나님과 인간과의 차이라고나 할까? 그 결과 요한은 순교자로 등극했으며, 죽었으나 지금도 말하는 사람이다. 반면에 심씨는 자신의 의지와 정신력으로 권력에 도전하고 경고성 발언을 한 것이므로 사회 정화에 헌신했다고는 볼 수 있으나 이에 따른 하나님의 보상은 전혀 없을 것이다.

이 같은 맥락에서 볼 때 나의 배후에서 역사하는 하나님을 믿고 말하고 행동한 것은 하나님이 함께 하시며 축복이 따른다. 그러나 하나님 없이 하는 행동은 무모하다는 평가밖에 받을 수 없다. 설령 사회와 국가 그리고 자신의 명예를 위해 용기 있는 행동을 했다 하더라도 시간이 지나면 그의 공로는 말끔히 지워질 것이다. 그러나 하나님을 믿고 말하고 행동한 사건은 영원한 상급으로 남는다. Ω

덕담의 진가
a true worth of the well-wishing remarks

인간이 사는 세상에는 악담(惡談)과 덕담(德談)이 있다. 다들 악담보다는 덕담을 좋아한다. 그러나 요즘 우리 사회는 덕담보다 악담이 더 유행하는 시대가 아닌가 생각해볼 일이다.

정치적 쟁점이 있을 때 정당 대변인의 발언을 들어보면 악담이 더 기승을 부린다. 비난과 저주를 쏟아붓는 일에 더 많은 관심을 가지며 상대를 헐뜯고 제멋대로 판단하는 잘못을 범하곤 한다. 시위 현장에서 플래카드와 대자보와 붉은 머리띠 위에 씌어 있는 구호 역시 핏발 어린 악담이 대부분이다. 또한 부모가 자녀를 꾸짖을 때도 심한 욕설을 한다. 아이들이 말을 듣지 않아 화가 날 때는 이성을 잃을 정도로 저주스러운 악담을 퍼붓기도 한다. 이 같은 현상들은 마땅히 추방되어야 한다.

신년새해가 된다든지 새해 세배할 때 어른들은 으레 덕담을 한 마디씩 해야 하는 것으로 알고, 자녀들은 부모로부터 덕담을 듣는 것으로 안다. 덕담이 없을 경우 어른의 부재를 의미하며 정감이 없고 삭막한 분위기가 된다. '복 많이 받으세요' '운수 대통하세요' '사업이 잘되기를 바랍니다' 등의 덕담은 참으로 기분 좋은 말들이다.

신앙인의 경우 최선의 덕담은 '하나님의 풍성한 복이 있기를 바랍니다' 이다. 그러나 곰곰 생각해보면 복(福)은 결과이고 덕(德)은 결과를 가져오는 원동력이 된다. 복을 가져오기 위해서는 반드시 덕이 있어야 하고 덕이 있다면 복은 저절로 찾아온다. 열매를 거두기에 앞서 덕이 생활 전반에 깔려 있으면 언젠가는 복을 거두게 될 것이다. 그러나 덕은 인간이 임의대로 쌓을 수 있는 것은 아니다. 어디까지나 신앙을 통해서 얻어지는 것으로, 하나님을 섬기는 자가 갖추어야 할 신앙 인격이 바로 덕이다. 신앙 인격은 풍성한 성령충만(聖靈充滿)으로 이웃사랑의 정신이 함양된 상태이다. 그러므로 입을 열면 선한 말, 좋은 말을 하게 된다.

이어령 이대 명예교수는 다음과 같은 말을 하였다.

"한의사들은 약을 지어주면서 환자어게 희망적인 말을 하는데, 이는 곧 말의 위력을 나타냅니다. '뭐 그리 걱정할 것 없습니다' '곧 나을 것입니다' '그만한 병은 병도 아닙니다' '이 약을 먹으면 당신의 병은 씻은 듯 나을 것입니다' 하는 말을 듣고 많은 환자들은 저절로 치유가 됩니다."

하기야 '이 약을 먹어봤자 아무 소용없을 것입니다' '당신의 병은 무서운 병입니다' 등의 말들은 환자 치료에 아무 효과가 없을 것이다. 의사의 덕담으로 난치병이 치유되는 것을 흔히 일반 은총이라 한다. 얼핏 듣기에 말 되는 소리 같기는 하다. 말대로 되어진다면 얼마나 좋을까? 물론 덕담과는 정반대의 상황이 벌어지는 경우도 있다. 그러나 신앙 면에서 볼 때 세상 말은 생명이 없는 죽은 말이다. 죽은 씨앗을 땅에 묻으면 생명의 역사가 없다.

> 내가 진실로 진실로 너희에게 이르노니, 한 알의 밀이 땅에 떨어져 죽지 아니하면 한 알 그대로 있고 죽으면 많은 열매를 맺느니라. (요 12:24)

여기서 말하는 씨앗은 살아 있는 생명의 씨앗이다. 이처럼 말(言語)도 죽은 말이 있고 생명이 있는 말이 있다. 성경에서의 말은 생명의 말씀인 하나님의 말씀을 의미한다. 그 말의 위력은 참으로 대단하여 말씀 한 마디로 천지를 창조하시며 이 세상을 심판하실 위대한 힘을 가지고 있다. 주님은 바람과 바다를 잔잔케 하는 살아 있는 말씀으로 위력을 보여주기도 한다. 죽어 장례하러 가는 나사로에게 '청년아, 일어나라!' 고 하자, 그 말씀대로 죽은 사람이 일어났다. 죽은 말씀의 위력만 믿고 인생을 살아가는 어리석은 사람이 되어서는 안 된다. 살아 있는 하나님의 말씀으로 덕담을 하면서 살아갈 때 기적이 수반될 것이다. Ω

칭찬하는 지혜
an applause

사람들은 누구나 칭찬 듣기를 바라며 칭찬해주는 사람을 좋아한다. 칭찬을 받으면 없던 용기도 생기고 열등감이 사라져 새로운 인생을 살 수 있다. 알베르트 아인슈타인(Albert Einstein, 1879~1955, 독일)을 모르는 사람은 없을 것이다. 많은 이들은 그를 20세기가 낳은 천재 중의 한 사람이라고 말한다. 그러나 학창 시절의 그를 보면 천재가 될 자격이 하나도 없는 사람이다. 그의 고등학교 생활기록부에는 담임선생님의 날카로운 지적이 생생히 적혀 있다.

"이 학생은 무슨 공부를 해도 성공할 가능성이 없습니다."

이러한 내용이 적힌 성적표를 받아든 아인슈타인의 어머니는 낙담해하는 아들을 오히려 격려하고 칭찬했다고 한다.

"아들아! 너는 다른 아이와 다르단다. 네가 다른 아이와 같다면 결코 천재가 될 수 없지."

아인슈타인의 천재성을 미처 알아보지 못한 담임선생님의 가혹한 평가는 아인슈타인의 어머니에 의해 격려와 칭찬으로 변했고, 이러한 격려와 칭찬에 힘입은 아인슈타인은 하나님이 주신 재능을 발휘할 수 있는 기회를 기다리며 묵묵히 학문에 매진했다. 이 일화는 칭찬과 격려를 많이 받은 사람일수록 자신의 일을 훌륭히 해낸다는 교훈을 준다. 어머니의 칭찬과 격려가 둔재를 천재로 만들 수 있다는 산 증거이기도 하다. 따라서 칭찬하는 일에 인색해서는 안 된다.

물론 아인슈타인이 위대한 천재로 활동할 수 있게 된 것이 칭찬의 힘만은 아니다. 하나님의 섭리하심과 역사하심이 먼저임을 알아야 한다. 어머니의 칭찬은 아들을 천재로 만들기 위해 배정되었던 하나의 역할일 뿐이다. 그러나 칭찬하는 일도 쉽지는 않다. 정말로 못하는 것을 잘했다고 칭찬할 수는 없지 않은가. 칭찬도 제대로 했을 때 빛이 나는 것이지,

잘못된 칭찬은 오히려 나쁜 결과를 가져올 수 있다. 그런 의미에서 칭찬할 때 몇 가지 주의할 점을 알아본다.

첫째, 칭찬은 하나님 앞에서 해야 한다. 칭찬하는 사람 입장에서 과연 칭찬할 만한 것을 칭찬하는지 하나님 앞에서 생각해봐야 한다. 이 세상은 시기심이 가득하여 사촌이 땅을 사도 배가 아프다고 한다. 치열한 경쟁 사회에서는 남을 칭찬하는 일이 그리 수월치 않다. '나 죽고 너 살자'는 사회가 아니기 때문이다. 더구나 남을 칭찬하게 될 경우 어떤 흑심을 품기가 쉽다. 상대방의 호감을 사서 자신의 유익을 추구할 수도 있고 이권 문제가 개입될 수도 있으며 다른 사람을 밟고 서기 위해 칭찬을 이용할 수도 있다. 그러므로 칭찬은 하나님 앞에서 깨끗하고 순수한 동기로 해야 한다.

둘째, 칭찬은 본인이 없는 데서 해야 한다. 세상 속담에 '사람 있는 데서 욕하고 칭찬은 없는 데서 하라'는 말이 있다. 본인이 없는 데서 하는 것이 칭찬의 효과를 더 크게 한다. 듣는 데서 칭찬하면 본인이 듣기에 과장해서 하는 것처럼 느껴져 사람을 이용하려는 것이 아닌가 하는 의혹을 가질 수도 있고, 놀리는 것으로 오해할 수도 있다. 본인이 있는 데서 칭찬하면 좋은 효과를 기대할 수 없으며, 아랫사람이 윗사람을 칭찬할 경우 건방져 보일 수도 있으므로 주의해야 한다.

셋째, 반복된 칭찬은 좋지 않다. 듣기 좋은 콧노래도 세 번 이상 들으면 싫증나기 마련이다. 여러 번 듣다 보면 칭찬도 욕이 될 수 있으므로 남을 칭찬하고자 할 때는 반복하지 말아야 한다.

그렇다면 누가 과연 하나님 앞에서 칭찬을 들을 수 있을까? 한순간에 칭찬을 들을 수는 있지만 장기적으로 또는 인생 전체를 통해 칭찬을 듣는 사람은 거의 없다. 칭찬 듣는 일은 이 세상에서 이미 상을 받은 것이기 때문이다. 다만 하나님 앞에 상급이 되도록 해야 하며, 하나님만을 높이는 성도가 되어야 한다. ☷

말하는 지혜
a talking wisdom

가장 효과적인 화법(話法)은 두 번 듣고 세 번 맞장구 치고 한 번만 말하는 것이다. 즉 여섯 번이나 있는 기회 중에서 한 번만 말하고 모두 들어주어야 한다는 의미이다. 이 말은 훌륭한 회화인(會話人)이 되기보다는 잘 들어주는 경청인(傾聽人)이 되라는 말이기도 하다. 남의 말을 잘 들어줌으로써 상대의 마음을 사로잡을 수 있고 호감도 얻게 된다. 이는 처세술의 기본이기도 하다. 그러나 사람들은 말하기를 좋아한다. 상대방이 말할 때 가로채서 입을 다물게 하는 경우가 있다. 이 같은 사람들을 '남의 말에 쌍지팡이 짚고 나선다' 고 한다. 물론 한두 번은 이해하고 애교로 봐줄 수도 있지만 계속하다 보면 남에게 좋은 인상을 주지 못한다. 나중에는 따돌림을 당하거나 뺨을 맞게 될지도 모른다. 이는 사회생활에서 제로에 해당하는 행동이요, 좋은 대인관계를 기대할 수 없다. 그러므로 남의 말을 잘 들어주는 것은 삶의 지혜요 슬기라 할 수 있다. 남의 말을 잘 들어주면 사람들의 인기를 한 몸에 받게 된다. 또한 사람들의 호감을 얻으며 팬들도 많아 무슨 일을 할 때 큰 힘을 얻을 수 있다.

> 하나님 앞과 살아 있는 자와 죽은 자를 심판하실 그리스도 예수 앞에서 그가 나타나실 것과 그의 나라를 두고 엄히 명하노니 '너는 말씀을 전파하라. 때를 얻든지 못 얻든지 항상 힘쓰라. 범사에 오래 참음과 가르침으로 경책하며 경계하며 권하라' 하였다. (딤후 4:1~2)

성경 속에는 '때를 얻든지 못 얻든지 항상 말하라' 는 말씀도 나온다. 이는 앞에서 예로 든 이야기들과 비교할 때 전혀 다른 차원의 말이다. 상대방의 기분을 고려하지 않고 분위기 파악할 필요도 없이 말을 하라는 것이다. 이는 대인관계 따위는 고려하지 않은 말씀이라 생각된다. 그러나 이것이 하나님의 뜻이다. 즉 사람의 비위를 맞출 필요가 없다는 말이다. 이는 듣게 하는 것이 나의 화술에 있음이 아니라 하나님에게 있음을 의미한다.

〈요한계시록〉에서는 '성령이 교회들에게 하시는 말씀을 들을지어다. 귀 있는 자는 듣는다' 고 하였다. 즉 하나님이 선택한 사람만이 들을 수 있다는 의미이다. 생각해보면 사람에게 인기를 얻어 무엇하랴. 하나님 마음에 합치한 성도가 되어야 할 것은 당연하다.

"사람을 기쁘게 하랴, 하나님을 기쁘게 하랴."

사람을 기쁘게 하는 자는 사람의 종이지만 하나님을 기쁘시게 하는 자는 하나님의 종이라고 했다. 그러므로 하나님 마음에 들도록 열심히 성령을 말하게 하심을 따라 말씀을 전파하는 성도가 되어야겠다. 평범한 사람은 대인관계에서 인기가 있고 호감을 가져 출세를 하고 이권운동도 한다. 반면에 믿음의 사람은 이 모든 것이 하나님에게 기원을 두고 있음을 알아 하나님의 뜻에 따라 행동하고 말하는 것이 신앙인으로서 바람직한 일임을 명심해야 한다.

사람의 눈을 의식하여 이 눈치 저 눈치 보면서 신앙생활을 전혀 하지 못할 때가 있다. 그러나 사람을 보지 않고 분위기 따위는 전혀 고려하지 않고 성령의 인도하심에 따라 말하는 사람만이 하나님과 관계를 맺고 사는 성도일 것이다. 전자의 경우는 세인들의 좌우명이 될 것이지만 하나님을 섬기는 사람은 후자의 것을 선택해야 한다. 당당하게 할 말을 하는 것도 다른 사람에게 좋은 인상을 갖게 할 수 있다. 물론 내가 한 말이 다른 사람에게 어떻게 들릴까 하여 고심할 수도 있다. 그러나 신앙인은 여기에 너무 민감하면 안 된다. 내가 한 말이 상대의 마음을 사로잡을 수 있는지의 여부는 하나님에게 있으므로 성령에 따라 말하는 것만이 나의 몫이다. 남의 말을 너무 듣기만 하면 자신의 의사를 전달할 기회를 잃을 수 있고 무능한 사람으로 비쳐질 수도 있다. 사람을 의식하지 않고 내 마음에 주신 믿음을 따라 말하는 성도가 될 때 하나님의 종으로서 바람직한 태도이다. Ω

영원한 행복
an eternal happy

사람은 누구나 행복을 추구하지만 순간의 행복만 누릴 뿐 영원한 행복은 찾지도 누리지도 못하는 경우가 많다.

우리는 하루하루의 생활 중에서 기쁨이나 놀람 또는 불안을 느끼고 이것저것 잘되는 일도 있지만 실패하거나 실망하는 일도 경험한다. 작은 기쁨과 슬픔은 우리 인생의 길에 잠시 나타났다가 시간과 함께 곧 없어진다. 그러나 우리는 이렇게 지나가거나 없어지는 것의 배후에 깊이 잠재해 있는 것, 결코 지나가지 않는 영원한 것을 지키고 싶어한다. 마치 대도시의 빌딩 숲 속에서 모든 것이 기계화되고 통제되는 가운데 신선한 자연의 공기와 들녘에 작열하는 햇빛을 그리워하듯 피상적인 하루하루의 기쁨과 슬픔 그리고 행복과 불행의 사건을 꿰뚫어 참으로 가치 있는 것을 응시하고 싶어한다. 그 이유는 인간이란 한편으로는 피조물로서 여러 가지 제한성을 체험하면서도 다른 한편으로는 인간적인 욕망의 제한을 받지 않을 뿐더러 보다 고차원적인 생명에로 가고 싶음을 느끼는 존재이기 때문이다.

사람들은 절대적인 안전과 영속적인 사랑과 티 없는 행복을 갈망한다. 인간이 지닌 이중성으로 인해 생기는 내적 갈등을 지닌 채 불안 속에서 살아가고 있음에도 불구하고 우리는 불완전한 행복 속에서 영원하고 참된 행복을 추구한다. 특히 어느 누구에게도 예외가 없는 죽음의 시간이 점점 현실로 다가오기에 아주 행복한 순간에도 깊은 불안과 불만을 느끼게 된다. 좋은 것은 항상 그대로 있어 주기를 원하지만 시간의 흐름에 따라 변해가기 마련이다. 그렇게 시간이 흘러 인생의 황혼기를 맞으면 그동안 행복을 얻기 위해 노력했던 각고의 수고와 선행이 임종의 불안 속에서 과연 어떤 의의를 지니는가 하는 의문이 생기며, 바로 그 순간 인간적 행복의 무상함을 느끼게 된다. 때로는 마음속에 갑자기 큰 구멍이 난 듯 허무함을 느끼기도 한다.

과연 우리는 무엇을 찾고 어디로 향해 가는 것일까? 우리의 삶을 진실되게 하는 삶의 깊은 곳에는 어떠한 기쁨도 없을까?

우리는 참된 행복을 갈망하면서 자신이 지닌 한계를 느끼기도 한다. 그래서 많은 사상가와 성인들은 언젠가는 변화하고 지나가고 사라지는 인간적 행복에 희망을 걸지 않고 영원성을 지닌 절대자에게서 참된 행복을 얻고자 끊임없이 노력해왔다. 그러므로 사람들은 인간의 조건을 초월한 대상, 즉 변화하지 않는 절대자와 일치하려는 지속적인 수행을 통해 영원한 행복을 추구하면서 성인이 되기 위해 애쓰고 있다.

그 예로 도교의 성인인 노자(老子)는 삼라만상의 변화 속에서 변화하지 않는 그 무엇이 있다 생각하고 그 무엇을 도(道)라고 이름 지었다. 모든 것은 도에서 나온 것이며 인간 역시 도에서 나온 것이기에 인간의 최대 행복은 도와 일치하는 것으로, 자신의 근원인 도로 되돌아가는 것이라 말하고 있다. 그는 인간이 행해야 할 도를 통하여 삶의 진정한 행복이 있다고 강조한다. 또한 행함으로써 얻어지는 것은 순간적으로 얻을 수 있으나 영원한 것은 절대 얻어지지 않는다고 말한다.

반면에 하나님은 절대 불변하신 분으로서 그분만이 우리 인간에게 변하지 않고 영원한 행복을 주실 분이시다. 하나님 안에서 영원한 행복을 찾을 수 있는 길을 놓쳐서는 안 된다. 이 같은 복을 누린 사람으로 하박국이 떠오른다.

> 비록 무화과나무가 무성하지 못하며 포도나무에 열매가 없으며 감람나무에 소출이 없으며 밭에 먹을 것이 없으며 우리에 양이 없으며 외양간에 소가 없을지라도 나는 여호와로 말미암아 즐거워하며 나의 구원의 하나님으로 말미암아 기뻐하리로다. (합 3:17~18) Ω

헛된 삶을 살다 간 사람
the empty life

　이스라엘의 3대 왕 솔로몬은 자신이 쓴 ≪전도서≫에서 화려했던 모든 생활이 '헛되다'고 회상했다. 대체 무엇이 헛된 것일까? 그는 해 아래에서 수고했던 모든 일들이 헛되다고 하면서 이는 마치 바람을 잡으려는 어리석음과 같다고 했다. 지식으로 말하면 번민을 많게 하고, 마음을 즐겁게 하여 낙을 누리고자 사업을 하기도 했으며, 집을 크게 짓기도 했으며, 포도원과 과원을 아름답게 꾸미고 연못을 파고 노비를 사기도 했으며, 소떼와 양떼를 키우기도 했다고 한다. 그러나 이들 모두가 헛되다고 했다. 그러고는 마지막으로 인생에서 가장 알차고 보람 있는 일을 경험하고 고백한다.

> 일의 결국을 다 들었으니 하나님을 경외하고 그의 명령들을 지킬지어다. 이것이 모든 사람의 본분이니라. 하나님은 모든 행위와 모든 은밀한 일을 선악 간에 심판하시리라. (전 12:13~14)

　이 말씀은 주님의 이름으로 살아야 할 것을 전하고 있다. 하나님을 경외하고 명령을 지키는 것은 주님의 이름으로 사는 것이다. 여기에 보상이 따르고 하나님의 축복이 따르게 되어 헛되지 않은 인생을 사는 것이다.

　이러한 차원에서 일생을 헛되게 보낸 한 사람을 생각코자 한다.

　2001년 12월 31일 조계종 10대 종정 혜암 승려는 해인사 부속 암자인 원당암 미소굴에서 82세를 일기로 세상을 떠났다. 그는 지난 1945년 일본으로 유학 갔다가 고승들의 어록을 읽고 출가를 결심하여 귀국한 뒤 1946년 절에 들어가 머리를 깎았다. 그러고는 부처의 가르침을 따라 철저한 수행을 다짐하고 경북 문경 봉암사로 들어갔다. 그 후 오대산으로 들어가 물과 잣나무 가루만 먹으면서 참선에 전념하는 등 엄격한 수행을 해왔다.

"나의 몸은 본래 없는 것이요, 마음 또한 머물 바 없도다. 무쇠 소는 달을 물고 달아나고 돌사자는 소리 높여 부르짖도다."

임종에 부르는 노랫소리와 함께 그는 한 많은 이 세상을 떠났다. 혜암 종정은 깨달음을 통한 고행을 강조해온 사람이다. 평생에 걸쳐 일일식(一日一食), 즉 하루에 한 끼니만 먹었고 잠자리에 눕지 않은 채 고행하는 장좌불와(長坐不臥)를 감행했다. 출가한 후로 그는 평생을 이 같은 삶을 살았다고 한다. 신앙인으로서 높이 평가받을 만한 사람이지만 객관적으로 볼 때 굳이 그렇게 살아야 하나 하는 생각을 하게 된다.

기독교의 진리를 통해 볼 때 그는 오랜 고행을 하고 숱한 참선을 했지만 그가 얻은 것은 죽음 뒤의 영원한 멸망이라고 생각할 때 불행한 사람이요, 고귀한 인생을 헛되이 보낸 사람이라 할 수 있다. 하나님이 그에게 생명을 주셨고 82년이란 남다른 수명을 살았고 조계종의 종정으로서 권좌에 앉았다 하면 속세의 눈으로 볼 때 성공한 사람이라 할 수 있다. 그러나 과연 무엇을 보고 성공했다 또는 실패했다 평가할 수 있을까? 그의 명성과 조계종 종단의 종정 권좌에 앉은 것을 성공한 인생으로 평가할 수 있을까? 일생을 결혼하지 않고 독신으로 살았다 해서 성공했다고 평가할 수 있을까?

우리는 성경을 믿는다. 성경은 우리 구주 예수 그리스도를 믿을 때 구원으로 영원한 영생을 받으며 그의 이름으로 행동한 모든 것은 하나도 잊지 않고 보상과 면류관이 주어질 것으로 믿는다. 그런데 그에게는 이같은 혜택을 받을 만한 무엇이 전혀 없다. 그렇다면 그는 세상의 존경을 한 몸에 받을는지 모르나 실제로는 헛된 인생을 살고 간 사람이다. 우리의 삶에 보람과 긍지를 가지고 즐거운 마음으로 신앙에 전력하자. Ω

붉은 악마
the REDS

국가 대표팀 축구선수단을 응원하기 위하여 지은 응원팀의 이름을 '붉은 악마'라 하여 비난의 소리가 매우 높다. 응원단의 이름을 붉은 악마라고 명명한 일은 참으로 이해할 수 없다. 하고많은 이름들 가운데 붉은 악마로 호칭하는 것은 결론부터 말한다면 잘못이다. 악마라는 것은 시기심, 질투심을 유발하고 다툼과 분쟁을 부추기고 평화보다도 전쟁을 일으키는 원인자가 되기 때문이다. 성공보다는 망하기를 좋아하고 안 되기를 즐기는 것이 악마의 속성이다. 이와 같은 악마의 이름을 가지고 응원하는 것은 출발부터 잘못된 것이라 할 수 있다.

국가 대표팀 축구선수단의 응원부대인 붉은 악마는 1997년 초 98 프랑스 월드컵 아시아 예선을 앞두고 국가 대표팀에게 조직적인 응원이 필요하다는 PC 통신에서의 의견이 개진되면서 탄생하게 되었다. 이후 가칭 그레이트 한국 서포터스 클럽(Great Hankuk Supporters Club)이 태동하여 1차 예선전부터 조직적인 응원을 시작했고, 이와 동시에 통신 게시판을 통해 정식 명칭을 공모했다. 그 후 1997년 8월, 마침내 붉은 악마가 정식 명칭으로 확정되었다고 한다.

붉은 악마의 유래는 1983년 멕시코 세계 청소년 축구대회로 거슬러 올라간다. 우리 대표팀은 아무도 예상치 못한 4강에 올라 세계를 경악케 했고, 당시 외국의 언론들은 우리 대표팀을 붉은 악령 등으로 칭하며 한국의 기적을 놀라워했다. 그때의 승리를 재연하자는 의미에서 붉은 악마로 이름 지었고, 여기에는 한국 대표팀이 세계 축구 정상의 반열에 다시 한 번 오르기를 바라는 염원이 담겨 있다. 물론 대한민국 국민이라면 외국과의 시합이 있을 때 우리나라 선수들이 이겨주었으면 하는 바람을 누구나 가지고 있을 것이다. 그러나 붉은 악마라는 이름이 나오기까지의 상황을 죽 훑어보면 어떠한 방법을 동원하든지 승리만 하면 된다는 강한 승부욕에서 나온 이름임을 알 수 있다.

승리하는 것도 귀하지만 정당한 방법으로 이기는 것은 더 소중하다. 성경을 보면 성공 실패가 하나님에게 있음을 알 수 있다. 축구 경기에서도 승리는 하나님에 의해 이루어져야 정당한 승리라 할 수 있다. 하나님은 의로우시고 선하신 하나님이시기 때문이다. 반면에 악마는 불의하고 악한 존재이다. 붉은 악마라는 이름을 붙여 이기게 해달라는 것은 수단과 방법을 가리지 않고 꼭 이겨야 한다는 승부욕이 저변에 깔려 있다. 그러나 정당한 방법이 아닌 승리는 바람직하지 않다.

미국 솔트레이크(Saltlake)에서 열린 동계 올림픽 대회의 쇼트트랙에서 우리나라의 김동성 선수가 1등으로 들어왔다. 그런데도 불구하고 편파 판정으로 실격되어 1등을 내놓아야 했다. 이 사건을 우리는 가슴 아픈 기억으로 가지고 있다. 같은 혈족이요, 국민이라서가 아니다. TV 화면에 비친 모습을 볼 때 김동성 선수의 승리가 확실했으므로 많은 국민이 더욱더 울분을 금할 수 없었던 것이다. 그가 비록 1등은 하지 못했으나 정의의 편에 서서 볼 때 분명 1등을 한 것으로 받아들이는 것이 국민의 정서이다. 이 일로 인해 우리 국민은 편파 판정임에도 불구하고 새로운 스포츠 정신으로 위로를 받고 있다.

붉은 악마! 이 이름에 불만을 품은 기독교계에서는 개명할 것을 결의도 하고 건의도 한 것으로 안다. 그러나 붉은 악마측은 막무가내인 것을 볼 수 있다. 일각에서는 기독교계가 관용을 가지고 지켜봐야 할 일이지, 사소한 일들까지 사사건건 시비를 걸고 참여하는 것은 바람직하지 못하다면서 붉은 악마들의 편을 들어주고 있다. 하물며 교계 지도자들까지도 붉은 악마라는 이름을 두둔하고 나서는 것을 볼 때 참으로 경악을 금할 수 없다. 호칭이 사소하다는 것은 말도 안 된다. 기독교는 광야의 소리가 되어 잘못된 사실을 알리고 불의한 일을 시정토록 하는 것이 사명이다. 그럼에도 불구하고 붉은 악마의 편을 드는 신앙인은 화인 맞은 양심의 소유자일 뿐이다. Ω

좁은 코너에 몰린 박찬호
rub saltted PackChanHo

권투에서 이기려면 넓은 공간을 등에 지고 상대방을 마음대로 공격할 수 있는 위치에 있어야 한다. 4각의 링에서 싸우는 권투선수는 코너에 몰리면 안 된다. 코너는 자유롭게 활동할 수 없는 좁은 공간이어서 상대 선수에게 공격을 당하면 패할 수밖에 없다. 인생에서도 그렇게 위급한 상황에 처했을 때 코너에 몰렸다고 표현한다. 그런데 이번 시즌 첫 경기에서 레인저스의 박찬호가 코너에 몰린 입장에 처해 있다. 같은 피를 나눈 동족이기에 이국땅에서 코너에 몰린 박찬호의 비보를 접할 때 마음이 아프다.

지난 4월 2일 박찬호는 미국 오클랜드 네트워크 코라시움에서 새 리그, 새 팀으로 첫 선을 보이는 개막전에서 애슬레틱스와 경기할 때 선발 등판을 했고, 그 결과 패전투수가 되었다. 물론 경기를 하다 보면 패할 수도 있고 이길 수도 있다. 그러나 새 리그, 새 팀의 첫 번째 게임에서 패전투수가 된 것은 체면이 서지 않는 치명적인 사건이다. 연평균 1,420만 달러를 받고 레인저스의 에이스 자리를 차지한 박찬호로서는 팀에 도움을 주기는커녕 부담만 안겨준 셈이다.

다들 부러워하고 기대하던 박찬호였으나 기대가 크면 실망도 큰 법이다. 사람들이 박찬호를 부러워하는 이유는 무엇일까? 물론 여러 가지가 있겠으나 우선 그가 받는 연봉일 것이다. 물질 제일주의 세상에서 박찬호가 1년에 받는 연봉만 해도 실로 엄청난 금액이기 때문이다. 그가 한 번 공을 던질 때마다 미처 계산할 수 없을 만큼 엄청난 돈이 쏟아진다. 돈을 추구하는 사람들에게는 선망의 대상이 아닐 수 없다. 야구를 좋아하는 사람은 박찬호만 나오면 괴성을 질러대고 좋아한다. 특히 야구선수를 지망하는 어린아이들이 부러워하는 것은 당연하다.

같은 민족이요, 국가의 융성을 바라는 국민으로서 그의 장래를 염려

하지 않을 수 없다. 어찌되었든 그가 잘하기를 바라는 것이 국민의 여망이다. 그러나 패전투수로서 그라운드에서 내려오는 그의 무거운 발걸음을 지켜보며 그가 얼마나 괴로울까 생각하니 마음이 아프다. 엄청난 연봉을 받고 뛰는 프로야구 선수라면 그 팀에 보탬이 되어야 하는 것은 너무도 당연한 일이다. 하지만 3:8로 패전을 안겨준 것을 생각하면 그의 부모는 가슴이 미어질 것이다.

대체 그는 왜 사람들에게 패전을 안겨주었을까? 패전 원인을 여러 가지로 분석할 수 있겠으나 한 마디로 준비가 제대로 되지 않았다는 데는 이의가 있을 수 없다. 어떤 종목의 선수든 게임에 임할 때는 만반의 준비를 갖춰야 한다. 준비 없는 선수는 항상 비참한 고배를 마실 수 있음을 명심해야 할 것이다.

신앙도 이와 동일하다. 공중권세 잡은 사단과 싸워야 할 입장에 있는 성도로서는 늘 준비가 되어 있어야 한다. 준비 없는 신앙인은 비참한 고배를 마실 수 있음을 명심하고 살아야 한다.

> 너희 중의 누가 망대를 세우고자 할진대, 자기의 가진 것이 준공하기까지에 족할는지 먼저 앉아 그 비용을 계산하지 아니하겠느냐? 그렇게 아니하여 그 기초만 쌓고 능히 이루지 못하면 보는 자가 다 비웃어 이르되 '이 사람이 공사를 시작하고 능히 이루지 못하였다' 하리라. 또 어떤 임금이 다른 임금과 싸우러 갈 때에 먼저 앉아 일만 명으로써 저 이만 명을 거느리고 오는 자를 대적할 수 있을까 헤아리지 아니하겠느냐? 만일 못할 터이면 그가 아직 멀리 있을 때에 사신을 보내어 화친을 청할지니라. (눅 14:28~32)

이는 인생 전체를 통해 신앙을 준비할 것을 구체적으로 보여준 말씀이다. 지혜로운 다섯 처녀와 같이 기름 준비에 만전을 기하는 현명한 삶을 살자. Ω

승부욕과 싸운 이인제
tenacity for victory

요즘 정치판에는 대선후보 경선이 한창이다. 민주당을 선두로 이제 종반을 넘어서고 있다. 이어 한나라당에서도 인천부터 경선을 시작한다. 저들의 의도대로 경선제가 잘되었으면 하는 바람이다. 민주당에서는 처음에 많은 사람이 출마하여 6명이나 경선에 나섰지만 3명은 중도 탈락했다. 이들은 왜 탈락했을까? 많은 여론 가운데 우선 음모론이 대두되고 있다. 현 정부를 이끄는 김심(心)이 작용했다는 주장이다. 하지만 우리 같은 사람들은 정치판에서 떠들어대는 소리들을 듣고 각자 판단할 뿐이다. 아무튼 승산이 있을 때는 최선을 다하지만 승산이 없다 싶을 때는 포기하는 것이 바람직할 것이다.

표가 가장 적은 사람이 포기하지 않고 끝까지 참석한다면 우리는 그를 어떻게 볼까? 차기 대통령 경선에 나오기 위해 지명도를 높이는 전략으로 보기도 할 것이다. 경선에서 많은 표를 얻을 것으로 예상했는데 다른 후보가 앞서간다면 그 속내가 어떠할까? 민주당 대선후보 경선에서 1, 2등을 가리는 명암이 서서히 드러나고 있다. 처음에는 이인제 후보가 되리라 믿어 많은 사람이 줄을 대고 따랐다. 국회의원이나 정치 지망생 역시 저마다 한 자리씩 차지할 것을 바라면서 따랐을 것이다.

하기야 예수시대 예루살렘에서도 당시 많은 유대인이 예수님을 따랐다. 죽은 사람을 살리는 등 숱한 기적들을 지켜본 대중이 기대를 걸고 예수님의 뒤를 따르는 것은 당연하다. 그 분의 인기가 절정에 달한 것은 오병이어(五餅二魚)의 기적을 행하여 굶주린 백성의 배를 채운 이후이다. 사람들은 노골적으로 예수님을 왕으로 삼고자 했고 그의 제자들까지 우정승, 좌정승을 기대하며 뒤를 따랐다. 그러나 예수님이 빌라도 법정에서 매를 맞고 재판을 받는 동안 민심은 이반하여 예수님에게서 바라바 쪽으로 마음을 돌리게 된다. 백성들이 '예수님은 못을 박고 바라바를 내어놓으라'고 아우성칠 때 주님은 저들이 알지 못해서 그러하오니 용서해달라고 했다. 이는 넓은 마음일 때 가능한 일이다.

이인제 후보의 패색이 짙어지자 그를 따르던 수많은 사람이 한 사람씩 빠져나간다고 한다. 이인제와 노무현의 경쟁이 아니라 노무현과 이회창의 경선이 눈앞에 다가오는 것 같아서일까? 이 후보 캠프에서는 하나, 둘씩 이탈 조짐이 나타나고 있다. 지지자가 한두 사람씩 눈에 띄지 않을 때, 이에 대한 정식보고를 받을 때, 지지자와의 결별을 두 눈으로 직접 접할 때 이 후보의 마음은 얼마나 아플까 하는 생각을 해본다. 경쟁에서는 승부욕이 작용하도록 되어 있다. 따라서 자기보다 앞선 상대 후보라면 비난하고 헐뜯게 된다. 경쟁 후보의 장모와 부인의 사상성과 도덕성까지 따지며 말꼬리를 잡고 늘어져 좋으니 나쁘니 정죄하고 끌어내리는 이전투구(泥田鬪狗)를 벌여서라도 패전을 만회하고자 할 것이다.

세례 요한과 예수님이 함께 세례를 주고 있을 때 벌어진 사건이다. 요한의 제자 한 사람이 나서서 보고를 했다.

그들이 요한에게 가서 이르되 '랍비여, 선생님과 함께 요단 강 저편에 있던 이, 곧 선생님이 증언하시던 이가 세례를 베풀매 사람이 다 그에게로 가더이다.' 요한이 대답하여 이르되 '만일 하늘에서 주신 바 아니면 사람이 아무 것도 받을 수 없느니라. 내가 말한 바 나는 그리스도가 아니요, 그의 앞에 보내심을 받은 자라고 한 것을 증언할 자는 너희니라. 신부를 취하는 자는 신랑이나 서서 신랑의 음성을 듣는 친구가 크게 기뻐하나니, 나는 이러한 기쁨으로 충만하였노라. 그는 흥하여야 하겠고 나는 쇠하여야 하리라' 하니라. (요 3:26~30)

성자 요한은 제자들이 자기를 등지고 떠난다는 보고를 듣고 '나는 망해도 좋지만 그만은 흥해야 한다'고 말한다. 이는 인간으로서는 할 수 없는, 차원 높은 경지에 이른 경건함의 표출이다. 상대편 후보를 헐뜯지 않고 상대를 인정하고 높이는 요한의 마음이 요즘 정치판에 요구되는 현실인 듯하다. Ω

돗대산의 유품
a bequest of the Dotte Mount

지난 4월 15일 에어차이나 소속 여객기가 김해 비행장에 착륙하려고 했으나 악천후로 착륙하지 못하고 비행장 부근 돗대산 정상에서 추락했다. 이로 인해 126명의 고귀한 생명이 희생당하는 사고가 발생했다. 다음 날 유족들은 강한 황사가 몰아치는 가운데 사고현장에 가까스로 올랐다.

"아이고, 어머니!"

사고기 주변을 몇 차례나 돌던 박영애(여·49세) 씨가 뭔가를 발견하고 그 자리에서 자수정 구슬을 돌리면서 목 놓아 울며 사고현장을 울음바다로 만들었다.

"어머니, 진주목걸이 하고 가시라 했더니 비싼 거 걸치기 싫다고 하시더니…."

일가친척 12명 중 11명이 사망했다는 박영애 씨는 어머니 것으로 보이는 옥구슬을 발견하곤 그 자리에 털썩 주저앉았다. 옥구슬에 이어 팔찌로 보이는 물건이 나오자 박씨는 준비해온 술과 과일을 내놓고 여기가 틀림없다면서 큰절을 몇 번이고 올렸다. 돗대산 정상에서 가족들은 정신 나간 사람들처럼 이곳저곳을 헤매다가 뭔가 찾았다는 소리가 들리면 일제히 모였다가 흩어지기를 몇 번이나 반복했다. 유족들이 유품을 주울 때마다 한바탕 울음바다가 되어버리는 일을 어떻게 해석해야 할까?

첫째, 죽음을 확인하는 순간이다.

행여나 생각하고 고인의 유품을 주울 때는 '혹시나' 하던 사건이 '역시나'로 나타나는 순간이다. 내 가족은 이곳에 없겠지 하는 바람을 가졌다가 유품을 주워들어 죽음을 확인하는 순간, 유족들은 울음을 터뜨리고 만다.

둘째, 은혜를 잊지 못하는 정겨운 순간이다.

사망자가 나의 일가와 친척으로 확인되는 순간, 지난날 받은 은혜를 미처 갚지 못한 아픔으로 울음을 터뜨리게 된다. 어머님의 사랑과 그동안 나를 키워주시고 가르쳐주신 은혜를 생각할 때 통한의 눈물이 솟아 나온다. 늘 살아 계시겠거늘 생각하던 부모의 죽음을 확인하는 순간, 효를 다하지 못한 후회의 눈물을 흘리는 것이다.

셋째, 마지막으로 자녀의 도리를 하는 순간이다.

어머니가 수한을 다하지 못하고 비행기 추락사고로 세상을 달리했다면 자녀 된 도리를 해야 한다. 부모의 죽음 앞에 울지 않는 사람은 없을 것이다. 자녀 된 도리를 다하지 못한 사람들은 유품을 주워들면서 통곡하며 넋두리를 할 것이다. 마지막 가시는 부모님 앞에 술을 따라놓고 절을 하는 것은 마지막으로 자녀 된 도리를 다하는 행동이다.

신앙인은 어떻게 생각해야 하는가? 주님이 남기고 간 유품은 무엇일까? 셀 수도 없이 많겠지만 그 중 하나가 십자가이다. 십자가를 바라보는 하나님의 사람들은 돗대산의 유품을 들고 하염없는 슬픔에 빠져든 저들 못지않게 통한의 아픔을 가져야 한다. 유품인 십자가를 볼 때 주님의 죽음을 확인해야 할 것이며, 주님이 당신의 잘못으로 죽은 사건이 아니라 나의 죄를 위하여 대신 죽은 것임을 확인해야 할 것이다. 그리고 그동안 배은한 사건들을 확인하는 성도가 되어야 한다. 십자가만 생각해도 눈물이 어려야 할 것이며 가슴 뭉클한 감동이 있어야 한다. 바울은 존재의 근원을 주님께 두고 있다.

> 그러나 내가 나 된 것은 하나님의 은혜로 된 것이니, 내게 주신 그의 은혜가 헛되지 아니하여 내가 모든 사도보다 더 많이 수고하였으나 내가 한 것이 아니요, 오직 나와 함께 하신 하나님의 은혜로라. (고전 15 10)

내가 오늘 존재함은 부모나 나 자신이 잘나서가 아니라 주님의 은혜 덕분이다. 참된 신앙인이라면 주님의 유품인 십자가를 바라볼 때마다 감격 속에 뜨거운 눈물이 넘칠 것이다. Ω

자신의 코를 뚫는 사람
a cow's nose-ring

예로부터 우리 조상들은 농사를 생업으로 하여 살아왔다. 농사짓기 위해서는 소의 역할이 매우 크다. 하지만 대부분의 농민은 가난하여 소를 소유하지 못한 채 부잣집의 소를 키운다. 농우나 품앗이소, 어우리소, 도지소 같은 형식으로 부잣집의 소를 사육하는 것이다. 가난한 집에서는 어렵사리 송아지 한 마리를 구해서 아들딸의 이름으로 키워 장가나 시집을 보낼 때 밑천으로 삼아 혼사를 치르기도 한다. 이와 같이 소는 한 집안의 재산으로도 큰 몫을 해왔을 뿐 아니라 우리가 따로 없을 경우 한 지붕 아래서 친숙하게 길들여왔다.

소를 길들이고 질병을 치료하고 사육하는 데는 많은 어려움이 있다. 송아지는 차츰 커가면서 사람의 말을 잘 듣지 않는다. 어릴 때는 몸무게가 덜 나가기 때문에 설사 말을 잘 듣지 않는다 해도 사람의 힘으로 저지할 수 있지만 몸집이 커지면 어쩔 수 없이 코뚜레를 꿰어 끌고 다녀야 한다. 코뚜레를 하지 않으면 도저히 소를 사육할 수 없다. 지금은 농기계가 나와 농우로 농사짓는 사람은 흔치 않으나 조상의 지혜를 사람에게 적용하는 경우가 종종 있는 듯하다.

지난 4월 16일자 신문 내용이다.

미국인 빌리 씨(가명)에 의하면 두만강변 중국 도문에서 탈북동포 1백여 명을 체포해 자동차 두 대에 나눠 태운 뒤 북송하는 모습을 보니 철사로 두 손을 꽁꽁 묶고 코를 뚫어 북한으로 끌고 갔다는 것이다. 미국인에 의해 처음 공개된 이 사실을 보고 어찌 그런 일들이 벌어질 수 있느냐, 헛소문일 것이다 하고 생각할지도 모른다. 그러나 빌리 씨 말에 의하면 탈북자들은 30, 40대 남자들이 대부분이고 20대 초반 여자들과 할머니, 심지어 아이들도 몇몇 있었다고 한다. 코를 뚫은 지 오래되었는지 피는 나지 않았다고 하나 코를 뚫는 자체가 짐승에게나 하는 행위이다. 이성이 있는 존엄한 인격자이자 만물의 영장인 인간의 코를 뚫는 행위는 천인공노(天人共怒)할 일이다. 그들은 임의로 국경을 넘음으로써 국법을 어기고 국가체제와 국기를 뒤흔들었다는 이유로 코를 뚫었다고 한다. 누구든 국법을 어기고 체제에 순종하지 않는 사람은 이 같은 형벌을 받고 망신당한다는 것을 전시효과로 보여주기 위함이다.

이 같은 일련의 사건을 지켜보면서 많은 것을 생각했다. 하나님도 하나님의 나라와 체제에 반기를 들고 항거하는 사람들에게는 북한에서 탈북자의 코를 뚫듯이 많은 사람 앞에서 하나님의 공의로우신 심판을 집행한다. 하나님 나라의 국법이라면 성경을 말한다. 하나님 말씀을 어기고 불순종하는 사람들에게는 북한과 그 유형은 달리하지만 하나님의 무서운 형벌이 가해진다.

> 그 중의 한 율법사가 예수를 시험하여 묻되 '선생님, 율법 중에서 어느 계명이 크니이까?' 예수께서 이르시되 '네 마음을 다하고 목숨을 다하고 뜻을 다하여 주 너의 하나님을 사랑하라 하셨으니 이것이 크고 첫째 되는 계명이요, 둘째도 그와 같으니 네 이웃을 네 자신같이 사랑하라 하셨으니 이 두 계명이 온 율법과 선지자의 강령이니라' 하더라. (마 22:35~40)

이 말씀을 종합해보면 하나님 사랑과 이웃사랑이 모든 율법의 강령임을 알 수 있다.

코를 뚫린 북한 사람들은 하나님과 이웃을 사랑했는지 물어보고 싶다. 하나님도 언젠가는 하나님 나라에 도전하고 저항하는 악의 세력을 심판할 때가 있을 것이다. 즉 저들이 하는 행위대로 저들의 코를 뚫는 심판이 벌어지겠으나 지금 코를 뚫지 않음은 하나님의 긍휼이 있기 때문이다. 긍휼을 만홀히 여겨서는 안 될 것이다. 북한 사람들의 코를 뚫는 행위는 하나님 앞에서 언젠가는 자신들의 코가 뚫릴 것을 보여주는 행위이다. Ω

입찬말
a bragging talk

'자식 가진 자는 입찬말을 못 한다'는 속담이 있다. 이 말은 남의 자식이 어떤 잘못을 범했을 때 정죄하고 심판하는 일은 삼가라는 의미이다. 내 자식이 훗날 어떤 잘못을 범하여 오금 박힐 일이 있을는지 모르니 조심하라는 조상들의 지혜이다.

김영삼 전 대통령의 차남 현철 씨가 1997년 국정 개입과 한보그룹 관련 비리에 연관된 사건이 불거졌을 때 당시 야당인 국민회의 총재 김대중 씨는 어떤 태도를 취했는가? 그는 인터뷰에서 단호하게 처리할 것을 주문했으며 아버지인 김영삼 전 대통령의 책임론까지 제기했다.

"대통령 선거자금과 김현철 씨 처리 문제는 모든 조사 결과 법과 국민 여론에 따라 엄정히 처리해야 한다. 한보 사건이 미흡하게 끝날 경우 국민의 분노를 살 것이며 특별검사제 요구가 제기될 것이다." (4월 8일 김대중 씨 미국 방문 중 현지 언론 인터뷰에서)

김현철 씨를 법대로 처리해야 한다는 말은 구속까지 포함된다는 의미이다. 또한 돈 몇 푼 받은 데서 끝나서는 안 되고 대선자금, 한보 거액 대출, 국정 개입의 3대 의혹이 검찰 수사에서 분명히 밝혀져야 한다고 강조했다. 게다가 대선자금의 실체와 5조 원이 넘는 한보 대출의 몸통을 밝혀야 하며 현철의 어긋난 행동을 대통령이 알고 있었는지 등을 밝혀야 한다고 했다. 기자가 "대통령이 되면 자녀의 국정 개입을 차단할 방법이 있느냐?"하고 묻자 그는 "국정 개입을 시키지 않으면 되지 않느냐"고 답했다. 그러고는 다시 한 번 아버지 책임론을 강조했다. (6월 2일 한겨레신문과의 인터뷰 중에서)

요즘 정가와 매스컴에서 매일 떠들어대는 뉴스는 현 대통령의 세 아들 문제이다. 이들이 거액의 돈을 어떻게 만들었는지 그 출처를 조사해야 한다면서 각종 게이트 문제로 어수선한 분위기이다. 이와 때를 맞추어 전직 대통령인 김영삼 씨는 어떤 반응을 보였을까?

지난 4월 23일 일본 와세다 대학 특명교수 취임 기념으로 도쿄 와세다 대학 캠퍼스에서 열린 강연회가 끝난 뒤 그는 기자회견에서 "내 자식도 그랬지만 국민 대부분이 법에 따라 처리되어야 된다고 생각하며 그리 되어야 마땅하다"고 답했다. 이는 죄를 범한 사람에게 충분히 가질 수 있는 태도이나 자식 가진 자의 태도로서는 바람직하지 않다. 내 자식이 언제 어느 때 어떤 죄를 범할는지 아버지로서 알 수 없으므로 가능하면 입찬말을 삼가야 한다.

성경 속에서 바울은 어떻게 말하고 있다.

> 형제들아, 사람이 만일 무슨 범죄한 일이 드러나거든 신령한 너희는 온유한 심령으로 그러한 자를 바로잡고 너 자신을 살펴보아 너도 시험을 받을까 두려워하라. (갈 6:1)

이 말은 무엇을 의미할까?

첫째, 온유한 심령의 소유자가 되어야 한다.

즉 심판자로서의 오만한 마음을 품지 말고 자신을 낮출 수 있는 기회를 가져야 한다. 정의를 구현한다는 미명하에 함부로 단죄하거나 미움과 증오를 갖고 비방해서는 안 된다.

둘째, 마음을 바로잡도록 도와주어야 한다.

특히 온유한 심정으로 바로잡아 주어야 한다. 이는 곧 상대가 거부감 없이 충고를 받아들일 수 있도록 협조자가 되라는 의미이다.

셋째, 자신을 돌아보아 시험에 들지 않도록 해야 한다.

인간은 연약한 존재이므로 누구든 언제 어느 때나 잘못될 가능성이 있다. 따라서 타인의 범죄를 근신의 기회로 삼는 것이 죄를 범한 사람들을 대하는 바람직한 태도이다. Ω

범죄를 막을 수는 없을까?
What is a barricade for the crime?

요즘은 아침에 눈을 떠서 신문 보기가 겁날 지경이다. 엽기적인 살인사건이 막가파식 드라마처럼 벌어지는 바람에 끔찍한 활자들이 사회면을 온통 장식하고 있다. 범죄자들은 아무런 죄의식도 없이 잔학하고 대담한 범행을 저지른다. 이번에 벌어진 용인 살인사건 역시 한두 명도 아닌 여섯 명이나 되는 여성을 살해한 끔찍한 사건이다. 1990년대 지존파와 막가파가 불특정 다수를 향해 이유 없는 살인강도 행각을 벌인 일들이 악령처럼 되살아나는 기분이다.

20대 여성 연쇄 살인사건을 수사 중인 경기도 용인경찰서는 5월 3일 용의자 허 모(24세) 씨와 자살한 공범 김 모(29세) 씨가 이미 죽은 5명 외에 용인에서 여성 1명을 살해한 뒤 암매장한 사실이 추가로 드러났다고 밝혔다. 경찰에 따르면 허씨 등은 지난 18일 오후 9시 30분쯤 용인시 기흥읍에서 평소 김씨와 알고 지내던 이 모(여 · 32세 · 미용사) 씨를 전화로 불러내 김씨의 승용차에 태운 뒤 영동고속도로 하행선 용인휴게소까지 끌고 가 신용카드 2장과 현금 10만 원을 빼앗고 이씨의 카드로 현금 286만 원을 더 인출했다고 한다. 이들은 오후 11시 30분쯤 이씨를 용인시 기흥읍의 한 골프장으로 데려가 차 안에서 살해한 뒤 인근 야산 중턱에 구덩이를 파고 시체를 암매장했다고 경찰은 말했다.

요즘 사람들의 범행 동기는 카드빚이 가장 많고 그밖에 마약, 카지노, 경마, 노름 등을 하다가 생긴 빚을 갚기 위해서라고 한다. 즉 대부분이 돈 때문인 것이다. 빚을 져서 그 빚을 갚기 위해 범죄를 저지르면 이들에게는 전과자라는 낙인이 찍힌다. 이번에 범행한 사람도 전과 7범이라고 한다. 돈만 있다면 이 세상의 범죄나 살인극은 영원히 추방되지 않을까 하는 생각까지 해본다. 부자나 돈 있는 재벌들은 범죄를 저지르는 일이 전혀 없을 것 같기도 하다. 그런데 정말 그럴까? 아무리 생각해봐도 그렇지는 않은 것 같다. 오히려 재벌이나 돈 있는 사람들이 가난한 자들보다 더 큰 죄를 범하고 더 많은 비리를 저지른다. 통계는 없지만 많은 것을 소유한 사람들은 재산 증식을 위해 더 많은 죄를 범하는 것 같다. 지상(紙上)에 보도되는 것만 봐도 권력층이나 가진 자들이 저지른 굵직굵직한 범죄들이 얼마나 많은가? 죄를 범하는 사람들의 면면을 보면 가난하다고 해서 죄를 더 짓고 부자라고 해서 죄를 덜 짓는 것 같지는 않다. 성경을 보면 죄가 죄를 범하게 됨을 알 수 있다.

바울의 말에 귀를 기울여보자.

> 내가 원하는 바 선은 행하지 아니하고 도리어 원하지 아니하는 바 악을 행하는도다. 만일 내가 원하지 아니하는 그것을 하면 이를 행하는 자는 내가 아니요, 내 속에 거하는 죄니라. (롬 7:19~20)

나 자신은 선을 행하기를 원하지만 원하는 선을 행하지 않고 도리어 악을 행하게 된다. 즉 죄를 범하게 되는 것은 가난해서도, 재산 증식을 위해서도 아니고 내면에 있는 죄 때문이라는 것이다. 끔찍한 대형범죄들이 대부분 전과자의 몫이라고 생각한다면 가석방이나 금보석, 병보석 등은 지양해야 하며, 절기 때마다 대통령 사면이다 뭐다 하여 수많은 범법자를 감옥에서 풀어내는 정책은 삼가야 하지 않을까? 그보다는 지은 죄만큼 사회에서 격리시켜 자신의 죄를 진심으로 깨닫게 하고 사회에 적응할 수 있도록 현실적인 교도행정을 펴나가야 할 것이다.

사면이 되거나 형기를 마친다 해서 죄가 없어지는 것은 아니다. 기독교에서 말하는 사죄의 은총을 입는 것은 일찍이 골고다 산상에서 십자가를 지고 숨진 예수님이 흘리신 보혈 때문이다. 그 사죄의 은총을 입어야만 용서를 받을 수 있고 그래야 사회도 정화되어 살기 좋은 나라가 될 것이다. 따라서 이런 차원의 신앙을 소유할 수 있는 바람직한 정책과 제도가 마련되어야 할 것이다. 이 같은 제도가 시행되지 않는 한 이 땅에서 범죄는 영원히 추방되지 않을 것이다. Ω

늙은 청년
an old youth

은퇴하신 목사님을 만나 안부와 근황을 묻고 이런저런 이야기를 나누었다.

"잠을 자면 무엇을 하고 눈을 뜨면 무엇을 합니까?"

사람은 피곤을 회복하기 위해 잠을 잔다. 새로운 힘을 공급받아 다음 날 열심히 일하기 위해 잠자는 것이다. 그러나 이제 은퇴를 했으니 할일도 없는데, 자면 뭐하고 눈을 뜨면 뭐하겠냐는 의미였다. 실로 처량하기 그지없는 말이다. 살아 있으나 죽은 사람과 마찬가지인 것이다. 모든 것을 포기한 채 인생의 마지막을 기다리면서 시간 때우기 식의 생을 사는 느낌이 들었다. 진심으로 마음 아픈 일이 아닐 수 없다. 듣는 사람도 안됐다 싶은데, 본인은 얼마나 심각할까? 그분은 또 이런 말씀도 하셨다.

"일을 하면 대체 뭐합니까? 모든 것이 헛될 터인데…."

솔로몬의 〈전도서〉에는 '헛되다' 는 말이 32회, '악하다' 는 말이 22회, '수고' 라는 말이 23회나 나온다. 여인이 낳은 자 중에서 가장 지혜 있었다는 사람이 바로 솔로몬이다. 이스라엘의 태평 황금시기에 미남 스타 솔로몬 왕은 부귀와 영화와 권세 그리고 예술과 쾌락의 극치를 탐닉한 오복의 상징 같은 인물이었다. 천여 명의 처첩을 거느리고 황금 궁전에 정원을 가꾸고 집과 포도원, 동산, 각종 과목과 삼림과 연못, 가축, 노예들, 금은보석, 노래하는 남녀 등 무엇이든지 내 눈이 원하고 마음이 즐거워하는 것을 금하지 아니하고(전 2:8) 살았던 사람이다. '먹고 즐거워하는 일이 누가 나보다 승하랴' (전 2:25)하고 자족했던 사람이다.

그러나 그는 쾌락주의 인생의 정상에서 허무의 심연을 체험했다. 육체적인 쾌락과 안목의 정욕과 이생의 자랑은 허무하다는 것을 깨달은 것이다. 즉 다 헛되고 마치 바람을 잡는 것이나 다름없음을 깨달았다는 말이다.

나이 들어 은퇴를 하더라도 젊은이와 같이 살아갈 수는 없을까? '인생은 끊임없는 도전의 과정이다' 라는 말이 있다. 도전이 없는 인생은 무의미하다는 뜻이다.

미국의 교육가인 존 듀이(John Dewey)가 90회 생일을 맞았을 때 한 신사가 물었다.

"그동안 많은 일을 하셨는데, 이제 또 무엇을 하실 생각입니까?"

이때 그는 이렇게 대답했다.

"산맥은 깊습니다. 산 하나를 넘으면 또 다른 산이 있지요. 나는 여전히 새로운 산을 향해 올라갈 겁니다."

이는 도전할 높은 산이 보이지 않는다면 그 인생은 이미 끝난 것이나 다름없다는 말이다. 도전할 목표가 있는 사람은 젊다. 과연 존 듀이가 말하는 도전할 목표의 의미는 무엇일까? 그것은 한 마디로 삶의 희망을 말한다. 내일의 희망이 없는 인생은 젊은 청년일지라도 노인으로 살아가는 것이다. 반면에 노인일지라도 젊은이처럼 희망이 있다면 잠을 자도 눈을 떠도 할일이 있으므로 그 사람은 잠자리를 박차고 일어날 것이다. 문제는 나이 든 사람들이 임의로 희망과 꿈을 가질 수 있냐는 것이다. 희망과 꿈을 갖는 것은 인간의 노력으로 될 일이 아니다. 하나님의 신적인 역사로만 가능하다.

> 그 후에 내가 내 영을 만민에게 부어 주리니, 너희 자녀들이 장래 일을 말할 것이며 너희 늙은이는 꿈을 꾸며 너희 젊은이는 이상을 볼 것이며 그 때에 내가 또 내 영을 남종과 여종에게 부어 줄 것이며 내가 이적을 하늘과 땅에 베풀리니 곧 피와 불과 연기 기둥이라. (욜 2:28~30)

이는 곧 하나님의 성령을 받을 때 진정 늙은이가 꿈을 꾸며 이상을 보게 될 것이라는 말씀이다. 나이 들어 무기력해지기보다는 놀라운 세상이 있음을 알고, 늙어도 젊은이 못지않게 살아가는 '늙은 청년' 이 되어야 한다. Ω

시차적응
to fit a time difference

　지난 20일 동안 미국 여행을 다녀왔다. 여행 중에 가장 어려웠던 점은 시차에 적응하는 것이었다. 사람마다 조금씩 다를 수 있겠지만, 여행하는 사람들 대부분은 시차적응의 어려움을 호소한다. 우스갯말로 전차에 받친 놈이란 말이 있다. 이는 시차적응을 하지 못하는 사람을 빗대어 하는 말로, 농촌에서 밤새도록 기차를 타고 서울역에 내렸으나 졸음에 취해 이리 비틀, 저리 비틀하다가 전차에 받친 사람을 일컫는 말이다.

　미국이 밤 12시면 한국은 낮 2시(지역에 따라 차이가 있음)가 된다. 우리와는 정반대인 시간이라 낮을 밤 삼고 밤을 낮 삼다 보니 한 마디로 뒤죽박죽이었다. 일어나야 할 시간에 잠자고, 자야 할 시간에 일어나는 것은 정말 쉬운 일이 아니었다. 개중에는 시차적응을 빨리 하는 사람도 있지만, 대부분은 이를 극복하는 데 많은 시간이 걸린다. 시차적응을 빨리 할수록 정상 생활이 가능하므로 여간 노력이 필요한 게 아니다.

　나는 시카고에서 한국으로 오는 비행기를 미국 시간으로 오후 1시 30분에 탔다. 한국 시간으로는 새벽 3시 30분, 정확히 14시간의 차이였다. 미국 시간에 맞추어 잠잘 시간에 자지 않고 온다면 한국에 도착해서 다시 밤이 되니까 그때 잠을 자면 그런대로 시차에 적응할 수 있으리라 생각했다. 그래서 어떻게 해서든지 잠들지 않으려고 노력했다. 미국 시간으로 밤 10시가 되자 비행기 안에 타고 있던 사람들은 잠자기 위해 창문까지 달았다. 캄캄절벽이라 잠자기에 좋은 분위기여서 깨어 있기가 몹시 힘들었으나 그래도 결심한 일이라 졸음이 오면 일어나 비행기 안 복도를 왔다 갔다 했다. 때로는 볼일이 없으면서 화장실에 가기도 하고, 커피를 마시면 잠이 없다는 말에 마시려고 했으나 배가 불러 그도 할 수 없었다. 어쩔 수 없이 영화를 보며 잠을 쫓으려 했지만 언어의 장벽 때문에 오히려 더 졸음이 몰려왔다. 그래도 한동안 앉아 감상을 했으나 결국 잠을 청하는 격이 되고 말았다. 그 순간, 나 자신이 밉고 원망스러웠으나 결국 내 힘으로서는 시차를 극복할 수가 없었다.

미국의 강철 왕 카네기(Andrew Carnegie, 1835~1919)는 직원을 채용할 때 포장한 물건의 끈을 푸는 테스트를 했다고 한다. 시험 결과, 끈을 손으로 푼 사람들은 불합격되고 칼로 잘라버린 사람들은 모두 합격시켰다는 것이다. 나중에 카네기는 합격된 신입사원을 불러놓고 이런 말을 했다고 한다.

"여러분은 시대에 적응하는 사람들입니다. 지금이 어느 시대인데 시간을 낭비해가며 손으로 일일이 끈을 풀고 있겠습니까? 앞으로는 지금과 같은 정신을 갖고 회사를 위해 일해주기 바랍니다."

이렇듯 매듭진 것을 손으로 풀 것이 아니라 칼로 베어버리는 시차해결의 열쇠는 없을까? 가만히 생각해보면 시차적응도 인간의 노력에 의한 것이 아니라 신의 역사가 있어야 한다.

> 오직 여호와를 앙망하는 자는 새 힘을 얻으리니 독수리가 날개 치며 올라감 같을 것이요, 달음박질하여도 곤비하지 아니하겠고 걸어가도 피곤하지 아니하리로다. (사 40:31)

성경 말씀대로 피곤이 없도록 해야 한다. 그러나 시차적응을 해결하는 일이 인간에게 있지 않고 하나님에게 있다 하여 인간의 노력이 없어서는 안 되며, 이 노력은 반드시 하나님에게 보여주는 정성으로 표현되어야 한다. 즉 구원이 인간에게 있지 않고 하나님에게 있다 하여 가만히 있어서는 안 된다는 말이다. 소명에 응답하고 주신 믿음에 반응이 있어야 하는 것이 신앙이듯이 시차적응의 문제도 노력은 인간에게 있지만 해결하시는 이는 하나님이다. 새 신자가 교회에 적응하는 문제도 마찬가지다. 자신의 노력 없이 교회에게만 사랑이 없다는 둥 은혜가 없다는 둥 불평하면서 타의에 의해 적응코자 하는 어리석은 생각은 버려야 할 것이다. Ω

받아야 할 검증
a logical verification

국민일보 6월 1일자 사설은 후보를 철저히 검증하라는 내용이다. 요즘 한국은 선거철인데, 특히 6월은 풀뿌리 민주주의의 근간인 지방자치 단체장들을 뽑는 달이다. 단체장이나 지방의회 의원들을 선택하는 선거철을 앞두고 우리 국민은 좋은 일꾼들을 가려내야 할 어려운 입장에 놓여 있다. 그런데 중앙선관위가 전문회사에 의뢰하여 실시한 국민 여론 조사 결과 '반드시 투표하겠다' 는 유권자는 42.7%에 불과하다. 매우 심각한 수준이 아닐 수 없다. 선관위측에 따르면 지난 1998년 지방선거 때는 같은 질문에 67.8%가 응답했지만 실제 투표율은 52.7%에 그쳤던 점을 들어 더 큰 우려를 표하고 있다. 굳이 핑계를 대라면 월드컵 기간 중에 실시되는 지방선거라 사람들의 관심을 끌지 못하는 면도 있다 하겠으나 선거 자체에 대한 관심이 점점 시들해지는 추세이다.

유권자로서 투표를 기피하면 선거의 의미가 없어진다. 민주정치에서도 지방자치는 결국 유권자의 정치 참여에 그 의의가 있다 하겠다. 투표에는 불참하면서 민주정치가 성숙하고 지자체가 정착되기를 바랄 수는 없는 일이다. 물론 국민의 투표율이 미진한 이유에는 후보자의 도덕성이나 윤리성이 투명하지 않은 탓도 있다. 그래도 선거에 참여하고자 마음먹은 유권자는 후보자들을 자세히 검증한 후 적극적으로 투표에 나서야 한다. 좋은 사람을 고르는 일은 유권자의 몫이기 때문이다.

유권자가 자격 없는 사람을 솎아내는 것이 그리 수월한 일은 아니다. 금번에 출마한 사람들 중에서 3년간 소득세, 재산세, 종합토지세 등 3종의 세금을 한 푼도 내지 않은 후보가 전체 등록자의 9.2%인 1,001명에 이른다고 한다. 금고 이상의 전과 기록을 남긴 후보도 12.5%인 1,361명에 달한다. 금고에까지 이르지는 않아 전과 기록이 깨끗한 후보들 가운데에도 성폭행, 강간, 사기 등 파렴치한 범죄 전력을 지닌 사람들이 적지 않으리라는 추측이다. 또한 이런저런 사유로 군복무를 하지 않은 후보가 1,481명으로 13.6%를 차지했다. 물론 정당한 사유가 있는 사람이 대부분이겠지만 간혹 불법이나 부도덕한 방법으로 납세·병역의 의무를 기피하고 죄질이 나쁜 범죄를 저지른 경우도 있을 것이다. 이런 후보는 당연히 솎아내고 배제해야 한다.

그렇다면 검증은 어떤 형태로 이루어져야 할까? 여러 가지 채널을 통해 좋은 일꾼을 찾는 과정이 있을 것이다. 즉 선거관리위원회에서 후보 등록할 때 검증 절차를 거칠 수도 있고, 정당에서 추천받을 때 할 수도 있다. 또한 심사하는 과정에서 걸러낼 수도 있고, 등록한 사람들의 자질을 국가가 법으로 규정하거나 죄질이 나쁜 사람들을 지상에 공개하여 검증할 수도 있다. 특히 후보자 스스로 양심의 검증을 받은 후에 출마해도 늦지 않을 텐데 이를 무시한 채 다들 마구잡이로 나서는 바람에 결국 유권자가 직접 검증에 나서게 되었다. 그러나 문제는 유권자가 후보자들을 제대로 검증할 수 있냐는 것이다. 행여 유권자가 보기에 괜찮다거나 후보자 스스로 죄과가 없다 한들 그들이 정말 한치의 부끄럼도 없는 사람일까? 아무리 법적인 죗값을 치르고 국가의 사면을 받은 뒤에 출마한다 해도 그들은 여전히 죄인인 것이다.

성경을 보면 인간은 모두가 죄인이기에 검증할 만한 사람이 없다고 한다. 즉 죄인이 죄인을 검증할 수 없다는 말이다. 인간은 한계가 있는 무능한 존재이므로 어떤 죄인을 검증한다 해도 그것은 완벽하지 않다. 인간의 검증은 오로지 창조자 하나님만이 할 수 있을 뿐이다. 고장 난 기계를 가장 완벽하게 고칠 사람은 그 기계를 만든 사람이듯이 인간의 검증은 인간을 창조하신 하나님만이 할 수 있다. 예수를 믿어 자신이 지은 죄를 해결하고 중생한 사람만이 주님의 검증받은 후보이다. 신앙인은 하나님을 두려워하고 섬기는 후보를 선택해야 한다. 나 역시 그동안 수많은 선량들을 선택한 후 얼마나 후회스러운 일들이 많았는지 모른다. 이번만이라도 신앙의 잣대로 잘 판단하여 선발해야겠다. Ω

비만(肥滿)
fatness

인터넷을 보니 어느 젊은 여인이 비만 클리닉 원장에게 고민을 상담한 내용이 있기에 여과 없이 퍼왔다. 제목은 '나도 치마를 입고 싶습니다'이다.

안녕하세요? 정말 고민하다가 글을 올립니다. 저는 162센티미터에 49킬로그램인데요. 겉으로는 날씬해 보이는데 사실 하체가 무지 통통하거든요. 사람들도 처음에는 날씬하게 보다가 의외로 통통한 저의 다리를 보고는 놀란답니다. 특히 종아리 둘레가 35.5센티미터거든요. 제가 저의 종아리를 만져볼 때 단단한 걸로 봐서는 지방보다 근육이 많은 것 같은데, 만약 근육 때문이라면 어떤 방법도 탁월한 효과를 보지 못할 것 같아서요. 저의 부모님이나 형제 모두 다리가 발달된 체형이라 유전적인 요소도 있는 것 같아 정말 고민입니다. 저도 치마 좀 입고 싶어요. 만약 제 종아리에 지방이 많아서 지방흡입술과 지방분해 주사가 가능하다면 비용이 얼마나 되는지, 그렇지 않고 제 종아리에 근육이 많다면 어떤 수술 방법이 있으며 비용은 얼마나 되는지 알고 싶습니다. 답장 꼭 부탁드립니다.

이 여인은 비만 때문에 많은 고민을 한 끝에 자신의 솔직한 심정을 털어놓은 듯하다. 비만이 한 여성을 얼마나 불행하게 만드는지 여실히 보여주는 편지 내용이다. 비만은 젊은 여성의 웃음과 기쁨을 한순간에 빼앗아버렸다. 소똥벌레만 봐도 웃는다는 젊은 여성의 마음은 우울하고 슬프기만 하다. 만약 선천적으로 타고난 비만이라면 이 여성은 참으로 억울할 것이다. 그러나 후천적으로 몸 관리를 제대로 하지 못한 탓이라면 자신의 책임이 크기 때문에 가슴을 치고 괴로워할 수밖에 없다. 비만은 참으로 우리의 마음을 괴롭히고 불행을 안겨준다. 비만은 과연 어떤 결과를 가져올까?

첫째, 균형을 깬다.

아름다움은 모든 것이 조화를 이룬 상태인데, 비만은 몸의 균형을 잃게 하므로 아름다움을 깨뜨려 추녀로 만들어버린다. 여성의 생명이 아름다움이라면 이 아름다움을 빼앗아가는 주범이 바로 비만이다. 따라서 생명을 걸고서라도 비만과 싸워야 할 것이다. 신앙의 비만도 이와 동일하다. 어느 한쪽만 살이 찌면 다른 곳은 볼품없게 보이므로 신앙의 아름다움을 깨고 추하게 만들어버린다. 신앙의 요소는 지(知)·정(情)·의(意)이다. 즉 말씀과 찬송과 기도의 요소가 골고루 갖추어질 때 아름다운 신앙의 소유자가 되는 것이다.

둘째, 행동이 둔하다.

움직이기를 싫어하고 가만히 앉아 있기를 좋아하며 말이 많아진다. 전에 민첩하게 활동할 때는 발이 발달했으나 비만해지면 입이 발달하여 말이 많아지는 것이다. 신앙의 비만도 이와 동일하다. 전날에 신앙의 비만이 없을 때는 봉사와 헌신에 힘을 쏟았다. 그러나 비만에 걸리고 난 후에는 직접 하는 일은 귀찮아하는 대신 일하는 다른 사람들에 대해 말이 많아지는 것이다.

셋째, 수많은 질병의 근원이 된다.

성인병의 대부분이 비만에서 오는 것이므로 비만증 환자는 항상 근심, 걱정 속에 살아갈 수밖에 없다. 이와 마찬가지로 신앙도 비만에 걸리면 비정상이 된다. 비만인 사람이 각종 병에 걸리기 쉽듯이 신앙인도 비만에 걸리면 시험에 들기 일쑤고 스스로 병을 이길 수 없어 저항력을 상실케 되며 말씀을 받지 못하여 감사의 마음도 줄어든다. 비만인 사람들이 엄청난 경비를 들여 지방흡입술이나 지방분해술을 받듯이 신앙의 비만을 해소하기 위해서도 많은 노력을 해야 한다. 비만은 결국 스스로 해결할 수밖에 없기 때문이다. 나는 신앙의 비만에 걸리지 않았는지 늘 진단하여 이를 제거하기 위해 뼈를 깎는 고난을 감수해야 할 것이다. Ω

2002 한 · 일 월드컵
2002 Korea-Japan Worldcup

2002년 한 · 일 월드컵 승리의 주인공은 누가 될지 관심과 예측이 분분하다. 그러나 예측이란 축구공과 같이 어디로 튈지 몰라 아리송하기만 하다. 금번에 참석한 프랑스는 작년에 우승을 한 팀이라 설령 우승은 못한다 해도 16강에는 무난히 들 것이라고 다들 생각했는데 예선 탈락이란 파란을 겪게 되었다. 이는 어느 누구도 관측하지 못했던 일이다.

미국 LA 타임스는 지난 5월 31일자 기사에서 아프리카에는 주술사의 신통력이 축구 시합에도 통한다고 했다. 그래서 주술사가 코칭스태프에 들어 있어 늘 선수들과 동행한다는 것이다. 우리나라에도 어김없이 선수들과 함께 들어와 주술사로서의 역할을 충실히 해냈다고 한다. 이 신문은 금번에 출전한 세네갈, 카메룬, 나이지리아, 남아공화국 중에서 남아공화국 대표팀만이 주술사를 대동하지 않겠다고 공식 발표했다고 하나 이들 4개국 모두 주술사를 동행했을 것이라고 전했다.

이 같은 기사를 읽는 사람마다 반응이 다양할 것이다. 하기야 기독교인들 역시 16강을 기원하는 예배와 기도를 드렸을 테니, 이들이 토속신앙으로 주술사를 대동한다 해서 굳이 제지할 이유는 없다. 인간의 한계를 넘어 절대적인 힘에 의지하고자 하는 마음은 어찌 보면 당연하기 때문이다. 주술사들의 역할은 상대 선수가 공을 넣지 못하도록 주문을 외우거나 상대편 골대에 공이 잘 들어가도록 마술을 거는 것이라 한다. 그러나 남미 4개국은 8강에 들지도 못한 채 모두 탈락하고 말았다. 주술의 힘이 거기까지는 미치지 못한 모양이다.

대한민국은 월드컵 본선에 들기도 힘겨웠고 본선에 나간 후에도 헝가리에 7:0으로 패배한 아픔이 있다. 게다가 본선에서 한 번도 이겨보지 못한 우리 대한민국이지만 예선을 거쳐 16강에 진출한 후에는 우승 후보인 이탈리아를 꺾고 8강 고지를 선점한 상태이다. 앞으로 어떻게 될는지 모르겠으나 지금 상황에서는 우승까지도 바라보고 있다.

우리나라에서는 토속신앙이 공식적으로 동원되지 않았다. 수많은 종교가 있지만 그 어떤 거창한 행사도 없었다. 그럼에도 불구하고 8강까지 선착하게 된 비결은 무엇일까? 인터뷰에 응한 포르투갈 감독은 한국을 어떻게 생각하냐는 질문에 "개인기나 신속성 같은 것은 무섭지 않지만 국민들의 응원은 무섭다"고 하였다. 우리나라 응원팀인 붉은 악마를 지칭한 것이다. 그러나 그들은 우리 신앙인이 이 대회를 위하여 얼마나 많은 기도를 했는지 모를 것이다. 신앙인의 기도 후원이 무서워 당할 나라가 없으므로 여기까지 오르게 된 것이다. 종교의 자유가 있는 한 이들의 행동을 비난할 수는 없으나 주술사는 사단에 배경을 두고 있다. 사단은 악신으로서 사람에게 해를 끼치고 결국 망하게 한다.

기독교 신앙인의 입장에서 주술사에 대해 몇 가지 지적할 점이 있다.

첫째, 역사의 주인공은 하나님이시다. 하나님은 인간의 생사를 주장하시고 흥망성쇠와 성공 여부를 주장하는 분이시다.

둘째, 승리의 영광을 신에게 돌린다. 주술에 의지하는 사람들은 신을 위한 승리가 아니라 인간을 위한 승리만을 중시한다. 신에게 영광을 돌리지 않는 것은 우상 숭배자들의 일관된 행동이다. 기독교에서는 모든 승리가 신의 것이므로 존귀영광을 하나님에게 돌린다. 즉 우승의 기쁨을 인간이 일궈낸 것이 아니라 하나님이 주셨으므로 그 영광을 하나님께 돌리는 것이다.

셋째, 이들의 수고는 헛되다. 2002년 한·일 월드컵에서 주술사를 대동했다 하더라도 주술의 부재로 그 역할이 전무한 것을 경험했다면 다음 대회 때는 재고해야 할 것이다. 자신들의 어리석음을 인정하고 참 신이신 하나님에게로 돌아오는 슬기와 지혜를 가져야겠다. 가난한 나라에서 주술사까지 동행한다면 경제적 부담도 만만치 않아 결국 물질을 낭비하는 것이다. 그들도 참 신이신 하나님을 찾는 지혜를 발휘해야 할 때이다. Ω

엄마의 특권
a Mother' s privilege

언젠가 인터넷상에서 '너를 위한 천사' 라는 글을 본 적이 있다.

옛날 하늘나라에 곧 지상으로 내려가게 될 아기가 있었대요. 그 아기는 하나님께 물었죠.

"하나님께서 절 내일 지상으로 보내실 거라는 얘기를 들었어요. 작고 무능력한 아기로 태어나서 어떻게 살라고 보내시는 거예요?"

"그래서 내가 너를 위해 천사를 준비해두었지. 지상에서는 그 천사가 널 돌봐줄 거란다."

"하지만 여기서 전 노래하고 웃으며 행복하게 지내는 걸요."

"지상에서는 네 천사가 노래하고 미소 지어줄 테니까 그곳에서 행복을 느끼게 될 거란다."

"하지만 전 사람들의 말을 모르는데 어떻게 알아듣죠?"

"네 천사가 세상에서 가장 감미롭고 아름다운 말로 너한테 얘기해줄 거란다. 그리고 인내심과 사랑으로 네게 말하는 걸 가르쳐줄 거야."

"그렇다 해도 제가 하나님께 말하고 싶을 땐 어떡해요?"

"네 천사가 네 손을 잡고 어떻게 기도하면 되는지 알려줄 거란다."

"지상에는 나쁜 사람도 많다던데, 그 사람들로부터 저를 어떻게 보호해야 하죠?"

"네 천사가 목숨을 걸고서라도 널 보호해줄 거야."

"하지만 하나님을 보지 못하게 되면 너무 슬플 것 같아요."

"네 천사가 나에 대해 얘기해주고, 나한테 다시 돌아올 수 있는 방법을 알려줄 거란다."

순간, 하늘이 평온해지면서 지상에서 목소리가 들려오기 시작했어요.

"하나님, 지금 떠나야 한다면 천사 이름이라도 좀 알려주시겠어요?"

"네 천사를 넌 엄마라고 부르게 될 거란다."

이렇게 해서 아기는 엄마를 찾아갔대요.

엄마를 천사로 표현한 이 이야기는 엄마의 특권에 대해 조곤조곤 말해주고 있다.

얼마 전 미국 여행을 하면서 캔자스(Kansas) 주에 살고 있는 셋째아들 집을 방문했다. 물론 아들 내외도 그립지만 매일매일 쑥쑥 커가는 손자 녀석이 더 보고 싶은 게 솔직한 심정이었다. 함께 지내는 동안 며늘아기가 하나님께서 주신 아이를 세심한 배려와 관심으로 키워 나가는 것을 보며 참으로 천사 같다는 느낌이 들었다. 엄마가 아이에게 너무 잘해주고 늘 엄마하고만 있으니까 아이가 엄마만 따랐다. 어찌 보면 당연한 일인데 나는 질투심이 생길 정도로 부러웠고, 그런 며늘아기가 행복해 보였다.

할아버지가 어린 손자를 안아보는 기쁨은 이순(耳順)의 나이가 된 사람만이 알 수 있다. 함께 쇼핑을 할 때도 손자를 손수레에 태워 밀어주고 싶어하는 할아버지의 마음을 외면한 채 녀석은 엄마만 찾았다. 손자 녀석의 그런 모습이 엄마의 행복감을 한층 더해주는 듯했으나 며늘아기는 이러한 행복을 특권으로 여기지 않고 때로는 조금 힘들어하기도 했다. 엄마가 아이 때문에 피곤해하는 것은 이해할 수 있으나 신이 주신 엄마의 행복을 소홀함 없이 간직하기를 바란다.

손자 녀석 때문에 힘들어하는 며늘아기를 보며 우리 신앙인도 신이 주신 은혜와 축복을 귀찮게 여기지는 않는지 곰곰 돌이켜보았다. 하나님께서는 천하를 주고도 바꿀 수 없는 귀한 생명을 우리에게 주셨다. 타락하여 지옥백성이 되었는데도 독생자 예수를 보내주시어 구원받게 해주신 것을 보면 믿음 생활은 어머니에게 주신 특권 같다. 신앙생활은 즐겁고 기쁜 마음으로 해야 한다. 신앙생활이 힘들어 불평하고 신앙을 짐이나 부담으로 생각하는 일은 신의 노여움을 사는 일이다. 신앙인은 어떤 환경에서도 하나님의 은혜를 바로 알고 감사와 기쁨으로 가득 찬 신앙생활을 해야 할 것이다. Ω

히딩크의 성공
a Guus Hiddink's success

푸른 눈의 축구 감독 히딩크(Guss Hiddink)는 우리나라뿐만 아니라 세계에서 모르는 사람이 없을 만큼 유명세가 대단하다. 2002년 한·일 월드컵을 치르는 가운데 대한민국 국가 대표팀 감독으로서 한국 축구를 4강으로 올려놓은 그는 '히딩크 신드롬'을 불러일으키며 세계의 주목을 한 몸에 받고 있다.

그는 월드컵 본선에 나가 한 번도 이겨보지 못한 우리나라를 어떻게 4강까지 올려놓았을까? 이에 대해 강도 높은 체력 훈련을 한다, 용병술이 좋다, 선수들을 자기 자녀처럼 따뜻하게 대해준다, 인간성과 리더십이 뛰어나다는 등 많은 이유를 들고 있다. 이러한 복합적인 것들이 작용해서 일궈낸 열매일 수도 있으나 무엇보다 정신적인 면에서 그의 성공 이유를 찾아봐야 할 것이다. 한 마디로 우리나라가 4강까지 올라갈 수 있었던 것은 그가 한국인이 아니었기 때문에 가능하다고 본다. 한국인은 정작 한국의 고질병을 치료할 수 없지만 외국인은 이를 단숨에 격파할 수 있기 때문이다.

그렇다면 한국의 고질병은 무엇인가? 지연, 혈연, 학연 등을 따지는 병을 말한다. 차범근 같은 경우 감독으로 있을 때의 그의 명성도 히딩크 못지않았으나 한국인이기 때문에 고질병을 물리칠 수가 없었다. 그래서 대표선수를 기용할 때도 축구협회 이사들의 눈치를 봐야 하고 선후배 관계를 무시할 수도 없고 학연과 지연, 혈연 등에서 자유로울 수도 없었을 것이다.

그러나 히딩크는 달랐다. 한국의 고질병을 한순간에 완전히 물리칠 수 있었기에 대표팀을 4강까지 올려놓았다. 재능이 떨어지는 사람을 개인적인 잣대로 선출하다 보면 부실한 팀워크가 될 것이고 출전해봤자 패배하는 것은 당연한 일이다. 히딩크는 자신의 소신에 따라 실력 있는 선수들을 기용하여 대표팀을 구성함으로써 조직력 있는 국가 대표팀이 되어 4강의 신화를 만들어냈다.

삼성경제연구소는 히딩크 신드롬으로도 불리는 그의 리더십을 연구하여 〈히딩크 리더십의 교훈〉이라는 보고서를 작성했다. 히딩크 리더십에 관한 연구 내용은 매우 단순하다. 즉 소신껏 일하거나 소신껏 일할 수 있는 장(場)을 만들어주라는 것이다. 이렇게 한다면 정치판에도 교육 기관에도 법조계에도 놀라운 성과를 거둘 수 있고, 머잖아 세계 일류 국가가 될 날도 기대할 수 있다는 것이다. 히딩크의 소신 축구로 인해 월드컵 본선에서 한 번도 이겨보지 못한 우리나라가 4강까지 올라갔으니 그의 리더십 원리를 활용한다면 세계 1등 국가로 나아갈 날도 멀지 않았다. 그동안 학연과 지연, 혈연으로 인해 얼마나 많은 고질적 병폐가 있었는지 모른다. 정치판에서도 3개로 나뉜 지역 구도의 후유증으로 심하게 앓는 것을 볼 때 깊이 자성할 일이다. 특히 2002년 한ㆍ일 월드컵은 우리나라 국민도 1등 국민이 될 소질이 있음을 확실히 보여주었다.

우리나라 상황을 한 예로 들어보면 국가기관 경제 단체에 서울대학 출신이 80~90%나 된다고 한다. 법조계도 이와 다를 바 없다. 이처럼 특정분야에 같은 학교 출신이 많다는 것은 학연이 작용하기 때문이다. 실력이 있어도 학연이 없으면 취직이 안 되고, 실력이 없어도 학연과 지연만 있으면 얼마든지 기용되는 세태가 바로 우리의 현 실정이다. 이 얼마나 불평등한 사회인가.

국가 장래를 내다볼 때 학연과 지연, 혈연이 지배하지 못하도록 차단하는 일만이 우리나라가 살 길이다. 실력이 있는데도 아무런 연고가 없다 해서 취업이 안 된다면 이 사회에 불만을 품은 자들이 생길 테고, 이들은 언제 터질지 모르는 시한폭탄과 같은 존재로서 우리 사회를 불안과 공포 속으로 몰고 갈 것이다. 그렇다면 우리나라의 장래는 실로 암울하기 짝이 없다. 그렇게 되기 전에 히딩크 리더십의 강도 높은 연구가 개인과 단체, 기관, 더 나아가 국가 차원에서 진행되기를 기대한다. *Ω*

신학자의 편지
a letter of the doctor of the church

2002년 한·일 월드컵에서 우리나라 선수들을 응원하는 단체의 공식 명칭은 붉은 악마이다. 대한민국 국민으로서 우리나라를 응원하는 것은 당연한 일이다. 그러나 외국인이 우리나라를 응원한다면 이변이 아닐 수 없다. 스페인전에서 우리나라를 응원한 스페인 사람을 공중파 방송에서 공개한 적이 있다. 즉 애국가를 작사 작곡한 안익태 씨의 부인과 그의 자녀들이다. 하지만 남편의 나라요, 아버지의 나라인 대한민국을 응원하는 것은 명분도 확실하고 어찌 보면 당연한 일이기도 하다. 반면에 피 한 방울 섞이지 않은 외국인이 자기 나라가 아닌 우리나라를 응원한다는 것은 조금 의아한 일이다.

독일의 복음주의 신학자인 피터 바이어하우스(Peter Beyerhouse) 박사가 한국에 있는 제자에게 한 통의 편지를 보내왔다. 그 내용은 스페인전에서 대한민국이 승리하는 것을 보고 너무 감격했으며, 4강전에서 독일과의 일전을 벼르는 상황이지만 자신은 독일을 응원하지 않고 대한민국을 응원하겠다는 것이었다.

어찌 그리할 수 있을까? 다른 명분으로는 도저히 설득력이 없고 다만 신앙의 힘으로만 설명할 수 있을 뿐이다. 그의 말에 의하면 대한민국의 승리는 누구도 예측을 할 수 없었고, 전문가의 평가도 부정적이었다고 한다. 그럼에도 불구하고 한국이 4강에 오르게 된 것은 인간의 힘으로는 불가능한, 하나님의 기적이라는 것이다. 우리나라에 있는 수백만 명의 크리스천이 한마음으로 기도드린 것을 하나님의 기적으로 표현한 것이다. 우리나라 방송에서도 한국의 4강 진출이 '제2의 한강의 기적'이라면서 떠들썩하다. 나는 한강이 어떻게 작용했는지 모른다. 다만 한강의 기적이라는 표현 자체가 하나님의 기적을 약화시키는 것 같아 기적을 행하시는 하나님에게 죄스러울 따름이다.

피터 바이어하우스 박사는 "하나님은 우리의 기도를 들으셨다"고 말하면서 자신은 독일인이지만 한국과 독일과의 경기가 주는 영적인 의미를 알기에 오히려 한국을 응원하겠다고 했다. 그의 말에 의하면 하나님은 우리의 기도를 들으신 것이다. 그는 독일인이지만 국적을 초월하여 '우리' 라는 표현을 씀으로써 신앙공동체의 일원임을 보여주었다. '우리' 라는 공동체의 한 사람으로서 우리와 함께 하는 사람이기에 독일을 응원하지 않고 우리나라를 응원하겠다는 것이다. 한국 기독교인들은 월드컵과 우리나라 대표팀을 위하여 실로 엄청난 시간을 두고 기도했으며 많은 준비를 해왔다. 그러나 우리의 기도로 한국이 월드컵 4강에 오르게 된 기적이 일어났음을 아는 성도가 얼마나 될까? 아무튼 선수들이 잘하고 지도자가 잘했기 때문만은 아님을 기억해야 할 것이다.

피터 바이어하우스 박사는 거듭 말하기를 우리가 기억할 일이 두 가지 있다고 했다. 그 한 가지는 모든 영광을 하나님에게 돌려야 한다는 것이다. 기도의 응답으로 월드컵 4강의 기적을 주셨으니 존귀 영광을 하나님에게 돌려야 함은 당연하다. 그 어떤 인간이 받아서는 안 된다. 그라운드에서 뛰는 선수들이 골을 집어넣어 온 국민의 박수를 받는 것은 당연하지만 그들을 우상으로 만들어서는 안 된다. 스페인전에서 4번째 페널티킥을 찰 때 이윤재 골키퍼가 막아내고 환하게 웃는 모습은 실로 백만 불짜리 미소였다. 그러나 그 모든 잘한 일들은 하나님이 섭리하시고 역사하시기 때문이다. 선수들을 훌륭하게 지도하고 용병술이 뛰어난 히딩크 감독이지만 그에게 모든 영광을 돌려선 안 된다. 선수든 감독이든 그들은 자기 할일을 했을 뿐이다. 두 번째 그의 당부는 한국의 승리가 경제적인 부가가치를 창출하기 위한 하나님의 섭리일 수도 있으나 이를 선교의 기회로 삼아야 하나님의 축복을 지속적으로 유지해야 한다는 것이다. 참으로 유익한 말씀이다.

월드컵 4강 진출을 통해 인간의 성공과 실패가 하나님에게 있음을 다시 한 번 믿는 계기가 되었으면 한다. Ω

주 5일 근무 대책
a countermeasure for 5 day work

금융권을 비롯하여 정부 각 기관에서 주 5일 근무하고 2일을 휴식한다는 '주 5일 근무제'가 확산되어 자리 잡을 것으로 예상된다. 이로 인하여 전 사회가 환영 분위기인 듯하나 기독교에서는 썩 달갑지 않은 제도이다. 안식이 하루 더 늘어남으로써 주일(主日) 성수(聖守)가 희석되고 모호해지는 감이 있기 때문에 교계에서는 오히려 어수선한 분위기이다. 뿐만 아니라 주 5일 근무제가 정착된다면 모든 교인이 주일에 교회에 나오지 않고 들로 산으로 빠져나가 교회는 텅 비게 될 것이며, 급기야 교회의 존폐 위기가 닥칠 것을 생각한다면 이 제도를 환영할 수가 없다. 아니, 오히려 심각한 문제로까지 부상하게 되었다.

이에 대해 기독교계 일각에서는 대책을 세우기에 여념이 없다. 어느 대형 교회에서는 심지어 주일 1부 예배를 금요 저녁시간으로 옮겨 교인들에게 환영을 받고 있다고 한다. 그나마 주일 1부 예배를 드리는 것도 예배당이 모자라 몇 부씩 드리는 것이 아니다. 다만 교인들의 편의를 위한 일이라면 금요일에 옮겨 드리는 것이 어떠냐 하는 생각에서 그러는 것이다. 이 모두가 하나님과 성경의 뜻을 맞추는 것이 아니라 교인들의 편의를 도모하기 위한 일이라 교인들은 환영할 만한 일이요, 반대할 이유가 없다.

그러나 진정한 성수주일(聖守主日)의 의미는 그런 것이 아니다. 주일을 거룩히 지키는 것이 주일 성수이다. 예수님은 이 땅 위에 오셔서 십자가를 지시고 죽은 지 3일 만에 부활하셨다. 이날이 바로 주의 날이요, 이 부활의 날을 기념하는 것이 주일 성수이다. 이날은 나의 죄가 용서받는 날이요, 하나님과의 관계가 회복된 날이요, 공중권세 잡은 마귀사단을 정복한 날이요, 나의 부활이 입증된 날이다. 이날에 어찌 하나님에게 경배와 찬양을 드리지 않을 수 있겠는가. 대한민국이 월드컵 4강을 이루던 날 환호와 기쁨의 축제가 이루어졌다면 주의 날은 성스러운 잔치가 이루어져야 함은 당연하다.

앞서간 우리의 선진들은 이날을 위하여 얼마나 고군분투했던가? 심지어 죽음으로 순교한 이들도 있음을 생각할 때 주 5일제라 해서 하나님의 거룩한 날을 훼손해서는 안 된다. 조선신학교에 이일선이라는 학생이 있었다. 선린촌을 모델로 《이상촌》이라는 소책자를 발간했는데, 농번기 주일은 새벽과 저녁에만 예배를 드리고 낮에는 일한다는 내용이었다. 이는 보수 신학생들의 반발을 불러일으켰고 급기야 추천서를 써준 김재준 박사에 대한 신학사상 검증으로 이어졌다. 결국 1947년 4월 18일 대구 33차 총회에 진정서가 제출되었으며, 이로 인해 예장과 기장이 분열하는 파국을 가져오게 되었다.

1946년 해방 이후 북한 정권은 교회에서 3·1 예배를 강행하자 탄압을 일삼았으며, 고의로 주일에 정부 행사를 치러 총선거일도 주일인 11월 3일로 지정했다. 10월 20일, 당시 이북 5도 기독교연합회에서는 11·3 총선거 절대 불복을 천명했다. 이때 김일성의 외숙부인 강양욱을 시켜 조선기독교연맹을 조직하여 총선거 참여 및 정권 지지를 결의함으로써 반대하는 많은 목회자들이 투옥되어 희생당하는 사건이 있었다. 뿐만 아니라 남한에서도 1970년대에는 향토예비군 훈련을 주일에 실시했다. 교회연합회는 이를 반대했다가 군사정권에 엄청난 탄압과 박해를 받기도 했다.

이와 같이 주일 성수를 위해 직·간접으로 생명을 내걸고 지켜온 터에 주일에 드릴 예배를 금요일에 옮겨 드린다는 것은 많이 잘못된 일이다. 기독교에서 주 5일 근무제에 대한 대책을 세우려면 주일 예배를 금요일로 옮길 것이 아니라 성도들의 교육을 강화하고 경건훈련을 열심히 시켜 주일을 성수토록 하는 것이 최선책이라 할 것이다. Ω

특혜를 버린 히딩크
Guus Hiddink throws a special favor

히딩크 하면 네덜란드 국적을 가진 축구 감독으로, 2002년 한·일 월드컵에서 대한민국을 4강에 오르게 한 신화의 주인공이다. 역대 월드컵에서 본선에도 들지 못했던 대한민국을 4강까지 오르게 한 것은 인간의 이성으로는 도저히 이해할 수 없기에 신화라고 하는 것이다.

히딩크 신드롬이란 말을 낳을 정도로 그의 인기는 하늘을 찌를 듯하다. 대한민국에 거주하는 사람으로서 히딩크를 모르는 사람이 있을까? 그에 대한 예우도 남달라 체육훈장을 수여했고, 대한민국 국민으로 거주할 수 있도록 서울 시민증을 주었으며 많은 상금과 상패를 주어 그의 공로를 위로했다. 그러나 그에게 진정으로 포상할 일은 한국에 머물지 않고 떠났다는 점이다. 전 국민이 함께 있을 것을 원했지만 일언지하에 거절하고 2002년 한·일 월드컵이 끝나자마자 고향으로 돌아간 그의 선택은 가히 금메달감이다. 인기 관리를 매우 잘한 사람이라 할 수 있다. 즉 버리고 취하는 일을 잘한 사람이다.

그가 한국에 오래 머물렀다면 우리가 모르는 치부가 드러났을 수도 있다. 또한 산에 오르면 반드시 내려오게 마련이듯이 그의 인기도 서서히 떨어졌을 것이다. 히딩크는 인기 관리 면에서도 금메달감이라 할 수 있다. 떠남으로써 그는 대한민국 국민의 마음속에 영원히 자리 잡게 되었고, 위대한 지도자로 오래오래 기억될 것이다.

주님은 이 땅 위에 오셔서 오병이어(五餅二漁)의 기적을 행하셨다. 이때 그의 인기는 충천되어 모든 사람이 왕으로 삼고자 했다. 먹는 문제, 마시는 문제를 해결하고 싶어 그를 왕으로 삼고자 한 대중의 속마음도 이해는 할 만하다. 그러나 예수님은 이를 마다하고 한적한 곳을 찾아 기도에만 전념하셨다. 몇천 년이 지난 오늘에도 그는 참으로 인기 관리를 잘한 분으로 생각된다. 만약 왕으로서 남았다면 그는 유대의 왕은 될지

언정 인류의 구세주는 되지 못했을 것이다.

어거스틴(Aurelius Augustinus : 354~430년, 알제리 누미디아 타가스테 출생)은 세계적인 신학자요, 존경받는 성자이다. 방탕한 생활을 하다가 기독교 신앙을 받아들임으로써 죄악의 굴레에서 벗어난 그는 어느 날 자신을 정욕의 구렁텅이에 빠지게 한 여인과 마주쳤으나 가볍게 목례만 하고 지나갔다고 한다.

"저를 모른 체하긴가요? 보세요, 저예요!"

여인이 안타까운 마음으로 어거스틴을 붙들자 그는 조용히 웃으며 이렇게 대답했다.

"이제 나는 더 이상 옛날의 내가 아니오."

과감하게 과거의 자신을 버리는 아픔을 감내한 어거스틴은 후에 위대한 신학자요, 성자가 되었다. 만약 그가 육체의 정욕을 버리지 못했다면 어떻게 되었을지 눈에 선하다. 신앙인드 이같이 버리고 취하는 것을 잘할 줄 알아야 한다. 때로는 부귀영화도 버리고 권세도 물질도 혈연도 과감하게 버릴 때 주님이 가신 길을 함께 갈 수 있다. 버리기를 잘한 사람으로는 바울도 유명하다.

> 나는 팔일 만에 할례를 받고 이스라엘 족속이요 베냐민 지파요 히브리인 중의 히브리인이요 율법으로는 바리새인이요 열심으로는 교회를 박해하고 율법의 의로는 흠이 없는 자라. 그러나 무엇이든지 내게 유익하던 것을 내가 그리스도를 위하여 다 해로 여길 뿐더러 또한 모든 것을 해로 여김은 내 주 그리스도 예수를 아는 지식이 가장 고상하기 때문이라. 내가 그를 위하여 모든 것을 잃어버리고 배설물로 여김은 그리스도를 얻기 위함이라. (빌 3:5~8)

바울은 가말리엘의 문하생이요, 로마의 시민권도 있었으나 이 모든 것을 그리스도를 위하여 버렸다. 우리도 버리는 일에 인색해서는 안 될 일이다. Ω

장상 국무총리 서리 인사청문회
the Prime Minister audition in the National Assembly

장상(張裳) 국무총리 서리에 대한 국회 인사청문회 첫날인 지난 7월 29일, 장 서리 부부가 1979년부터 1988년까지 세 차례에 걸쳐 실제 거주하지도 않은 집에 거주한 것처럼 주민등록을 이전한 사실이 드러나 논란이 일고 있다.

한나라당 심재철(沈在哲) 의원은 "장 서리 부부는 잠원동 신반포 7차 아파트를 1980년 5월에 분양받았다가 그해 12월에 팔면서 당시 주택공급촉진법상 '분양 후 6개월 동안의 거주 의무기간'을 채우기 위해 6개월 15일 동안 위장전입했으며, 목동아파트 역시 분양 직후부터 실제 거주해야 하는 의무 때문에 실제로는 목동아파트를 전세 놓은 상태에서 거주하는 것처럼 위장전입을 했다"며 주민등록법 10조 위반이라고 말했다. 또한 심 의원은 반포동 반포아파트 위장전입 역시 주변의 재개발분양권(속칭 딱지) 전매를 노린 투기 의혹이 있다고 덧붙였다. 다른 의원들도 위장전입을 통한 부동산 투기 의혹을 제기했다. 장 서리 가족은 1979년 9월부터 1988년 3월까지 서울 서대문구 대현동 54-1 무궁화아파트에 실제 거주했음에도 불구하고, 주민등록상에는 장 서리 부부만 다른 부양가족과 별도로 1980년 6월 25일~1981년 1월 10일은 서울 강남구 잠원동 신반포 7차 아파트 303동 610호(35평), 1985년 1월 16일~4월 4일은 서울 강남구 반포동 반포아파트 82동 101호(42평), 1987년 2월 15일~1998년 11월 26일은 서울 목동아파트 501동 503호(55평)에 각각 거주했으며, 나머지 기간은 대현동에 거주한 것으로 되어 있다.

국무총리 후보 장 서리는 이에 대해 다음과 같이 해명했다.

"시어머니가 주민등록을 옮겨 그 사실을 이번 청문회 이전까지 전혀 몰랐다. 신반포 7차 아파트는 당시 세들어 살던 대현동 아파트 사업자가 부도를 내는 바람에 시어머니가 아파트를 구입하려고 이전했던 것

같고, 반포동 아파트는 남편의 매형 소유인데 이전했던 이유를 전혀 알 수가 없고, 목동아파트는 1987년 구입 직후 이사하려 했으나 가족들의 수술, 별세 등 우환이 겹쳐 주민등록 이전만 해놓은 상태에서 이사가 늦어졌다.”

국무총리가 되어 나라의 행정을 맡으려면 한점 의혹도 없이 깨끗해야 하므로 수많은 국회의원이 후보의 베일을 벗기는 데 열심인 것을 보면 안쓰럽기도 하다. 이 같은 장면을 지켜보면서 우리도 언젠가는 하나님 앞에 나아가 다섯 고을 맡을 왕으로서 아니면 열 고을 맡을 왕으로서 공직에 나갈 때 과연 깨끗하지 못하다면 수많은 사람에 의하여 우리의 치부(恥部)가 드러나고 공격받게 될 것이라는 생각이 들었다. 우리는 세상 삶의 현장에서 얼마나 많은 범죄를 저질렀으며 하나님의 뜻에 위배된 삶을 살아왔던가. 이때 여기저기서 나의 비리와 잘못을 들춰낸다면 부끄러워 차마 얼굴을 들 수 없을 것 같다. 이때 주님이 나타나 “모든 죄의 책임을 저에게 돌리시기 바랍니다. 내가 다 책임지겠습니다”하고 왕으로서 공직에 나아가게 한다면 주님이 얼마나 고마울까?

대통령이 지명하여 후보가 된 사람을 복부인이나 땅 투기꾼으로 몰아세우는 것은 너무한 감이 있으나 고위직에 오를 사람이라면 깨끗해야 하므로 충분히 공감이 간다. 그러나 정작 문제는 과연 깨끗한 사람이 있는가이다. 과거를 들춰 깨끗한 사람이 얼마나 있을까? 아마도 주머니 털어 먼지 안 날 사람은 없을 것이다. 따라서 중요한 것은 과거에는 더럽고 남들 앞에 나설 수 없는 사람이지만 지금은 회개하여 주님이 흘리신 보혈로 얼마나 깨끗한 사람이 됐느냐다. 회개하지 않고 고위직에 오르면 투기나 위장전입 방법을 동원하여 권력형 비리에 연루될 가능성이 있음은 불 보듯 뻔하다. 공직에 나가는 사람은 사죄의 은총을 입고 하나님의 사람으로서 공직에 임해야 한다. 그러므로 국회에서 인사청문회를 한다면 후보의 죄를 찾는 일도 중요하지만 회개할 수 있도록 동기 부여를 하고 진심으로 회개했는가를 가리는 일이 우선되어야 할 것이다. Ω

기독교인의 응원 문화
a culture of the Christian' s support

2002년 한·일 월드컵에서 일본은 16강 대열에 들었고 우리 한국은 4강에 오르는 신화를 창조했다. 이 같은 신화를 만든 공을 누구에게 돌려야 하는가? 말 자체에 모순이 있는 것 같다. 신화(神話)라는 것은 신(神)에 의하여 만들어진 것을 말한다. 그 공은 말할 것도 없이 신에게 돌려야 한다. 그런데 시시콜콜 그 공을 따진다면 대한민국 국가 대표팀 22명에게 그 공을 돌려야 하며, 또한 이들을 맡아서 지도한 당시 한국 대표팀의 감독인 히딩크에게 돌려야 한다. 또한 붉은 악마 응원단에 그 공을 돌리는 것도 빼놓으면 안 될 것이다. 물론 거기에 전 국민의 응원이 더해졌기에 4강 신화를 이루어낸 것이라 본다. 축구가 11명이 하는 것처럼 모두의 합작품의 결과라 할 수 있다.

내가 말하고자 하는 것은 우리 기독교인들은 어떤 방법으로 응원을 했는가 하는 점이다. 물론 다른 사람들처럼 대한민국을 외쳤고 박수를 두 번, 세 번씩 쳐서 대중들과 호흡을 같이하며 '오~ 필승코리아'를 외쳐댔을 것으로 안다. 그러나 기독교인 특유의 응원 수단인 기도하는 것을 빼놓을 수가 없다. 그렇다면 기도의 내용은 무엇일까? 물론 대한민국이 이기게 해달라고 하는 기도문이 있기도 했을 것이다. 그러나 곰곰 생각해보면 축구는 상대편이 있다. 우리나라가 이기게 된다면 다른 나라는 지게 될 것은 자명한 일이다. 우리나라를 이기게 해달라고 하는 기도는 다른 나라를 지게 해달라고 하는 이야기다. 이 같은 기도는 바람직하지 못하다.

지난 6월 21일 브라질과의 8강전을 앞둔 영국의 어느 목사님이 이렇게 기도했다고 한다.

"주여, 일어나소서! 브라질이 우리를 이기지 못하도록 하소서! 그들을 공포에 사로잡히도록 하시고 호나우두와 히바우두는 힘이 빠져 팀 전체가 혼란에 빠지도록 해주소서!"

이 같은 기도문은 과연 바람직한가? 하나님은 만인의 하나님이요, 국가와 국경을 초월한 공의로우신 하나님이신데, 하나님의 입장이 심히 난처했을 것 같다. 그런가 하면 우리나라에서도 부활절에 연합예배 드릴 때 어느 목사님은 기도 시간에 이렇게 예언했다고 한다.

"한국 팀이 결승까지 올라갈 것을 믿습니다. 미국에게는 자살골을, 폴란드에게는 페널티킥을 얻을 것입니다. 페널티킥을 얻지 못하는 선수는 한강에 빠져 죽어야 합니다. 포르투갈에게는 1:0으로 이길 것입니다."

물론 이 기도에는 한국이 16강에 오를 수 있도록 해달라는 염원이 담겨 있다. 문제는 이 기도문이 바람직한가이다. 이는 독선적이고 이기적인 기도일진대 공의로우시며 사랑이 풍성하신 하나님은 우리나라만의 하나님이 아닌 것이다. 앞으로 아시안 게임(ASIAN GAME)이 부산에서 있다. 또한 국제경기가 연이어 있을 것을 생각하여 진정한 기독교인으로서 바람직하고 성경적인 기독교인의 응원 문화가 이루어져야 할 것이다. 마음으로 응원하는 신앙인의 바람직한 기도문이란 어떤 것일까?

"하늘에 계신 여호와 하나님이여! 대한민국의 대표선수들을 불쌍히 여겨주소서. 이들이 그동안 이 대회를 위하여 갈고 닦은 기량이 있습니다. 이 기량을 십분 발휘하여 실수가 없게 하옵소서. 그리고 선수들의 건강을 지켜주시기 바랍니다. 또한 대회가 잘 치러지도록 은혜를 베풀어주시기 바랍니다."

다혈질적이고 승부욕이 강하여 안하무인이요, 다른 나라는 우리의 승리의 밥이 되어야 한다는 발상과 기도는 비합리적이요, 비성경적이라 할 것이다. 우리 신앙인의 기도로 월드컵 4강에 오른 것은 하나님의 역사로 된 것임을 자부한다. 승리는 인간에게 있지 않고 하나님에게 있기 때문이다. 신앙인이 드리는 기도의 위력이 얼마나 큰가를 알아 응원하는 일을 열심히 해야 하되 바르게 해야 할 것이다. Ω

선택의 자유
a freedom of the choice

다음과 같은 성경 말씀들을 종합해보면 우리 인간에게는 선택의 여지가 많은 듯하다.

> 좁은 문으로 들어가라. 멸망으로 인도하는 문은 크고 그 길이 넓어 그리로 들어가는 자가 많고 생명으로 인도하는 문은 좁고 길이 협착하여 찾는 자가 적음이라. (마 7:13~15)
>
> 내가 오늘 하늘과 땅을 불러 너희에게 증거를 삼노라. 내가 생명과 사망과 복과 저주를 네 앞에 두었은즉 너와 네 자손이 살기 위하여 생명을 택하라. (신 30:19)
>
> 만일 여호와를 섬기는 것이 너희에게 좋지 않게 보이거든 너희 조상들이 강 저쪽에서 섬기던 신들이든지 또는 너희가 거주하는 땅에 있는 아모리 족속의 신들이든지 너희가 섬길 자를 오늘 택하라. 오직 나와 내 집은 여호와를 섬기겠노라. (수 24:15)

이와 같이 생명의 길과 죽음의 길, 좁은 길과 넓은 길 중에서 선택의 여지가 많다. 그러나 달리 생각하면 우리 인간에게는 선택의 여지가 전혀 없고 오로지 하나님만이 선택할 뿐이다.

> 여호와께서 이르시되 '내가 너희를 사랑하였노라. 하나 너희는 이르기를 주께서 어떻게 우리를 사랑하셨나이까 하는도다. 나 여호와가 말하노라. 에서는 야곱의 형이 아니냐? 그러나 내가 야곱을 사랑하였고 에서는 미워하였으며 그의 산들을 황폐하게 하였고 그의 산업을 광야의 이리들에게 넘겼느니라' 하더라. (말 1:2~3)

이는 하나님이 이스라엘을 선택한 것은 곧 하나님의 사랑 때문임을 말씀한 것이다. 즉 야곱의 어떤 행위 이전에 하나님이 야곱을 사랑했고, 에서도 어떤 행위 이전에 하나님이 미워한 것이다. 에서 입장에서는 선택의 여지도 없이 생명, 좁은 길, 축복의 길에서 제외되었고 사망과 넓은 길, 저주의 길로 접어들어 하나님의 노여움과 미움의 길로 가게 된 것이다. 하나님의 제자가 되는 것 역시 이와 동일하다.

> 너희가 나를 택한 것이 아니요 내가 너희를 택하여 세웠나니, 이는 너희로 가서 열매를 맺게 하고 또 너희 열매가 항상 있게 하여 내 이름으로 아버지께 무엇을 구하든지 다 받게 하려 함이라. (요 15:16)

복과 저주는 인간 편에 있지 아니하고 어디까지나 하나님 편에 있다. 죽을 사람은 영원히 죽음의 길로 간다. 하나님의 축복을 받을 백성이나 개인은 하나님이 친히 복을 받도록 선택하여 그 길로 가게 하신다. 즉 하나님은 인간을 사랑하시되 독생자를 주시기까지 십자가로 하나님의 지고의 사랑을 표현하시고 하나님의 놀라운 사랑을 인간에게 주셨다. 이 사실을 하나님이 선택한 백성들이 믿도록 은혜를 주신 것이다. 반면에 불신자들은 이와 같은 혜택이 전혀 없도록 이미 선택되었다.

1992년 올림픽 때 은메달을 받은 쿠바의 애나 퀴롯(Ana Quirot)은 이번에 열린 애틀랜타 올림픽의 8백 미터 달리기에서 금메달을 차지했다. 1년 전 애나는 석유난로가 터져 전신의 40%에 중화상을 입고 기적적으로 살아났다. 사고 당시만 해도 그녀가 육상경기를 계속하거나 올림픽에서 금메달을 차지할 줄은 아무도 상상하지 못했다. 각고의 노력 끝에 금메달을 목에 건 애나는 이렇게 말했다.

"사람의 장래를 결정짓는 것은 인간에게 있지 않고 신에게 있다."

어떤 일에 성공하거나 승리했을 때 기쁨과 자부심을 갖지만 이는 하나님이 성공의 길을 걷도록 인도하시고 섭리하신 때문이다. 그런 의미에서 예수님을 은 30에 팔아넘긴 유다는 억울하기 그지없는 입장이다. 유다 스스로 길을 선택한 것이 아니라 신에 의하여 그렇게 되어졌기 때문이다. 그러므로 신에게 구원받도록 선택된 사람은 정성과 생명을 다해 하나님을 사랑하고 경배하며 헌신하여야 한다. Ω

270억을 적선한 강태원 옹
accumulation of virtuous deeds

"네 이웃을 네 몸같이 사랑하고 원수가 있을시 원수까지도 사랑하라."
이웃사랑은 주님이 기독교 신앙인에게 주신 새로운 계명이다. 주님의
제자라면 당연히 이웃사랑의 계명을 지켜야 한다.

> 내가 주릴 때에 너희가 먹을 것을 주었고, 목마를 때에 마시게 하였고, 나그네 되
> 었을 때에 영접하였고, 헐벗었을 때에 옷을 입혔고, 병들었을 때에 돌보았고, 옥에
> 갇혔을 때에 와서 보았느니라. (마 25:35~36)

이 같은 이웃사랑을 베푼 사람이 주님에게 말하기를 자신은 하지 않
았다고 하나 주님은 "지극히 작은 소자에게 한 것이 나에게 한 것이니
라" 하였다. 이는 주님과의 관계를 가지고 선행해야 함을 보여준 말이
다. 주님과 상관없이 이웃을 사랑한 사람에게는 주실 상이 있을까? 이
세상의 모든 것은 하나님의 것이다. 아무리 자신의 힘으로 재산을 모았
다 해도 하나님의 도움이 있어야 가능한 일이다. 내가 가진 재산 또한
내 것이 아니요 하나님의 것이다. 하나님의 것을 자기 것으로 착각하고
임의로 적선했다면 하나님은 기뻐하실 수 없다. 남의 것을 가지고 했기
때문이다.

얼마 전에 전 재산 270억 원을 사회에 환원한 실향민이 있어 신선한
충격을 주고 있다. 화제의 주인공은 팔순의 강태원 옹(83세). 그는 지난
16일 오후 KBS 박권상 사장을 만나 현금 2백억 원과 70억 원 상당의 부
동산 등 총270여억 원의 전 재산을 KBS에 기탁했다. 2백억 원이 든 통
장과 도장, 1,670여 평의 농장 등 기부등본을 모두 전달한 것이다. 강 옹
은 "평소 모금을 통해 불우이웃을 돕는 KBS I TV의 '사랑의 리퀘스트'
를 시청하면서 KBS에 재산을 기탁하기로 결심했다"며 "자식을 위해서
는 한 푼도 물려주지 않아야 한다"는 선친(강봉수·1942년 작고)의 유

언을 받들어 재산을 내놓게 되었다고 달했다. 평양 지주였던 선친은 평생 모은 돈으로 논과 밭 1백만 평을 사서 소작인에게 나눠주고 강 옹을 포함한 두 형제에게는 한 푼도 남겨주지 않았다. 당시 어머니는 "아버지가 너 잘되라고 그런 것이다. 돈은 자기가 벌어서 써야지, 부모 덕을 보면 안 된다"고 말씀하셨다고 회상했다.

"지금 생각하면 너무나 당연한 일이죠. 만약 그렇게 하지 않았다면 나는 지주의 아들이라 해서 공산당 형무소에 갔을 겁니다. 아버지가 나를 살려준 셈입니다."

그는 선친의 뜻을 받들어 1남 4녀에게 아무것도 남겨주지 않았다고 한다.

"대학 공부시켜 주고 결혼시켜 줬으면 부모의 도리는 다한 겁니다. 그런데도 내 재산을 사회에 내놓겠다고 하니 외아들이 나랑 말도 안하려고 해서 서운했어요."

이 기사를 읽은 사람들은 여러 면에서 충격을 받았다. 첫째, 남들이 쉽게 못하는 일을 강 옹이 했다. 세인들은 대부분 가지려고만 하지, 주려고는 하지 않기 때문이다. 둘째, 재산을 자식에게 물려주지 않고 사회에 환원했다. 내가 재산을 모은 것은 사회가 있었기에 가능한 일이므로 이에 대한 은혜의 보답이라고 한다. 자신이 고생해서 번 돈이니까 자기 것으로 생각할 수도 있는데, 그는 사회의 것으로 알고 적선한 일이기에 더욱 충격적이다.

강태원 옹이 이웃을 위해 선행한 일도 중요하지만 어떤 방법으로 했냐는 것이 더 중요하다. 강 옹이 선한 청지기로서 이번 일을 주님의 이름으로 했다면 더 많은 복이 있으리라 믿는다. 모든 것은 하나님의 것이요, 내게 있는 것은 하나님이 맡겨놓으신 것이므로 주님의 뜻대로, 주님의 이름으로 사용했다면 더 좋은 이웃사랑이 될 것이다. 강 옹의 신앙 여부는 지상(紙上)에서 함구하기에 잘 모르겠다. 우리 신앙인은 이웃사랑을 실천할 수 있는 여러 가지 방법을 생각해보기 바란다. Ω

개 목걸이
a collar

휴대폰은 현대 문명에 없어서는 안 될 이기(利器)이다. 이동통신으로서 많은 사람에게 호감을 주고 편리한 삶을 제공한다. 휴대폰이 처음 나왔을 때는 무전기나 무기 등으로 불릴 만큼 크기가 엄청 크고 촌스러웠다. 그런데도 커다란 휴대폰을 손에 든 사람들은 부러움과 선망의 대상이 되기에 충분했다. 요즘은 점차 기술이 발전하여 앙증맞을 정도로 작고 두께도 얇은 모델들이 출시되어 휴대하기에 편리해졌다. 휴대폰은 한 손에 쏙 들어온다 하여 핸드폰으로 불리기도 한다.

지금은 휴대폰의 보급이 급증하여 초등학생까지 가지고 다닐 만큼 보편화되었다. 그러나 아직도 휴대폰 갖기를 거부하는 사람들이 있다. 그들은 휴대폰이 '개 목걸이' 같다며 구속당하는 것이 싫다고들 한다. 주인은 개의 목에 줄을 매어 임의로 끌고 다닌다. 개 입장에서는 주인이 매어놓으면 하루 종일 매여 있어야 하고, 줄을 풀어서 끌고 다니면 힘없이 따라다녀야 한다. 그런데 휴대폰 역시 시도 때도 없이 울려 사생활을 침해하므로 개 목걸이와 다를 바 없다는 것이다. 생활하는 데 조금 불편한 점이 있어도 편리한 점이 더 많기 때문에 요즘은 너나없이 휴대폰을 갖고 다니는 추세이다. 강남의 삼풍백화점이 무너져 많은 사람이 매몰되었을 때 휴대폰을 가진 사람이 밖에 있는 사람과 연락하여 신속하게 구출된 일이 있다. 어느 여인은 납치되어 자동차 트렁크에 갇혔으나 휴대폰으로 외부와 연락이 닿아 극적으로 구출되기도 했다. 반면에 이로 인한 폐해도 적지는 않다. 휴대폰이 주는 아주 작은 불편 때문에 사용을 집단으로 거부하는 사람들이 있어 요즘 화제이다.

호주 시드니에서 동북쪽으로 1,600킬로미터 떨어진 곳에 인구 2천 명이 사는 노폴크(norfolk) 섬이 있다. 이 작은 섬은 호주에 부속된 자치영토 중의 하나이며, 주민 가운데 3분의 1이 영국 해군함 HMS 바운티호의 반란자 후예이다. HMS 바운티호의 반란자란 1865년 빵나무를 찾으라는 임무를 띠고 타히티 섬에 도착한 영국 수병 가운데 원주민의 생활에 동화되어 복귀를 거부하고 정착한 사람들을 가리킨다. 이들은 1980년대 중반에야 TV를 구경했을 만큼 문명과는 거리를 두고 살아왔다. 호주 정부는 이들에게 혜택을 주기 위해 이동통신망 도입에 필요한 2백만 달러(호주 달러)의 절반 이상을 부담하겠다고 했으나 이들은 주민회의에서 찬성 357, 반대 607로 정부의 제의를 거부했다. 즉 문명의 혜택을 개 목걸이로 생각하여 거부한 것이다. 이동통신의 어두운 면만 보고 거부하는 이들의 삶이 진정 바람직한 것인지 곰곰 생각해본다.

오늘날 기독교에서 말하는 절대 진리, 즉 복음은 과연 불신의 사람들에게 어떻게 비쳐질까? 신앙을 갖는 것은 좋다고 생각하면서도 막상 신앙을 권하면 거부하는 사람들이 많다. 기독교의 어두운 부분만을 비난하고 평가 절하하는 사람들은 호주 노폴크 섬에 사는 사람들이 휴대폰을 개 목걸이로 생각해 사용하기를 거부하는 것과 다를 바 없다.

기독교가 한국에 전래된 이후 정치, 경제, 사회, 문화 및 정신세계에 미친 영향은 이루 말할 수 없을 정도이다. 기독교인의 헌신으로 어둠을 밝힌 기적은 얼마나 많으며, 가난하고 소외되어 소망 없이 살아가는 사람들에게 기독교는 얼마나 많은 유익을 주었는가. 그런 점을 감안할 때 빙산의 일각에 불과한 기독교인의 작은 비행과 잘못을 침소봉대(針小棒大)하여 비난하고 헐뜯으며 신앙을 거부하는 일은 참으로 가소롭기 그지없다. 물론 작은 것이 크게 보이니 어쩔 수 없겠으나 사실을 사실대로 보고 말하지 못하는, 하나님의 은혜로부터 소외된 저들의 불행을 보면 가슴이 아프다.

현대 문명과 복음을 거부할 것이 아니라 발전하는 문명에 급물살을 탈 줄 아는 지혜로움으로 생활에 임하는 것이 더 바람직하지 않을까? 사람들이 신앙의 어두운 면만 보는 잘못에서 탈피하여 큰 것을 볼 줄 아는 신령한 눈을 갖도록 오늘도 기도한다. Ω

폐암에 걸린 개그맨 이주일 씨
DEATH of the Christian

가까운 목욕탕에 가서 이발을 하는데, 이발사가 말하기를 '한때 개그계의 대부로 알려진 이주일 씨는 억울할 것'이라고 했다. 그 이유는 수많은 사람이 담배를 피우는데 하필이면 이주일 씨가 폐암에 걸려 죽어야 하느냐는 것이었다. 옛날 어른들은 담배를 피우면서도 백수에 가깝게 사는 경우가 많은데, 이주일 씨는 몹시 억울할 것이라는 말이었다. 왜 하필이면 이주일 씨가 죽어야 하느냐는 것이다. 이는 하나님에 대한 항변이라 할 수 있다. 이 같은 불평불만을 감사의 마음으로 바꿀 수는 없을까? 절망과 좌절에서 감사할 수 있는 조건들을 생각해보고자 한다.

첫째, 죽음 후 안식의 진리를 알아야 한다. 성경에서는 죽음을 '잠자리에 든다'고 표현한다. 즉 안식에 들어감을 의미한다. 하루 종일 일하고 나서 밤이 되면 편안히 잠자리에 들게 되듯이 평안한 안식은 결코 불행이 아니다. 오히려 안식을 주신 하나님에게 감사해야 할 것이다.

둘째, 죽음 이후에 내세가 있음을 알아야 한다. 금생만 생각하는 사람은 죽음이란 불행이요, 끝을 의미한다. 그래서 모든 것을 잃는다고 생각한다. 그러나 성경에서는 인생의 끝이 아니라 새날의 새로운 시작이라고 말한다. 바울은 고린도 교인들에게 말하기를 "만일 그리스도 안에서 우리의 바라는 것이 다만 금생뿐이면 모든 사람 가운데 우리가 더욱 불쌍한 자라"고 했다.

셋째, 내세를 위한 준비가 되어 있어야 한다. 내일을 준비하지 못한 사람은 잠자리에서 일어나기가 두렵지만 모든 것이 준비된 사람은 잠자리가 지루하고 밝아오는 새벽을 설레는 마음으로 기다리게 된다. 이는 수학여행 가는 학생이 호기심으로 밤잠을 설치면서 아침을 기다리는 이치와 같다. 내일의 주인공으로 모든 것이 준비된 사람은 죽음도 감사한 마음으로 받아들이게 된다.

독일의 철학자 쇼펜하우어(Arthur Schopenhauer)는 일찍이 인생은 고해(苦海)임을 간파했다.

"이 세상에서 가장 행복한 사람은 어머니 뱃속에서 태어나기 이전의 사람이다."

이 말은 곧 죽음이 영원한 삶으로 이어진다는 확신을 갖고 감사하는 마음으로 임종에 임할 것을 당부하는 말이기도 하다. 물론 암 말기 환자였던 이주일의 불행을 직접 당해보지 않고는 이런 말들이 사치일 수도 있다. 그러나 하나님을 경외하고 성경을 터득한 믿음의 사람이라면 신에게 깊은 감사를 드릴 것이다. 죽음을 눈앞에 둔 신앙의 사람은 하나님의 충만한 사랑을 느끼며 감격의 눈물과 함께 임종을 맞을 것이다. 원망과 불평 속에서도 감사함을 느끼는 비결은 신앙에 있다. 이는 신의 존재를 믿는 지혜로운 자만이 아는 행복이기도 하다. 불행 속에서도 감사함을 찾아낼 수 있는 지혜는 곧 신앙인의 삶의 지혜이다. 죽음에 대한 신앙을 현실화한 사람은 스데반 집사이다. 그는 죽음 앞에서 기쁨이 충만했다. 또한 바울은 자신의 불행을 행복으로 바꾸어 살아간 사람이다.

> 우리가 알거니와 하나님을 사랑하는 자, 곧 그의 뜻대로 부르심을 입은 자들에게는 모든 것이 합력하여 선을 이루느니라. (롬 8:28)

그는 죽음조차 선을 이루는 하나님의 뜻으로 알고 겸허하게 받아들였다. 또한 그는 옥중에서 다음과 같이 말했다.

> 나는 비천에 처할 줄도 알고 풍부에 처할 줄도 알아 모든 일, 곧 배부름과 배고픔과 풍부와 궁핍에도 처할 줄 아는 일체의 비결을 배웠노라. (빌 4:12)

바울이 강조했던 '항상 기뻐하라! 범사에 감사하라!' 는 진리를 다시 한 번 나의 생활에 재현하자. 감사생활은 신앙을 통해 경건하게 살아온 자들만이 받을 수 있는 열매라 할 것이다. Ω

목숨을 건 모험
a dice with death

지난 3월 14일 오전 11시, 탈북자 25명은 중국 경비병을 제치고 스페인 대사관 정문을 통과하여 구내 쪽으로 밀고 들어갔다. 우리는 미처 들어가지 못한 한 명이 중국 경비병과 다투는 장면을 TV를 통하여 생생하게 지켜보았다. 손에 땀이 날 정도로 아슬아슬한 장면이었다.

탈출에 성공한 이들은 성명서를 발표하여 '우리는 지금 엄청난 절망에 빠져 있고 처벌의 공포 속에 살고 있다. 이에 따라 우리의 불행을 수동적으로 기다리기보다는 자유를 위해 목숨을 걸기로 결정하기에 이르렀다'고 밝혔다. 또한 '우리 중 일부는 중국 당국이 북한으로 되돌려 보낼 경우 자살하기 위해 독약을 소지하고 있다'고 강조했다.

그들의 탈출 장면을 보면서 몇 가지 교훈을 얻고자 한다.

첫째, 생명을 위한 투자이다. 생명은 참으로 소중하고 천하를 주고도 바꿀 수 없는 귀한 존재이다. 세상의 모든 것을 얻었다 해도 생명을 잃는다면 헛된 일이다. 이처럼 존엄한 생명을 아낌없이 거는 것은 좀 더 나은 것을 얻기 위한 행동이다. 우리는 여기서 생명을 얻기 위해서는 생명을 버려야 한다는 교훈을 얻을 수 있다.

둘째, 자유를 위한 투자이다. 이들이 생명을 투자한 이유는 자유를 얻기 위함이다. 자유가 아니면 죽음을 달라는 말도 있다. 얼마나 자유가 좋으면 생명까지 거는 걸까. 탈북자들의 증언에 의하면 북한에서는 폐쇄된 삶을 살며 거주의 자유, 양심의 자유도 없다고 한다. 이들의 행동은 보다 나은 자유를 위한 탈출이었다.

자유를 위하여 인간의 존엄한 생명을 거는 행동은 성경에서도 볼 수 있다. 아담의 후예들은 아담이 지은 죄에 동참했다. 인간은 죄 중에 탄생하여 죄악을 행하며 죄에 매여 죄의 노예로 살다가 결국 그 죗값으로 죽는다. 죄의 문제를 해결하지 못한 인간은 죽음의 공포 속에서 살아간다. 생명이 있는 한 평생 죽음의 종노릇이나 하는 것이 인간의 실체이다. 여기에는 누구도 예외가 없다. 즉 북한 사람이나 남한 사람이나 동일하다.

죽음에서 생명으로, 죄(罪)에서 의(義)로 탈출할 수 있을까? 구속에서 자유를 얻을 수 있을까? 이 같은 문제들을 해결하기 위해 주님은 고귀한 생명을 주셨다. 하나님은 인간을 사랑하시어 예수님을 이 땅 위에 보내시고 우리 죄를 대신하여 십자가에 담당하시고 의롭다 하기 위해 죽은 자 가운데 부활하게 했다. 우리는 이 사건을 믿음으로써 사죄의 은총과 사망에서 생명을 얻는 은혜를 받았다. 신앙인은 믿음으로써 이 은혜에 들어가 자유로운 삶을 살게 된다. 참된 신앙인이라면 어렵게 얻은 자유를 지키기 위해 생명을 거는 아름다운 신앙 행위가 선행되어야 할 것이다. 자유를 얻기 위해 생명을 걸었다면 힘들게 얻은 자유를 지키기 위해 생명을 버리지 않는 것은 엄청난 잘못이요, 형평성을 잃은 처사이다. 신앙하는 일에 생명을 바쳐 하나님이 주신 자유를 지키는 최선의 신앙 행위가 있어야겠다.

셋째, 보다 나은 미래를 위한 투자이다. 북한에서 남한으로의 탈출은 미래를 위해 준비된 행동이다. 오늘보다는 내일, 금년보다는 내년, 지금보다는 훗날에 기대를 걸고 행동한 것이다. 탈북자 25명은 이 생에서의 오늘보다는 내일을 위해 과감한 행동을 했다고 볼 수 있다. 지금 대한민국에 살고 있는 우리는 행복을 누리며 사는 것일까? 오늘의 미국 국민은 한국 국민보다 더 행복하다고 생각할까? 대부분은 당장의 현실보다 무지갯빛 미래를 꿈꾼다. 그래서 이 세상을 고해(苦海)라고 하지 않던가. 신앙인이 바라는 미래 역시 현실 세상이 아니라 영원한 죽음 이후에 마련된 천국이다. 진정한 신앙인이라면 사람의 손으로 짓지 아니한 영원한 세상을 위해 목숨 건 투자가 있어야 하지 않을까. 그것은 후회 없는 투자가 될 것이다. Ω

크리스천
Christian

크리스천이란 그리스도인이란 말로, 예수의 사람을 의미한다. 신앙인은 예수의 사람으로 하나님과 사람에게서 인정을 받아야 한다.

> 만나매 안디옥에 데리고 와서 둘이 교회에 일 년간 모여 있어 큰 무리를 가르쳤고 제자들이 안디옥에서 비로소 그리스도인이라 일컬음을 받게 되었더라. (행 11:26)

이는 바울과 바나바가 안디옥에서 1년간 유하면서 사명자로 복음을 전하여 지역주민에게 그리스도인으로 인정받은 것을 말한다. 신앙인이라면 이처럼 인정받는 성도가 되어야 할 터인데 그렇지 못한 경우도 있다. 교인들은 다 사기꾼이라든가 불신자보다 못하다는 말들을 들을 때면 실로 마음이 아프다. 나에 대한 평가는 다른 사람이 할 때 제대로 된 평가가 될 수 있다. 사람들은 자기 자신을 PR하고 자랑하는 경우가 많으나 그렇다고 하여 상대방에게 그대로 인정받는 것은 아니다. 시간을 두고 지켜본 뒤 상대방이 인정해줄 때 자신이 말한 자랑이 입증되는 것이다. 자신을 자랑하고 싶다면 다른 사람의 입을 통해 자랑하도록 하는 것이 바람직하다. 다들 잘난 멋에 살려고 하지만 다른 사람에게 인정받지 못하면 허공을 향해 말하는 것이나 다를 바 없다.

미국의 제16대 대통령인 에이브러헴 링컨(Abraham Lincoln, 1809~1865)에 대해서 생각해보고자 한다. 링컨은 가난한 집안에서 태어났으나 그 사람됨이 성실했다. 어린 나이에 법학을 공부하여 우체국장, 주의원 등을 역임했다. 1837년 법관이 되어 가난하고 무고하게 고통을 당하는 사람들을 위해 일했고, 노예제도 폐지를 주장하여 국민들의 지지를 얻었다. 1860년 공화당의 지도자로 대통령에 당선되었으나 남부 7주가 연방탈퇴를 선언한 후 무력으로 북부에 도전해옴으로써 남북전쟁이 일어났고 결국은 북부가 승리를 거두어 노비를 해방시켰다. 링컨은 1865년에 피살되어 순국했는데 그의 인격과 그가 남긴 공헌은 오늘날에도 거국적으로 칭송되고 있다.

뉴욕 트리뷴지의 기자 브룩스(Noah Brooks)는 링컨과 다년간 교류가 있었다. 그는 평소에도 백악관으로 초청을 받았고, 링컨과 사회 및 종교 문제에 관해 깊은 대화를 나누곤 했다. 다음은 1872년 2월 뉴욕에서 온 리드(J.A. Reed) 목사의 편지 가운데 일부이다.

"링컨은 신앙이 두터운 사람이다. 그는 일찍이 나에게 자신의 믿음을 증거하였다. 그는 주 예수그리스도에 의한 영생의 복락과 소망이 있음을 믿었다. 또한 기독교의 기본 교리에 대해서도 굳은 믿음을 갖고 있었으며 백악관에 와서도 날마다 기도를 드렸다. 내가 링컨과 이야기한 경험으로 미루어볼 때 그는 구주 예수 그리스도에 대하여 견고한 믿음을 가진 진정한 그리스도임에 틀림없다."

1861년 3월 4일 링컨의 부인은 리드 목사에게 취임 전 링컨의 상황을 설명했는데, 그것을 약술하면 다음과 같다.

"남편은 취임 연설의 초고를 직접 완성한 후 집안사람들을 불러 모아 놓고 커다란 목소리로 읽어줬어요. 읽기를 마친 후 그는 이렇게 말하더군요. '나는 조용한 시간이 필요하오. 집안사람들을 모두 다른 방으로 가게 해줬으면 좋겠소.' 밖으로 나온 우리는 그의 기도소리를 똑똑히 들을 수 있었어요. 그는 나라의 운명을 모두 하나님께 맡기고 하나님의 돌보심을 구했답니다."

링컨은 하나님과의 교통 후 침착하게 대통령 임무를 담당하기 시작했다. 그는 자신의 신실함과 독실한 신앙을 가까운 부인과 주변 사람들에게서 인정받았다. 우리 신앙인도 하나님에게만 인정받으면 된다는 잘못을 범하지 말아야 하며, 사람에게만 인정받으면 된다는 식의 불신앙적인 태도도 배제되어야 한다. 하나님의 인정을 받은 후에도 사람들의 인정을 받는 성도가 되어야 한다. Ω

부르심에 충실한 사람
a faithful man for the calling

인간의 행동은 생각만으로 이루어지지 않는다. 일단 말을 듣고 나서 생각을 한 뒤 믿음이 갈 때 행동으로 옮긴다. 설령 믿는다 하더라도 자신에게 유익이 되지 않는다면 안 들은 것으로 간과해버린다. 그러나 신앙인은 이와 다른 차원에서 행동을 한다. 하나님의 말씀을 듣고 묵상하는 가운데 주님을 위한 것으로 믿어질 때 과감한 행동으로 나타나는 것이다. 이 행동을 신의 부르심, 즉 소명(召命)이라 한다. 소명은 하나님을 향한 믿음과 사명감이며, 내 속에서 큰 힘으로 작용하여 나의 생각을 밖으로 밀어냄으로써 행동으로 표현된다. 과연 나의 행위는 거룩한 소명의식에서 나온 신앙으로 표현되는 생활이냐 아니면 이해관계로 움직이는 불신으로 표현되는 생활이냐를 확실히 알아야 한다. 신앙인은 하나님의 부르심에 민감한 사명감으로 행동해야 한다.

미국 선교사 저드슨(Adoniram Judson) 목사가 있는데, 보스턴에 있는 큰 교회가 그를 담임 목회자로 청빙했다. 부인과 어머니 및 그를 아는 모든 사람이 이 소식을 듣고 기뻐했다. 젊은 목사가 유서 깊은 교회에 초빙되는 것도 큰 영광일 뿐만 아니라 교육도시에서 사는 것이 그들의 꿈이었기 때문이다. 그러나 정작 당사자인 저드슨 목사는 그 초청을 거절했다. 사람들은 다들 의아한 표정으로 그에게 이유를 물었다. 몇 주전에 어느 집회에서 선교사가 될 결심을 했으며, 하나님과의 약속은 실천해야 한다는 것이 그의 주장이었다. 하나님과의 선약 때문에 좋은 조건을 거절해야 했다는 것이다.

평범한 사람들은 이해관계가 충돌하는 상황이라면 어떤 것이 내게 더 이익을 주느냐에 따라 약속을 파기하기도 하고 지키기도 한다. 그러나 젊은 목사는 평범한 사람들과 달리 하나님과의 약속을 우선으로 생각했다. 큰 교회든 작은 교회든 간에 개의치 않고 하나님과의 약속은 지켜져야 한다는 생각으로 좋은 조건의 초대를 거절한 것이다. 결국 그는 부인과 함께 가장 어려운 선교지인 미얀마로 떠났고, 그곳에서 하나님의 놀라운 섭리를 보여주었다. 즉 저드슨 선교사를 통해 불교에서 기독교로 개종한 미얀마인들이 그의 평생에 5만여 명으로 늘어난 것이다. 한 알의 밀알이 땅에 떨어져 죽음으로써 60배, 100배나 되는 헌신의 열매를 수확할 수 있었다. 참으로 귀한 열매들이 아닐 수 없다. 우리도 하나님과 약속한 것을 선약으로 알고 하나님의 부르심에 응하며 믿음과 사명감을 가지고 행동하는 사람이 되어야 할 것이다.

목사이자 선교사인 저드슨이 사명을 다함으로써 마지막에 승리하도록 역사하신 분은 결국 하나님이다. 즉 그가 대형교회의 목회자를 거절하고 하나님의 부르심과 사명에 충실히 따른 것은 그의 결심이었으나 미얀마의 복음 활동에서 성공을 거두게 된 것은 하나님의 힘인 것이다. 이와 같이 진정한 신앙인이라면 하나님의 부르심과 사명감을 늘 염두에 두고 자신의 행동할 바를 찾아야 한다.

아프리카에서 선교사로 활동한 리빙스턴(David Livingston, 1813~1873)은 스코틀랜드의 독특한 가정환경 속에서 개인적 신앙심을 키우며 가난, 고된 노동, 교육열, 포교생활 등을 체험하면서 성장했다. 그 후 아프리카를 찾은 그는 수십 번의 죽을 고비를 넘기면서도 의료사업과 전도사업에 몰두하여 30주년을 맞았다. 영국 모교회에서는 그의 육체가 극도로 노쇠함을 알고 즉시 돌아올 것을 통지했으나 그는 돌아가지 않았고, 몇 달 후 제단에 엎드려 기도하는 모습으로 숨을 거두었다.

그의 마지막 일기에는 이렇게 씌어 있었다.

"나의 전부인 예수님께 나를 다시 바친다. 주님, 나의 헌신을 받아 더 사용해주옵소서! 아멘."

리빙스턴은 거룩한 하나님의 부르심에 충실했다. 이는 육체적 쾌락이나 명예욕, 눈앞의 이익을 위해 살지 않고 하나님의 부르심과 믿음, 사명감으로 살아간 사람들의 절대적인 행동이라 하겠다. Ω

신사참배한 일본 총리
a shrine worship

지난 4월 21일 고이즈미 준이치로(小泉純一郎) 일본 총리가 태평양전쟁 전범들의 위패가 있는 야스쿠니(靖國) 신사를 갑자기 참배했다. 그는 작년 8월 13일에도 이곳을 참배하여 파문을 일으킨 인물이다. 고이즈미 총리는 이날 오전 9시 30분쯤 비가 내리는 가운데 전통절차에 따라 참배한 뒤 다음과 같이 말했다.

"나는 내각 총리대신 자격으로 참배한 것이다."

야스쿠니 신사가 대체 어떤 곳인가부터 말하고 싶다. 야스쿠니는 메이지(明治) 유신 때 천황 중심 집권체제의 기틀을 닦는 과정에서 전사한 관군들을 기리기 위해 1869년 창건된 도쿄 초혼사(招魂社)가 그 효시이다. 태평양전쟁 패망시 야스쿠니는 전쟁동원을 진두지휘한 막강한 신으로 군림했으며 지금도 여전히 일본 군국주의가 숨쉬고 있는 시설로 지적된다. 도쿄 돔의 2배가 넘는 9만 9천 제곱미터의 야스쿠니 신사에는 메이지 유신 당시 숨진 천황의 충신을 비롯해 청일전쟁, 러일전쟁, 중일전쟁, 태평양전쟁 등 일본이 과거 1백여 년 동안 일으킨 전쟁에서 사망한 사람들이 군신(軍神)으로 안치되어 연간 6백만 명이 참배하는 곳이다. 현재 전체 합사자 수는 246만 6천344명. 이중 213만 3천760명이 태평양전쟁에서, 19만 1천218명이 중일전쟁에서 사망한 사람들이다. 태평양전쟁 당시 희생된 우리나라 전사자들의 위패가 있기도 하다.

야스쿠니 신사는 명치유신 때 만든 것으로, 야스쿠니는 태평양전쟁 때 패전을 안겨준 신이다. 전장에서 패전한 신을 아직도 섬기는 일본 국민의 의식에 의구심을 갖지 않을 수 없다. 대체 고이즈미가 이곳을 참배한 진짜 속마음은 무엇일까?

첫째, 인기를 유지하기 위해서이다. 일본은 아직도 국민 대다수가 신사를 숭배하고 있다. 정치인은 국민을 의식하지 않을 수 없다. 지난해보다 인기가 떨어진 고이즈미는 지금 이 시기에 신사 참배를 함으로써 인기 상승을 노린 것이다. 더욱이 일본유족회는 지난해 '고이즈미 총리 만들기'의 든든한 후원자였다.

둘째, 주변국의 항의를 최소화하기 위해서이다. 고이즈미 총리가 8·15 참배를 피하기 위한 궁여지책으로 이날 참배를 강행하는 정치적 선택을 했다는 해석이 지배적이다. 야스쿠니로 향하기에는 이날이 타이밍상 제일 좋았을 것이다. 다른 날은 항의가 극대화되기 때문이다.

셋째, 그가 일본 총리이기 때문이다. 총리는 한 나라를 다스리는 최고의 통수권자이다. 정치, 경제, 사회, 문화, 종교 등 모든 곳에서 정면으로 나타나는 분이다. 나라를 대신하는 사람으로서 국민 대다수가 야스쿠니 신사를 선호하는 이상 피할 수 없는 일이기 때문이다.

이 같은 사안들을 감안할 때 신앙인은 이 사태를 어찌 봐야 할까?

일본 총리로서 신사를 참배한 사건을 갖고 이웃나라가 이러쿵저러쿵 하는 것은 내정간섭이 아니냐 하는 생각도 있다. 그러나 한국과 중국은 피해 당사자이므로 군국주의 부활을 의미하는 행동은 그 어떤 것도 용납할 수 없다. 문제는 일본 총리가 종교적으로 야스쿠니 신사를 믿느냐는 것이다. 믿는다면 양심의 자유가 있고 종교의 자유가 있는 나라에서 간섭하기가 어려울 것이다. 그러나 그의 참배는 정치적 의도가 다분하기 때문에 강력한 비난거리가 되고 있다. 참배 시기를 8월로 하지 않고 일정에도 없는 4월 21일에 했다는 것단 봐도 그의 불신앙을 엿볼 수 있다. 신앙적으로 참배한 것이 아니라 정치적으로 참배했다는 의미인 것이다.

우리 신앙인들도 제사 지내기 싫어 교회 나온다는 비난을 듣지 않으려면 철저한 신앙으로 대처해야 한다. 주일에는 교회에 가지 않으면서 일하는 날이면 꼭 교회 간다고 하면 일하기 싫어 그런다는 비난을 면할 길이 없다. 신령과 진정으로 예배에 참석하는 성도가 되자. ᘉ

메달이 없는 양궁
Korea has no medal
in the international Western-style archery game

제14회 아시안 게임 양궁(洋弓) 경기에서 남녀 개인전을 모두 치른 결과 한국은 단 한 개의 금메달도 획득하지 못했다. 그나마 단체전에서 체면을 유지한 것이 다행이라면 다행일 것이다. 이로써 한국 양궁은 1982년 뉴델리 대회 이후 처음으로 개인전에서 금메달을 획득하지 못한 수모를 당한 셈이다. 금번 아시안 게임 양궁에서의 최종 스코어는 108:110, 즉 남녀 양궁을 통틀어 개인전 마지막 금메달의 기회를 놓친 것이다.

임동현은 지난 9일 강서 양궁장에서 계속된 남자 개인전에서 일본의 백전노장 야마모토 히로시와 준결승에서 맞붙어 108:110으로 분패했다. 그러나 전날 이미 여자 양궁이 노(NO) 금메달의 충격을 안겨주었고, 16강전에서는 김경호(인천 계양구청 소속)마저 일찌감치 탈락한 상태였다. 결국 마지막 희망이었던 임동현마저 금메달 획득에 실패함으로써 전 국민이 큰 충격에 휩싸였다. 3, 4위전에 나간 임동현은 중국의 첸홍유안을 맞아 일곱 번의 골드를 기록하며 114:108로 승리함으로써 힘겹게 동메달을 거머쥘 수 있었다. 이로써 한국은 노(NO) 메달의 치욕에서 가까스로 벗어났으나 전날 여자 개인전에서 유안슈치(대만)에게 금메달을 빼앗긴 것까지 포함, 이번 대회에 걸린 개인전 금메달을 모두 놓쳐버렸다.

양궁 개인전에서의 노(NO) 메달 사태를 어떻게 보아야 할까? 전 국민의 기대를 한 몸에 받은 양궁에서 금메달을 하나도 따지 못한 이유는 무엇일까? 지난 20여 년 동안 금메달을 독식하다시피 하던 양궁이 부진한 성적을 낸 책임을 어디에 물어야 할까? 여러 가지 이유가 있겠으나 필자 나름대로 문제점을 분석해보았다.

첫째, 교만했기 때문이다. 1982년 이후 양궁은 줄곧 금메달을 획득했으며 한국 이외에는 감히 도전조차 할 수 없는 종목이었다. 따라서 교만한 마음을 품고 경기에 임했다가 노(NO) 메달의 불명예를 얻게 된 듯하다. 교만이란 자기의 부족한 점을 알지 못하고 자신을 대단하고 훌륭한 존재라고 여기는 마음 상태이다. 즉 스스로 잘난 체하며 겸손하거나 온유함이 없이 건방지고 방자함을 이르는 말이다. 성경에서 교만한 자란 하나님을 신뢰하기보다는 자기 자신이나 자신이 선택한 수단을 더 신뢰하는 자를 가리킨다. 양궁에서 승리를 안겨주신 분은 하나님이다. 내가 잘해서 해냈다고 생각하면 교만인 것이다. 선수들이 하나님을 의지하고 시합에 임했다면 결과는 달라졌을지도 모른다. 교만은 안개와 같다. 안개 낀 날은 앞이 잘 보이지 않아 한치 앞도 분간할 수 없다. 이런 날 운전을 하면 사고가 많다. 양궁 선수들도 눈이 밝아 앞을 잘 봐야 좋은 성적을 낼 수 있는데, 교만함이 눈을 가려 결국 패하고 만 것이다.

둘째, 금메달을 따야 한다는 강박관념 때문이다. 강박관념이란 아무리 물리치려 애써도 마음속에서 떠나지 않는 생각을 말한다. 여기에는 불안이나 공포가 따르는데, 특히 두드러지게 나타나는 것이 공포증이다. 반드시 금메달을 따야 한다, 따지 못하면 여러 가지 특혜를 누릴 수 없다, 사람들에게 따가운 눈총을 받아야 한다는 생각들이 강박관념으로 작용했을 수도 있다. 시합 전에는 마음을 비워야 하는데 그러지 못한 것이다.

셋째, 지나친 방심 때문이다. 전에도 금메달을 땄으니 이번에도 딸 수 있으리라는 막연한 기대 속에 선수들이 경기에 임한 듯하다. 선배들도 해냈는데 내가 왜 못하겠냐면서 지나치게 방심한 결과 금메달을 놓친 것이다. 결국 선수들은 물론 대한민국까지 전 세계적으로 망신을 당하고 국민의 애정 어린 질책을 받아야 했다.

모든 것을 극복할 수 있는 비결은 오로지 하나님 안에서 찾을 수 있음을 명심하자. Ω

PR 시대
Public Relations

PR이란 피할 것은 피하고 알릴 것은 알리는 거라고 우스갯소리로 말하곤 한다. 말도 안 되는 얘기지만 주변에서 자주 듣는 말이기는 하다. 이 말의 진의는 스스로 자신을 알린다는 PR 시대를 풍자한 것으로, 수단과 방법을 가리지 않고 자신의 존재를 알려 군림하고 싶어하는 명예욕의 표현이자 이 시대를 살고 있는 사람들의 속내를 들여다볼 수 있는 말이기도 하다. 그러나 PR이 자신의 의도대로 쉽게 이루어져 많은 사람에게 인정받고 군림할 수 있는 것은 아니다. 원하는 마음은 간절하지만 원하는 대로 이루어지지 않는 삶이 또한 인간사이기 때문이다.

뉴욕 주 제리코 고등학교의 한국계 여학생 김수연 양이 교통사고로 숨진 사건이 있었다. 그녀는 웨스팅하우스(Westinghouse Scient Search) 경연대회에 출품하고자 석기시대(4만~10만 년 전) 인간을 의미하는 닌더털(Neanderthal)의 식생활을 탐구하던 중이었다. 그녀가 출품 전에 사망하는 바람에 친구가 연구를 마무리하고 출품했는데 그 결과 영예의 입상을 하게 되었다. 죽은 김양의 이름으로 출품한 그녀의 친구는 끝까지 자신의 이름을 밝히지 않았다. 이런 사정으로 웨스팅하우스는 경연대회 50년 만에 처음으로 죽은 학생에게 시상을 하게 되었다. 이 사연을 다룬 뉴욕 타임스의 바바라 스티워트 기자 역시 김양 친구의 의견을 존중하여 이름을 밝히지 않았다. 이는 고교생의 우정을 드러낸 흐뭇한 이야기가 아닐 수 없다. 특히 명예욕을 자제하고 친구와의 우정을 소중히 여겼다는 의미에서 높이 평가해야 할 것이다.

성경에서 예수님은 오른손이 하는 것을 왼손이 모르도록 선행할 것을 사랑하는 제자들에게 권면하고 있다. 오른손이 하는 것을 왼손이 모를 수는 없는 일이다. 다만 도움을 받는 사람이 도와주는 사람을 모르도록 하라는 말이다. 이 말씀의 진정한 의미는 도움 받는 사람이 하나님의 도움을 받은 것으로 믿게 하라는 것이다. 하나님이 어떤 사람을 통하여 나의 어려운 처지를 아셔서 채워주셨다고 믿어 하나님에게 감사하며 영광을 돌리도록 하신 것이다. 즉 도움은 주님이 해주셔야 한다는 의미로, 도움을 통하여 하나님의 명예를 드러낼 것을 말씀하신 것이다.

아주 옛날 지구에는 메가케로스(Megaceros)라는 학명을 가진 거대한 사슴이 살았다. 학자들의 추측에 의하면 이 동물은 큰 뿔을 가지고 있었는데 뿔이 너무 커지는 바람에 결국 제 뿔에 눌려 멸종했다고 한다. 명예욕에 눌려 인생을 망치는 많은 사람이 아직도 메가케로스의 비극을 되풀이하고 있다. 대체 명예가 뭐기에 대수롭지 않은 이름 석 자를 알리기 위해 그토록 안달하는 것일까?

일단 신앙에 입문하면 나의 이름이 사라지고 주님의 이름으로 살아가는 것이 신앙인의 올바른 자세이다. 여인이 시집을 가면 자신의 이름을 버리고 남편의 이름으로 사는 것과 동일한 이치이다. 즉 희생적인 삶을 말한다. 자기가 아무리 잘났어도 남편의 이름을 빛내는 내조자의 길을 걷는 것이 여인의 삶이라면 참 신앙인의 삶도 이와 동일하다.

"신의 부름을 받아 나선 사람들은 빛도 없이 이름도 없이 감사하며 섬기리다. 존귀영광 모든 권세 주님 홀로 받으소서. 멸시천대 십자가는 내가 지고 가리이다."

예수님은 사랑하는 제자들에게 다음과 같이 말하고 있다.

> 그러나 귀신들이 너희에게 항복하는 것으로 기뻐하지 말고 너희 이름이 하늘에 기록된 것으로 기뻐하라 하시니라. (눅 10:20)

이 같은 신앙으로 인생의 승부를 걸 수 있는 믿음의 소유자라면 명예 때문에 허튼 행동을 하여 물의를 일으키지는 않을 것이다. 예수님의 이름이 알려지고 그의 나라가 확장되는 것을 기뻐할 수 있는 믿음의 소유자가 될 때 나의 이름도 비로소 가치를 얻게 된다. Ω

철새 정치인
a politician as a bird

　민주당이 국민경선을 통해 대통령 후보를 선출했으나 여론조사 결과 한나라당 이회창 후보의 지지도가 더 높은 것으로 나타나자 대통령 후보를 다른 사람으로 바꿔야 한다는 의견이 민주당 내부에서 나오고 있다. 국민경선 당시 고작 대통령 후보를 선출해놓고 이미 대통령이라도 탄생시킨 것처럼 야단법석을 떨더니 그 후 얼마나 지났다고 불신임 이야기가 나오는지 지켜보는 국민의 한 사람으로서 통 이해할 수가 없다. 약 2개월에 걸쳐 각각 3만여 명의 국민과 당원이 참여한 국민참여경선제로 처음 선출된 후보를 여론조사 결과가 좋지 않다 하여 교체하려는 발상 자체가 우스꽝스러운 일이다. 이는 국민경선제에 자발적으로 참여하고 축제 분위기를 주도했던 당원과 국민을 무시하는 처사라고밖에 볼 수 없다.

　지난번 민주당 경선과정 때 특정 지역에서의 결과를 위대한 선택이라고 자축하는 모습을 지켜보며 우리 스스로도 놀라워했다. 하지만 지금의 모습은 어떠한가? 민주당에 대한 애당심도 없고 당원도 아닌 사람을 새로운 후보로 내세우며 정작 국민경선을 통해 선출된 후보는 물러나라고 야단이다. 그렇다면 국민경선 기간 내내 들인 시간과 비용과 열정은 대체 어디서 보상받으란 말인가.

　만약 민주당 대선 후보가 교체된다면 국민참여경선제의 역사적 의의는커녕 경선제 자체가 우리 정치사에서 영영 사라지고 말 것이다. 지금이라도 민주당이 단합해 차별화된 정책과 이념을 가지고 당당하게 나가면 국민의 지지를 회복하고 좋은 결과를 얻게 되리라 믿는다.

　이제 와서 반노, 친노, 후단협으로 나뉘어 여론조사 결과 1위로 나타난 특정 후보에게 편승하여 덕을 보고자 한다면 지성인으로서 매우 부끄러운 일이다. 왜냐하면 그동안 벌인 국민참여경선제가 잘못된 것임을 스스로 인정하는 꼴이며, 다른 후보 쪽에 빌붙어 그 잘못을 은폐하려는 수작으로밖에 생각할 수 없기 때문이다. 그런 사람들에게서 책임감 있는 정치를 바라기는 힘들 것이다. 앞으로도 자기들 입맛에 맞는 후보가 나타나 인기가 많으면 또다시 그 밑에 들어가 영화를 누리고자 할 것을 생각하면 심히 유감스럽지 않을 수 없다.

국민경선을 통해 선출된 후보가 행여 지지도에서 밀린다 하더라도 국민에게 한 점 부끄러움이 없는 정치인이라면 여론은 시시각각 달라지기 마련이므로 언젠가는 예전의 인기를 회복할 수 있을 것이다. 지금이라도 국민을 위한 정책들을 개발하고 미래를 향한 비전을 제시한다면 얼마든지 여론의 지지를 받을 수 있다. 그렇게 해서 국민이 뽑아준 후보의 지지율을 서서히 높여가는 것이 순리가 아닐까 싶다.

철새 같은 정치인들이 되어서는 안 된다. 바람 부는 대로 물결치는 대로 자기 이익만 찾아다니는 정치인이 되어서는 안 된다. 정치인의 신념과 의지를 가지고 주어진 환경에서 각자의 사명을 감당해내는 것이 저들의 의무라 본다. 가령 후보자를 꼭 교체해야 할 필요성을 가지고 새로운 당을 만들어 단일 후보를 낸다 하자. 선택한 후보가 여론조사에서 밀린다면 해체하고 또다시 새로운 당을 만들 것인지 이들에게 묻고 싶다. 이런 일이 더 이상 반복되어서는 안 된다.

교인들도 이와 동일하다. 어디를 가면 복을 받는다, 어느 교회 어느 목사에게 가면 기도한 대로 이루어진다는 헛소문만 듣고서 소속된 교회를 버리고 이리저리 몰려다닌다면 철새 정치인이나 다를 바 없다. 물론 다른 교회, 다른 목회자가 좋아 보일 수도 있다. 그곳에 가면 나의 소원이 모두 이루어질 것으로 생각할 수도 있다. 그러나 막연히 좋아 보이는 인상이 전부인 줄로 착각하고 가볍게 처신했다가는 머잖아 후회할 날이 올 것이다. 내 교회, 내 자리에서 신앙으로 복을 만들어가는 것이 바람직한 신앙인의 태도이다. Ω

꿀 먹은 벙어리
a person who could not open one's heart to another

'꿀 먹은 벙어리'란 속에 있는 생각을 겉으로 표현하지 못하는 사람을 가리키는 말이다. 즉 내용을 잘 알면서도 사실을 사실대로 말하지 못하는 사람을 비유적으로 표현한 말이다. 벙어리이기 때문에 말하지 못하는 것이 아니다. 혀는 지극히 정상이나 꿀이라는 장애 때문에 말을 못하는 것이다. 꿀만 먹지 않았다면 하고 싶은 말을 거침없이 할 것이다. 자신에게 명예스럽고 유리한 일이라면 다른 사람에게 해가 되든 말든 아랑곳 않고 말문이 터질 것이다. 꿀이 말문을 막아 벙어리가 된 것이라면 대체 그 꿀은 무엇을 의미하는 것일까? 꿀은 여러 가지 형태로 나타날 수 있다. 달콤한 뇌물일 수도 있고 복잡하게 얽힌 이해관계일 수도 있으며, 서로의 명예에 관한 비밀스런 약속일 수도 있다.

그 유래는 꿀을 좋아하는 한 벙어리에서 비롯되었다. 옛날 벙어리 남편이 꿀을 너무 많이 먹어 배탈이 났다. 아내가 궁금한 표정으로 "왜 그래요?" 하고 묻자 남편은 꿀단지만 손으로 가리켰다. 그러자 아내는 남편이 꿀을 먹고 싶어서 그러는 줄 알고 꿀물을 타가지고 내밀었다. 꿀을 많이 먹어 배탈이 났는데 또 꿀을 먹으라니 벙어리 남편은 얼마나 애가 탔을까? 이리하여 '꿀 먹은 벙어리'라는 말이 생겨나게 되었다.

이 같은 예가 또 있다. 꾀돌이는 훈장님이 날마다 벽장에서 꺼내 드시는 약이 궁금했다. 어느 날 훈장님이 밖에 나간 사이 꾀돌이는 벽장에서 약단지를 꺼내 손가락으로 푹 찔러 맛을 보았다. 꾀돌이가 예상한 것처럼 맛있는 꿀이었다. 꾀돌이는 훈장님 몰래 아이들을 불러모아 꿀을 다 먹어치웠다. 외출했다가 돌아온 훈장님은 여느 때처럼 벽장문을 열고 꿀단지를 꺼냈다. 그런데 이게 웬일인가? 꿀단지가 텅 빈 것이다. 훈장님은 화난 얼굴로 아이들을 둘러보았다. "이게 무슨 일이냐? 왜 대답을 못해? 그러다가 다들 꿀 먹은 벙어리 되겠다." 그러자 꾀돌이가 기다렸다는 듯 일어나 이렇게 대답했다. "훈장님, 갑자기 저희 모두가 배가 아파서 죽을 뻔했어요. 그래서 훈장님이 날마다 드시던 약이 생각나 급한 김에 모두 나눠 먹었습니다." 꾀돌이의 말에 훈장님은 그만 꿀 먹은 벙어리가 되고 말았다. 이처럼 '꿀 먹은 벙어리'는 어떤 일을 알면서도 말하지 못할 때 쓰는 속담이다.

꿀 먹은 벙어리 시늉을 하는 우리나라 정치인들에게도 한 마디 해야겠다. 현 집권당인 새천년민주당의 국민의 정부가 출범할 당시의 일이다. 그때 내각제 문제가 온 국민의 관심사였다. 현 집권당은 출범 당시 내각제는 전 국민이 원하는 것이므로 현 정권의 임기 내에 내각제를 수용하여 시행할 것을 약속했었다. 그런데 정권 말기인 지금까지도 내각제 문제는 거론되지 않고 있다. 처음에 내각제를 주장하던 정치인도, 내각제를 수용한 현 정권도 다들 꿀 먹은 벙어리가 되었다. 지금은 내각제에 대해 말하는 사람조차 찾아볼 수 없다. 누군가가 꿀을 먹은 것이 분명하다. 그 꿀이 무엇인지 궁금하지 않을 수 없다. 제안자가 꿀을 먹었는지 수용자가 꿀을 먹었는지 알 수는 없으나 누군가 먹었기 때문에 거론되지 않고 있음이 확실하다. 도대체 무슨 꿀을 먹었는지 궁금하다. 영원히 해결하지 못할 미제 사건으로 역사의 뒤안길에 숨겨질지 아니면 훗날에 밝혀질지 모르겠다. 필자는 심히 알고 싶다.

이를 신앙 면에서 보자. 신앙인은 귀한 생명을 죄와 사망에서 구원받았으므로 받은 구원을 전해야 할 막중한 사명이 있다. 이를 전해야 할 성도들이 꿀 먹은 벙어리처럼 말 한 마디 못한다면 그 꿀의 정체가 무엇인지 궁금하다. 달콤한 꿀은 곧 달콤한 세상이다. 즉 정욕, 명예욕, 물욕, 권력욕 등이 세상의 꿀이다. 전도하지 못하는 이유가 무엇일까? 꿀을 먹었기 때문이다. 개인마다 모두 다른 꿀일 것이다. 맛있는 꿀이지만 계속 복용하면 몸에 부작용도 크다. 한순간의 미각을 즐기는 데 머물지 말고 단 꿀을 과감히 뱉어내 복음의 비밀을 사자처럼 외쳐대는 성도가 되었으면 한다. Ω

성공한 인생
a successful life

　오늘을 살아가는 사람들치고 성공(成功)하기를 꺼리는 사람이 있을까? 대부분은 크게 성공하여 목에 힘주고 남들 앞에 나서고 싶을 것이다. 성공하고 싶다면 우선 어떤 것이 성공이냐 하는 정의를 내릴 수 있어야 한다. 물론 나름대로 성공의 규범이 있을 것이다. 그 규범이 자신에게 국한된 것이라면 이기주의에 그칠 것이며, 많은 사람이 공감한다면 인본주의라 할 만하다. 그런데 성공과 실패를 주관하는 분은 따로 계시다. 그분은 바로 우리가 섬기는 하나님이시다. 그분의 뜻에 부합한 성공이어야 한다. 그런데도 사람들은 하나님과 아무런 상관없이 자기가 생각하는 성공을 위해 동분서주한다.

　미국 뉴저지 주 파라무스에 사는 조렌티니(Joseph Szorentini)는 맨해튼의 플라자 호텔에서 50년간 문지기(Door Man)로 일해왔다. 그는 하루도 빠짐없이 문지기로 일하면서 "어서 오십시오" "안녕히 가십시오" "저희 플라자 호텔을 이용해주셔서 감사합니다" 하는 인사를 반복하며 머리가 희끗희끗해질 때까지 손님들의 택시 문을 열어주고 짐을 날라다주는 일을 했다. 그러는 동안 그는 '플라자의 전설'로 통할 만큼 호텔의 상징적 존재로서 없어서는 안 될 인물이 되었다. 그렇다면 이 사람은 과연 성공한 사람인가? 그는 남에게 명함을 내밀 만한 직함이 있는 것도 아니고 학문을 익혀 학위를 받은 것도 아니다. 어떤 분야의 전문가도 아니고 억만장자로 재산을 모은 것도 아니다. 조렌티니가 성공한 사람이냐고 묻는다면 우리는 하나님의 판단에 맡길 수밖에 없다. 다만 그의 마음가짐이 어떠했는지는 엿볼 수 있다.

　첫째, 억지로 일하지 않는다. 그는 누가 시켜서가 아니라 스스로 원해서 일을 했다. 긴 세월 동안 같은 일을 하다 보면 싫은 일을 억지로 할 수도 있다. 빵을 위하여 일할 수도 있다. 매일매일 똑같이 반복되는 일이다 보니 권태롭고 하기 싫을 때도 있을 것이다. 그럼에도 불구하고 한 결같이 성실하게 일할 수 있었다면 그건 하나님의 은혜가 주어져야 가능한 일이다. 결국 그는 자기 직업에 만족했던 것이다.

> 너희 중에 있는 하나님의 양 무리를 치되 덕지로 하지 말고 하나님의 뜻을 따라 자원함으로 하며, 더러운 이득을 위하여 하지 같고 기까이 해야 한다. (벤전 5:2)

둘째, 기쁜 마음으로 한다. 거짓 없이 진실한 마음으로 기뻐야 한다. 지난 날 해온 일에 기쁨과 보람이 없었다면 견딜 수 없었을 것이다. 남이 알아주지 않는다 해도 보람과 기쁨을 찾을 수 있다면 성공한 인생이라 하겠다.

셋째, 하나님에게 영광을 돌린다. 그가 반세기 동안 한결같이 문지기로 일할 수 있었던 것은 그의 성실함 때문이 아니다. 문지기가 된 것도, 문지기로서 오래 일할 수 있었던 것도 근원을 따지면 그의 의지와는 상관없는 일이다. 모든 근원은 하나님에게서 찾아야 한다. 그리고 하나님에게 경배와 찬양을 돌려야 한다.

> 만일 누가 말하려면 하나님의 말씀을 하는 것같이 하고 누가 봉사하려면 하나님이 공급하시는 힘으로 하는 것같이 하라. 이는 범사에 예수 그리스도로 말미암아 하나님이 영광을 받으시게 하려 함이니, 그에게 영광과 권능이 세세에 무궁하도록 있느니라. 아멘. (벤전 4:11)

문지기로 일하는 현장에서 이 같은 마음을 가질 수 있다면 성공한 사람이다. 주님께서 문지기에게 이렇게 칭찬하실 것이다.

"착하고 신실한 종아, 잘했다. 네가 적은 일에 신실하였으니 네게 많은 것을 맡기겠노라."

나는 나의 일하는 직장이나 교회에서 내 직분에 성공적인 삶을 사는지 한 번 되돌아보자. ♫

저 아이는 토종이에요
the eldest son of the main [head] family

우리 집 식탁 위에 구수한 냄새가 물씬 나는 청국장이 올라왔다. 경기도 사투리로는 '담북장'이라고도 한다. 식구들의 숟가락이 온통 청국장이 담긴 뚝배기 쪽으로 쏠려 바삐 움직였다. 우리 집 큰손자도 마다하지 않고 잘 먹었다. 미국에서 온 처조카가 이를 지켜보다가 "아이가 청국장을 잘 먹네" 하니 어멈(며느리)이 그 말을 받아 하는 말이 "저 애는 토종이에요" 했다. 즉 한국 사람이기에 한국의 토종음식을 잘 먹는다는 말이다. 미국 사람이 미국 음식을 먹고 일본 사람이 일본 음식을 먹는 것은 당연하다. 미국 사람은 한국 담북장을 먹기는커녕 냄새가 고약하다고 질색을 한다.

같이 식사를 하던 처조카가 이런 이야기를 들려주었다.

뉴저지 주에 이탈리아 남자하고 결혼한 한국 여자가 살고 있다. 그녀의 남편은 한국 김치에서 냄새가 난다면서 아주 싫어한다. 한국인 아내는 평소에 김치하고 하얀 쌀밥을 먹는 것이 소원이었다. 어느 날 아내는 한국 슈퍼에 가서 남편 모르게 김치를 사다가 랩으로 싸고 싸서 냉장고에 숨겨두었다. 그러고는 남편이 출근한 뒤 쌀밥을 해서 그토록 먹고 싶어하던 김치를 꺼내놓고 맛있게 먹기 시작했다. 이때 잠에서 깨어난 어린아이가 눈을 비비며 나오다가 어머니가 맛있게 먹는 것을 보고 무엇을 먹느냐, 왜 맛있는 음식을 엄마 혼자 먹느냐고 따져 묻더니 함께 식탁에 앉아 맛있게 먹었다는 것이다. 어린아이는 아버지인 이탈리아계 피를 이어받았지만 절반은 한국인의 피를 이어받은 탓인지 김치를 아주 좋아한다고 했다.

'피는 물보다 진하다'는 말이 있는가 하면 '피는 못 속인다'는 말도 있다. 어린아이에게 한국인의 피가 흐르고 있기에 김치를 좋아하는 것이다. 김치가 한국인의 음식임을 새삼 입증하는 이야기이기도 하다.

하늘나라 시민으로서 예수님의 피를 나눈 신앙인에게는 어떤 것이 토종음식일까? 그것은 말할 것도 없이 하나님의 말씀인 영의 양식이다. 하나님의 말씀이 일용할 양식이 되어야 하고 그 양식을 잘 먹을 때 하늘나라 시민임을 입증할 수 있다. 정상인의 경우 하루에 세 끼니 밥을 먹는다. 아침 점심 저녁으로 나누어 세 번의 음식을 먹는다. 일꾼의 경우는 하루에 두 참을 더하여 다섯 끼니를 먹어야 한다. 젊은이 같은 경우 밤참을 먹기도 한다. 신토불이(身土不二)라고 해서 한국 사람은 한국 음식을 먹어야 부작용 없이 소화도 잘된다. 마찬가지로 하늘나라 시민일 경우 하나님의 말씀을 먹고 소화를 잘 시켜야 비로소 하늘나라 시민임을 입증할 수 있다. 김치를 먹는다고 다 한국인은 아니다. 한국 음식이 싫지 않고 소화까지 잘 시켜야 비로소 한국인이라고 할 수 있다.

하나님의 말씀을 먹고 소화를 잘 시켜야 하는데 그렇지 못하는 경우도 많다. 하나님의 말씀을 받아먹고 부작용을 일으키는 경우도 많다는 말이다. '목사님 말씀은 나더러 들으라고 괜히 하는 얘기!' 라면서 눈을 흘긴다거나 '누가 그런 말씀을 지키나?' 하고 반박하고 '내가 성자인 줄 아나?' 하면서 받은 말씀을 제대로 소화시키지 못한다. 이는 하늘나라 시민이기를 포기한 사람들의 예를 든 것이다.

'잘 먹고 잘살라' 는 말이 있듯이 하나님이 우리에게 주신 말씀의 양식을 잘 먹고 잘살아야 한다. 그리하여 하늘나라 시민으로서 식욕이 왕성한 하늘나라 시민생활을 잘하는 성도가 되어야겠다.

어떤 사람은 밥상을 차려놓으면 허기진 배를 채우기 위해 수저를 들어 단숨에 먹어치운다. 어떤 사람은 밥상을 받아놓고 반찬타령이나 하면서 밥맛이 있느니 없느니 까탈을 부린다. 이는 일하지 않아 소화를 시키지 못하는 데 기인한다. 하나님의 말씀을 양식으로 먹었다면 일주일 동안 그 말씀으로 살아야 한다. 그런데 말씀과는 전혀 상관없이 사는 바람에 받는 말씀이 위에 부담을 주어 소화시키지 못해서 밥맛이 좋으니 나쁘니 떠벌리게 되는 것이다. Ω

성형 수술한 여인
a woman to get a plastic operation

남녀를 막론하고 잘생기거나 아름다워지고 싶지 않은 사람은 없을 것이다. 특히 아름다움에 대한 여성들의 욕망은 일반 남성들보다 훨씬 강하다. 성형수술이란 여성의 각기 다른 개성을 만족시키는 데 한 몫을 한다. 특히 평소에 불만스럽게 생각하던 신체나 용모의 일부분을 수술로 개선해줌으로써 자신감과 행복감을 느끼게 하는 데 그 목적과 보람이 있다 하겠다. 흔히 성형외과 수술이라 하면 쌍꺼풀 수술, 코 수술을 떠올리는데 성형외과는 머리털부터 손톱, 발톱까지 몸 전체를 망라해 선천적 기형이나 사고 등으로 인한 조직의 결손 부위를 재건하는 것까지도 포함한다.

한 잡지사의 설문조사에 따르면 여성들 5명 가운데 4명꼴인 80%가 성형수술을 한 번쯤 생각해본 적이 있다고 한다. 이들 중 성형수술을 받고자 하는 이유는 ① 아름다워지고 싶은 마음으로, ② 자기만족의 수단으로, ③ 자기발전의 수단으로 나타났다. 성형수술을 원한다면 어떤 수술을 제일 먼저 하고 싶은가 하는 질문에는 의외로 50% 이상이 눈, 코 수술보다 지방 제거술을 원하고 있어 개성미를 추구하고 전체적으로 조화된 몸매에 더 많은 관심을 보이고 있음을 알 수 있었다. 이 같은 만족을 채우기 위해서 갖은 수단과 방법을 가리지 않고 동원하여 노력하는 것이 요즘 여성들의 모습이라 하겠다.

지난번 신문지상에 발표된 사건을 소개한다.

경찰에 따르면 지난해 6월부터 서울 역삼동 S실업 경리로 일하던 조모(23세) 씨는 지난 10월 21일, 사무실 금고에 있던 현금 135만 원과 회사명의 법인통장 및 인감도장을 몰래 빼낸 뒤 평소 거래하던 서울시내 모 은행에서 출금전표를 위조하여 2억 8천만 원 상당의 현금과 수표를 인출해 달아났다가 경찰에 구속되었다. 조씨는 서울 시내 6개 은행을 돌면서 인출한 수표 가운데 일부를 현금으로 바꿔 눈, 코 등을 고치는 성형수술 비용으로 사용한 것으로 드러났다. 자신의 눈과 코에 얼마나 자신이 없었으면 도둑질까지 해야 했는지, 한편으로 안쓰러운 마음이 들기도 한다.

이번 사건은 지나치게 외형적 아름다움만을 추구하는 사람들이 한 번쯤 생각해볼 일이다. 인간은 정신적인 부분과 육체적인 부분으로 형성되었다. 다시 말해 인간은 영육으로 조성된 것이다. 조씨라는 여성은 인간의 한 부분인 육체의 아름다움만을 위하여 절도 짓을 했다. 지방제거 수술을 하여 전체적인 몸매에 아름다움을 추구하려 했다지만 이는 반쪽의 아름다움에만 치우친 결과이다. 이 여인은 내면의 세계에 있는 영적인 아름다움을 외면하는 잘못을 범했다. 내면적인 아름다움도 함께 추구했다면 얼마나 좋았으랴! 내면의 세계가 아름다운 여성이라면 자기자신을 파멸의 구렁텅이로 밀어넣지는 않았을 것이다.

조씨가 아름다운 내면을 갖추었다면 도둑질 대신 선행을 택했을 것이다. 그녀가 절도 짓까지 해가며 벌어들인 돈으로 외모를 아무리 아름답게 가꾼다 한들 도둑이란 신분을 가지고 있는 한 그녀를 아름답다고 하지는 않을 것이다. 다시 말해 이목구비가 번듯한 외모를 갖추었다 해도 도둑더러 아름답다고 하지는 않을 것이란 말이다. 도둑질한 사람들은 아무리 잘나고 멋있다 하더라도 아름답다는 말 대신 멀쩡한 사람이 참 안됐다, 불쌍하다 할 것이다. 외형이 멀쩡하여 몸매가 전체적으로 조화를 이룬 정신병자에게 최고로 아름답다고 탄성을 지르는 사람은 없다.

반면에 내면세계를 아름답게 가꾸었다면 외모가 뛰어나지 않더라도 지혜로 외모의 콤플렉스를 뛰어넘을 수 있을 것이다. 내면의 정신세계를 풍요롭게 가꾸는 것이 신앙이라면 여기에 도둑질하는 열심을 가지고 내면의 아름다움을 가꾸는 노력이 뒤따라야 하지 않을까? 영육에 진정한 아름다움이 깃들도록 가꾸는 길은 신앙밖에 없다. 참 아름다움의 길인 믿음생활로 나아가자. *Ω*

신앙인의 경건생활
God fearing

사람들은 누구나 자신의 삶을 살아간다. 군인은 상관이 요구하는 삶을 살아야 할 것이며 정치인은 정당의 요구에 순응해야 한다. 농부는 계절 따라 씨를 뿌리고 심고 거두는 일에 관심을 가지고 살아야 한다. 신앙인은 하나님의 뜻에 부합하도록 경건생활에 중점을 두고 살아야 한다. 누구나 제 마음대로 인생을 살아간다면 가던 길에서 이탈할 수밖에 없다. 신앙인이 경건생활을 철저히 하지 못하면 신앙에서 이탈하여 불신자와 다를 바가 없다. 젊은이는 젊은이대로, 노인은 노인대로 자기의 삶이 있어야 한다.

영국 페어론에 사는 의사 로젠(Dr. Rosen) 씨의 이야기를 하고자 한다. 그는 배리 병원의 모든 의사가 투표로 결정하는 '금년에 가장 훌륭한 의사상'을 받은 분으로, 81세의 나이가 무색할 정도로 무척 건강하고 정정하다. 지금도 건강하여 아침 7시만 되면 병원에 나가 환자를 돌볼 정도이다. 곁에서 지켜보던 사람들이 로젠 씨에게 건강 비결이 무엇이냐고 묻는 질문에 "화내지 않고 의심하지 않고 되도록 긍정적인 생각을 하며 웃으면서 사는 것"이라고 힘주어 말했다. 이는 그가 의사로서 자기 관리에 철저했다는 말이다. 화내지 않고 의심하지 않고 늘 긍정적인 사고를 하며 웃으면서 지낸다는 것은 모두 성경에 근거를 두고 있다. 그가 신앙을 가졌는지 여부는 모르지만 신앙인처럼 철저하게 경건생활을 해왔다고 볼 수 있다.

우리는 신앙을 소유한 사람으로서 로젠 씨처럼 경건생활이 우리의 건강을 지켜주는 비결임을 믿어야 한다. 값비싼 보약을 복용하거나 바쁜 도시생활 속에서 시간을 내어 헬스를 다닌다고 해서 건강해지는 것은 아니다. 육적인 건강보다 정신적으로 건강해지는 일이 우선이다.

화내지 않고 의심하지 않고 그대로 믿어야 한다. 또한 범사에 감사하는 정신적인 생활이 나를 지배하도록 해야 한다. 이것이 장수의 비결임을 보여준 로젠 씨는 경건생활의 산 증인이다.

경건의 모습을 보여준 욥의 말씀을 들어보자.

> 내가 내 눈과 약속하였나니 어찌 처녀에게 주목하랴! 그리하면 위에 계신 하나님께서 내리시는 분깃이 무엇이겠으며, 높은 곳의 전능자께서 주시는 기업이 무엇이겠느냐? 불의한 자에게는 환난이 아니겠느냐? 행악자에게는 불행이 아니겠느냐? 그가 내 길을 살피지 아니하시느냐? 내 걸음을 다 세지 아니하시느냐? (욥 31:1~4)

욥은 살아 계신 하나님이 자신을 감찰하고 계심을 의식하고 살았다. 욥의 눈길이 닿는 곳은 세상이 아니라 하늘이었던 것이다. 또한 보는 대로 행동하지 않고 나를 감찰하시는 하나님의 뜻대로 생활했다. 욥은 이 같은 생활로 하나님 앞에 범죄하지 않고 배나 되는 하나님의 축복을 만들어 급기야 하나님을 만났다. 우리 또한 눈을 들어 무엇이든지 볼 수 있다. 보지 않으려 해도 본다. 그렇다면 나의 눈길을 어디에 머물게 하느냐가 중요한 문제이다.

에덴동산에서 뱀에게 유혹을 받은 아담의 눈길은 저도 모르게 선악과 쪽으로 향했다.

> 여자가 그 나무를 본즉, 먹음직도 하고 보암직도 하고 지혜롭게 할 만큼 탐스럽기도 한 나무인지라. 여자가 그 열매를 따먹고 자기와 함께 있는 남편에게도 주매 그도 먹은지라. (창 3:6)

나의 눈길이 어디에 머무느냐에 따라 한 번뿐인 인생의 항로가 달라질 수 있다. 새가 나의 머리 위로 날아가는 것은 어찌할 수 없지만 내 머리 위에 둥지를 틀지는 못하게 해야 한다. 하나님이 나를 보시는 것을 의식하여 감찰하시는 하나님의 뜻에 부합하도록 사는 것이 바로 경건생활이다. 나의 생활이 늘 경건에 이르기를 연습해야 한다. 여기에 장수도 부귀도 있음을 알아 경건생활에 힘쓰자. Ω

옆구리 찔러 절 받기
make a bow

노후에 접어들면서 즐거운 일 가운데 하나는 어린 손자들과 함께 사는 것이다. 아침저녁에 아이들이 학교에 가거나 출입을 할 때는 "할아버지 다녀오겠습니다" "할아버지 다녀왔습니다"하고 절을 한다. 할아버지가 되지 않았을 때는 이런 즐거움의 맛을 몰랐다. 그러나 아이들에게 절을 받기까지는 상당한 시간이 걸렸다. 손자 녀석들이 처음에는 소 닭 보듯이 쳐다만 볼 뿐 오고가는 길에 인사가 없었다. 너는 너고 나는 나라는 식의 태도로 일관했다. 눈알을 굴리면서 뻔히 쳐다보면서도 절대 아는 척하지 않는 녀석들을 보면 괘씸하기도 했다.

고민 끝에 옆구리를 찔러서라도 절을 받아야겠다고 결심한 나는 아이들이 학교에 갈 때면 정중하게 두 손을 모으고 "학교에 다녀오세요"하고 절을 했고, 돌아온 후에도 내가 먼저 절을 했다. 그러나 처음에는 이도 통하지 않았다. 아이들은 할아버지가 왜 절을 하는지 몰라 의아한 표정만 지었다. 이 광경을 지켜본 며느리가 그때부터 아이들에게 인사법을 가르치기 시작한 것 같다. 그래도 가끔 잊어버릴 때마다 내가 먼저 절을 했더니 이제는 인사하는 일에 열심이다. 이를 가리켜 옆구리 찔러 절 받는다고 한다. 즉 절할 생각이 없는 상대방의 옆구리를 찔러 억지로 절을 하게 한다는 의미로, 상대방으로부터 대접을 이끌어낸다는 말이다. 그런데 어른들이 절을 받아야 할 필요성이 있다.

첫째, 차례를 알려주기 위해서이다.

차례를 알아야 질서도 지킬 수 있다. 세상에는 아래 위가 있으며 높고 낮음이 있는 법이다. 정초가 되면 차례를 지내거나 어른들을 찾아뵙고 세배를 하는 것도 바로 이 때문이다. 성묘를 하는 것도 이 같은 원리이다. 세상의 질서가 아무리 뒤죽박죽이라 해도 질서를 지켜나가는 손자들의 모습을 보며 작은 기쁨을 맛본다.

둘째, 존경심을 함양하기 위해서이다.

절하는 일이 아무것도 아닌 것 같지만 머리 숙여 정중하게 절을 하다 보면 존경심이 우러나온다. 어른에 대한 존경심이 점점 사라지는 요즘 절로써 존경심을 표현하는 것은 매우 필요한 일이다. 그래서 인사성이 좋은 아이들에게는 칭찬을 많이 해주어야 한다. 어른에 대한 존경심을 가르친다는 의미에서도 절 받는 마음은 여간 기쁘지 않다.

셋째, 관계를 맺고 살아가야 하기 때문이다.

만약 인사도 없이 편리한 대로 처신한다면 아무런 관계도 성립되지 않는다. 아이가 인사를 한다는 것은 "나는 할아버지의 손자입니다"하고 가족의 일원임을 인정하는 행위이다. 관계 속에서 사는 것이 인간이다. 관계가 무너지면 가족간이라 해도 삭막하고 고독한 삶을 살아야 한다.

신앙 면에서 볼 때 절은 예배(Worship)로 표현한다. 예배를 잘 드리는 일은 하나님에게 인사하는 일이므로 하나님에게 기쁨이 된다. 절 받는 할아버지의 마음처럼 하나님도 참으로 기뻐하실 것이다. 하나님은 경배하지 않을 때 옆구리를 찌르신다. 그것도 다양한 방법으로 옆구리를 찌르신다. 예를 들어 육체적인 질병이 오게 할 수도 있다. 경제적인 면으로 본다면 부자는 가난하게, 높은 사람은 낮아지게 할 수도 있다. 가진 자를 없게 할 수도 있다. 이처럼 하나님은 선택한 사람의 상황에 맞게 다양한 방법으로 옆구리를 찌르신다.

신령(神靈)과 진정으로 예배하는 자들을 찾으시는 하나님을 안다면 예배에 소홀할 수 없다. 어른들은 인사성이 밝은 사람을 칭찬하고 인정해준다. 인사성이 없는 사람은 후레아들이라 하여 손가락질을 당한다. 마찬가지로 하나님도 절(예배)을 잘하는 사람을 보면 기뻐하시며 허락한 복을 주신다. 예배 없이 하나님의 축복을 기대해서는 안 된다. 세상에서도 인사성 밝은 사람이 인정받듯이 예배에 철저한 사람이 하나님에게 인정받는 것은 당연한 일이다. Ω

대권 후보 토론회
a public debate for the sovereign authority

　지금까지 제16대 대통령 후보의 토론회가 여러 번 있었다. 대권 후보의 토론회는 여타의 토론 방송보다 시청률이 더 높다고 한다. 토론자의 입장에서는 토론회를 통해 자신의 정책을 소개하고 부동표를 흡수하려 할 것이고, 시청자의 입장에서는 토론회를 통해 후보들의 정책을 듣고 누구에게 표를 찍을 것인지 결정하려 할 것이다. 어떤 후보에게 소중한 한 표를 던져야 할지 결정하기 위해 유권자들은 열심히 TV를 시청하리라 믿는다. 그러나 얼마나 많은 유권자가 후보의 정책을 분석한 후 표를 찍는지는 의문이다. 대부분의 유권자는 정책에 대한 관심보다는 어느 후보가 토론을 잘하나, 내가 좋아하는 후보가 다른 후보보다 얼마나 더 토론을 잘하나 하는 데만 흥미가 있는 듯하다.

　토론회를 놓치지 않고 볼 정도로 관심 있는 유권자라면 적어도 마음을 깨끗이 비우고 공정한 자세여야 한다. 아직 씨를 뿌리지 않은 밭에 뿌린 대로 결실을 얻을 수 있도록 마음을 열고 토론회를 지켜봐야 한다. 마음속으로 이미 대통령 후보를 정해놓고서 정책에는 아무런 관심도 없이 내가 선호하는 후보가 토론을 잘하는지 못하는지 보기 위해서라면 굳이 토론회를 볼 필요가 없다. 아직도 이런 유권자가 있다는 것은 슬픈 일이다. 유권자의 고정관념이 무너지지 않는 한 다른 후보가 아무리 좋은 정책을 내놓는다 한들 소용없다. 마음속에서 완고하게 자리 잡은 고정관념을 무너뜨려야 한다. 그렇지 않으면 상대 후보가 행여 잘한다 한들 그 후보의 티를 잡고 흠집 내기에만 바쁠 것이다.

　예수님 당시에도 이와 유사한 일들이 있었다. 예수님이 한 번 행차할 때마다 엄청난 무리가 그 뒤를 따랐다. 예수님의 얼굴을 보기 위해 삭개오처럼 키가 작은 사람은 뽕나무 꼭대기에까지 올랐다고 한다. 단순한 호기심 때문이었다. 요즘 유권자들이 대권 후보들의 토론에 관심 있는 것 역시 이런 호기심에 불과하다. 당시 서기관이나 바리새인 같은 종교 지도자의 경우 예수님이 안식일 규범에 어긋나는 행동을 하는지, 율법에 반한 삐뚤어진 행동을 하는지 듣고 보기 위해 몰려들었을 뿐이다. 예수님의 말씀에 귀를 기울이고 은혜를 받고 주님의 제자가 되기 위해 뒤를 따랐던 것은 아니다.

한번 정해진 후보를 바꾸기란 여간 어려운 일이 아니다. 나름대로 큰 마음먹고 정한 것이기 때문이다. 설교를 듣는 일도 동일하다. 아무리 설교자가 천사 같은 말을 한다 해도 목회자가 교인들의 마음에 들지 않을 경우 전혀 듣지 않는다. 설령 잘 듣는다 해도 어떤 트집을 잡기 위해서일 뿐이다. 요지부동의 교인들은 목회자의 설교를 트집 잡고 판단하고 흠집 내는 일에 서슴지 않는다.

그렇다면 마음을 정하는 데는 어떤 것들이 결정적인 역할을 할까?

첫째, 가치관이다. 좋고 나쁜 것, 귀하고 천한 것을 판단하는 일을 가치관이라 한다. 물론 처음 마음을 정할 때 나름대로 자신의 가치관에 비추어 좋게 생각되므로 정했을 것이다. 그러나 진정한 가치는 신앙으로 형성되어야 함을 명심해야 한다.

둘째, 욕심이다. 이해관계를 따졌을 때 나는 어느 편에 서는 것이 유익한가를 염두에 두고 마음을 정하게 된다. 이해관계에는 정신적인 면과 물질적인 면, 명예에 관한 것들이 작용하기 마련이다.

셋째, 갖가지 인연이다. 인연은 혈연과 지연, 학연, 선후배 관계에서 이루어진다. 그 사람이 과연 어디에서 출생했는가, 나와의 친인척 관계는 어떻게 되는가, 어떤 선후배 관계인가 등을 통해 연줄이 개입될 수 있다. 그러면 이런 인연에 따라 마음의 결정이 이루어진다.

혼자서 다 정해놓고 정책토론이나 하나님의 말씀을 듣는다면 바른 선택을 할 수 없다. 마음을 비우고 가난한 심령이 되어 하나님 말씀을 듣는 일에 최선을 다하자. *Ω*

오판의 실증(實證)
a misjudgmentan of the actual proof

서울고법 형사2부 부장판사인 이성룡 씨는 강도 살인 혐의로 1심에서 각각 징역 15년과 장기 7년, 단기 5년의 실형을 선고받은 윤 모(18세), 장 모(19세) 군에 대해 증거가 불충분하며 관련자 진술과 피의자들의 자백만으로는 유죄로 볼 수 없다며 무죄를 선고하여 증거재판주의 원칙을 존중하는 판결을 내렸다. 두 사람은 경찰의 무리한 수사와 이를 관행으로 여기는 검찰 및 1심 재판부의 결정으로 10개월 동안 죄도 없는 억울한 옥살이를 해왔다.

이들이 비극의 주인공이 된 것은 2002년 1월 PC방에서 있었던 장 군의 채팅 때문이라고 한다. 장 군은 장발장이라는 ID로 채팅하다가 "사람을 내 손으로 죽였어. 나 수배 떨어졌어"하고 장난삼아 소리쳤는데, 곁에서 이를 지켜본 PC방 주인이 수상히 여겨 경찰에 신고한 것이다. 연행된 장 군과 윤 군은 지난해 12월 아리랑치기를 공모, 윤 군이 인천 간척동에서 피해자 표씨에게 다가가 돈을 내놓으라고 협박했으나 표씨가 반항하자 주먹으로 표씨를 때린 뒤 흉기로 가슴을 찔러 숨지게 했다는 혐의로 경찰의 취조를 받았고 결국 누명을 뒤집어쓰게 되었다. 검찰도 경찰의 수사 결과를 그대로 받아들여 기소하게 된 것이다. 수사과정에서 두 사람은 경찰에게 심하게 맞았으며, 극도로 불안한 상태에서 범행을 부인하면 오히려 중형을 받을 수 있다는 형사의 말에 현혹되어 순순히 자백하게 되었다고 했다. 그 결과 장 군과 윤 군 모두 지난 10개월 동안 억울한 옥살이를 하게 된 것이다.

인간은 옳고 그름을 판단할 수 있는 능력이 있다. 또한 좋고 나쁜 것을 판단하고 이를 말할 수 있는 자유가 있다. 그러나 자신의 판단이 잘못될 수 있는 것과 같이 다른 사람이 나에 대해서 판단하는 것도 잘못될 가능성은 있다. 바울은 다음과 같이 고백하고 있다.

> 너희에게나 다른 사람에게나 판단 받는 것이 내게는 매우 작은 일이라. 나도 나
> 를 판단하지 아니하노니, 내가 자책할 아무 것도 깨닫지 못하나 이로 말미암아 의
> 롭다 함을 얻지 못하노라. 다만 나를 심판하실 이는 주시니라. (고전 4:3~4)

완벽한 판단은 그 누구도 할 수 없다. 다만 하나님만이 공정한 판단이 가능하므로 그를 신뢰하여 신앙을 소유하는 것이다. 예수님은 산상보훈 가운데서 다음과 같이 말씀하셨다.

> 비판을 받지 아니하려거든 비판하지 말라 너희가 비판하는 그 비판으로 너희가
> 비판을 받을 것이요, 너희가 헤아리는 그 헤아림으로 너희가 헤아림을 받을 것이니
> 라. (마 7:1~2)

이 말은 스스로 판단하고 헤아리지 말라는 의미이다. 왜냐하면 인간의 판단이 옳지 않기 때문이다. 공정하지도 않으면서 판단한다면 그것으로 말미암아 오히려 하나님에게 판단받게 될 것이다. 하나님은 굳이 판단하려면 자신의 눈 속에 들보가 있음을 인정하는 판단을 먼저 하라고 말씀하셨다. PC방에서 채팅하는 장 군의 말만 듣고 경찰에 신고했던 주인의 판단은 시민정신을 발휘했다는 점에서 칭찬받을지 모르나 무고한 사람을 억울하게 고생시킨 책임은 면할 수 없다. 이런 면에서 볼 때 함부로 판단하고 그 결과 다른 사람에게 피해를 입혀서는 안 된다는 점을 명심해야 할 것이다.

나의 잘못된 판단으로 이웃을 불신하고 피해를 입힌 일은 없는지 돌이켜보자. 나 또한 다른 사람의 잘못된 판단으로 고난과 역경의 길을 걸을 수 있음을 명심하자. 나는 아무런 잘못이 없는데 의심을 받는다면 정말 억울할 것이다. 그러나 이 같은 억울함을 다 지켜보시는 분이 있으니, 그 분은 바로 하나님이시다. 주님의 이름으로 참고 견디는 자는 언젠가 진실이 밝혀질 것이며, 이 세상에서 밝혀지지 않는다 해도 지구의 종말이 올 때 백보좌 심판대 앞에서 한을 풀게 될 것이다. Ω

필요보다 욕심을 위하여
a need & a greed

우리 인간이 하루를 살아가는 데 필요한 최소한의 것은 무엇일까? 하루에 세 끼니의 밥이 필요하고 몸의 수분을 채우기 위해 적당한 양의 물, 적당한 체온을 유지하기 위해 옷이 필요할 것이다. 이 같은 것들을 다른 말로 표현하면 비타민과 미네랄을 포함한 약 1천 칼로리의 열량과 1~2리터의 물, 잠자리로 말할 수 있다. 그러나 이제 우리가 먹을 양식으로 정부 창고에 쌓아놓은 쌀이 지나치게 많아서 오히려 보관비 때문에 고심하고 있다.

서울시내의 주택 보급률은 수적인 면에서는 1백 퍼센트가 넘는다고 한다. 물은 한강이 있는 한 염려 없다. 이처럼 생존을 위한 의식주에는 염려 없는 삶을 사는 데 비해 집 걱정, 먹을 걱정, 입을 걱정 등은 예전보다 더 많이 한다. 그렇다면 오늘날 현대인의 활동은 필요를 채우기 위한 활동이라기보다 욕심(慾心)을 위한 활동임에 틀림없다. 보다 더 많이, 보다 더 빨리, 보다 더 좋은 것을 소유하기 위한 노력에 애를 쓰는 것이다. 소유에 대한 감사도 잊은 채 더 많은 것을 소유하기 위해 앞만 보고 달음질하는 것이 현대인이다. 더 많은 것을 위하여 불평불만 속에 자신을 학대하면서 치열한 경쟁에 휘말려 길을 잃은 채 자신의 위치를 벗어난 사람들이 많다. 가져도 감사치 않으며, 더 갖지 못한 것에 불만을 품고 욕망에 허우적거리는 것이 우리의 실제 모습 아닌가?

있는 것에 만족하며 살아야 할 것이다. 필요하지도 않은데 더 많은 것을 찾는 것은 일종의 욕심이요 사치다. 내게 있어야 할 것이 있다면 하나님의 은혜로, 그때그때 상황에 따라 도우시는 하나님이 채워주신다. 내가 지금까지 살아왔다는 것은 일용할 양식을 하나님이 주시기 때문이요, 생명 있는 한 하나님이 보존했다는 증거이다. 공중에 나는 새도 하나님 허락 없이는 떨어지지 않는 것처럼 하나님이 나를 위한 결과이다.

지난 과거를 지킨 하나님이 앞으로도 생명이 있는 한 지속적으로 보호하신다는 것을 무언으로 증언하고 있다. 그럼에도 불구하고 하나님을 믿지 않고 나의 욕심을 위하여 사는 것은 바람직하지 않다. 언제까지 욕심의 제물이 되어 하나님 섬기는 일을 먼 훗날로 미룰 것인가?

주님이 말씀하시기를 '공중에 나는 새도 길가의 백합화도 하나님이 먹이시고 입히시거든 하물며 너희일까보냐!' 라고 하셨다. 이는 하나님이 인간에게 관심을 가지고 의식주 문제를 해결해줄 것을 약속하신 것이다. 그렇다면 인간이 할 일은 무엇을 먹을까, 무엇을 입을까, 무엇을 마실까 염려하지 말고 '너희가 구할 것은 그 나라와 그 의를 구하라' 는 것이다. 필요 이상의 수고는 모두가 헛된 것이다. 이 같은 것을 먼저 터득한 사람이 있다. 바로 솔로몬 왕이다.

> 전도자가 이르되, 헛되고 헛되며 헛되고 헛되니 모든 것이 헛되도다. 해 아래에서 수고하는 모든 수고가 사람에게 무엇이 유익한가. (전 1:2~3)

욕심을 위한 수고는 모두가 헛되다는 의미이다. 광야 시절 하나님은 이스라엘 백성에게 하루에 한 번씩 만나를 주셨다. 그리고 안식일 전날에 2일분을 비로소 허락하셨다. 그 이상의 것은 썩었고 버리게 되었으니, 욕심을 위한 일이기 때문이다. 이처럼 오늘도 필요한 것 이상의 욕심을 위해 살아가는 사람들의 수고는 헛수고가 될 것을 보여준다. 욕심에서 벗어나는 비결을 바울에게서 들어보자.

> 내가 궁핍하므로 말하는 것이 아니니라. 어떠한 형편에서든지 나는 자족하기를 배웠노니, 나는 비천에 처할 줄도 알고 풍부에 처할 줄도 알아 모든 일, 곧 배부름과 배고픔과 풍부와 궁핍에도 처할 줄 아는 일체의 비결을 배웠노라. 내게 능력 주시는 자 안에서 내가 모든 것을 할 수 있느니라. (빌 4:11~13)

즉 하나님 안에서만 모든 것이 가능하다는 의미이다. Ω

인간 복제는 막아야 한다
Stop a duplicate

현대 문명을 복사(複寫) 문화라 한다. 복사란 숫자의 제한을 받지 않고 원본을 베끼는 행위를 말한다. 즉 원하는 숫자만큼 똑같이 베끼는 것을 의미한다. 일반적으로 복사라 하면 문서나 물건들을 동일하게 만드는 것으로 생각한다. 사무실에서 필요에 의하여 서류 원본을 복사기에 넣고 복사하는 것이라든지 아니면 같은 종류의 물건을 다량으로 만들어 상업적 이득을 취하는 것만 생각할 수 있다. 전자의 경우 저작권이 있는 책을 허락 없이 복사하면 저작권침해로 법에 의해 처벌을 받는다. 후자의 경우도 가짜를 양산하여 이득을 챙긴다면 정부에 특허를 받아 사업하는 업체의 특허권을 침해하는 것으로 시장원리에 혼란을 주므로 불법이다.

법을 어기면 처벌을 받는 것은 당연한데, 만약 인간을 문서 복사하듯이 복제한다면 어떠할까? 같은 사람을 둘 이상 제한 없이 만들어낼 수 있는 것이 오늘날 현대과학의 현주소이다. 이 같은 일에는 찬반양론이 있을 수 있다. 찬성하는 쪽에서는 복제인간을 많이 만들어 병든 사람들에게 장기이식 등으로 사용하자는 것이다. 많은 사람에게 유익을 주고 공감할 수 있는 일이나 복제인간은 절대 만들어서는 안 된다. 그 이유를 생각해보고자 한다.

첫째, 하나님에 대한 도전이다. 하나님은 인간을 창조하시되 당신의 형상과 모양으로 창조했다. 하나님이 아닌 인간이 인간을 복제하여 창조할 수 있다면 하나님과 인간, 인간과 하나님과의 관계는 이제 끝장난 셈이다. 하나님 앞에 경배할 필요도 없고 기도를 할 필요도 없으며 그를 위한 찬송이나 헌신도 필요 없다. 지금까지는 천하를 주고도 바꿀 수 없는 생명을 분양받은 인간으로서 그 은혜를 감사하여 경배와 찬양을 해왔는데, 인간이 인간을 만들 수 있다니 굳이 그럴 필요를 느끼지 않을 것이다. 하나님은 남녀를 창조하시고 그들에게 복을 주시며 이르시기를 "생육하고 번성하여 땅에 충만하라. 땅을 정복하라. 만물을 다스리라"고 했다. 하나님은 남녀를 통하여 번식할 것을 말씀했는데 남녀가 아닌 과학자에 의하여 번성한다면 신의 뜻을 저버린 심판받을 행위이다. 인간이 하나님에게 도전하는 행위는 아담이 하나님과 같이 되고자 선악과를 땄을 경우이다. 그 죄로 아담은 에덴에서 추방당했는데, 그 일을 생각하면 우리도 경각심을 가지고 퇴출위기를 느껴야 할 것이다.

둘째, 윤리 문제이다. 인간이 만든 복제인간은 자녀일까 아니면 산모 자신일까 하는 점이 문제가 될 것이다. 복제된 인간은 딸이 아니고 산모 자신이라 할 수 있다. 혹자는 자녀면 어떻고 자기자신이면 어떻냐고 할지 모르지만 그렇지 않다. 나이가 적은 아이에게 호칭을 어떻게 할 것이며, 관계를 어떻게 볼 것인가는 중요한 문제가 된다. 혹자는 이름을 부르면 되지 않겠느냐 할지 모르지만 그 또한 안 될 말이다. 만약 산모에게 자녀들이 있다면 그 애들은 복제된 아이를 어머니로 대해야 할지도 모른다. 아무튼 복제인간이 판을 친다면 숱한 윤리 문제가 야기될 것이다. 미인을 대량으로 복제하여 상품화한다든지 폭군을 복제하여 세상을 지배하려 한다면 윤리적 혼란만 커질 뿐이다.

셋째, 기존 질서의 혼란이다. 한 부모 밑에 탄생한 아이들이라도 같은 아이는 없다. 같은 배에서 탄생한 일란성 쌍둥이도 같지 않다. 그래서 이 세상은 다양성이라는 아름다움을 갖게 된 것인지도 모른다. 즉 모두가 필요한 존재들이라는 말이다. 같은 사람을 대량으로 복제할 경우 필요를 채운 후 남은 복제인간은 필요 없게 된다. 이와 같이 복잡하고 황당한 문제들이 많으므로 우리는 인간복제를 막아야 한다. 그러나 정작 문제는 복제인간을 만드는 배후에는 이단들이 자리 잡고 있다는 점이다. 경각심을 가지고 신앙생활에 좀 더 박차를 가하여 이단들의 성장을 막아야 할 것이다. Ω

계미년 양(羊)의 해
the year of the sheep

계미년(癸未年) 새해가 동녘 하늘에 힘차게 솟았다. 우리 집 달력에는 해당 간지(干支)가 있어 어떤 동물의 해인가를 쉽게 알 수 있는데, 올해는 양의 해이다. 그 해에 해당하는 동물의 성향에 따라 처신하는 방법이 다르기도 하다. 예를 들어 가임 기간에 있는 여성일 경우 말의 해에는 출산 계획을 미루는 경향이 있다. 간지는 주역(周易)의 산물로, 그에 따라 사주를 보고 인간의 운명과 길흉화복(吉凶禍福)을 점치는 미신이다. 그럼에도 불구하고 많은 사람이 간지에 관심을 갖고 자신의 희망과 운명으로 삼아 사는 것을 보면 심히 유감스러운 일이다. 이 같은 토양 속에 살아온 우리 신앙인들이지만 2003년 양의 해에는 좀 더 관심을 가져야 하는 것이 양은 기독교와 밀접한 관계를 가지고 있기 때문이다. 성경에서 다윗은 다음과 같이 말하고 있다.

여호와는 나의 목자시니 내게 부족함이 없으리로다. (시 23:1)

하나님은 목자가 되시고 다윗 자신은 하나님의 어린 양으로 표현하고 있다. 요한은 예수님을 '세상 죄를 지고 가는 하나님의 어린 양'이라고 했다. 《구약》을 보면 양을 제물로 삼아 하나님께 제사 드리는 의식이 있었다. 이처럼 어린 양이신 예수님이 인류를 대신하여 십자가에서 희생 양이 된 사건을 우리는 알고 있다. 이로 보건대 양은 신앙인에게 없어서는 안 될 귀한 존재이다. 양이라는 동물을 깊이 음미해보고자 한다.

첫째, 양은 집단생활에 익숙한 짐승이다. 단체생활에서도 자신의 이익만을 구하지 않고 무리지어 한 마리의 선도자를 따라가는 습성이 있다. 그래서 양을 치는 데 많은 인력이 필요치 않다. 양치기 소년과 길들인 셰퍼드 몇 마리만 있으면 몇백 마리의 양을 일사불란(一絲不亂)하게 움직이는 데 별다른 어려움이 없다. 신앙인들 역시 단체생활에 익숙한 양처럼 예수님을 머리로 하고 그의 지체로서 집단으로 움직여야 할 것이다. 무리를 벗어나서도 안 되고 이탈해서도 안 된다. 여럿의 몸이 하나같이 움직여야 한다.

> 무리에게서 스스로 갈라지는 자는 자기 소욕을 따르는 자라, 온갖 참 지혜를 배척하느니라. (잠 18:1)

둘째, 양은 순종의 본이 된다. 양은 독자를 따르는 가운데서도 순종하지만 셰퍼드에 의한 몰이에서도 절대적으로 순종하는 것을 볼 수 있다. 무서운 이리떼나 맹수에게 물려가 먹이가 되는데도 반항하지 않고 순종하며 사람이 제물을 드릴 때도 불순종하지 않는다. 힘이 약해 어쩔 수 없기도 하지만 양은 순종의 모형임을 보여준다.

셋째, 양은 희생의 본을 보인다. 속죄 제물로의 이미지가 강한 양은 신에게 바치는 신성수(神聖獸)로 널리 알려진 동물이다. 예수님이 인간의 죄를 대속하시기 위하여 어린 양으로 하나님에게 속죄제를 드린 사건은 우리가 익히 잘 알고 있다. 십자가에 못 박혀 물과 피를 아낌없이 쏟으시고 돌아가신 주님의 숭고한 희생으로 우리 죄를 대속하신 것이다. 양은 희생양으로 우리에게 본을 주는 교훈의 동물이다.

넷째, 양은 평화의 상징이다. 푸른 초원에서 한가로이 풀을 뜯는 하얀 양떼의 모습은 안정과 평화의 상징임에 틀림없다. 해질녘에 양들이 목동의 피리소리에 귀를 쫑긋 세우고 대열을 지어 따르는 모습은 목가적이다.

2003년 양의 해를 맞이하여 우리 신앙인들은 평화를 사랑하고 집단생활 속에서도 순종하고 희생하는 양과 같은 삶을 살기를 바란다. Ω

비난을 듣는 지혜
the wisdom to receive blame

나에 대한 비난을 다른 사람의 입을 통해 들을 때가 종종 있다. 사람들이 나를 좋다고 하면 기분이 좋으나 싫다고 하면 마음이 인색해진다. 다른 사람을 판단하고 비난하는 말은 많이 하지만 자신에 대해 비난하는 말을 듣기 좋아하는 사람은 없을 것이다. 누군가 나를 비난할 때는 보복심이 유발되고 두고 보자는 마음을 갖게 된다. 이 문제를 마음의 여유를 가지고 생각해보자. 나를 비난하는 말들을 엄밀히 분석하면 대부분 맞는 말들이다. 내가 '의인(義人)은 없나니 한 사람도 없다' 는 부류에 포함되기 때문이다. 당연한 이야기를 하는데 민감하게 반응하여 안색이 변하고 좋지 않은 감정을 품는 일은 잘못이다. 비난을 당연한 것으로 받아들이는 경건생활에 익숙지 못함을 한(恨)할 수밖에 없다.

내가 할 일은 잘못을 돌아보며 하나님 앞에 회개하고 고쳐나가는 것이다. 사람들이 비난하는 이유를 곰곰 생각해보면 나로 인해 불이익을 당하고 피해의식을 가졌기 때문일 것이다. 이런 경우 인간관계를 바로잡는 기회로 삼는다. 나와 멀어진 사람과는 가까이 하고, 가까워진 사람과는 거리를 조절해본다. 나를 비난한 사람이 도덕적으로나 윤리적으로 또는 경건생활이 월등히 좋을 경우에는 반성의 기회로 삼되 그렇지 않은 경우도 많으므로 마음의 안정을 잃을 필요는 없다. 나를 마구잡이식으로 험담해서 기분 전환이 되고 껌 씹듯이 씹는 재미를 볼 수 있다면 그나마 내 마음이 좋겠다.

어느 개척교회에 설립 예배차 갔더니 많은 하객이 왔는데 담임목사가 이렇게 말했다.

"정성들여 먹을 것을 많이 준비했습니다. 배불리 잡수시고 나에 대해 험담도 하시고 즐기다가 돌아가시기 바랍니다."

내게는 충분히 공감 가는 이야기였다. 사람들은 다른 사람들, 특히 성도는 교역자를 비난하고 험담하는 것을 즐거움으로 삼고 백성은 고을원님 험담하기를 좋아한다. 교역자의 인격에 흠을 냄으로써 성도들이 기쁘다면 나로서는 더 이상 좋을 수 없다. 그러나 장난삼아 던진 돌에 개구리가 맞아 죽을 수도 있듯이 대수롭지 않게 다른 사람을 비난하는 일이 교회로 볼 때는 치명적일 수 있다. 지도자에 대한 험담이 알려진다면 누가 교회의 교적을 가지고 신앙생활을 하며, 새로운 성도들이 교회에 들어오기를 기대할 수 있겠는가? 성경에서 바울은 다음과 같이 준엄한 경고의 말씀을 전한다.

> 형제들아, 사람이 만일 무슨 범죄한 일이 드러나거든 신령한 너희는 온유한 심령으로 그러한 자를 바로잡고 너 자신을 살펴보아 너도 시험을 받을까 두려워하라. 너희가 짐을 서로 지라. 그리하여 그리스도의 법을 성취하라. (갈 6:1~2)

사랑은 허다한 허물을 덮는다고 한다. 잘못이 보이면 덮어주고 허물이 보이면 가려줘야 상생(相生)하는 법이다. 헐뜯고 물고 찢으면 서로 망할 뿐이다. 자신에게 잘못이 없다면 얼마든지 하나님을 대신하여 판단할 수 있다. 인간은 누구나 하나님 앞에 심판받음을 명심하고 다른 사람 눈의 티를 빼기보다는 내 눈의 들보를 빼도록 노력해야 한다. 우리 신앙인들은 모든 것을 하나님에게 맡기고 서로 사랑해야 한다. 나 위해 죽으신 십자가를 바라보며 메마른 사랑을 채우는 일이 선행되어야 한다.

성경에서 바울은 또 이런 말도 했다.

> 너희에게나 다른 사람에게나 판단받는 것이 내게는 매우 작은 일이라. 나도 나를 판단하지 아니하노니, 내가 자책할 아무것도 깨닫지 못하나 이로 말미암아 의롭다 함을 얻지 못하노라. 다만 나를 심판하실 이는 주시니라. (고전 4:3~4)

주님에 대한 나의 충성을 방해하는 험담을 경건의 지혜로 받아들임으로써 마음을 달래본다. Ω

벼랑 끝 외교
a diplomacy of the cliff end

북한 정부는 지난 1월 10일 성명을 내고 핵확산금지조약(NPT)에서 탈퇴한다고 선언했다. 북한은 이날 발표한 성명에서 미국의 대북강경정책을 비난하며 "핵무기전파방지조약(핵확산금지조약 : NPT)에서 탈퇴하고 국제원자력기구(IAEA)와 담보협정의 구속에서 완전히 벗어난다"고 밝혔다. 또한 미국이 지난 1993년 6월 11일 북ㆍ미 공동성명에 따라 핵위협 중지와 적대의사 포기를 공약한 의무를 일방적으로 파기했다고 주장했다. 이어 성명은 "핵무기전파방지조약에서의 탈퇴는 우리 공화국(북한)에 대한 미국의 압살책동과 그에 추종한 국제원자력기구의 부당한 처사에 대해 응당한 자위적 조치"라면서 "그러나 핵무기를 만들 의사는 없으며 현 단계에서 우리의 핵 활동은 전력 생산을 비롯한 평화 목적에 국한될 것이다"하고 강조했다. 특히 성명은 "미국이 우리에 대한 적대시 압살정책을 그만두고 핵 위협을 걷어치운다면 우리는 핵무기를 만들지 않겠다는 것을 북ㆍ미 사이에 별도의 검증을 통하여 증명해 보일 수도 있을 것"이라고 밝혔다.

북한은 미국에서 기름을 대주지 않자 감시시설을 제거하고 IAEA에게 감시 카메라를 철거해줄 것을 요구하는 한편, 이제는 로켓 발사시험을 하겠다는 외교전술을 보이고 있다. 이 같은 외교조치는 가히 '벼랑 끝 외교(外交)'라 할 만하다. 이 같은 분석에 따라 정부 당국은 청와대에서 NSC(국가안전보장회의)를 열어 북한이 핵 위기를 더 이상 악화시키지 않도록 경고하는 한편, 북미 대화가 재개되어 조속히 북핵문제의 해법을 찾도록 계속 노력해나갈 방침이다.

북한의 벼랑 끝 외교처럼 신앙인에게는 벼랑 끝 기도가 있다. 흔히들 간증을 할 때 보면 어떤 목적을 가지고 기도하는데 응답이 없으면 하나님을 협박하고 위협하는 벼랑 끝 기도가 되어버린다. 즉 자신의 기도에 대한 응답을 듣기 위해 갖가지 수단을 등원하는 것이다. 이들은 주로 산 기도 하는 사람들이요, 한탕주의에 물든 사람들로서 불로소득의 헛된 꿈에 사로잡혀 부르짖는 기도를 하는 사람들이다.

이들은 높은 산의 바위 끝 벼랑에 올라 앉아 산하를 굽어보면서 목청 높여 다음과 같이 기도한다.

"하나님! 나에게 문제가 있습니다. 이 문제가 해결되지 않으면 나는 죽습니다. 하나님의 응답이 없으면 이 낭떠러지에서 떨어지겠습니다. 내가 아직 젊은 나이인데 나 죽으면 하나님한테 손해가 가지 않겠습니까? 내가 적어도 몇십 년을 더 살아 주를 위해 헌신하고 봉사할 수 있는데, 이런 내가 죽으면 손익관계를 따져볼 때 내 손해보다 하나님이 더 손해나지 않겠습니까? 그러니 응답을 주시어 헌신토록 하시는 것이 바람직할 겁니다."

기도 내용이 거의 협박에 가깝다. 인간의 도움을 받으시고 봉사와 헌신을 받으시는 하나님에게 드리는 기도와는 거리가 멀다. 이 세상의 모든 것이 하나님 것이요, 그의 것이 아닌 것이 없는데도 벼랑 끝 기도를 하는 사람들은 이해관계를 따져가며 하나님에게 불이익이 되니 응답해 줄 것을 강요한다. 즉 자기 생명을 담보로 하나님에게 흥정을 하는 것이다. 하나님을 위협하고 자기 목적을 이루고자 공갈을 일삼는 깡패 근성을 노골적으로 드러내는 것이 바로 벼랑 끝 기도이다. 이런 식의 기도가 어쩌다 한두 번은 통할지 모른다. 그러나 이와 같은 기도를 계속하다가는 하나님의 무서운 진노가 임할 것이다.

북한의 벼랑 끝 외교 역시 계속된다면 끝내 통하지 않을 때가 올 것이다. 이라크와의 전쟁이 조만간 발발하리라 예상되는 이 시점에서는 미국의 약점을 이용한 벼랑 끝 외교가 먹혀들지 모르지만 강대국들이 이를 좌시하지는 않을 것이다. 벼랑 끝 기도로 하나님의 자비를 짓밟고 자기 뜻을 관철코자 하는 것은 깡패와 같은 행동으로 그리 권장할 만한 일이 아니다. *Ω*

남북 장관급 회담
a conversation between north and south

사람이 변하면 죽는다고 한다. 어디에 근거를 두고 나온 말인 줄은 모르나 평소에 정상생활을 하던 사람이 변하면 이상 징후를 나타내기에 나온 이야기일 것이다. 즉 죽음을 앞둔 사람이 마음이 약해져 경쟁에서 한 걸음 후퇴하게 된다면 다른 사람의 눈에 변화된 모습으로 비쳐지므로 이를 두고 한 말일 수도 있다.

신앙에서는 이와 정반대로 변해야 산다고 한다. 변하지 않고는 새 사람이 될 수 없고 죽어야 비로소 살 수 있는 진리가 있다. 예수님은 죽음으로써 살았고 승천하여 하나님 보좌우편에 앉아 모든 사람이 그 앞에 무릎을 꿇게 되고 인간은 그를 주(主)라고 시인하게 된다. 이것이 기독교에서 말하는 변한 모습이다. 변해야 산다. 인격이 변하고 생활의 변화가 있어야 한다. 변하되 제대로 변해야 한다. 제대로 변하지 않으면 차라리 변하지 않은 것만 못할 수도 있다.

지난 1월 21일 남북 장관급 회담을 지켜보면서 이런저런 생각이 들었다. 신앙인의 입장에서 볼 때 북한 공산주의자들은 변해야 국제무대에서 살아남을 수 있을 텐데, 저들은 하나도 변하지 않았음을 확인할 수 있었다. 남북한 양측은 밤샘 협상 끝에 결국 24일 새벽 5시가 넘어 공동보도문에 합의한 후 2차 전체회의를 거쳐 발표했다. 공동보도문 내용 가운데 핵문제와 관련된 사항을 보면 '남과 북은 핵문제에 대하여 쌍방의 입장을 충분히 교환했으며 이 문제를 평화적으로 해결하기 위해 적극 협력하기로 했다' 는 것이다.

남측은 회담 첫날부터 줄곧 북한 핵문제가 한반도와 세계 평화를 위협하는 사안임을 강조하고 우리 국민과 국제사회의 우려를 전달했다. 또한 핵문제의 해결 없이는 남북관계에서 진전이 있을 수 없다는 경고도 잊지 않았다. 남측은 회담 내내 북측의 핵확산금지조약 탈퇴 선언의 철회 및 핵동결 해제조치의 원상회복을 구체적이고 실천적 내용으로 공동보도문에 담자고 설득했으나 결국 공동보도문에 담은 내용은 전혀 다른 것이다.

처음부터 북측은 자신들의 주장만 되풀이하고 끝내 남측의 주장과는 다른 동상이몽의 꿈을 그대로 드러냈다. 북측이 처음부터 마지막까지 주장하는 것은 6·15 남북공동선언의 준수와 이행을 공동보도문에 명시하자는 것이다. 그러나 이는 보기에 따라 북측의 민족공조 주장이 관철된 것으로 오해할 수도 있는 내용이다. 이들의 주장에 따르면 핵문제는 북미와의 문제이며, 남과 북이 공조하여 외세를 물리치고 공동 대응하자는 것이다.

북측이 자신들의 노선을 버리고 국제사회가 요구하는 핵확산금지조약 탈퇴를 철회하고 핵동결해제 조치를 원상회복한다면 국제사회와 미국으로부터 많은 물질적 원조를 받고 체제도 보장받을 수 있을 것이다. 그럼에도 불구하고 여전히 주장을 굽히지 않고 사태를 벼랑 끝까지 끌고 가는 모습은 보기에 안쓰럽기만 하다.

변하기만 하면 세상에서도 살 길이 열릴 텐데 전혀 변할 줄 모르는 저들의 속셈은 무엇일까? 신앙인들 역시 가끔은 이런 모습을 보이곤 한다. 믿음으로 변해야 하는데 여전히 변함없는 신앙생활을 고집하는 것이다. 세상을 좋아하고 재물을 사모하고 사치와 쾌락을 위한 삶을 포기하지 않고 세상과 함께 놀아나는 모습은 하나님 보시기에 심히 마음 아플 일이다. 돌아올 줄 모르는 이스라엘 백성을 향하여 하나님이 선지자 예레미야를 통하여 외친 말씀이 있다.

> 공중의 학은 그 정한 시기를 알고 반구와 제비와 두루미는 그 올 때를 지키거늘 내 백성은 여호와의 규례를 알지 못하도다. (렘 8:7) Ω

살생부(殺生簿)
a list of the killing names

살생부(殺生簿)란 사람이나 짐승을 죽이기 위한 명부를 말한다. 명부가 있다는 것은 지극히 제한된 숫자의 살생이 아니라 다수를 살생하겠다는 의미이다.

요즘 집권 여당인 민주당 내에서는 살생부가 나돈다는 괴소문이 떠돌고 있다. 지난 1월 17일 인터넷 살생부가 언론에 일제히 보도되면서 '역적' 또는 '역적 중의 역적'으로 분류된 의원들은 일제히 불쾌감과 분노를 표하면서 당 지도부에 수사를 의뢰하고 진상을 밝히기 위한 조치를 촉구하는 등 강경한 목소리를 냈다. 이런 가운데 당 내에서는 인터넷 정치의 무책임성과 선정주의의 폐단에 대한 문제점을 지적하면서 건전한 인터넷 문화의 정착이 필요하다는 점을 강조하기도 했다. 살생부에는 충신을 충성도에 따라 세분하고 역적은 역적 중의 역적 등으로 분류하는 등 6등분으로 나누어 놓았다고 한다.

충신으로 분류된 사람은 그리 기분 나쁘지 않겠지만 역적 또는 역적 중의 역적으로 분류된 사람은 기분이 좋을 리 없다. 이들은 자신이 처한 상황에 따라 각기 다른 감정을 표출하고 있다. 역적으로 분류된 사람들은 살생부를 만든 이들을 다음과 같이 비난하거나 변명을 늘어놓았다.

"선거운동을 하다 보면 적극적으로 활동한 사람이 있는 반면에 소극적으로 활동한 사람도 있을 터인데, 그것을 가려서 살생부를 만든 것은 철부지 어린애 같은 행위다."

"나는 지난 대선에서 사명감을 갖고 열심히 활동했다. 그 사실은 선대위 간부들이 누구보다 잘 알고 있다."

"야당이 원내 과반수를 차지하고 전국 지방자치단체장의 상당수가 야당 소속이라는 어려운 여건 속에 신정부가 출범하는 마당에 이 같은 행위는 해당행위 중의 해당행위다."

특히 역적 중의 역적으로 몰린 사람들은 흥분의 목소리를 높였다.

"많은 의원이 흥분을 금치 못하고 있다. 이번 일은 절대 그냥 넘어가선 안 된다. 아주 한심한 일이다."

반면에 살생부에서 특1등 공신, 1등 공신 등으로 묘사된 신주류측 의원들의 반응은 한결 느긋하다. 그들은 '살생부를 작성한 일이 적절하지 않다'는 반응을 보이면서 단순히 한 개인의 주장일 뿐이라고 일축했다. 그러면서도 다음과 같이 따끔한 일침을 가하기도 했다.

"살생부 내용 중에 맞는 것도 있고 틀린 것도 있으므로 거기에 큰 의미를 부여할 필요는 없다. 하지만 그 같은 것이 나도는 데는 다 이유가 있다고 본다."

살생부에 연루된 사람들의 섣부른 발언은 바람직하지 않다고 본다. 다들 이번 사건을 통해 자신들의 잘못을 돌아보아 대오각성(大悟覺醒)의 기회로 삼아야 할 것이다. 선거 당시 지금과 같은 상황을 예측하지 못한 채 철새처럼 이리저리 왔다 갔다 하는 식의 행동을 했던 것은 잘못이다. 자신의 행동이 잘못된 것을 반성하지 않고 무조건 남의 탓만 하면서 책임을 회피하는 것은 바람직한 행동이 아니다. 이들의 태도로 보아 살생부에 오를 만한 행동들을 충분히 했을 것 같다는 생각도 든다.

인간의 판단을 무시할 수 없다면 인간의 마음을 관찰하시는 하나님의 심판은 피할 수 있을까? 인간을 충신과 역적으로 분류하는 것은 사람이 하는 일이므로 오판의 가능성을 완전히 배제할 수는 없다. 그러나 신앙인의 입장에서는 살생부가 두렵지 않을 수 없다. 사람들 앞에서는 변명을 할 수도 있고 상황을 봐서 빠져나갈 수도 있지만 하나님 앞에서는 그런 잔머리가 통하지 않기 때문이다. 특히 우리나라 정치인들은 권모술수(權謀術數)의 대가 아니던가. 남들에게 보이기 위한 정치보다는 심장폐부를 살피시는 하나님 중심으로 사는 것이 정치생명의 장수 비결이 아닐까 싶다. 신앙인들도 기복주의(祈福主義) 신앙을 가지고 이리저리 왔다 갔다 하는 행동은 살생부 명단에 오를 일이다. Ω

로또 복권
a Lotto lottery ticket

요즘 장안에는 복권 열풍이 한창이다. 8백억 원대의 복권까지 나올 모양이니 우리 국민 모두 눈알이 튀어나올 지경이다. 복권이란 제비를 뽑아 당첨되면 받게 되는 상금이나 그밖에 이득을 얻을 수 있는 표찰, 복표(福票)라 할 수 있다. 유래를 살펴보면 국가 또는 공공기관이 번호를 기입하거나 어떤 표시를 해놓은 표를 팔아서 추첨과정을 통해 당첨된 표에 대해서는 표의 값보다 훨씬 많은 상금을 주는 일종의 제비뽑기를 말한다.

복권의 효시는 고대 로마 시대로 거슬러 올라간다. 초대 황제인 아우구스투스(재위 BC 27~AD 14)가 로마의 복구자금을 마련하기 위해 연회에서 복권을 팔고 복금으로 노예, 집, 배 등을 주었다는 기록이 있고 폭군 네로가 로마를 건설할 때 자금조달을 목적으로 발행했다는 설도 있다. 그러나 보다 근대적인 복권의 형태는 1400년대 네덜란드에서 시작되었으며 1530년대에는 이탈리아 피렌체 지방에서 세계 최초로 '로토' 라고 불리는 복권이 나와 오늘날 로토 게임의 효시(嚆矢)가 되었다.

1500년대 이탈리아의 제노바 공화국은 90명의 정치가 중에서 매년 추첨에 의하여 5명의 의원을 선출했다. 이런 점에 착안하여 90개의 숫자 중 5개를 추첨하는 로토 5/90 게임이 복권으로 나왔고, 이는 오늘날 세계적으로 성행하는 로토(Lotto : 전자식 복권의 일종)의 효시가 되었다. 복권을 영어로 로터리(lottery)라 하는 것도 그 어원이 Lotto에서 나온 것이며, Lot의 의미는 제비뽑기, 추첨, 운명, 상품, 경품 등으로 다양하다. 동양권에서도 추첨은 제비뽑기의 의미로, 운명을 점치는 방법으로 사용되면서 복권이 시작되었다.

"만일 크리스천이 거액의 복권에 당첨되어 그 가운데 십일조를 교회에 드린다고 할 때 교회는 그것을 받아야 하는가?"

물어볼 필요도 없이 당연히 받아야 하는 것으로 생각하는 사람들이 많다. 최근 한국에서 어떤 이가 4백억 원 가까운 복권에 당첨되었다고 한다. 이 행운아가 독실한 크리스천이어서 그 중 십일조를 교회에 바친다면 교회는 이 돈을 받아야 할까? 미국 플로리다 주 네이플 시에 있는 구세군은 최근 1,430만 달러의 플로리다 로토에 당첨된 데이비드 러시라는 신자가 보낸 10만 달러를 받지 않았다. 정직한 돈이 아니라는 이유에서였다. 그렇다면 정당하지 못한 돈은 어떤 것일까?

첫째, 도적질한 돈이다.

남의 집 담을 넘어 들어가 돈과 물건을 훔쳐서 얻게 된 것은 정당한 수입이 아니다. 때때로 상점에서 물건을 산 뒤 영수증을 요구하면 백지 영수증을 주거나 "얼마로 써드릴까요?"하고 묻는다. 이럴 때 챙기는 돈은 도둑질이나 다를 바 없다. 노름판에는 '섰다' 라는 놀이가 있다. 돈을 한 데 모아놓고 끗발이 좋은 사람이 다 몰아가는 것인데, 복권이나 거의 다를 바가 없다. 도적질한 돈으로는 하늘에 보물을 쌓을 수가 없으므로 받아서는 안 된다.

둘째, 정당한 수입이 아니다.

> 창기가 번 돈과 개 같은 자의 소득은 어떤 서원하는 일로든지 네 하나님 여호와의 전에 가져오지 말라. 이 둘은 다 네 하나님 여호와께 가증한 것임이니라. (신 23:18)

즉 불의한 방법으로 번 돈은 절대 받아서는 안 된다는 말씀이다.

셋째, 땀 흘려 번 돈이 아니다.

불로소득으로 얻어지는 수입은 아무리 크다 해도 하나님이 기뻐하시지 않으니 6일 동안 땀 흘려 일하라고 말씀하셨다. 일하지 않고 얻어지는 소득을 하나님은 기뻐하지 않는다. 땅에서 횡재한 수십억의 돈에서 십일조를 드리면 어찌 하나님이 기뻐할 수 있을까보냐! Ω

혼인신고를 미루는 젊은이들
lengthened register one' s marriage

가정은 사회의 기초 단위이며 가정이 행복할 때 사회의 안정과 번영도 의미가 있다. 가정이 불안정하면 사회 전반이 혼란과 불안으로 이어진다. 결혼이라는 신성한 문화가 정착되어 아름다운 가정을 이루어야 함에도 불구하고 점점 퇴색해가는 듯해 안타깝다. 더욱이 요즘은 인터넷 공간에서 즐기는 사이버 연애가 한창이라고 한다. 이른바 비정상적인 만남을 주선하는 채팅이 그것이다. 여기에 중독되어 헤어나오지 못하는 젊은이들이 많으며 급기야 가정 파괴로 이어지는 경우가 난무하고 있다.

지난해 4월에 결혼한 민 모(여 · 29세) 여인은 최근 남편과 이혼했다. 남편이 인터넷 게임 사이트를 통해 여대생과 이른바 사이버 결혼식을 올린 것을 우연히 알게 되었기 때문이다. 이들은 사이버 공간에서 자신을 대신하는 분신까지 만들어 인터넷 공간에서 함께 사업도 하고 쇼핑도 하며 이중생활을 즐겼다. 남편은 인터넷 접속시간이 점점 길어지더니 밤을 꼬박 새는 날도 차츰 늘어났다. 결국 남편이 가정에 통 관심이 없음을 알게 된 아내는 이혼을 결심하고 마침내 결행한 것이다. 이는 현대의 새로운 가정파괴범이 바로 사이버 공간에 있음을 암시한 사례이다. 한번 시집가면 그 집 귀신 되어 나와야 하는 시대는 이미 지난 것 같다. 젊은이들이 조금만 참고 견디면 될 터인데 참지 못하고 이혼을 서두르는 모습을 지켜볼 때 마음이 아프다.

또한 요즘은 결혼했다 하면 혼인신고부터 하던 옛 풍조가 퇴색해버린 시대라 할 수 있다. 한 결혼정보회사가 미혼 남녀 631명을 대상으로 설문조사한 결과 미혼 남성의 27.8%, 미혼 여성의 35.5%가 결혼 후 혼인신고를 하지 않거나 나중에 필요하면 하겠다고 응답했다. 혼인신고를 기피하는 이유로 1위는 나중에 후회할지도 모르니까 일단 살아보고 한다는 것이 남녀 각각 57.7%와 55.7%로 나타났다. 혼인신고는 단순한 속박일 뿐 별의미가 없다는 응답이 남 24.7%, 여 25.1%였다. 이어 혼인신고제도가 번거롭고 혼인신고를 하게 되면 구직, 이직이 어렵다는 순으로 나타났다.

성경에 비쳐볼 때 젊은이들의 이러한 생각은 많은 문제점을 안고 있다. 일단 살아보고 좋으면 혼인신고를 하지만 좋지 않으면 이혼하겠다는 말은 너무 무책임하다. 결혼과 이혼을 이토록 쉽게 행동으로 옮기는 사회풍조는 지양(止揚)되어야 한다. 성경에서는 한번 결혼하면 하나님 이외에는 어느 누구도 갈라놓지 못한다고 했다. 그럼에도 불구하고 젊은 남녀가 헤어지는 것을 밥 먹듯이 쉽게 하는 요즘 세태를 보고 앞서간 조상들은 얼마나 통탄할까.

과거에는 한번 시집가면 그것을 자신의 운명으로 알고 한평생 참고 살았으며, 남편이 죽어도 재혼은 감히 생각지도 못했다. 다만 보쌈을 하는 풍속이 있어 재혼을 묵인해주기는 했다. 공식적으로는 재혼을 금하는 터라 남편이 죽을 때 함께 죽지 못하고 살아남은 죄인이라는 의미로 '미망인(未亡人)' 이란 말도 사용했다. 여러 가지 사례를 종합해볼 때 비인간적인 면이 없지는 않으나 지난 구시대 사람들이 오히려 하나님의 말씀을 철저하게 잘 지킨 듯하다. 즉 과거에 살았던 사람들이 바보가 아니라 오늘을 살고 있는 사람들이 지혜롭지 못한 것이다. 지금 사람들은 하나님 말씀을 제대로 지키지 않고 있음을 깨달아야 한다.

> 말씀하시기를 그러므로 사람이 그 부모를 떠나서 아내에게 합하여 그 둘이 한 몸이 될지니라 하신 것을 읽지 못하였느냐? 그런즉 이제 둘이 아니요 한 몸이니 그러므로 하나님이 짝지어 주신 것을 사람이 나누지 못할지니라 하시니. (마 19:5~6)

하나님의 말씀이 지켜지는 올바른 사회가 되려면 어떻게 해야 할까? 우리 신앙인은 한 알의 밀알이 되어 흑암이 깊은 세상에서 불빛을 밝히는 사명감을 가져야 한다. Ω

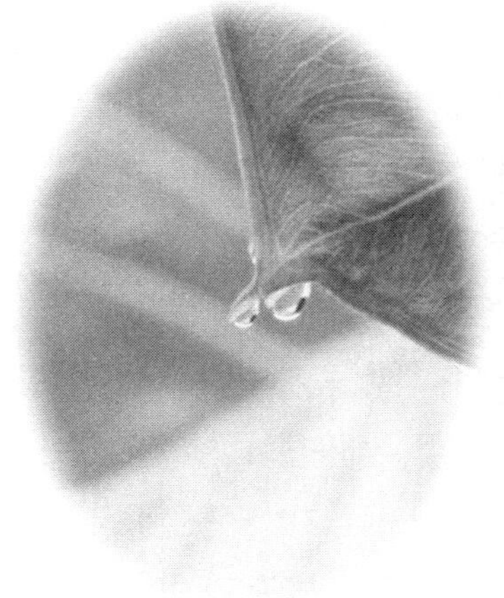

제 2 부

주님이 기억하는 이웃

예수께서 눈을 들어 부자들이
헌금함에 헌금 넣는 것을 보시고 또 어떤
가난한 과부가 두 렙돈 넣는 것을 보시고
이르시되 '내가 참으로 너희에게 말하노니,
이 가난한 과부가 다른 모든 사람보다 많이
넣었도다. 저들은 그 풍족한 중에서 헌금을
넣었거니와 이 과부는 그 가난한 중에서
자기가 가지고 있는 생활비 전부를
넣었느니라' 하시니라. (눅 21:1~4)

대구 지하철 참사 재발 방지
a DAEGU SUBWAY tragic death

250여 명의 사상자를 낸 대구 지하철 방화 사건은 평범한 사람들이 갑작스럽게 당한 일이라 애틋한 사연들이 참 많다. 평소와 같이 지하철을 타고 학교를 가거나 직장에 출근하거나 집으로 돌아가거나 나들이를 가거나 친구를 만나러 가던 사람들이 화재를 당했으니 얼마나 기막힌 노릇인가.

화염에 휩싸인 지하철 안에서 빠져나오기 위해 몸부림치다가 죽은 사람이 있는가 하면 다른 사람들의 생명을 구하기 위해 활동하다가 장렬하게 순직한 사람들도 있다. 살다 보면 내가 도움을 주는 사람이 있는가 하면 나로 인해 피해를 입는 사람들도 있기 마련이다. 많은 사람이 이용하는 지하철에서 방화를 저지른 범인은 250여 명의 목숨을 앗아간, 많은 사람에게 피해를 입힌 사람이다. 이번 사건으로 억울하게 희생당한 사람들을 보면서 유족뿐 아니라 국민 전체가 분노를 금치 못하고 있다. 또한 두 번 다시 이런 일이 벌어져서는 안 된다며 시급한 대책 마련을 촉구하고 있다.

국가에서는 이번 참사를 천재(天災)가 아닌 인재(人災)로 규정하고 재발 방지를 위한 특단의 조치를 취하고 있다. 매스컴 또한 책임 소재가 어디에 있는지 확실히 캐내기 위해 발 빠른 취재에 열을 올리고 있다.

보도에 따르면 지하철을 운행하던 기관사가 마스터키를 가지고 내리는 바람에 더 많은 사상자가 생겼다면서 체포영장을 발부했다고 한다. 지하철 문이 닫힌 상태라 인명 피해가 더 컸다는 것이다. 그러나 이와 반대로 기관사가 마스터키로 문을 열었다면 더 많은 희생자가 나왔을지 모른다는 추측도 힘을 얻고 있다. 또한 지하철 내부 제작 당시 인화성 재료를 지나치게 많이 사용한 것은 아닌지 면밀히 검토해야 한다는 이야기도 나오고 있다. 같은 유형의 사고를 방지하기 위해 사태를 엄격히 수습하려는 경찰의 의지는 참으로 좋다고 본다. 그러나 근본적인 원인 제공자는 사고를 낸 범인이다.

이 사건은 뇌졸중 등으로 일자리를 잃은 뒤 세상을 비관한 50대 장애인의 어처구니없는 범행으로 드러나 충격을 주고 있다. 피의자 김대한(金大漢·57) 씨는 범행 두 시간 후 대구 조공 병원에서 태연히 치료를 받던 중 목격자의 제보로 경찰에 체포되었다. 이 사건을 수사 중인 대구 중부경찰서에 따르면 김씨는 2001년 중풍으로 쓰러지기 전까지 대구 시내의 모 택시업체에서 택시기사로 일했으며 그 이전에는 화물차 운전사(6년), 행상 등을 했다고 한다. 김씨는 중풍에 걸린 직후 실어증, 우측 반신 마비, 뇌경색 등 각종 질환이 나타나 장애 2급의 장애인으로 해당 동사무소에 등록되었다. 또한 중풍에 걸리기 전인 1999년에는 대구 시내의 한 신경외과에서 지속성 통풍 장애 판정을 받기도 했으며, 작년 8월에는 우울증으로 정신과 치료를 받기도 했다.

이 같은 정황으로 본다면 범인이 안쓰럽다는 생각도 든다. 그러나 자신의 불행을 비관하여 아무 죄도 없는 불특정다수를 마구 죽이려 했던 발상은 지극히 잘못된 사고이다. 이러한 사건의 재발을 방지하기 위해서는 김씨 같은 사람을 치병할 방법이나 필요한 시설 및 제도 등을 알아보고 대책을 마련해야 한다. 그러나 이러한 예방대책은 아직 나오지 않고 있다. 정부는 사회나 가정에서 소외된 사람들이 부익부빈익빈(富益富貧益貧) 환경에서 상대적 박탈감을 느껴 충동적인 범죄를 저지르지 않도록 사회 안전망 시설을 확충해야 할 것이다.

신앙인의 입장에서 볼 때 삐뚤어진 양심이나 타락한 인격을 바로 세우는 일은 인간의 힘으로 할 수 있는 일이 아니다. 오로지 살아 계신 하나님만이 가능한 일이다. 성경에서는 인간을 불쌍히 여기셔서 독생자 예수님을 보내어 누구든 저를 믿으면 잃은 양심과 인격을 되찾을 것임을 말씀하고 있다. 이와 같은 진리를 깨달아 다시는 불특정다수를 향한 무모한 범죄가 일어나지 않도록 예방대책을 마련해야 할 것이다. Ω

햇볕정책의 실효성
a sunlight policy

햇볕정책은 국민의 정부가 지향해온 남북정책의 일환이다. 남북이 대치된 상황에서 평화적인 남북관계의 외교 노선을 펴나가기 위해 고심 끝에 마련한 것이 바로 햇볕정책이다. 이에 따라 국민의 정부는 지난 5년 동안 화해의 상호주의를 지향하며 퍼주기식 햇볕정책을 펴왔다. 《이솝우화》에 나오는 소박한 이야기에서 아이디어를 얻은 이 정책 때문에 한동안 말도 많고 탈도 많을 듯하다.

평소 비와 태풍을 몰고 다니며 막강한 힘을 뽐내던 바람은 해를 만나자 자신의 힘을 자랑하고 싶었다. 그래서 지나가는 행인의 옷을 누가 먼저 벗기는지 내기를 하자고 해에게 제의했다. 먼저 나선 바람은 단번에 나그네의 겉옷을 벗기기로 마음먹고 그를 향해 힘껏 달려갔다. 겉옷을 풀어헤치고 길을 가던 나그네는 갑자기 추워진 날씨에 겉옷을 벗기는커녕 세찬 바람을 이기기 위해 옷깃을 꼭꼭 여몄다. 여러 번의 시도 끝에 지쳐버린 바람이 나그네의 옷 벗기기를 단념하자, 그제야 해가 미소를 지으며 온 누리를 따뜻하게 비추기 시작했다. 나그네는 손수건을 꺼내 이마에 흐르는 땀을 닦다가 햇살이 점점 따갑게 느껴지는지 마침내 겉옷을 벗기 시작했다.

햇볕정책은 이 같은 동화의 내용을 바탕으로 세운 정책이다. 국민의 정부는 그동안 햇볕정책의 기조 아래 북한에게 시도 때도 없이 퍼준다는 반감이 들 정도로 심한 물질공세를 퍼부으면서 베일에 가린 북한의 문을 열기 위해 온갖 노력을 기울여왔다. 그 결과 국민의 정부가 막을 내리자 퍼주기식 대북송금의 진상을 밝혀야 한다면서 한동안 국회가 떠들썩하기도 했다. 우리 국민도 햇볕정책의 성과가 북한에 어떤 영향을 미쳤는지 궁금할 따름이다.

지난 3월 2일 오전 9시 30분, 3·1절 민족대회에 참가한 조선그리스도교연맹(조그련·위원장 강영섭) 관계자 및 성도 14명은 서울 강남구 신사동에 자리잡은 소망교회의 주일예배에 참석했다. 북한에서 온 칠골교회 성도들의 특송에 소망교회 성도들이 뜨거운 박수로 화답하는 등 예배는 훈훈한 분위기에서 진행되었다. 그러던 중 예배 마지막 시간에 북측의 조그련 서기장인 오경우 목사가 정치적 발언을 시작하면서 예배당 안은 술렁이기 시작했다.

"미국은 지금 북한에 대한 핵 선제공격을 정책화하고 있습니다."

오 목사의 갑작스런 발언에 예배당 곳곳에서 비난의 목소리가 터져나왔다.

"그만하세요!"

"쓸데없는 말 하지 말고 내려가세요!"

결국 오 목사는 준비된 원고를 다 끝내지도 못한 채 서둘러 강단에서 내려올 수밖에 없었다. 예배가 끝난 뒤 교회 앞마당에서 열린 다과회에 참석한 소망교회 성도들은 북측 대표단에게 사과할 것을 요구했으나 오 목사는 묵묵부답이었다.

"오늘 발언이 예배시간에 하기에는 부적절했다고 생각지 않습니까?"

기자의 질문에 오 목사는 퉁명스런 묵소리로 "됐습니다!"하고 대꾸했다. 남한에서는 물질을 나누고 사랑을 베풀어 금강산 관광을 추진하는 등 뜨거운 햇볕을 내리쬐고 있으나 저들은 여전히 무거운 외투를 벗지 못하는 모습을 지켜볼 때 심히 마음 아프다.

신앙인은 양심을 가지고 사는 사람들이다. 신앙인이 모여 함께 기도하는 교회에서조차 정치공세를 일삼으며 햇볕정책을 무색하게 만드는 저들의 불성실한 태도를 볼 때 그동안의 수고가 헛되지 않았나 하는 의구심을 가져본다. 남한과 북한이 꼭꼭 싸맨 가슴을 풀어헤치고 하나의 마음으로 공동예배를 드릴 날은 아직도 요원히 보인다. 얼마나 더 퍼주어야 북한 사람들이 두터운 외투를 벗고 시원해하는 모습을 볼 수 있을지, 과연 언제까지 기다려야 할지 답답할 따름이다. Ω

토론을 좋아하는 지도자
a Leader liking discussion

토론이란 어떤 안건에 대해 찬성과 반대 의견을 가진 사람들이 논리적 근거를 제시하면서 상대를 설득하거나 자신의 정당함을 주장하는 것이다. 지금의 참여정부는 '노무현'이라는 토론형 리더십을 가진 정부라 해도 과언이 아니다. 평소에도 토론을 즐기는 노 대통령은 청와대 참모회의와 국무회의 분위기 역시 토론형으로 바꾸어놓겠다고 공언했다. 얼마 전 열린 첫 국무회의에서는 대구 지하철 참사와 그에 따른 대책을 놓고 장시간 격론이 벌어졌다. 노 대통령은 자신이 임명한 국무위원들의 식견 및 의사전달력을 주의 깊게 지켜보았을 것이다.

토론은 운동권 조직의 타고난 생리(生理)라고도 할 수 있다. 지난 3월 9일 오후 2시 정부중앙청사에서 노 대통령은 강금실 법무장관과 함께 전국 지검의 평검사 50명을 모아놓고 공개대화를 가졌다. 검찰 인사를 둘러싼 집단 반발 사태가 심각해지자 검사들과의 직접 면담을 통해 활기찬 토론으로 문제를 해결하겠다는 대통령의 적극적인 의지 때문에 만들어진 자리였다.

우리는 지난 대통령 선거에서 노 대통령이 매우 말을 많이 하는 다변가임을 알게 되었다. 또한 선거 당시 마련된 TV 토론을 통해 다양한 지식의 소유자이며, 말을 조리 있게 함으로써 토론 상대에게 전혀 밀리지 않는 모습도 볼 수 있었다. 자신의 이러한 강점을 국가 경영에 적극 활용하려는 노 대통령의 리더십을 토론형 리더십이라 불러도 좋을 듯하다. 토론을 통해 문제를 해결하려는 대통령의 의지는 국정 운영의 본질적인 부분에서 커다란 변화를 예고하고 있다.

그런데 공개토론이 과연 바람직한 것인지는 좀 더 생각해볼 일이다. 물론 대통령으로서 합리적인 사고를 갖고 설득력 있는 언어를 구사한다는 것은 이상적인 태도이다. 이제는 불합리하고 비정상적인 억지논리가 더 이상 통해서도 안 된다. 매사에 토론을 거쳐 합의를 도출시키지 않으면 잡음과 불협화음이 끊이지 않을 것이다. 따라서 토론 문화를 발전시키는 것은 매우 바람직한 일이다. 문제는 그 사고와 발상이 성경적인가에 있다. 성경적이 아니라면 그리 환영할 만한 것이 못 된다.

말을 잘할 뿐더러 논리적이고 설득력 있으며 거기에 재치까지 보탠다면 듣는 이들에게 상당한 공감을 줄 것이다. 그러나 설득만 당하는 사람 입장에서는 패배감을 느낄 것이고, 두고 보자는 식으로 오기가 생기거나 무모한 경쟁심이 싹틀 수도 있다. 그러면 패배감으로 인해 방관자로 머물 수도 있고, 패배를 만회하고자 기회만 엿보는 기회주의자가 될지도 모른다. 즉 논리나 설득이 사람을 다루는 게 가장 중요한 요소는 아니라는 것이다. 하나님 말씀은 논리적이지도 합리적이지도 않다. 우직한 하나님의 말씀을 듣다 보면 처음에는 기분이 상하거나 공감하지 않을 수도 있다. 그러나 시간이 흐를수록 말만 앞서는 토론보다 훨씬 설득력 있고 감동적이어서 사람의 마음을 움직이는 데는 더 효과적이다.

예수님은 유대인들에게 수많은 말씀을 하였으나 이들에게 공감을 얻지 못하고 항상 밀리는 가운데 자기 설 자리를 잃고 만다. 즉 십자가에서 죽음을 맞이하게 된 것이다. 그러나 이는 예수님의 패배가 아니라 진정한 승리임을 상기하지 않을 수 없다. 십자가에 못 박히는 희생을 통해 예수님은 백 마디 말보다 더 큰 사랑을 우리에게 직접 보여주셨기 때문이다. 하나님 앞에서도 말씀 중심으로 하나님의 뜻을 찾는 토론 문화가 정착된다면 정말 좋을 것이다. 하나님의 말씀이 만연되어 말씀으로 세상을 다스리고 국가와 기업을 통치하게 된다면 이보다 더 아름답고 이상적인 국가는 없을 것이다.

말만 앞세우고 목소리 큰 사람이 이기는 사회는 많은 문제점이 도사리고 있다. 따라서 목소리 큰 사람보다는 합리적인 토론으로 재능을 발휘하는 사람이 더 환영받는다. 하나님의 뜻을 찾아 대변하는 입술은 토론하는 목소리보다 훨씬 아름다움을 깨달아야 할 것이다. *Ω*

전쟁은 하나님에게 있다
a holy war

어른인 나도 가끔 어린아이처럼 말도 안 되는 상상을 할 때가 있다. 북한과 남한이 한판 전쟁을 벌인다면 과연 어느 편이 이길까? 물론 이 같은 일은 있을 수도 없고 있어서도 안 된다. 엄청난 위험과 희생이 뒤따르기 때문이다. 인명피해는 물론 경제적 손실도 만만치 않을 테고 공공시설과 첨단시설이 망가지므로 어마어마한 피해가 따를 것이다. 그러나 원하든 원하지 아니하든 전쟁이 일어났을 경우 성패를 가늠하는 기준은 첨단무기를 얼마나 소유하고 있느냐이다.

지난 3월 13일 미국 상원의 군사위원회에 리언 J. 러퍼트 주한 미군사령관이 출석해 북한 전력에 대해 증언한 바 있다. 북한은 현재 117만 명의 병력과 각종 전투기를 포함해 1,700여 대를 보유하고 있으며 해군 함정은 잠수함을 비롯해 8백여 대라고 한다. 또한 전 병력의 70%를 평양 남쪽에 배치하여 짧은 시간에 경고 없이 남한을 공격할 수 있는 능력도 갖추었으며, 생화학무기를 보유하고 있어 한국과 일본의 군 시설뿐 아니라 민간인까지 위협할 정도라는 것이다. 스커드 미사일은 5백 기 이상을 보유하고 있고, 미국의 중앙정보국(CIA)과 국방정보국(DIA) 분석 결과, 미국 공격이 가능한 핵무기를 탑재한 미사일까지 갖춘 것으로 추정된다고 한다. 영변 핵시설이 재가동될 경우 연간 5~8개의 핵무기를 개발할 수 있는 물질의 생산이 가능하며, 세계 최강의 특수군을 보유해 한반도 전쟁 발발시 한미연합사 지휘부의 지휘체계를 공격할 수 있다고 한다. 또한 발칸반도 및 아프가니스탄에서 미국의 전략을 연구 중이며, 기술적 후진성을 극복하기 위해 각종 무기를 은폐하는 기술까지 개발하고 있다고 증언했다. 이어 러퍼트 사령관은 북한과 주한미국의 군사력을 비교하며 다음과 같이 주장했다.

"한반도 전역이 북한의 미사일 사정거리에 들어가 있으므로, 북한의 장사정포 공격을 방어하기 위해 패트리어트 미사일의 배치를 늘리는 등 주한미군의 전력을 증강해야 한다."

이는 첨단무기로 무장하고 있어야 티로소 전쟁에서 이길 수 있음을 증명하는 말이다. 미국이 세계 패권국가로 군림하는 이유가 바로 여기에 있다. 의정부에서 두 명의 여중생이 죽는 사건이 발생했으나 죄를 지은 미군을 한국 법정에 세우지 못한 것 역시 약소국의 설움이라 하겠다. 이에 미국을 배제한 자주국방을 외치는 사람이 비애국자로 몰리는 현실은 슬프지만 인정해야 한다. 미군이 철수하면 당장이라도 공산화가 될 것처럼 난리를 치는 것도 선진국의 첨단무기를 신뢰하기 때문이다.

하나님을 믿는 자 편에서 볼 때 국가 안보는 하나님에게 달려 있다. 즉 전쟁의 성패가 바로 여호와 하나님에게 있는 것이다. 일례로 드보라라는 사사시대 이웃한 곳에 가나안 나라가 있었다. 당시 가나안 왕 야빈은 철 병거 9백 승을 보유하는 등 막강한 군사력의 소유자였다. 이스라엘로서는 이들과 전쟁조차 할 수 없는 상태였으나 성경은 다음과 같이 말하고 있다.

> 여호와께서 바락 앞에서 시스라와 그의 모든 병거와 그의 온 군대를 칼날로 혼란에 빠지게 하시매 시스라가 병거에서 내려 걸어서 도망한지라. (삿 4:15)

그때 살아 계신 하나님은 지금도 살아 계신다. 따라서 그 하나님에 의해 여전히 전쟁의 성패가 좌우되고 있다. 이렇듯 전쟁의 성패가 하나님에게 있다 하면 우리나라에서는 어떤 반응을 보일까? 아마도 정신이상자 또는 미친 사람으로 치부할 것이 뻔하다. 미군 철수를 주장하면 곧바로 색깔론 시비로 이어지는 것이 대한민국의 현실이기 때문이다. 그러나 적어도 우리가 사는 세상은 하나님이 함께 해야 승리할 수 있다는 믿음이 통하는 사회, 그런 나라가 되어야 하지 않을까 싶다. 하나님을 믿는 순수한 신앙만이 전쟁에서 승리할 수 있다는 말에 공감하는 사회를 만드는 것이 믿는 자의 몫이다. Ω

미국과 이라크의 전쟁
the WAR of the USA and IRAQ

전쟁은 누구나 싫어한다. 전쟁을 좋아한다면 정상이 아니다. 그러나 미국은 지금 세계적인 합의를 이루지 못한 채 이라크 전쟁을 치르고 있다. 세계 각국은 전쟁을 반대한다. 심지어 전쟁 당사자인 미국 국민의 반전 시위가 뜨거운데도 전쟁은 진행 중이다. 이 전쟁의 명분을 찾을 수가 없다. 이에 대한 세계 각국의 반응은 어떨까? 미국의 이라크 공격이 시작되자 프랑스, 러시아, 중국 등은 미국을 비난하고 미국의 전쟁 개시에 심각한 우려를 표명했다.

프랑스의 자크 시라크 대통령은 지난 20일 TV로 방영된 대국민 연설을 통해 유엔 승인을 거치지 않은 미국의 이라크 공격에 대해 유감을 표명했다. 또한 전후 이라크의 통치는 연합군이 해서는 안 된다며 전후 이라크 복구를 유엔의 몫으로 돌렸다. 전쟁을 반대하던 러시아의 반응은 어떨까? 블라디미르 푸틴 대통령도 미국의 이라크 공격은 심각한 정치적 실수라며 이라크 공격을 즉각 중단하라고 촉구했다. 또한 미국이 감행한 이라크 전쟁의 적법성을 유엔에서 묻겠다고 벼르는 중이다.

중국의 콩 콴 외교부 대변인은 미국이 국제사회의 규범을 어겼다며 전면전이 시작되기 전에 무력행사를 중지할 것을 촉구했다. 그는 미국 주도의 군사 공격은 국제사회의 반대를 철저히 무시한 것이라며 유감을 표명했다. 독일도 성명을 통해 우려를 표하며 이번 전쟁이 단기전으로 끝나기를 희망한다고 밝혔다. 또한 독일은 프랑스, 러시아와 함께 이라크 전쟁을 피하기 위한 노력을 다했다면서 이제는 이라크 국민의 피해를 최소화하기 위해 모든 조치를 취해야 할 때라고 밝혔다.

파키스탄의 이슬람 지도자 마우라나 레흐만은 미국이 감행한 이라크 전쟁은 이슬람의 대미국 성전을 정당화하는 것이라고 말했다. 또한 국제사회는 지금 중대한 도전에 직면해 있다면서 국제사회가 지금 당장 행동하지 않으면 어느 누구도 안전할 수 없다고 밝혔다. 반면에 고이즈미 준이치로 일본 총리는 개전 직후 미국이 무력 사용을 감행한 것을 이해하며 그것을 지지한다고 밝혔다. 그러나 국내의 반대 여론에 부딪치자 파병은 하지 않을 것이며 전후 복구에 동참할 것임을 표명했다.

이라크 전쟁의 당사국인 미국은 과연 전쟁의 명분을 어떻게 말하고 있을까?

"친애하는 국민 여러분, 미국과 연합국은 이라크 국민을 해방하고 세계가 심각한 위협에서 벗어나도록 이라크 무장해제를 위한 군사 공격의 초기 단계에 돌입했습니다."

이는 공습 직후 부시 대통령이 대국민 개전 연설문에서 밝힌 내용이다. 이라크 전쟁에 대한 각국의 반응은 반대와 지지가 공존하고 있다. 신앙인의 입장에서 볼 때 이번 전쟁이 옳은 것인지 아니면 옳지 않은 것인지 여전히 아리송하다. 미·영 연합군이 이라크와 전쟁하는 것이 잘못인지 아니면 정당한 것인지도 불분명하다. 한 가지 분명한 것은 천이 천을 말하고 만이 만을 말한다 하더라도 하나님 말씀에 귀를 기울여야 한다는 것이다. 전쟁은 하나님에게 있다. 《구약》을 보면 다음과 같은 말씀이 있다.

> 주 여호와께서는 자기의 비밀을 그 종 선지자들에게 보이지 아니하시고는 결코 행하심이 없으시리라. (암 3:7)

각 시대마다 하나님의 뜻은 반드시 종을 통하여 전달되었다. 즉 모든 것이 하나님의 섭리 가운데 이루어지도록 환경과 여건이 조성되어 있었다. 물론 하나님의 적을 물리칠 때 이스라엘이 동원된 셈이기는 하다. 하나님의 적을 몰아내는 일에 동원된 연합군이라면 적법일 테지만 한 나라의 패권욕이나 이권 채우기에 급급하다면 이는 적법하지 않다. 세계적으로 반전 여론이 확산되고 있지만 금번 전쟁을 하나님이 원하신 것이라면 또한 하나님이 잠재우실 것이다. Ω

검찰의 서열파괴
a order destruction in the the prosecutory authorities

　참여정부는 법무부장관 인선 이후 이루어질 검찰 인사에서 서열 위주의 관행을 배제한 인사를 단행하려고 한다. 이는 사법시험 및 사법연수원 성적이 임용과 승진을 좌우해온 법원의 인사 시스템에도 큰 영향을 미칠 것이다. 사실상의 법조개혁 단계로 접어든 셈이다. 참여정부는 높은 기수 또는 연령에 상관없이 능력 위주로 인사를 단행하여 법조계에 개혁을 시행함으로써 신선한 충격을 더해주려고 한다. 이미 시행된 검찰 고위급 인사 단행으로 선배들이 무더기 사표를 제출한 바 있다. 서열이 파괴되면 선배가 후배에게 가서 결제를 맡아야 하는 진풍경도 벌어지므로 못마땅한 사람들은 사표를 내던지고 몇십 년씩 몸 담아온 직장을 떠나야 할 것이다. 물론 능력도 없으면서 자리만 지키는 것이 못마땅해 보일 수도 있다. 능력은 있으나 연륜과 권위가 없어 실력을 제대로 발휘하지 못하는 경우도 있다. 따라서 이 같은 약점을 줄여보자는 개혁 의도에 수긍이 가지 않는 것은 아니다.

　물론 이 같은 예는 교회 내에도 자리 잡고 있다. 교회마다 선임장로, 수석장로 등의 서열을 중요시하는 경우를 볼 수 있다. 교회뿐 아니라 상회인 노회에서도 전입된 순서에 따른 서열을 중요시하는 경향이 있다. 어느 단체든 선후배 관계가 조직적으로 짜여 있다. 서열 따지는 곳으로는 군대보다 더한 데가 없을 것이다. 군번이나 계급이 높은 사람이 선배로서 군림한다. 사회 또한 마찬가지이다. 사회는 연령으로, 문중에서는 족보로 서열을 따져가며 조직을 철저히 지켜나간다.

　확고한 조직과 서열을 파괴하는 일은 자칫 혼란과 무질서를 가져와 기본이 흔들리는 엄청난 파장을 불러일으킬 수 있다. 능력 위주로 재편하는 것이 좋은 일만은 아니다. 물론 젊어서는 힘 있고 민첩하게 활동하지만 나이를 먹으면 기능도 떨어지고 힘이 없어지는 것은 당연하다. 나이 먹은 사람도 젊었을 때는 많은 일을 잘 감당했을 것이다. 그런데 이제 나이 먹고 늙으니 능률이 떨어진다 해서 퇴출을 당연시하는 사회가 되어서는 안 된다. 선배나 경력 많은 이들을 밀어내는 일들이 관행화된다면 지금의 젊은이들 또한 얼마 안 있어 능력 있는 후배에게 그 자리를 물려주어야 한다. 이 같은 현상이 계속된다면 어디서도 존경받는 어른은 찾아볼 수 없을 것이다.

만약 군대의 서열이 파괴되면 어떻게 될까? 서열을 철저히 지키며 중시하는 집단이 바로 군인사회이다. 그곳에서 서열이 파괴된다면 군의 기강이 해이해지고 조직사회는 와해될 것이다. 사회질서가 이루어지기까지는 오랜 세월이 걸린다. 서열파괴가 당장은 신선해 보이지만 재고해볼 일이다. 성경에서 이 같은 일은 종말 중에서도 말기현상으로 나타난다. 이사야 선지자는 다음과 같이 말했다.

> 그가 또 소년들을 그들의 고관으로 삼으시며 아이들이 그들을 다스리게 하시리니. (사 3:4)

유다 왕인 솔로몬의 아들 르호보암은 부친 솔로몬 왕이 측근으로 섬겼던 노인들을 물리치고 자기와 함께 자란 소년들을 등용하여 자문을 받아가며 국정을 이끈다. 그러나 이것이 화근이 되어 숱한 어려움을 겪게 된다.

우리 사회도 점차 고령사회로 나아가고 있다. 이런 상황에서 서열파괴의 관행이 지속된다면 나이 많은 이들은 그야말로 인간쓰레기가 될 것이다. 물론 건강을 상실했다거나 죽음이 찾아왔을 경우에는 물러나야 한다. 하지만 어정쩡한 나이에 일을 그만둔 노인들이 갈 곳 없어 이리저리 기웃거리는 모습은 초라하기 그지없다. 노인복지정책이라도 잘되어 있다면 별문제 없겠지만 아직은 그렇지도 못하다. 이 사회는 개혁과 서열파괴를 하기 전에 완벽한 복지제도 먼저 마련해놓아야 할 것이다. 준비 없는 세대교체나 서열파괴는 바람직하지 않다고 본다. Ω

나는 예수를 안다
I know Jesus

인간관계가 넓은 사람을 '마당발'이라고 한다. 많은 사람과 교제하기 위해 여기저기 돌아다닌다 하여 붙여진 이름이다. 즉 안면이 넓은 사람이라는 뜻이다. 물론 많은 사람을 아는 것도 중요하지만 예수 안다는 사실을 빼놓아서는 안 된다. 예수 아는 지식으로 영원한 천국을 상속받을 수 있다.

나더러 주여 주여 하는 자마다 다 천국에 들어갈 것이 아니요, 다만 하늘에 계신 내 아버지의 뜻대로 행하는 자라야 들어가리라. 그날에 많은 사람이 나더러 이르되 '주여 주여 우리가 주의 이름으로 선지자 노릇 하며 주의 이름으로 귀신을 쫓아내며 주의 이름으로 많은 권능을 행하지 아니하였나이까?' 하리니 그때에 내가 그들에게 밝히 말하되 '내가 너희를 도무지 알지 못하니 불법을 행하는 자들아 내게서 떠나가라' 하리라. 그러므로 누구든지 나의 이 말을 듣고 행하는 자는 그 집을 반석 위에 지은 지혜로운 사람 같으리니 비가 내리고 창수가 나고 바람이 불어 그 집에 부딪치되 무너지지 아니하나니 이는 주추를 반석 위에 놓은 까닭이요, 나의 이 말을 듣고 행하지 아니하는 자는 그 집을 모래 위에 지은 어리석은 사람 같으리니 비가 내리고 창수가 나고 바람이 불어 그 집에 부딪치매 무너져 그 무너짐이 심하니라. (마 7:21~27)

예수를 알고 있다는 사람들에게 주님이 말씀하셨다.

"내가 너희를 도무지 알지 못하니, 불법을 행하는 자들아 내게서 떠나가리라."

이는 예수에 대한 사람들의 지식이 제대로 되어 있지 않은 까닭이다. 예수를 아는 사람은 아는 만큼의 행동이 있어야 한다. 그의 행동은 반석 위에 집을 짓는 사람과 같다 하겠다.

예수를 안다는 것은 중국과 한국, 일본에서 수백만 명의 크리스천이 순교당한 사건을 안다는 것이다. 예수를 안다 하여 가정에서 직장에서 사회에서 불이익을 당한 사람들이 어디 한두 명이겠는가? 사람들이 불이익이 두려워 모른다고 하지만 예수를 모르고 살아가는 것이 계속될 수는 없다. 반드시 주님 앞에 서는 날이 온다.

이때 재판관이 네가 예수를 아느냐 할 때 안다고 고백하면 아는 여부(與否)를 가리게 된다. 예수를 안다는 것은 예수와 생사를 함께 하는 친구가 되겠다는 말이요, 예수님이 지신 십자가를 나도 지겠다는 고백이다. 내가 예수를 안다고 고백하는 것은 주님이 십자가에 흘리신 보혈로 사죄의 은총을 입고 내가 지금 사는 것은 나 스스로 사는 것이 아니라 내 속의 그리스도로 인해 산다고 고백하는 것이다. 목수인 요셉의 아들 예수가 아니라 십자가 위에서 나를 위해 피 흘리신 예수를 안다는 고백이야말로 예수에 대한 올바른 지식이라 하겠다.

미국 대륙의 원주민인 아메리칸 인디언에게 신앙을 전파한 선교사로 유명한 브레이너드(David Brainard)는 인디언을 위해 예수가 흘리신 희생적인 피를 설명하는 것보다 더 효과적인 설교는 없다고 했다. 인디언들도 희생의 제물을 바치는 종교적인 의식을 갖고 있기 때문이다. 브레이너드는 운명할 때 미소 띤 얼굴로 다음과 같은 말을 남겼다.

"나의 신학은 네 마디면 족하다. Jesus died for me(예수는 나 위해 죽으셨다)."

브레이너드는 이 네 마디를 안고 영원한 천국의 문을 밟았다. 사람의 지식이란 생활을 전제로 한 것이어야 한다. '행동 따로, 지식 따로' 라는 그릇된 생각은 시정되어야 한다.

> 내가 또한 너희에게 말하노니, 누구든지 사람 앞에서 나를 시인하면 인자도 하나님의 사자들 앞에서 그를 시인할 것이요. (눅 12:8)

나는 진정 예수를 아는지 다시 한 번 생각해보라. 안다면 거기에 걸맞은 신앙생활을 지금 하고 있는지 자성해보기 바란다. Ω

바그다드의 치안은 불가능한가?
Baghdad in Iraq

　미군이 이라크의 수도 바그다드를 함락한 지 이틀째인 지난 4월 10일, 바그다드는 약탈과 방화가 난무하는 혼돈의 상태를 이어가고 있다. 미군이 질서 회복보다 이라크군 잔당 색출에 집중하는 동안 바그다드는 그야말로 치안 공백 상태에서 혼란이 극도에 달하는 양상이다. 이날 바그다드의 시민 수만 명이 손수레 등을 가지고 시내로 쏟아져 나와 정부청사, 대사관, 병원 등을 돌아다니면서 남아 있는 물품들을 싹 쓸어갔다고 한다.

　바그다드 시민들은 미 해병대가 지켜보는 가운데 사담 후세인 대통령의 아들인 우다이와 딸 할라흐, 타리크 아지즈 부통령 등 이라크 정권 고위 인사들의 저택을 쳐들어가 약탈을 감행했다. 이날밤 공보부, 무역부, 교육부 등 시내에 있는 5개 정부청사가 화염에 휩싸이면서 바그다드는 화염과 연기로 얼룩진 아수라장이 되고 말았다. 시민들은 독일 대사관과 프랑스 문화센터로 난입하여 약탈을 자행했으며 공습으로 다친 부상자들이 치료받는 시내의 알킨디 병원까지 쳐들어갔다고 세계보건기구(WHO)의 관계자가 밝혔다.

　이 같은 사실을 지켜본 이라크 UN 대사는 마지막 인터뷰에서 눈물을 흘리며 이렇게 말했다.

　"조국이 전쟁에 패배하는 것보다 문명인으로서 상상도 할 수 없는 일들(약탈과 방화, 파괴)이 벌어지는 것을 지켜볼 때 마음이 찢어지는 것처럼 아프다."

　전쟁의 후유증은 예상보다 클 것 같다. 치안 부재의 무정부 상태에서는 사람들이 부도덕하고 무질서한 행동을 한다 해도 책임을 묻거나 막을 수 있는 방법이 없다. 어른부터 아이까지 동원된 성난 군중은 도시 한가운데에서 약탈과 방화를 서슴없이 자행했다. TV를 통해 바그다드의 혼돈을 지켜보며 어떻게 하면 이 상황을 가라앉힐 수 있을까 고민했으나 결론은 신만이 가능하다는 것이다.

성경을 보면 사무엘이 사사로운 임무를 사울 왕에게 인계하는 자리에서 이렇게 말하고 있다.

> 이제 왕이 너희 앞에 출입하느니라. '보라, 나는 늙어 머리가 희어졌고 내 아들들도 너희와 함께 있느니라. 내가 어려서부터 오늘까지 너희 앞에 출입하였거니와 내가 여기 있나니, 여호와 앞과 그의 기름 부음을 받은 자 앞에서 내게 대하여 증언하라. 내가 누구의 소를 빼앗았느냐? 누구의 나귀를 빼앗았느냐? 누구를 속였느냐? 누구를 압제하였느냐? 내 눈을 흐리게 하는 뇌물을 누구의 손에서 받았느냐? 그리하였으면 내가 그것을 너희에게 갚으리라' 하니, 그들이 이르되 '당신이 우리를 속이지 아니하였고, 압제하지 아니하였고, 누구의 손에서든지 아무것도 빼앗은 것이 없나이다' 하니라. 사무엘이 백성에게 이르되 '너희가 내 손에서 아무것도 찾아낸 것이 없음을 여호와께서 너희에게 대하여 증언하시며 그의 기름 부음을 받은 자도 오늘 증언하느니라' 하니 그들이 이르되 '그가 증언하시나이다' 하니라. (삼상 12:2~5)

하나님을 신봉하는 사무엘 같은 사람들만 있다면 바그다드 패전의 현장에서 약탈과 방화 같은 행위는 일어나지 않았을 것이다. 즉 바그다드가 무정부 상태로 되어버린 것은 치안의 부재가 아니라 신앙의 부재에 있다. 이라크의 국민은 알라를 신으로 섬기고 있다. TV 방송을 통해 보면 그들은 알라 앞에서 180도 엎드려 경배한다. 그러나 이번 전쟁을 통해 이들의 수고가 얼마나 헛되며 시간과 물질을 맥없이 낭비하는가를 확인할 수 있었다. 이라크의 후세인 대통령 역시 대중 집회에서 알라를 찾지 않을 때가 없을 만큼 그들 신에 대한 충성심이 대단하지만 전쟁에서 무릎 꿇지 않았는가. 이들의 몰락을 지켜보니 역시 알라는 무능하며 참 신이 아님을 재확인할 수 있었다.

참 하나님을 신봉하는 신앙인은 바그다드의 현실을 직시하여 나의 신앙에 더 많은 관심을 가지고 진실한 신앙으로 새로운 변화를 모색하도록 하자. *Ω*

호시우행(虎視牛行)
See alike tiger and Act alike cow

얼마 전 노무현 대통령이 국민에게 보낸 이메일 속에 '호시우행(虎視牛行)'이란 고사성어가 있어 사람들의 눈길을 끌었다. 이 말은 판단은 호랑이처럼 예리하게 하고 행동은 소처럼 신중하고 끈기 있게 하라는 의미이다. 이는 노 대통령의 정치개혁에 담긴 철학이기도 하다. 지난 4월 18일 새벽, 대통령이 청남대에서 직접 써서 같은 날 저녁 청와대 홈페이지(www.president.go.kr)에 올린 이 편지는 20일 오후 조회 건수가 7,500회를 넘어섰다. 다음날인 19일, 청와대는 이 편지를 공무원 10만 명과 청와대 홈페이지 회원 20만 명에게 이메일로 보내기도 했다.

편지 내용을 보면 대통령은 '저를 흔드는 사람들' 또는 '변화를 두려워하는 사람들'이란 표현을 써서 주위에 그를 비판하는 세력이나 개혁을 좋아하지 않는 세력들이 있음을 암시하고 있다. 그러면서도 나라는 생각지 않고 개인이나 집단의 이익만 추구하는 일부 사람들이 아무리 흔들어도 흔들리지 않고 양식 있는 국민과 함께 자신을 흔드는 사람들까지 가슴에 안고 소처럼 나아가겠다는 각오를 다지고 있다. 이렇듯 대통령은 개혁을 추진하되 그 방법은 대립적이거나 과격하지 않을 것이며 비판세력도 포용하여 함께 나아갈 것임을 밝히고 있다.

개혁이란 어느 정당이나 개인, 지도자에게만 국한된 것이 아니다. 개혁신앙을 소유한 성도들은 모두가 다 개혁으로 나아가야 한다. 신의 뜻에 반대되는 것을 고쳐 나가는 것이 개혁이라 할 수 있다. 세상의 삶은 신의 뜻과는 항상 정반대의 길을 걷기 마련이다. 예를 들어 인간이라면 원수를 미워하는 것은 당연하지만 성경 말씀은 '원수를 사랑하라'고 강조한다. 또한 성경에서는 죄를 멀리하고 회개할 것을 요구하지만 세상을 살아가는 길목에는 죄 없이 살 수 없고, 죄악 중에 탄생하여 죄악 중에 살아가는 것이 보통 사람들인 것이다.

하나님의 뜻에 부합하는 개혁을 해야 할 의무가 있는 우리 신앙인으로서는 세상의 삶과 너무 다른 주님의 말씀을 따르기에 벅찬 감이 있다. 그러나 신앙인에게 있어 하늘에 계신 하나님은 천지와 만물을 창조하시고 인간의 생사화복(生死禍福)을 주장하시는 절대자이시다. 그러므로 인간에게 도움을 요청할 것이 아니고 사람에게 인정받으려 할 것도 아니다. 하나님의 뜻에 부합한 개혁을 하게 될 때 살아 계신 하나님이 우리의 길을 지켜주시고 나아가는 길에 모든 장애를 제거해주실 것이다. 갈대처럼 흔들릴 필요도 없으며, 소처럼 느리지만 최후에는 결국 승리의 길로 나아가게 될 것이다. 정치 지도자의 고뇌에 찬 호시우행이 아니라 신앙인으로서 기쁘고 즐거운 마음으로 개혁의 길을 가게 될 것이다.

노 대통령이 바라는 호시우행의 개혁철학은 안쓰럽기 짝이 없다. 연약한 인간으로서 지도자에게 주어진 몫을 혼자 안고 가야 하는 고뇌에 찬 호소이기 때문이다. 그래서 대통령은 국민에게 편지를 보내어 개혁에 동참할 것을 호소하고 많은 도움을 달라는 암시를 한 것이다. 그러나 인간이 도움을 준다 한들 얼마나 줄 수 있으며 협조한들 얼마나 많은 효과를 기대할 수 있을까?

하나님이 있는 한 개혁의 의지를 가지고 성경이 요구하는 개혁에 힘찬 발길을 내딛는 성도가 되어야 한다. 하나님 없이도 개혁을 꿈꾸는 사람들이 있음을 생각하여 신앙인은 훗날로 미루지 말고 지금 바로 개혁에 동참하자. 역대 대통령 가운데 개혁하지 않는다고 한 지도자들은 단 한 명도 없었다. 그래서 범죄와의 전쟁을 벌이기도 했고 재벌들을 개혁하여 곤혹스럽게도 했으며 심지어 망하게까지 하였다. 이는 인간의 힘으로 개혁을 하면 부작용과 후유증이 많음을 보여주는 사례들이다. 신의 힘으로 행하는 개혁은 후환이 없으며 원성과 불만을 잠재울 수 있다. 하나님의 도움을 받아 개혁하는 일에 최선을 다하자. Ω

후세인의 강심장
Hussein in Yordan

지금 미·영 연합군과 이라크와의 전쟁이 한창이다. 전쟁을 하게 된 명분은 이라크의 대량 살상무기를 제거하고 후세인 대통령을 권좌에서 물러나게 하기 위해서이다. 즉 지난해 오사마 빈 라덴에 의해 미국에서 발생한 9·11 테러의 지원세력인 이라크를 침공하여 후세인의 철권정치로 고통스런 나날을 보내는 이라크 국민을 해방하기 위한 전쟁인 것이다. 따라서 미국의 침략전쟁이 아니라 이라크의 정치적 안정과 인권을 위한 해방전쟁으로서의 명분이 충분하다 하겠다.

이라크에서 후세인에 대한 국민의 지지도는 100%이다. 대통령 선거에서 나타난 그의 지지도 역시 99%라고 한다. 그를 정치적 측면에서 본다면 매우 유능한 정치인으로 평가할 수 있다. 그러나 자유민주주의의 신봉자인 미국 입장에서 볼 때 후세인은 지구상에서 사라져야 할 인물이다. 이에 따라 미·영 연합군은 국제적인 반전 여론을 무시한 채 수많은 생명과 경제적 손실을 감수하면서까지 이 전쟁을 감행한 것이다.

이 같은 와중에 미·영 연합군이 개전 17일째인 4월 5일(이하 현지 시간) 이라크의 바그다드 시내에 진입했다. 사담 후세인 대통령은 국영 TV 방송을 통해 바그다드 시민에게 다시 한 번 결사 항전할 것을 촉구했다. 후세인은 모하메드 사이드 알 사하프 공보장관이 대독한 이 성명에서 이라크 국민은 수도 바그다드에 대한 연합군의 압박을 저지하기 위해 적들과 정면으로 대결하여 이들을 물리치라고 독려했다.

이라크의 후세인 대통령은 정말 대단한 사람이다. 움카르 공항이나 바스라 지역, 바그다드 공항까지 이미 연합군에게 넘어갔는데도 여전히 자신들의 관할 하에 있는 양 공보장관을 통해 매번 기자회견까지 하는 것을 보면 '어쩜 저럴 수 있을까?' 하고 온몸에 소름이 돋을 정도이다. 아무튼 지금까지 투항하지 않고 버티는 것을 보면 그가 정말 강심장의 소유자인지 아니면 바보인지 잘 분간할 수 없다. 만약 범인(凡人)이라면 불안하고 괴롭고 염려되어서 금방이라도 쓰러질 처지인데, 아직까지는 그런 기색을 전혀 찾아볼 수 없다. 그토록 당당하고 승리에 찬 기세를 보이는 후세인의 힘은 대체 어디서 나오는 걸까?

　4월 5일 후세인의 짤막한 대국민 성명은 '알라 후 아크바르(신은 위대하다)' 라는 말로 끝을 맺는다. 그리고 보면 그의 행동은 깊은 신앙에서 비롯된 듯하다. 신을 자기편이라고 믿음으로써 남다른 용기와 담대성을 갖게 된 것이다. 그러나 이러한 믿음은 유대인이 하나님은 자기들의 편이고 이방인은 전혀 다른 차원의 사람들로 생각하는 것이나 다를 바가 없다. 유대인이 이방인을 개나 돼지로 취급하게 된 원인이 바로 여기 있는 것이다. 후세인의 강심장으로 전쟁을 치르는 일은 스스로를 속이는 것과 같다. 참 신은 알라가 아니라 하나님이시기 때문이다.

> 다른 이로써는 구원을 얻을 수 없나니 천하 사람 중에 구원을 받을 만한 다른 이름을 우리에게 주신 일이 없음이라 하였더라. (행 4:12)

　후세인은 이라크 국민이 신봉하는 알라 편에 서서 전쟁을 독려했다. 즉 후세인은 온 국민이 믿는 거짓 신을 이용하고 국민들은 거짓 신에 속은 것이다. 그러나 그가 신봉하는 알라 신은 참 신이 아닌 거짓 신이라 아무런 도움도 줄 수 없다. 후세인은 거짓 신의 무모한 행동으로 선량한 국민의 생명과 재산을 잃게 하는 꼭두각시 행동을 지양하고, 과감하게 백기를 들어 항복하는 것이 지혜로운 통치자의 행동임을 명심해야 할 것이다. Ω

진지 드셨습니까?
Did you have an eating?

사람은 밥을 먹고 산다. 일단 쌀을 씻어 솥에 넣고 일정량의 물을 부어 가열한 후 뜸을 들이면 기름기가 자르르 흐르는 밥이 된다. 한국 사람의 주식(主食)은 밥이다. 외국인의 경우 밥이 아닌 빵을 먹으며 살아간다. 그런데 밥을 먹어야 하는 우리나라 사람들 중에 소주나 맥주, 라면, 간장만 먹는 별종들도 간혹 있다. 짐승의 경우 초식동물이 있는가 하면 육식동물이 있는 것과 마찬가지 이치이리라.

폐일언하고 밥은 반드시 먹어야 산다. 밥은 사람들을 살린다. 밥은 하루 세 번씩 꼬박꼬박 챙겨먹으며 살아야 한다. 물론 일꾼들은 세 번 이상 먹는 경우도 있다. 아무튼 밥은 우리에게 생명을 주며 새로운 힘을 제공한다.

예전에는 주된 인사가 '진지 드셨습니까?' 하는 말이었다. 가난한 시대에 먹고 사는 일이 걱정스러워 이런 인사말까지 오고 간 것이다. 지금이야 먹는 문제는 해결되어 남아도는 쌀을 쌓아둘 곳이 없어 고민인 실정이다. 남아도는 쌀이 있다 하여 굶는 사람이 없는 것은 아니다. 지금도 지구촌 한 구석에서는 먹지 못하여 굶어 죽어가는 사람이 많다고 한다. 죽음이 올 때까지 먹어야 산다.

주님은 산상보훈 가운데 다음과 같이 말씀하셨다.

"너희는 무엇을 먹을까 마실까 입을까 걱정하지 말라. 이 같은 것들은 이방인들이 하는 것이요, 너희는 먼저 그 나라와 그 의를 구하라."

평범한 사람들은 먹는 문제, 마시는 문제에 모든 관심이 집중된다. 먹는 문제로 죽고 살 수도 있기 때문이다. 그러나 주님은 순서가 바뀌어 그 나라와 그 의를 먼저 구하라고 말씀하신다. 즉 먹고 마시는 문제는 인간이 걱정하거나 노력해서 해결될 일이 아니라 하나님만이 해결하실 수 있다는 말이다. 이는 공중을 나는 새나 들에 핀 백합화 같은 것을 먹이고 입히는 일이 인간에게 있지 않고 하나님에게 있음을 의미한다.

하나님은 인간을 불쌍히 여기시어 말씀이 육신되어 밥으로 이 세상에 오셨다.

> 내가 곧 생명의 떡이니라. 너희 조상들은 광야에서 만나를 먹었어도 죽었거니와 이는 하늘에서 내려오는 떡이니, 사람으로 하여금 먹고 죽지 아니하게 하는 것이니라. 나는 하늘에서 내려온 살아 있는 떡이니 사람이 이 떡을 먹으면 영생하리라. 내가 줄 떡은 곧 세상의 생명을 위한 내 살이니라, 하시니라. (요 6:48~51)

성도들은 누구나 밥으로 오신 예수를 먹어 영생을 받은 사람들이다. 이들은 생을 마치는 순간까지 의식주 문제에 신경 쓰지 않도록 하나님이 보호하시고 인도하실 것이다. 세상적인 밥은 아무리 먹어도 배가 고프고 아무리 먹어도 결국 죽을 수밖에 없는 것이 그 한계이다. 밥 되신 그리스도를 먹는 사람들에게 주님은 세상적인 밥도 책임져 주시고 영원한 생명까지 보장하실 것이다. 이 얼마나 놀라운 사건인가?

12정탐들이 가나안을 정탐하고 돌아와 보고할 때 10정탐들은 불길한 말로 보고를 했으나 두 정탐인 여호수아와 갈렙만은 가나안 사람들을 우리의 밥이라고 했다. 또한 잠언을 보면 악인이 쌓아놓은 재물은 의인을 위하여 준비된 것임을 알 수 있다. 이토록 믿어 의인된 이들에게 사람과 재물이 밥이 되어 먹는 문제가 미리 준비되었다. 밥이신 예수를 믿는 자에게 이 같은 하나님의 축복이 있음을 알려야 한다.

세상의 양식을 위하여 피땀 흘리는 사람들에게 신앙인으로서 밥 되신 그리스도를 전하고 알리는 일이 세상을 향한 책무요, 해야 할 사명이다. 밥 되신 그리스도를 통해서만 진정으로 일용할 양식과 영원한 생명을 얻게 되며 누리게 된다. Ω

장사꾼의 정신
a Mind of the dealer

모처럼 한가하여 예전에 자주 가던 횟집을 찾은 일이 있다. 전에 같으면 장사하는 사람들이 몰려들어 "어서 오십시오" 하면서 접대를 할 터인데 이번에는 조용하기 그지없었다. 주위를 살펴보니 모든 장사꾼이 한곳에 모여 장기를 두고 있었다. 장기 두는 사람은 두 명이지만 옆에 둘러선 구경꾼이 많았다. 그 중에 재빠르게 인사를 하면서 "무엇을 찾습니까?" 하고 나서는 사람이 있었다. 알고 보니 자주 다니던 횟집 주인이 아니고 다른 사람이라 조금 서운했다. 단골 횟집 주인이었다면 얼마나 좋았을까 생각하며 그 집에 가서 점심을 먹었다. 그러고는 횟집 사람에게 한 가지 훈계를 했다.

"다른 때 같으면 당신 집을 찾지 않았을 터인데, 내가 아는 사람이 장기를 두고 있기에 여기 온 것입니다."

즉 장사꾼은 언제든지 손님 맞을 준비가 되어 있어야 한다는 말이다. 아무리 손님이 없다 해도 무료한 시간을 달래기 위해 장기나 두는 것은 바람직하지 못하다. 한편으로는 손님도 없는 시간에 쓸데없는 생각을 하느니 장기 두는 것이 타당하다고 생각할는지 모른다. 그러나 손님의 입장에서 보면 정반대이다. 왜냐하면 노름이나 장기 또는 바둑을 둔다면 손님을 무시하는 것이며, 손님 대접을 소홀히 하는 감을 느끼지 않을 수 없다. 그러므로 발길을 옮겨 다른 곳으로 가기 마련이다.

손님이 없는 시간이라 해도 늘 준비하는 자세로 기다리는 장사꾼이 된다면 절대 손님을 놓치지 않을 것이다. 이 같은 예는 허다하다. 특히 부동산 사무실에 가보면 한가한 시간에 화투장을 가지고 일진을 맞힌다든지 어느 친구가 와서 성원이 되면 고스톱을 치는 경우가 많다. 그러다 보면 자기 할 일을 소홀히 하게 되고 오신 손님을 놓치기 십상이다. 그러므로 불황을 탓하거나 비수기라고 핑계를 대는 행위는 자신의 일에 최선을 다하는 것이 아니다.

손님은 왕이라는 말이 있다. 바꾸어 말해서 손님은 주인이고 자신들은 종이라는 말이다. 그러므로 종은 항상 주인을 맞을 준비가 되어 있어야 복된 사람이다.

성경에 다음과 같은 말씀이 있다.

> 허리에 띠를 띠고 등불을 켜고 서 있으라. 너희는 마치 그 주인이 혼인집에서 돌아와 문을 두드리면 곧 열어주려고 기다리는 사람과 같이 되라. (눅 12:35~36)

이것이 종의 자세이며 사업하는 사람의 손님에 대한 예우임을 알아야 한다. 주인에 대한 종의 자세도 중요하지만 사업주는 마땅히 이 같은 정신을 가지고 손님을 대해야 장래가 있고 손님에게 칭찬 들을 만한 행동이라 하겠다.

이 같은 사건을 성경 속의 말씀과 비유한다던 장사하며 장기, 바둑을 두는 일을 겸하여 할 수 없다는 것과 같다. 즉 한 가지 일을 열심히 해야지, 두 가지 일을 겸해서 할 수 없다는 것이다. 전문성을 띠고 일하는 사업주가 되어야 한다.

주님은 다음과 같이 말씀하셨다.

> 집 하인이 두 주인을 섬길 수 없나니, 혹 이를 미워하고 저를 사랑하거나 혹 이를 중히 여기고 저를 경히 여길 것임이니라. 너희는 하나님과 재물을 겸하여 섬길 수 없느니라. (눅 16:13)

무엇이든 겸하여 하는 일은 바람직하지 못하다. 발전과 성장에 저해가 될 뿐이다. 그런 생애는 부실하고 견고성이 없다. 한 가지 일을 보면 열 가지를 안다는 어른들의 말이 있다. 우리의 모습은 어떠한지 한 번 생각해보기 바란다. 신앙에도 동일한 원리가 적용된다. 나는 예수를 믿으면서도 겸하여 하나님을 제대로 섬기는지 자문해볼 일이다. Ω

용서 받을 수 있는 사람
a man and a forgiveness

용서(容恕)란 어떤 사람이 잘못을 고백할 때 벌하지 않고 용인해주는 것이다. 따라서 용서는 화해의 근간이라고 할 수 있다. 용서할 줄 모르는 사람은 자신의 옳음만 주장하게 되어 대인관계에서도 인정사정없고 냉정한 사람이라는 평가를 받을 것이다. 사회생활에 있어서 용서는 화해와 단결의 구심점이기도 하다. 분쟁과 다툼의 역사 속에는 용서가 자리 잡을 수 없다. 그러므로 용서는 사회 구성원간에 없어서는 안 될 중요한 요소이다.

예수님의 교훈을 통해 용서에 대한 마음자세가 어떠해야 하는지 알 수 있다. 베드로가 주님에게 나아와 "형제가 내게 죄를 범하면 몇 번이나 용서하는 것이 좋습니까? 일곱 번까지 하오리까?"하고 묻자 "일흔 번씩 일곱 번이라도 하라"고 말씀하셨다. 이 말은 숫자에 제한을 두지 말고 용서할 것을 강조하신 것이다. 용서는 아무리 해도 너무한 감이 없다는 말씀인 것이다.

> 결산할 때에 만 달란트 빚진 자 하나를 데려오매 금은의 중량 값을 것이 없는지라. 주인이 명하여 '그 몸과 아내와 자식들과 모든 소유를 다 팔아 갚게 하라' 하니 그 종이 엎드려 절하며 이르되 '내게 참으소서 다 갚으리이다' 하거늘, 그 종의 주인이 불쌍히 여겨 놓아 보내며 그 빚을 탕감하여 주었더니 그 종이 나가서 자기에게 백 데나리온 빚진 동료 한 사람을 만나 붙들어 목을 잡고 이르되 '빚을 갚으라' 하매 그 동료가 엎드려 간구하여 이르되 '나에게 참아주소서. 갚으리이다' 하되 허락하지 아니하고 이에 가서 그가 빚을 갚도록 옥에 가두었다. (마 18:24~30)

자신은 용서를 받았음에도 정작 남을 용서할 줄 모르는 신하에게 임금님이 벌을 주었다는 말씀이다. 물론 빚진 사람이 먼저 용서를 빌지 않았다면 옥에 가두었다고 뭐라 할 수 없겠지만 용서를 빌었는데도 옥에 가둔 것은 잘못되었으므로 벌을 받게 된 것이다.

비근한 예가 있다. 전직 대통령인 김영삼 씨가 역사 바로 세우기 운동을 할 때의 일이다. "깨끗하고 정의로운 사회, 21세기 세계 중심 국가 건설이라는 민족적 소명 앞에 지역과 정파와 세대를 뛰어넘어 국민이 하나가 되게 하기 위해 잘못된 과거를 바로잡기 위한 역사 바로 세우기는 우리 사회의 새로운 탄생을 알리는 신흐이며 제2의 건국을 향한 출발이다" 하는 명제 앞에 두 전직 대통령인 전두환 씨와 노태우 씨를 사법 처리하여 투옥했다.

이들을 후임 대통령인 김대중 씨가 사면했다. 투옥시키는 일은 죄가 있어야 하고 사면하는 일은 자신의 죄를 뉘우치고 다시는 죄를 범하지 않겠다는 용서를 구할 때 해야 한다. 그런데 이들은 투옥당할 때도 죄지은 바가 없다고 했다. 저들의 변명은 5·18 당시 국기(國基)가 흔들리는 상황에서 시대가 자신을 요청했기에 혼란을 바로잡기 위해서 나섰다는 것이다. 자신은 죄인이 아니라 투사라는 이야기이다. 후임 김대중 씨가 한 일도 죄인에 대한 사면이어야 하는데, 의인을 사면하는 일이 되어 앞뒤가 맞지 않는 셈이다.

이처럼 오늘의 신앙인들은 하나님 앞에 철저히 회개할 때 주님의 용서를 받을 수 있지만 잘못을 회개하지 않는다면 용서는 없다. 역사의 지배자인 하나님을 믿지 않고 불신앙으로 사는 것이 얼마나 큰 잘못인 줄 모른다면 주님은 용서할 수 없을 것이다. 용서 받지 못한 사람은 여전히 죄인이므로 빛이신 하나님과 하나가 될 수 없다.

예를 들어 어떤 사람이 내게 죄를 범했는데 나는 용서할 준비가 되어 있다 하자. 그러나 상대가 용서를 구하지 않는다면 어찌 용서할 수 있으랴! 자청해서 해주는 용서는 있을 수도 없고 바람직하지도 않다. 다시 말해 회개 없는 용서는 있을 수 없다. 나는 과연 하나님 앞에 용서 받고 신앙을 가졌는지, 회개 없이 신앙을 소유했는지 다시 한 번 내 신앙을 돌아봐야 할 때이다. Ω

호주제 폐지운동
the right to be the head of a family

지난 5월 16일 금요일 심야 시간대에 KBS 2TV에서 방영하는 〈사랑과 전쟁〉이라는 드라마를 본 적이 있다. 그날 이야기는 남편이 아내의 성욕을 만족시켜주지 못해 이혼한다는 내용이었다. 남자는 조루증이라는 성적 결함을 가지고 있다. 조루증으로 인하여 아내에게 만족을 주지 못하자 여자는 결혼 전에 알던 남자를 다시 만나 성적인 만족을 갖게 된다. 이런저런 다툼 끝에 부부는 이혼을 결심하고 법정에 선다. 이때 조정관은 여자에게 이렇게 묻는다.

"조루증은 얼마든지 치유될 수 있는데 왜 이혼까지 해야 합니까?"

참고 기다리면 치료가 되지 않겠냐는 의미의 질문에 여자는 이렇게 대꾸한다.

"내가 왜 참아야 하고 언제까지 기다려야 한다는 거죠?"

참고 기다리지 않아도 곧바로 문제를 해결할 수 있는데 무엇 때문에 시간을 끌겠냐는 답변이다. 즉 이혼이라는 해결 방법이 있으니 참고 기다릴 필요가 없다는 것이다. 여자의 말에 조정관들은 황당한 표정을 짓는다.

드라마이기는 하지만 이는 우리 사회에 도덕성과 성윤리가 얼마나 타락했는지 한 단면을 보여주는 이야기이다. 이제 우리 사회는 이혼하는 것을 다반사로 여기며 이혼율이 50%가 넘어 세계에서 2위라고 한다. 요즘 사람들은 이혼에 대한 죄책감은커녕 밥 먹듯이 쉽게 이혼을 결정해버린다.

이혼하는 부부에게 자녀가 있다면 아이 문제로 싸움을 하지만 대부분 여자 편에서 아이를 차지하게 된다. 그 후 이들은 서로 마음이 맞는 사람들과 다시금 재결합하는데 이때 아이 문제가 대두된다. 지금의 법으로는 아이가 전 남편의 성을 따라야 한다. 아이가 성씨 다른 아버지 집에서 살게 되면 이웃이나 친구들에게 놀림을 당할 것이다. 여자는 미처 생각지도 못한 일 때문에 깊은 고민에 빠진다. 그러다 아이가 새롭게 만난 남편의 성을 따를 수 있다면 얼마나 좋을까 하는 생각을 갖게 된다. 지금으로서는 호적의 성을 바꿀 수 없어 아이가 평생 수모를 당하고 살아가야 할 것이다. 이 같은 일들이 차츰 심각한 사회문제로까지 등장하게 된다. 이에 현재의 호적법을 고쳐서라도 현실적인 사회문제를 해결하자는 취지로 호주제를 폐지하자는 방침이 나온 듯하다.

하나님과 하객들 앞에서 결혼 서약을 하고 혼인했다면 두 가지 조건 이외에는 이혼이 불가능하다. 첫 번째는 사별이요, 두 번째는 간음이다. 성경에서는 이 두 가지 사유 이외에는 절대 이혼할 수 없다고 강조한다. 그러나 많은 사람이 성격차라든지 이런저런 이유로 이혼하는 것을 볼 때 심히 안타깝다. 이혼한 남자나 여자에게 시집가고 장가가는 것은 간음한 죄를 더하는 것이다. 그러므로 호주제 폐지는 이 같은 범죄를 도와주는 격이 된다. 만약 정부 방침대로 호주제가 폐지된다면 앞으로는 이혼해도 별 탈 없이 살 수 있기 때문에 이혼율이 더 늘어날 것은 불 보듯 뻔한 일이다.

호주제 폐지로 인해 정체성의 혼란과 사회 질서가 붕괴될 것을 생각하면 심히 가슴 아픈 일이 아닐 수 없다. 이는 여성상위시대로 나아가는 지금 시대에 필연적으로 겪어야 할 아픔인 것 같다. 그러나 하나님을 섬기는 사람들은 한 번 결혼하면 위의 두 가지 조건 외에는 이혼할 수 없음을 알고 결혼할 때 신중을 기해야 할 것이다.

정통가족제도 수호 범국민연합은 성명을 내고 최근 정부가 핵심정책으로 추진하고 있는 호주제 폐지 방침을 반대한다고 밝혔다. 가족제도 수호연합은 국민 대다수가 호주제의 부분적 보완과 개선을 원하고 있다면서 편파적인 인사들로 구성된 호주제 폐지 특별기획단을 해체해야 한다고 주장했다. 이 같은 시점에 하나님의 말씀이 배제된 것 자체가 유감스러운 일이다. Ω

사스(SARS)가 주는 교훈
SARS's teaching

세상에는 실로 많은 일이 일어나고 있다. 신앙인이라면 세상에서 일어나는 갖가지 사건이나 시사적인 일들, 재앙 등을 지켜보며 신앙적인 의미를 생각하고 하나님의 뜻이 무엇인가 찾는 일에 게으름을 피워서는 안 된다. 캘빈은 '이 세상 자연은 하나님의 편지'라고 했으며, 주님은 말씀하시기를 '공중에 나는 새도 하나님의 허락 없이는 떨어지지 않는다'고 하여 하나님의 존재를 강조하고 있다.

우리의 머리터럭까지 세시는 하나님이시니, 이 같은 점들을 감안하여 여러 가지 시사 문제나 세계적인 재앙을 보며 하나님의 뜻을 찾는 일에 열심인 성도가 되어야 할 것이다.

요즘 전 세계는 사스(SARS)라는 급성호흡기증후군에 대한 논란으로 떠들썩하다. 실로 놀라운 재앙이 아닐 수 없다. 탄식하는 소리가 여기저기서 끊이지를 않는다. 각국 방역진의 필사적인 노력에도 불구하고 괴질인 사스가 좀처럼 가라앉지 않는다. 이로 인한 피해는 대단하여 관광업계를 비롯하여 교육, 산업 등 모든 분야에 미치고 있다.

세계보건기구(WHO)는 최근 동남아에서 발생해 유럽, 북미 등 전 세계로 확산되는 호흡기 계통의 괴질을 급성호흡기증후군(SARS)으로 명명하고 전 세계에 비상 경계령을 내렸다. 영국 BBC 방송은 지난 5월 18일 홍콩에서 미국인 사업가가 죽었다는 소식을 전하면서 이 괴질의 최초 진원지가 중국 광동성일 가능성이 높다고 밝혔다.

사스의 초기 증세는 고열, 두통, 인후통, 기침 등으로 나타나 독감 환자들이 보이는 증상과 비슷하다. 나아가 폐렴으로 발전, 호흡 곤란을 호소하여 병원에서 인공호흡까지 받기도 한다. 감염 경로는 코 또는 바이러스를 통해 나타나며 이 병원체가 독감 바이러스는 아니나 공식적으로 확인할 수는 없다고 한다. 런던 퀸 메리 칼리지의 바이러스학 전문가인

존 옥스퍼드 교수는 은둔해서 수도승처럼 살지 않으면 별다른 예방법이 없다고 말해 전 세계 사람들을 더욱 긴장시키고 있다. 일부 홍콩 사람들은 마스크를 착용하기도 하나 예방 효과가 있는지는 분명치 않다. 치사율은 높지 않으나 노인들에게 치명적이므로 주의를 요한다. 이번 괴질이 독감의 변종으로 밝혀질 경우 예방 백신의 생산에 수개월이 걸릴 수도 있다고 한다.

대재앙으로 나타난 사스, 즉 급성호흡기증후군이 우리에게 주는 교훈은 무엇일까?

첫째, 인간의 교만을 뉘우치게 한다. 전 세계는 유전자 공학의 발전으로 복제인간을 만들었고, DNA 유전자 지도를 완성하여 질병을 퇴치한다는 꿈같은 이야기로 한동안 떠들썩했다. 어찌 보면 단순한 질병의 원인과 치료법을 아직 찾을 수 없다는 것은 인간을 자성하게 만든다. 교만한 인간의 콧대를 꺾기 위해 이런 질병이 나타나지 않았나 싶다. 인간의 한계를 인정하고 겸손함을 잃지 않도록 해야 할 것이다.

둘째, 하나님의 위대하심을 보여준다. 사스가 중국 대륙을 휩쓸기 이전에는 세계 제1위의 경제 성장을 자랑하던 중국이 주춤하고 있으며, 국민소득을 낮추어야 한다는 이야기까지 들려온다. 사스로 인해 중국의 야심찬 계획이 정체현상을 빚고 있다. 이는 위대하신 하나님의 존재를 보여준 일이라 할 수 있다.

셋째, 인간의 입(口)을 막아준다. 사스 환자는 누구나 마스크를 쓴다. 전염을 예방하는 차원에서 반드시 마스크를 쓰도록 강조하고 있다. 입을 막는 일은 곧 말을 막는 것과 다르지 않다. 얼마나 많은 사람이 하나님을 비방하고 참람된 말을 했는지 우리도 알고 있지 않은가. 또한 하나님의 위대하심에 다들 입을 열어 찬양하지 않았는가. 찬양하지 않을 때 돌들로 찬양케 하시기를 원하시는 분이 곧 하나님이시다. 오늘의 대재앙을 지켜보면서 사스가 주는 교훈을 똑바로 알아 하나님 뜻에 부합하는 삶을 살아가야 할 것이다. Ω

정정당당하게 살자
a fairly contested life

정정당당(正正堂堂)이란 말의 의미는 '바르고 떳떳하다'는 것으로, 2002년 MBC의 캠페인이기도 했다. 하늘을 우러러 한 점 부끄러움이 없는 사람만이 정정당당하다고 말할 수 있을 것이다. 이는 부끄러움이 없는 사람만의 특별한 은총이요 당당한 모습이다. 성경을 보면 바울은 고린도 교인들에게 정정당당하게 살 것을 권면하고 있다.

깨어 믿음에 굳게 서서 남자답게 강건하라. (고전 16:13)

나는 MBC 방송국에서 2002년 캠페인으로 '정정당당'을 사용하게 된 이유를 잘 알지 못한다. 그러나 정정당당함이 인간의 힘으로 가능한 것이 아님은 확실히 안다. 아무리 정정당당하게 살고 싶어도 인간이기에 그럴 수가 없는 일이다. 인간이라면 누구나 한 번뿐인 세상을 정정당당하게 살고 싶을 것이다. 그렇게 살고 싶지 않은 사람이 어디 있겠는가. 그러나 인간의 한계를 생각한다면 불가능을 인정해야 할 것이다. 정정당당이란 노력해서 얻을 수 있는 것이 아니다. 훈련을 받는다거나 세미나를 통해 교육받는다고 해서 정정당당해지는 것은 더욱 아니다. 그렇다면 어떤 경로를 통해서 정정당당함을 얻을 수 있을까?

우선 부정부패에 동참하지 않고 죄를 멀리할 때만이 정정당당할 수 있다. '정정당당'이 MBC 캠페인으로 채택된 것도 부정부패에 동참하지 않을 것이며 불법을 타도하는 정정당당한 언론매체가 되겠다는 다짐에서 비롯되었을 것이다. 또한 지은 죄가 없어야 정정당당할 수 있다. 지금 지은 죄만 없다 해서 가능한 것도 아니고 앞으로 죄 지을 가능성도 절대 없어야 정정당당할 수 있다.

과연 이 같은 사람이 있느냐 할 때 성경은 한 마디로 '의인은 없나니

한 사람도 없다' 고 말한다. 이 세상 어느 누구도 죄가 없어 정정당당하게 살 수 있는 사람은 없을 것이다. 세인들은 내가 무슨 죄를 지었냐고 항변할지 모른다. 그러나 지은 죄가 없다 하면 이는 거짓말하는 사람이라고 성경은 말한다. 만약 그래도 죄가 없다면 용서 받은 사람일 텐데, 인간의 죄를 용서할 수 있는 분은 하나님 한 분뿐이다. 그 분은 십자가에 못 박혀 우리의 죄를 한 몸에 담당하신 주님을 믿음으로써 우리가 용서받는 길을 열어놓으셨다.

간혹 세인들은 교도소에만 갔다 오지 않으면 죄가 없는 것으로 안다. 그러나 솔직한 마음으로 명상에 잠겨 나는 죄인인가 의인인가 자문할 때 죄가 없다 하는 사람은 없을 것이다. 앞으로의 인생항로에서도 우리는 연약하여 죄지을 가능성이 있다는 데 모두가 공감할 것이다. 물론 죄를 짓는 일도 의도적으로 그리 되는 것은 아니다. 죄가 죄를 짓게 하고 결국 죄의 열매를 맺는 것이다. 용서 받지 못한 사람은 항상 죄 지을 가능성이 있으므로 정정당당하게 살아갈 수 없다.

어른들의 말이 자식 둔 부모는 입찬말을 못한다고 한다. 자식들이 범죄를 저지를 수도 있기 때문에 정정당당할 수 없다는 말이다. 이처럼 우리도 언제 어느 때든 죄지을 가능성이 있으므로 정정당당하지 못하다. 정정당당하게 살아갈 수 있는 사람은 죄의 문제를 완전히 해결해야 한다. 또한 전능하신 하나님 안에 있는 사람만이 정정당당할 수 있다.

세인들 중에도 뒷심이 좋은 사람들은 정정당당하게 큰소리치면서 살아간다. 그러나 권세는 순간적일 뿐 오래가지 못한다. 한순간은 권력을 배경으로 정정당당하게 살 수 있다 해도 얼마 가지 않아 어깨가 축 처질 것이다. 반면에 하나님을 신봉하는 성도들은 천지만물(天地萬物)을 주관하시고 인간의 생사를 주관하시는 하나님을 배경으로 삼아 살아가므로 영원히 정정당당하게 살 것이다. Ω

궁궐(宮闕)의 시름
a King's worry

'쥐도 도망갈 구멍을 보고 쫓아야 한다' 는 속담이 있다. 쫓기는 자가 도망갈 곳이 없을 경우 역부족임을 알면서도 쫓는 사람에게 해코지를 하니 조심하라는 말이다.

험한 세상을 살다 보면 막다른 골목길을 만날 수도 있다. 앞으로 나아갈 길이 보이지 않고 암담한 상황에 빠지면 저도 모르게 이성 없는 행동을 하게 된다. 낙심과 좌절의 늪에 빠져 조상을 탓하거나 이웃을 원망하며 불평불만을 털어놓기도 한다. 나쁜 환경을 자신의 무능 탓으로 돌리며 열등의식에 사로잡혀 자학하기도 한다. 도망갈 구멍이 없는 쥐가 죽기 살기로 덤비듯이 지나치게 코너에 몰리면 이웃과 현실에서 도피하거나 모든 것을 포기한 채 벼랑 끝으로 상황을 몰고 가기도 한다.

지난 5월 23일 노무현 대통령은 남을 위해 열심히 도와주고 선행을 했는데 고마워하기는커녕 트집만 잡고 배신하면 어떻게 해야 할지 모르겠다고 속내를 털어놓았다. 집단이기주의가 만연한 요즘 걸핏하면 집단행동하는 사람들을 보고 배신이라는 용어까지 써가면서 서운함을 표현한 것이다. 또한 '청와대에 들어와 보니 자유가 없으며 감옥 같은 생활을 하고 있다' 면서 청와대 생활이 편치 않음을 털어놓았다. 심지어 대통령 짓을 못해 먹겠다며 최고통수권자인 대통령으로서 해서는 안 될 말까지 마구 쏟아냈다.

비단 대통령뿐만 아니다. 우리도 막다른 골목길에 접어들면 종종 같은 말을 하게 된다. 정말로 못해 먹겠다, 이 짓도 못하겠다, 그만두어야겠다는 말을 입버릇처럼 내뱉곤 한다.

감당할 수 없는 어려움을 당할 때 과연 어떻게 하는 것이 바람직할까?

선행을 했음에도 불구하고 칭찬과 존경은커녕 강도 높은 비난과 혹평만 받는다면 정말 참기 어려울 것이다. 그 원인을 찾아보면 선행에 대한 보상을 인간에게서 찾으려 한 때문이다. 우리는 선행의 목표를 인간이 아닌 신에게 두어야 한다. 인간이 아무리 잘한다고 해도 신의 입장에서는 잘못한 경우가 있기 때문이다.

이와 정반대로 인간의 입장에서는 잘못했지만 하나님이 보기에는 잘한 경우도 있다. 어려운 상황에서 문제가 생겼을 때 과연 신의 뜻에 부합하는지를 먼저 따져보고 아니라면 철저히 잘못을 시정해야 한다. 반면에 잘했는데도 사람들의 비난을 받는 아픔이 있다면 하나님의 심판을 기다리는 지혜를 가져야 한다. 신의 뜻을 따랐다고 확신한다면 감당할 수 없는 어려움을 당할 때조차 감사하고 기뻐해야 한다.

바울은 성경에서 다음과 같이 말하고 있다.

> 항상 기뻐하라. 쉬지 말고 기도하라. 범사에 감사하라. 이것이 그리스도 예수 안에서 너희를 향하신 하나님의 뜻이니라. (살전 5:16~18)

그러나 어찌 감옥 같은 세상에서 기뻐만 할 수 있을까? 성경은 이러한 의문에도 속시원한 해답을 제시한다.

> 우리가 알거니와 하나님을 사랑하는 자, 곧 그의 뜻대로 부르심을 입은 자들에게는 모든 것이 합력하여 선을 이루느니라. (롬 8:28)

하나님의 구원계획에 들어 있는 성도들에게는 모든 것이 합력하여 선을 이룬다고 했으니 이 말을 믿어야 한다. 바울은 이 같은 진리를 말로만 외친 것이 아니다. 빌립보 감옥에 억울하게 들어앉은 그는 깊은 밤에도 잠들지 않고 기뻐 찬송하는 가운데 굳게 닫힌 옥문이 열리게 함으로써 옥문을 지키는 파수꾼의 경성함을 허사로 만든 장본인이기도 하다. 감당할 수 없는 어려움에 처했을 때 그 고충을 하나님에게 맡기고 믿음으로 나아가면 닫힌 옥문도 열리는 기적을 맛보게 될 것이다. Ω

해괴망측한 그림
be extremely disgraceful picture

윤리의 근간은 효에 있다. 아무리 잘난 인간이라 해도 효를 모른다면 목석에 불과하다. 짐승도 자기 낳은 어미는 섬길 줄 알기 때문이다. 효는 백행지본(百行之本)이란 말이 있다. 백 가지 선을 행했다 하더라도 효를 행하지 못한다면 선행이 아니며, 이와 반대로 백 가지 선행을 하지 못했다 하더라도 효를 행한다면 선행으로 간주한다는 의미이다.

이처럼 효도는 아무리 강조해도 지나친 감이 없고 우리 사회가 영원히 지켜나가야 할 미풍양속이다. 평소에는 잊고 있다가 어버이날만 되면 효도를 한다고 떠들썩한 것이 낯간지럽기는 해도 그나마 좋은 전통이라 하겠다.

일전에 어버이날이라고 하여 자녀들과 함께 식당을 찾은 일이 있다. 얼마나 많은 사람이 왔는지 앉을 자리가 없도록 만원이었다. 웬 사람들이 이리 많을까 생각해보니 어버이날을 맞이하여 부모님에게 효도하기 위해 나온 사람들이 대부분이었다. 어떤 자리를 보면 할아버지와 할머니가 함께 있지만 할머니 또는 할아버지만 있는 자리들도 많이 눈에 띄었다. 아마도 한 분이 잠깐 외출했거나 아니면 먼저 세상을 떠난 듯하다. 아무튼 한 사람만 있는 자리는 좋아 보이지 않는다. 그래도 각박한 세상살이에 부모님 섬기기를 다하는 후손들을 바라볼 때 가슴이 뭉클하다. 나는 부모님에게 효도를 다하지 못했는데 자손들에게 후한 대접을 받다 보면 부모님 생각에 마음이 편치 않을 때도 종종 있다.

여기 효에 대한 이야기를 하나 소개하고자 한다.

푸에르토리코(Puerto Rico)는 서인도 제도의 대(大)앤틸리스 제도에 있는 미국의 자치령으로, 거의 직사각형 모양을 한 열대의 섬이다. 이곳 카리브 해안에 위치한 국립미술관 입구에는 해괴망측한 그림이 걸려 있다. 죄수의 몸으로 아랫도리에만 수의를 걸친 노인이 젊은 여자의 젖꼭지를 빨고 있는 〈노인과 여인〉이라는 그림이 그것이다. 이 그림을 처음 보는 이들은 늙은 노인과 젊은 여인의 부적절한 애정행각에 불쾌한 감정을 감추지 못하며, 이런 그림이 어찌 국립박물관에 걸렸을까 하는 의구심을 갖는다. 그러나 그림 속 이들의 모습은 해괴한 애정행각을 벌이는 것이 아니다. 수의(囚衣)를 입은 노인은 젊은 여인의 아버지이고, 커다란 젖가슴을 내놓은 채 노인에게 빨리는 여인은 그의 딸이다.

노인은 독립투사로 독재정권에 항거하다가 체포되어 식사 반입을 금지하는 잔인한 형벌을 받게 된다. 굶주림을 못 견딘 채 서서히 죽어가는 노인의 임종을 지키기 위해 해산한 지 며칠 되지 않은 딸이 면회를 온다. 앙상하게 뼈만 남은 채 마지막 숨을 몰아쉬며 죽어가는 아버지를 지켜보던 딸은 마침내 가슴을 풀어헤치고 자신의 젖을 물린다. 이 그림은 딸의 효성과 헌신 그리고 노인의 애국심을 묘사한 숭고한 작품으로, 이 나라 국민은 민족혼이 담긴 최고의 예술품으로 여긴다고 한다. 그러나 과연 하나님 편에서 볼 때도 자랑할 만한 작품일까?

제주도에는 유명한 이발사 한 분이 살고 있다. 그는 불우한 노인과 장애인들을 위해 이발로 헌신하는 삶을 살고 있다. 그에게 어떤 사람이 물었다.

"당신은 왜 이웃을 위해 선행을 하십니까?"

"어머니가 돌아가실 때 불우한 이웃을 위해 살라는 유언을 마지막으로 남기셨기 때문입니다."

이발사의 선행을 하나님은 과연 인정하실까? 만약 이발사가 이웃을 사랑하는 것이 하나님의 계명임을 믿고 실천했다면 하나님에게 인정도 받고 거기에 따른 상급도 있을 것이다. 마찬가지로 〈노인과 여인〉이라는 그림 속의 딸이 하나님을 믿고 행동한 것이라면 이 그림은 후세에 남을 유명한 작품이 될 것이다. 아버지에게 자신의 젖을 빨리는 행동이 믿음을 갖고 하나님의 계명을 지키기 위한 것인지, 해괴한 애정행각인지 판명된다면 작품의 가치는 새롭게 평가될 것이다. Ω

고춧가루 치는 설교
Sermon and Worship

어느 목사님이 열정적으로 메시지를 전하고 있을 때 맨 앞좌석에 앉은 할머니 집사 한 분이 마음 놓고 코를 골고 있었다. 이때 목사님이 설교를 중단하고 할머니에게 한 마디 건넸다.

"할머니 왜 조십니까?"

"목사님 설교에 고춧가루를 치면 내가 왜 졸겠어요?"

할머니의 이 말씀에 좌중에서 폭소가 터졌다. 할머니가 듣기에 목사님 설교가 너무 힘이 없어 자장가로 느껴졌던 듯하다. 함께 예배드리던 교인들은 공감이나 하듯이 함께 웃음으로써 할머니 말을 인정하는 상황이 되어버렸다. 그러나 내 생각에는 그 목사님의 설교가 참 좋았다. 할머니말고는 조는 사람을 보지 못했기 때문이다. 할머니의 한 마디에 졸지 않은 교인들까지 고춧가루 친 설교를 들어야 할 판이 되어버렸다. 물론 조는 사람이 한 사람도 없다면 얼마나 좋을까? 그러나 설교 때문에 졸거나 졸지 않는 것이 아닐 수도 있다. 밤잠을 자지 않아 피곤해서 조는 경우도 있음을 알아야 한다.

예배를 드릴 때는 정성을 다해야 한다. 성경에서도 주님 사랑하되 마음을 다하고 뜻을 다하고 정성을 다하고 생명을 다하여 주 너의 하나님을 사랑하라고 했다. 주님 앞에 예배드릴 때 최상의 정신 상태로 예배를 드려야 함에도 불구하고 깜빡깜빡 조는 것은 정성이 부족한 탓이다.

개중에는 설교 시간에만 조는 사람들이 있다. 이들은 설교 시간만 지나면 언제 졸았냐 싶게 정신을 차려 찬송을 열심히 부른다. 그런데 찬송 시간까지 조는 사람들도 간혹 있다. 또한 가정에서 드리는 짤막한 금요 구역예배 때도 조는 사람이 있다. 물론 기도 시간이라 조는지 졸지 않는지는 모를 일이지만 다른 시간에 조는 것을 보면 기도 시간에도 조는 듯하다. 아무튼 예배를 보는 내내 존다는 것은 있을 수 없는 일이다. 그나마 평신도들이 조는 것은 신앙이 없어서 그렇거니 하고 이해할 수 있다. 모태적 신앙이요, 장구한 세월 동안 신앙생활에 앞장선 중직들이 조는 것을 볼 때는 정말 큰일이다 싶다. 목사의 자녀라든가 사모가 졸 때는 보다 심각한 문제로 발전한다. 교인들 사이에 말이 많아지고 은혜가 없느니, 기도 생활이 없느니, 교회가 부흥되지 않는 것도 다 그 탓이라는 둥 졸음이라는 사소한 일 때문에 급기야 사태가 악화되기도 한다.

나는 목사로서 말씀 사역을 하다 보니 예배 인도하는 가운데 조는 경우는 없다. 그러나 본 교회에서 부흥집회를 한다거나 다른 사람의 설교를 들을 때는 가끔 졸기도 한다. 물론 예배 시간에 졸고 싶어서 조는 사람은 없을 것이다. 그런데도 왜 그리 졸음이 오는지 참으로 이상하지 않을 수 없다. 그러나 세상 밖에서는 졸지 않는다. 설령 존다 해도 그리 큰 흉이 되지는 않는다. 교회에서 사람들이 조는 것을 보면 피곤하거나 식사를 바로 한 탓에 식곤증으로 잠깐잠깐 조는 듯하다. 그런데 문제는 계속해서 존다는 것이다. 설교를 할 때마다 맡아놓고 앞자리에서 조는 경우는 보는 사람도 민망하고 부담을 갖게 된다. 조는 것은 덕이 아니요 하나님 앞에 불충한 것으로 생각해야 한다. 그 책임을 목사에게 떠넘기어 '설교에 고춧가루나 치세요' 하는 것은 무례를 행하는 잘못이다. 온전한 제물을 받으시기를 기뻐하시는 주님 앞에 잘못을 인정하고 회개해야 한다. 바울은 경건생활의 훈련에 대하여 이렇게 말하고 있다.

> 육체의 연단은 약간의 유익이 있으나 경건은 범사에 유익하니 금생과 내생에 약속이 있느니라. (딤전 4:8)

육체를 튼튼히 하려면 운동을 해야 하듯이 경건생활을 할 때도 훈련이 필요하다. 육체의 연습은 약간의 유익이 있지만 경건의 유익은 금생과 내생에 있다고 하였다. 졸지 않기 위해서는 부단한 노력과 훈련이 뒤따라야 할 것이다. Ω

개혁교회
Reformed Church

개혁이란 '새롭게 고친다'는 의미가 있다. 살다 보면 고쳐야 할 것이 한두 가지가 아니므로 우리 주변에서도 개혁이란 말을 종종 듣는다. 특히 교회 내에서는 이 말을 자주 사용한다. 교회의 특수용어로는 회개(悔改)라고도 한다. 일반 세상에서도 많은 지식인이 재벌개혁, 언론개혁, 규제개혁, 문화개혁, 종교개혁이란 말들을 사용하곤 한다. 여기서 필자가 말하고자 하는 것은 교회 개혁에 관한 문제들이다. 물론 신학적으로 거창하게 말할 생각은 없다. 다만 주변에서 흔히 말하는 개혁의 의미에 대하여 생각하고자 한다.

요즘 한국 교계에는 개혁과 갱신을 말하는 사람들이 점점 늘어나고 있다. 이들은 종교개혁을 한 루터(Martin Luther : 1483~1546, 독일)처럼 영웅심이 충만하여 한국 교회를 갱신해야 한다고 핏대를 높인다. 또한 교회의 여러 운영 형태를 문제 삼아 개혁교회의 부정과 비리를 폭로하거나 고발하기도 한다. 특히 목회자의 재정 문제나 7계 및 비윤리적인 문제가 발생했다 하면 이를 빌미삼아 사회적 이슈로 떠들어대는 경우를 흔히 본다. 이들은 교회 내에 파벌을 조성하는가 하면 극단적인 교회의 분열을 일으키고 목회자를 추방함으로써 스스로 만족해하기도 한다.

그렇다면 개혁을 자처하는 임의단체에는 대체 어떤 사람들이 참여할까? 개중에는 한국 대형교회의 목회자들이 앞장서기도 하고, 교회 개혁이나 교회 갱신을 외치는 무리들, NGO 단체로 출발한 집단들이 참여하기도 한다. 청년회나 대학생 그룹, 방송 또는 신문이 앞장서기도 한다. 이들은 개혁교회의 불법적 재산 관리, 목회자의 비윤리 문제, 교회의 비민주적 운영 형태 등을 지적하면서 막강한 힘을 휘두르거나 신처럼 군림한다. 얼핏 볼 적에 이들은 투사 같기도 하고 광야에서 외치는 세례 요한을 떠오르게도 한다. 순교를 각오한 사람처럼 상기된 얼굴로 정의를 외치는 이들을 보면서 성도들 역시 개혁이 중요하다는 말에 일부 공감하지 않는 것은 아니다.

오늘날 한국의 개혁교회는 중세 루터를 중심으로 캘빈(Calvin) 같은 이들이 개혁을 완성하여 시작된 교회가 아니라 역사 속에서 꾸준히 개혁해나가야 하는 교회를 의미한다. 따라서 개혁하자고 외치는 사람들 또한 개혁에서 제외된 것이 아니라 함께 개혁해야 할 부류에 속한다고 할 수 있다. 그럼에도 불구하고 자신들은 개혁을 다 한 것처럼 외쳐대는 모습을 볼 때 심히 유감스럽지 않을 수 없다. 어느 누구든 다른 사람에게 돌을 던질 자격을 갖춘 이는 없다.

교회의 개혁은 부정을 폭로한다거나 비리를 들춰내서 백일하에 드러내는 것이 아니다. 그렇다고 누구를 비난해서 되는 것도 아니다. 범죄를 저지른 자신이 잘못을 깨닫고 조용히 하나님 앞에 나아가 자신의 무능과 허물을 하나님 앞에 자백할 때 주님은 우리의 허물과 죄를 용서해주실 것이다.

> 만일 우리가 우리 죄를 자백하면 그는 미쁘시고 의로우사 우리 죄를 사하시며 우리를 모든 불의에서 깨끗하게 하실 것이요. (요1 1:9)

구원은 스스로 노력하는 것이지 단체가 나서 어찌할 수 있는 것이 아니다. 말씀대로 살지 못하는 목회자가 있다면 바르게 사는 개혁자의 모습을 통해 자신의 죄인 된 모습을 깨닫고 회개하는 것이 개혁운동이다. 교회의 어둠과 비리, 잘못된 제도를 폭로하여 대중 앞에 드러내놓고 호소하는 것만이 개혁은 아니다. 교회를 무참히 짓밟거나 죄인을 색출해서 추방하는 것 또한 올바른 개혁이 아니다. 선각자로서 세상의 빛과 소금이 되어 진실한 삶을 살아갈 때 이를 지켜보는 사람들이 회개하고 헌신케 하는 것이 성경에서 말하는 진정한 개혁운동이다. 빛과 소금처럼 자기희생 없이는 개혁운동을 완성할 수 없다. *Ω*

막다른 골목에서 무는 쥐
like a rat in a hole

빚진 죄인이란 말이 있다. 남에게 돈을 꾸어다 쓰고 빚을 진 사람은 죄인 된 심정으로 상대방을 겸손하고 고분고분 대하는 것이 상식이다. 다른 사람에게 자존심 상하고 위축받을 바에야 빚을 지지 않을 것이며, 빚이 있는 사람은 꼭 갚는 것이 보통사람들의 삶의 방식이다. 그런데 요즘 세상에는 빚을 갚지 않고 살아가는 강심장의 사람이 워낙 많다. 한 가정당 변상해야 할 빚이 수천만 원이라고 한다. 심지어 갚을 빚이 기하급수적으로 늘어나 천문학적 숫자에 달한다고도 한다.

조선일보 홈페이지에서 한 여인의 사례를 보았다.

25세의 미혼인 그녀는 ○○카드사에 2,800여만 원, A카드에 1,300만 원, B카드에 1,600만 원 등 카드빚만 6,000만 원에 달한다. 연체기간도 3개월을 넘겼고 은행연합회에 신용불량자로 등재되었다. 그러나 그보다 더 심각한 문제는 사용내역이었다. 이 여자는 작년 말 강아지를 890만 원에 구입했으며, 화장품을 12개월 할부로 198만 원어치나 샀고 현금 서비스도 1 800만 원이나 받았다. 물론 갚겠다는 의사는 전혀 없어 보인다. 이 여자에게 은행 담당자가 조언을 했다.

"요즘은 보증인 없이도 은행에서 5년간 장기로 대출해주니까, 조금씩 벌어서 갚으세요."

그러자 여자의 대답이 가관이다.

"어차피 월 분납금도 못 낼 형편인데 왜 대환을 해요?"

"그럼 아무것도 하지 말고 그냥 가만있을 겁니까?"

이번에는 기상천외의 대답이 그녀 입에서 나왔다.

"내가 취직하면 그때 월급을 차압하세요."

미혼의 무직자로서 재산과 수입은커녕 주소도 다른 곳으로 옮겨놓은 여자에게서 돈을 받을 수 있는 방법은 거의 없는 듯하다. 그녀는 지난 2

월과 3월에 각각 2만 6천 원과 1만 8천 원을 입금했다고 한다. 거액 연체자가 몇만 원이라도 입금한 것은 참 희귀한 경우인데, 편취(騙取 : 속여서 돈이나 물건을 얻어내는 것) 등의 혐의로 형사 고소될 경우 면책받기 위해서라는 게 경험자의 설명이다.

요즘 들어 지능적인 배 째라족이 크게 늘고 있다. 예전처럼 미안해하기는커녕 오히려 큰소리치는 채무자가 더 많은 세상이다. 전 세계로 눈을 돌려봐도 마찬가지 상황이다. 세계 초강국인 미국의 헤게모니는 빚더미 위에 세워진 것이다. 이는 전략상 많은 위험을 내포하고 있다고 뉴욕 타임스가 보도했다. 이 말은 미국이 워낙 닶은 빚을 지고 있어 오히려 채권국가에 큰소리치는 상황이 되었다는 지적이다.

국제수지 적자로 현재 8조 달러에 달하는 자국 내의 금융재산이 외국인의 손아귀에 들어가 있는 미국으로서는 이라크 복구비용의 상당 부분을 외국 자산에 의존해야 할 입장이다. 빚더미 위에서 큰소리를 친 것이 곧 이라크 전쟁인 셈이다. ‘쥐도 도망할 구멍을 두고 쫓아야 한다’는 속담이 있다. 막다른 골목에 가서는 쥐도 사람을 물 수 있다는 말이다. 지금 미국은 세계를 주도하는 패권국가로서의 위신이 말이 아니다. 빚을 져도 위신을 지켜야 하는데, 위신을 지키지 못하고 안절부절못하는 대국의 모습만 보이고 있다. 막다른 골목에 몰린다 해도 여유를 가지고 살 수는 없을까?

군대가 나를 대적하여 진 칠지라도 내 마음이 두렵지 아니하며 전쟁이 일어나 나를 치려 할지라도 나는 여전히 태연하리로다. (시 27:3)

이는 다윗의 신앙고백이다. 이 같은 신앙이 요구되는 시대가 바로 우리가 사는 지금 이 시대인 듯하다. 신앙인은 수지결산에 맞추어 살아가야 한다. 개인이든 국가든 수입이 없으면서 지출만 늘어나면 공허한 큰소리만 치는 우(愚)를 범하게 된다. Ω

날마다 죽어야 산다
to die is to live

늙어서 거동조차 제대로 못하는 사람들도 죽기를 거부한다. 이제 죽어야 하는데 왜 나 같은 사람 데려가지 않느냐고 푸념을 늘어놓는 노인도 막상 죽는다면 피하고 싶은 마음이 생에 대한 애착이라 할 수 있다.

몸이 불편한 할머니가 며느리의 부축을 받으며 입원하더니 의사에게 이렇게 말했다.

"나는 이제 죽어도 되는데, 며느리 성화에 못 이겨서 끌려왔어요."

자기 의사와는 관계없이 입원을 한다던 할머니는 며느리가 없는 데서 얼른 말을 바꾸었다.

"의사 선생님! 비싸도 좋으니 좋은 주사 놔주세요."

죽음을 기피하는 마음이 이렇게 사람의 언행(言行)을 일치하지 않게 하나 보다. 성경에 보면 바울은 이렇게 말하고 있다.

형제들아, 내가 그리스도 예수 우리 주 안에서 가진 바 너희에 대한 나의 자랑을 두고 단언하노니 나는 날마다 죽노라. (고전 15:31)

바울은 날마다 죽는다고 했다. 죽음이 자신의 자랑이라고도 했다. 하지만 죽는 것이 어찌 자랑이 될 수 있으랴! 사람은 죽기를 원치 않고 오래 살기를 원하는 것이 인간이건만 바울은 왜 죽는 것을 자랑이라고 했을까? 이러한 궁금증을 해결하려면 우선 죽음에 대한 정의를 내려야 한다. 바울은 죽음이란 '날마다 예수님의 죽음을 자신의 삶에 짊어지는 것(고후 4:10)' 이라 했다. 즉 그리스도의 남은 고난을 자신의 육체에 채우는 것이다. 이는 복음을 위하여 그리고 고린도 교인들을 위하여 위험에 노출된 채 항상 죽음의 한계선상을 넘나드는 바울 자신에게 하는 말이다. 또한 이런 자신을 부끄러워하지 않고 자랑으로 여기며 자신의 삶 속에서 날마다 죽는다고 했다. 바울은 자신의 편지에서 이처럼 죽음에 대한 원리를 늘 가슴속에 새겨둔다고 고백하고 있다.

죽는다면서 어찌 살아날 수 있을까? 바울은 고린도 교인들에게 부활 진리를 논리정연하게 증거하면서 부활은 죽어야 산다는 것을 증명하기 위한 것이라고 말한다. 만약 부활이 없다면 고린도 교인들에게 그리스도를 전파하여 그들과 더불어 기뻐하며 즐거워하기 위해 애쓸 필요가 없다는 것이다. 만약 부활이 없다면 목숨을 내걸고 불신자들의 핍박 앞에 자신을 드러내는 대가를 치를 이유가 없다고 잘라 말한다. 부활이 없다면 왜 먹고 마시고 즐기는 삶을 포기할 것이며, 복음을 위하여 고난받을 필요가 없다는 것이다.

날마다 죽어야 부활이 있을 것이며 부활을 통한 환희와 기쁨과 즐거움 속에서 살 것이며 바울이 말하는 대로 항상 기뻐하고 범사에 감사하라고 외칠 수 있다. 날마다 죽는 것을 부끄러워하지 않는다면 복음을 통한 아름다운 축복이 우리에게 있을 것이다. 실로 자랑이 아닐 수 없다. 사람은 죽는다. 나이 많아 늙고 병들면 죽어야 한다. 죽을 때가 되면 죽어야 하는 것이 자손에게도 자신에게도 좋다.

오늘의 신앙인들이 바울같이 날마다 죽는다면 죽을 곳과 때가 있어야 한다. 그 장소는 어디며 때는 언제인가? 예수 안에서 죽어야 부활의 역사가 씌어진다. 다른 데서는 얼마든지 살아야 하고 자기 주장이 있어야 하지만 복음과 교회 앞에서는 죽음을 선택할 줄 알아야 한다. 세상에서는 잘 죽으면서 교회 앞에서 죽지 않는다면 교회가 혼란에 빠지고 지도자들을 곤혹스럽게 하므로 바람직하지 않다. 복음과 교회를 위해 날마다 죽어야 한다. 바울은 죽음에 대한 진리를 모를 때는 살기 위해 살았다. 믿음이 깊은 초대교회 교인들을 박해하고 죽이는 일에 앞장섰던 사람이다. 그러나 복음을 위하여 죽기를 각오하고 살았던 그에게는 늘 하나님이 함께 했고, 죽는 길을 걷지만 산 자가 되어 오늘날 우리에게 죽음에 대한 깊은 진리를 제공하고 있다. *Ω*

정권의 정체성
the political power system

우리나라 대통령의 임기는 5년 단임제이며 국민에 의하여 선출된다. 따라서 새로운 정권이 출범할 때마다 정부의 정체성과 의미가 부여되는 특색이 있다. 한국은 1961년 5·16 군사 쿠데타 이후 32년간 박정희(朴正熙), 전두환(全斗煥), 노태우(盧泰愚) 등 군 출신 대통령들이 통치해왔다. 이들은 국가 안보를 최상의 과제로 내세우면서 국민의 민주적 요구를 억압했다. 역대 군부정권은 높은 경제성장에도 불구하고 반대 세력에 대한 탄압과 민주적 절차의 무시, 부정부패, 장기집권 등으로 학생 및 지식인층의 날카로운 비판을 받았다. 그 후 1987년 6월 민주화항쟁으로 대통령 직선제가 시행되면서 민주주의가 제자리를 잡기 시작했다.

1993년 2월 25일 민간인 출신의 김영삼(金泳三) 씨가 제14대 대통령으로 취임함으로써 비로소 '문민정부'가 출범하게 되었다. 당시 김영삼 대통령은 '신한국창조'를 국정지표로 제시하고 과감하고도 중단 없는 역사 바로 세우기의 개혁을 선언했다. 또한 2월 27일 자신의 재산을 공개하며 일체의 정치자금을 받지 않았고 앞으로도 받지 않겠다고 선언했으며, 공직자윤리법을 개정하여 1급 이상 공직자의 재산 공개를 의무화했다.

제15대 대통령 선거를 앞두고 호남지역에 정치 기반을 둔 새정치국민회의와 충청권에 기반을 둔 자유민주연합은 김대중을 단일후보로 내세워 정권을 쟁취했다. 이어 양당은 1998년 2월 25일 김대중이 제15대 대통령으로 취임하자 자유민주연합의 김종필(金鍾泌)을 국무총리로 하고, 내각 각료를 안배하여 공동정부를 구성한 뒤 새 정부의 주권이 국민에게 있음을 분명히 한다는 의미에서 '국민의 정부'로 명명했다. 당시 김대중 대통령은 취임사에서 총체적 개혁을 다짐한 후 민주주의와 경제발전의 병행 실천을 국정과제로 제시하고 새 정부를 출범시켰다. 또한 제16대 노무현 대통령이 '참여정부'로 출범한 것은 우리가 익히 아는 사실이다.

이와 같이 세 정권을 살펴보면 문민정부, 국민의 정부, 참여정부라 하여 나름대로의 정치이념과 정치철학을 가지고 있다. 이처럼 정권이 출범할 당시부터 그 색깔을 확실히 정했다는 것은 자신이 이끄는 정부는 자신의 색깔에 맞는 이념과 사상으로 통치하겠다는 야심찬 계획에서 비롯된 것이라 할 수 있다. 그러나 성경에서 바울은 정권 창출의 근원이 인간이나 정파에 있지 아니하고 하나님에게 있음을 말하고 있다.

> 각 사람은 위에 있는 권세들에게 복종하라. 권세는 하나님으로부터 나지 않음이 없나니, 모든 권세는 다 하나님께서 정하신 바라. (롬 13:1)

진정한 통치자라면 마땅히 하나님이 주시는 이념과 정치철학을 사심 없이 수수받아야 할 것이다. 이처럼 신으로부터 위임받아 뚜렷한 사명감을 가진 통치자로서 출범한다면 가장 좋겠으나 그렇지 않을 경우도 있다.

현 정부가 들어서면서 대통령직 인수위원회는 노무현 대통령 당선자가 이끌 새 정부의 명칭을 참여정부로 확정했다. 인수위는 그동안 새 정부 명칭을 정하기 위해 온라인과 오프라인을 통해 국민으로부터 여론을 수렴, 국민참여정부, 희망의 정부, 참여와 민주정부 등의 호칭을 놓고 막판까지 심사를 벌이다가 '참여정부'로 최종 결정했다. 인간의 모임을 통해 정부 명칭을 작명했다면 신의 시키심도, 허락도 없었다는 의미이다. 현 정부는 신이 아닌 국민의 여론어 의하여 이름을 지었으므로 어쩔 수 없이 그들의 놀음에 놀아나야 할 것이다. 이 얼마나 힘겨운 정치판인가? 통치자가 신으로부터 받은 사명을 펼친다면 신바람 나는 정치가 될 것이다. 왜냐하면 신의 도움이 있기 때문이다. Ω

정몽헌 씨의 죽음
the supreme leader's death

　지난 4일 이른 새벽, 아침 운동을 가기 위해 운전하고 있을 때 라디오 뉴스에서 현대아산 정몽헌 회장이 서울 종로구 계동 현대 본사 사옥 12층에서 투신해 숨졌다는 소식을 들었다. 정 회장이 이날 오전 5시 50분쯤 현대 사옥 주차장 입구 화단에 투신한 채 숨겨 있는 것을 행인이 발견했다는 보도였다. 정 회장은 연세대 국문과를 졸업한 뒤 지난 1975년 현대중공업 사원으로 입사했으며, 이후 경영 수업을 거쳐 1981년 현대상선 대표이사가 되면서 현대그룹의 경영에 본격적으로 참여하기 시작했다.

　정 회장은 지난 2000년 3월 부친 정주영 회장의 후계 구도를 둘러싸고 형인 정몽구 현 현대자동차 회장과 맞서 소위 왕자의 난을 치른 후 정주영 일가의 황태자로 등극했다. 그 후 지난 2001년 정주영 회장의 사망 이후 부친이 추진하던 금강산 관광 등 대북사업을 이어받았으나 북한과의 사업에 생각지도 못한 정치적 변수가 많고 수익도 내지 못한 터라 많은 어려움을 겪어왔다고 한다.

　나는 이 사건을 성경 중심으로 생각해보았다. 개인적으로 그의 죽음을 깊이 애도한다. 하지만 죽음이란 누구도 예외 없이 맞는 것이므로 죽은 정 회장 역시 세상 사람들과 같은 길을 간 것뿐이다. 물론 죽음에는 여러 가지 형태가 있다. 타인에 의하여 죽을 수도 있고 스스로 생명을 끊을 수도 있다. 자동차 사고처럼 문명의 이기로 인해 생명을 내놓을 수도 있다. 그 중에서 신앙인이 가장 바람직하게 받아들이는 죽음은 자연사뿐이다. 신앙인의 입장에서는 정 회장처럼 자신의 생명을 스스로 끊는 행위는 절대 해서는 안 될 일이다. 인간의 생명은 자신의 것이 아니기 때문이다. 태문을 열고 닫는 것은 주님의 뜻으로 가능한 일일 뿐 자기 스스로 할 수 있는 일이 아니다. 세상 사람들은 '인명(人命)은 재천

(在天)'이라고 한다. 따라서 투신자살 같은 행위는 나에게 생명을 주신 분 입장을 생각하더라도 합당치 못한 행동이다.

그의 죽음을 바라보며 정경유착의 폐단이 빚어낸 사건 같아 마음이 착잡했다. 한 정권이 탄생하면 재계에서는 정부의 미움을 받지 않기 위해서 그리고 사업적인 혜택을 생각해서 상납을 한다. 또한 정권을 잡은 정당에서는 정당 운영에 필요한 자금을 충당하기 위하여 기업에 손을 내밀지 않을 수 없다. 일단 정권만 잡았다 하면 기업에 전화 한 통만 해도 상상을 초월할 정도의 상납금이 들어온다. 이것이 소위 말하는 정치자금으로, 상납 액수에 따라 정권과 기업과의 유착 정도가 달라진다.

돈을 많이 받은 기업에게 더 큰 관심을 갖고 정부 발주 및 다양한 편의를 제공하는 것은 당연한 일이다. 그런 형태로 일이 진행되다 보니 정치자금을 적게 상납한 기업들은 정부사업의 발주 때마다 낙동강 오리 알 신세를 면치 못한다. 그러면 정경유착한 기업에 대하여 많은 시기와 질투가 작용할 테고 인신공격, 비난, 흑색선전들이 난무한다. 이 같은 사실들을 알고 들었을 터라 다음 정권에서는 전(前) 정권과 유착관계에 있던 기업체를 바꾸어버린다. 이러다 보니 정경유착으로 기업을 운영해온 곳들은 망하게 되어 있다. 정 회장의 죽음이 정경유착의 희생양이 아니기를 바라나 국민은 대부분 그런 시각으로 이번 사건을 바라보고 있다.

나는 정몽헌 회장의 죽음에 대한 조선일보 네티즌들의 독설도 읽어보았다. 정경유착의 슬픔을 이야기한 것으로 생각한다.

"정작 죽어야 할 노망난 노인네는 평화상 껴안고 유유자적인데 아직 할 일도 많은 분이 이게 무슨 일인지… 잠깐 감옥생활을 하게 되시더라도 정권이 바뀌면 또 복권될 수 있을 것을, 대통령을 두 번이나 잘못 뽑으니 엄한 사람 여럿 잡는구나. 휴우…."

오랜 관행으로 이어져온 정경유착의 고리에 얽매여 괴로워하다가 결국 투신자살로 삶을 마감한 한 영혼을 보는 마음이 심히 아프다. 앞으로는 이 같은 정경유착의 희생이 없기를 간절히 바란다. Ω

케네디의 팬티 가격
a panty price

어른용 팬티 하나가 6백만 원을 호가한다면 다들 기염을 토할 것이다. 그렇게 비싼 팬티가 과연 있을까? 물론 있기에 말씀을 드린다.

지난 7월 19일 존 F. 케네디 대통령과 재클린 케네디 오나시스의 개인 용품 3백여 점을 경매할 때 케네디 대통령의 트렁크 팬티 한 장이 5천 달러(한화 약 6백만 원)에 낙찰되었다. 경매에 오른 케네디 대통령의 노란색 트렁크 팬티는 2차 세계대전 당시 해군들이 입던 것으로 잭 케네디란 글씨가 수 놓여 있다고 한다. 팬티 한 장이 이렇게 비싼 값에 팔리는 데는 두 가지 의미가 있다.

첫째, 유명세라 할 것이다.

수많은 사람의 팬티가 있지만 이렇게 높은 가격으로 매매되지는 않는다. 유독 케네디의 팬티가 비싼 이유가 있다면 그가 유명하기 때문이다. 존 F. 케네디는 미국의 대통령으로서 젊은이의 우상이었고 훌륭한 업적을 많이 남긴 사람이다. 나는 왜 그 사람이 훌륭한지는 모른다. 다만 그는 미국의 대통령이요, 그가 외쳤던 말 가운데 '미국 국민이여! 국가가 나에게 무엇을 해줄 것인가를 생각하지 말고 내가 국가를 위해서 무엇을 할 것인가를 먼저 생각하라' 는 유명한 말 정도는 기억한다. 게다가 미국의 대통령은 아무나 하는 것이 아니고, 하고 싶다고 할 수 있는 것도 아니다. 미국 전 국민의 지지를 얻어야 하므로 대통령의 직함이 그만큼 더 유명한 것이다.

둘째, 오래되었다는 점이다.

즉 골동품이라는 것이다. 골동품 가격은 대단하다. 턱없이 비싼 것이 골동품 가격임을 생각할 때 아무리 팬티라 해도 비싼 것에 동의할 수밖에 없다. 골동품이란 물건 자체에 가치를 두는 것이 아니라 오래되었다는 점에서 가격이 형성된다. 그가 이번 경매에 나온 노란색 트렁크 팬티를 입었던 때는 물론 죽기 이전일 것이다. 죽은 지 오래되었으므로 비싸다고 할 것이다. 생각해보면 존 F. 케네디가 살았던 시대에 입었던 팬티를 지금도 입고 있는 사람들은 얼마든지 있을 것이다. 그럼에도 비싼 가격 형성이 되는 것은 유명세와 오래되었다는 점 때문이다.

이 같은 맥락에서 하나님의 말씀인 성경을 생각해본다. 성경은 아주 오래된 책이다. 이는 성경의 영원성을 말해준다. 성경은 선지자들에 의하여 전승되었고 제자들에 의하여 기록되었다. 그 영원성에 근원을 두고 성경의 가치를 논해야 할 것이다.

유명세로 말한다면 하나님보다 더 유명한 사람이 어디 있겠는가? 인간이 아무리 유명하다 하더라도 근원은 하나님에게 있다. 다들 하나님에 의하여 유명해진 사람들이다. 하나님에 의하여 유명인도 되고 권세도 부리고 출세도 하고 재벌도 되는 것이다. 그렇다면 사람들의 유명세가 하나님보다 더할 수는 없지 않은가.

하나님에 의하여 유명해진 사람의 팬티가 그 정도로 비싸다면 하나님의 말씀인 성경에 대한 가치는 가격을 정할 수 없을 정도이다. 이런 점에서 성경은 팬티 가격보다 저렴해서는 안 된다고 생각한다. 그러나 하나님은 우리의 가벼운 호주머니 사정을 알고 저렴한 가격으로 성경을 구입할 수 있게 해주심을 생각할 때 고마운 마음을 가져야 할 것이다.

매일매일 성경을 읽을 적마다 그 높은 가치를 인정해야 한다. 물론 성경에 대한 가격 형성은 시장 원리에 따라 이루어진다. 그러나 팬티 한 장의 가격이 6백만 원임을 감안할 때 성경의 가치에 비해 저렴하게 구입할 수 있음을 하나님의 은혜로 알고 감사해야 한다. 하나님의 성경은 가격을 매길 수 없는 진귀한 골동품임을 다시 한 번 되새기며 가치 있게 보관하고 사용하도록 하자. Ω

대통령의 고소 사건
a presidential complaint

노무현 대통령은 부동산 투기 의혹 등을 제기한 야당 국회의원과 보수 신문사들을 상대로 30억 원의 손해배상청구소송을 서울지방법원에 제소했다. 한국의 대통령으로서는 최초로 4개 일간지와 야당 국회의원을 상대로 자신의 억울함을 해소하기 위해 직접 고소한 것이다. 이에 대해 국내외 언론은 물론 관심 있는 국민들의 우려 섞인 목소리가 높다. 아무리 억울하다 해도 대통령의 위신이 있지, 어찌 그럴 수가 있는가? 일부 언론은 사태가 이렇게까지 된 원인을 노 대통령의 지지율 하락에 두고 있다.

"여당과 대통령의 지지율이 하락하는 것은 한국의 주요 언론이 정권 주변의 부정의혹을 연일 크게 보도하기 때문이다."

즉 내년 총선에서 지금까지 하락한 인기를 만회하기 위해 언론을 상대로 고소하는 촌극까지 벌였다는 분석이다.

국민의 입장에서 볼 때 눈만 뜨면 불의와 부정부패에 연관된 뉴스를 접해야 한다는 것이 곤혹스럽기만 하다. 저들의 비윤리적인 부정부패와 사기, 횡령 등에 관한 말들을 듣다 보면 귀가 따가울 정도이다. 이런 일을 저지른 사람들은 다른 사람이 아닌 바로 정치인들이다. 그나마 몇몇 신문들이 온갖 핍박 속에서도 감시자 역할을 충실히 해온 터이다. 여론과 언론의 감시 속에서도 이런 비리사건들이 줄을 잇는데 야당과 신문들마저 없다면 나라가 통째로 거덜 날지도 모르는 일이다.

권력을 쥔 세력이 아무리 힘이 있다 해도 자기 맘에 들지 않는다고 해서 자기들의 잘못을 비판하는 쪽을 지나치게 학대하면 안 된다. 국민은 신문에 이 같은 역할을 기대하고 있다. 이런 맥락에서 노 대통령의 고소 행위는 정당하지 못하며, 해서는 안 될 일을 했다고 지탄하는 목소리도 있다. 한나라당은 지난 8월 14일, 노무현 대통령이 자신의 재산문제에 대한 의혹을 제기했던 사건을 국민의 기본권에 대한 직접적 탄압으로 규정하고 소송을 철회하지 않으면 정권퇴진운동도 불사하겠다고 선언한 상태이다.

지난 정권을 잡은 통수권자들은 굳이 고소를 하지는 않았으나 다른 방법을 동원하여 자신들의 한을 푸는 일을 해왔다. 즉 언론을 길들이기 위한 일 가운데 하나가 우리가 아는 대로 언론사 세무사찰이었다. 자신이 직접 하지 않고 부하직원들을 시켜 언론을 목 조르는 경우가 이에 해당한다.

그런 일에 비하면 차라리 법정에 고소하는 일이 그래도 솔직하고 담백한 행동이라고 칭찬하는 국민도 없지는 않다. 고소한 일을 잘못했다고 하는 사람이 있는가 하면 잘했다고 칭찬하는 사람들도 있다. 그러나 신앙인의 입장에서 볼 때 대통령의 고소 사건은 해서는 안 될 일을 한 것이다. 왜냐하면 하나님이 살아 계시어 인간의 생사화복(生死禍福)을 주관하시기 때문이다. 또한 역사의 현장에서 옳고 그름을 판단하시는 일이 아직까지 계속되겠기 때문이다.

하나님이 살아 계시어 심판하실 일인데, 인간이 판단하는 일은 바람직하지 않다. 하나님은 한치의 흐트러짐 없이 정확히 판단하여 단 한 사람도 억울함이 없도록 심판하신다. 반면에 인간의 심판은 항상 후유증을 유발한다. 그러므로 하나님의 판단을 기다리는 것이 하나님의 존재를 믿는 자로서 취해야 할 바람직한 행동이다.

비록 지금 현실에서는 억울한 사건이지만 훗날에 가서 오히려 억울한 사건이 나에게 유익을 주는 경우도 다반사다. 나의 억울함에 만족을 주기 위하여 다른 사람들을 억울하게 하느니, 차라리 내가 당하는 것이 낫지 않겠느냐 하는 것이 성경이 우리에게 주는 교훈이다. 자고로 옛 어른들이 하는 말이 재판하면 망한다고 했다. 이 말은 하나님의 뜻을 거스르지 말고 순리에 따르라는 의미로 받아들여야 할 것이다. Ω

세대교체는 가능한가?
the change of generations

요즘 야당인 한나라당에서는 세대교체론(世代交替論)이 심심찮게 거론되고 있다. 60대 이상은 물러나 2선에 있어야 한다는 젊은 층의 주장이 거세기 때문이다. 일본이나 중국 등 주변 국가를 보더라도 노장들은 대부분 물러나고 젊은이들이 정치 일선에서 제 역할을 담당한다는 것이 이들의 주장이다.

원희룡 의원(서울 양천 갑 · 한나라당)은 내년 총선에서 60대 이상은 용퇴해야 한다는 의견을 제기하면서 당을 세대교체 논란의 소용돌이 속으로 몰아넣었다. 그의 말에 따르면 "60세 이하 유권자가 70%인 상황에서 60세 이상 의원이 과반인 한나라당은 역삼각형 외다리로 서 있는 형국이라 이대로 가면 한나라당이 국민 전체를 대표하는 당이라고 볼 수 없다"고 주장했다.

원로 2선 후퇴론에 대해 최병렬 의원은 "중국이 젊은 후진타오를 새 지도자로 선택했지만 그는 나이만 젊은 것이 아니라 공산당이 40년간 교육시킨 인물이다. 따라서 당력을 총화시킬 노 · 장 · 청의 결합이 중요하다"고 반박했다. 이에 소장파의 대표격인 강재섭 의원은 "최 의원 말은 우리 당의 젊은 사람은 계속 엎드려 있어야 한다는 것과 같다. 지금부터 젊은 사람을 대표로 키워야 5년 뒤 집권할 수 있다"고 반격했다. 모 후보는 "세대교체는 젊은 의원들이 하자고 해서 하고, 말자고 해서 안 하는 것이 아니다. 세대교체는 어디까지나 표를 갖고 있는 국민이 하는 것이다"하고 잘라 말했다.

이러한 논쟁을 빗대어 쓴 한 네티즌의 댓글이 재미있다.

"경륜, 경험, 노하우 같은 것의 소중함을 모르는 철딱서니 없는 자의 버르장머리 없는 발언이로군. 지나온 세월의 경험들이 오늘의 한나라당을 버티게 하는 기둥이란 것을 기억하기 바란다. 한나라당의 개혁은 저런 철딱서니 없는 자를 뽑아버리는 것에서부터 시작해야 할 것이다."

한나라당이 다음 대선에서 실패의 쓴잔을 마시지 않으려면 지금 이대로는 안 되며 무엇인가를 해야 한다는 데는 나 역시 같은 의견이다. 그러나 물갈이의 화살이 노장층을 향하는 데는 안타까운 마음이 든다.

어린이날 라디오 특집에서 어른들에게 하고 싶은 말을 해보라는 PD의 요구에 아이들은 다양한 의견을 내놓았다.

"어른들이 술 마시는 것 싫어요."

"담배 좀 그만 피우세요."

"아빠! 엄마 좀 때리지 마세요."

"너무 공부 공부 하지 좀 마세요."

이처럼 아이들은 대부분 어른들의 잘못을 꼬집어 말했다. 그러나 이런 아이들이 나중에 어른이 되면 지금 말한 어른들의 잘못을 그대로 답습하게 된다. 한나라당의 젊은 층 또한 지금은 노장층의 결함과 잘못을 들먹이지만 막상 그들이 노장층이 되면 어떻게 변해 있을지 궁금할 따름이다.

정치사상(政治史上) 수많은 지도자가 우리나라를 이끌어왔다. 이들의 실수와 잘못으로 얼룩진 역사를 지금의 노장층은 젊었을 때부터 봐왔다. 따라서 그들의 파행적인 잘못을 답습하지는 말아야 할 것이다. 그러나 노장측과 소장측의 반복되는 죄악을 세대교체로는 해결할 수 없다. 지난 5월에도 광주에서 5·18 기념식 직후 소장파들이 벌인 술 파티로 빈축을 산 적이 있다. 이런 상황이라면 지금의 소장파가 나중에 노장파가 되더라도 크게 바뀌지는 않을 것 같다.

세대교체 문제는 신에게 맡기고 지금은 자기개혁, 회개운동이 보다 더 필요한 때이다. 신에 의하여 정권이 창출되고 퇴출되기도 하기 때문이다. Ω

벼논을 갈아엎는 농부
a farmer's angry

금년처럼 비가 흔한 적이 있었나 싶게 많은 비가 내렸다. 농촌은 잦은 비 때문에 일조량이 부족하여 벼의 작황이 좋지 않다고 한다. 수확기를 맞은 2003년 가을 들녘에 농민들의 수심이 가득하다. 이번 비 피해로 벼농사에 기대를 걸었던 농민들의 마음은 허탈하기만 하다. 일조량이 풍부해야 낟알이 익어 수확할 수 있는데 쭉정이만 거두어야 할 판이다.

지난 9월 3일 공중파 방송을 통해 뉴스를 보니 농촌에서 수확을 눈앞에 둔 벼를 기계로 갈아엎고 있었다. 농부의 말에 따르면 수확해봐야 쭉정이만 거둘 것인데, 방치해두고 보면 마음만 아프고 헛된 수고가 회상되기 때문에 갈아엎는다는 것이다. 지나간 거년에도 장마로 인하여 많은 피해를 보았는데 금년에도 비 피해로 수확을 포기해야 할 판인지라 치미는 화를 억제할 길이 없기도 할 것이다.

동정이 가기도 하는 일이지만 그다지 바람직한 행동은 아닐 성싶어 한 마디 한다. 성숙한 사람이라면 아무리 화가 난다 해도 무모하게 행동으로 옮겨서는 안 된다. 속상하다 해서 그대로 행동한다면 그 사람은 제어할 길 없는 폭군이 될 가능성이 높다. 농사는 땅의 조건도 좋아야 하지만 하늘의 조건이 좋아야 하는 것은 너무나 당연하다. 아무리 땅이 좋다 해도 이른 비와 늦은 비를 주어야 하고 적당한 일조량과 각종 재해가 없어야 수확이 가능하다. 금년은 이 같은 조건들이 두루 갖추어지지 않아 농부들의 마음을 상하게 한 것 같다.

어찌되었든 농부들은 하늘을 바라보고 살아가야 할 입장이다. 흉풍을 주관하시는 분은 살아 계신 하나님이시다. 금년에 재해가 일어난 것도 하나님에 의하여 그리된 것으로 믿어야 한다. 따라서 흉년을 맞는 농부들은 아무리 속상하다 해도 감정대로 행동할 것이 아니라 흉풍을 주관하시는 하나님에 대해 좀 더 깊이 생각할 수 있는 계기로 삼아야 한다.

수확할 수 없다 하여 농작물을 갈아엎는 행동은 하나님에 대한 정면 도전이다. 재해가 있다면 어떻게 해서 이런 일이 생겼는가를 곰곰 생각하여 역사의 주관자인 하나님 앞에 머리 숙여 반성할 수 있는 기회로 삼고 자신의 잘못을 시정해야 할 것이다. 흉년을 주시면 주신 대로 받아들이면서 그동안 하나님 뜻에 합당한 생활을 했는지 반성하는 것이 보다 바람직한 행동이 아닌가 싶다.

남은 기간 동안 하나님이 역사하신다면 지금의 흉년을 풍년으로 만들 수도 있는 하나님이시다. 행여 농사를 망쳤다 해도 얼마든지 다른 방법을 동원하여 부족을 채워줄 수 있는 전능의 하나님이시다. 하늘에 대한 도전적인 행동은 하나님 앞에 벌 받을 행동이다. 세상 일이 마음대로 되지 않았다 해서 감정대로 행동하는 것은 용납할 수 없다. 우리 피조물은 자기 마음대로 사는 존재가 아니다. 감정대로 사는 존재는 더더욱 아니다. 조물주인 하나님 마음에 들도록 사는 것이 피조물의 운명이다. 따라서 하나님의 영광을 위해 각자가 받은 본연의 사명을 감당해야 한다. 논을 갈아엎는다는 것은 농부의 마음에 들도록 풍년을 주지 않은 하나님에 대한 분풀이로밖에 볼 수 없다. 하나님은 인간의 종이 아니다. 어디까지나 인간이 기쁘게 해드려야 할 존재이시다.

부모가 잘못을 저지른 자녀에게 매를 들었다 하자. 그때 자녀가 부모에게 바락바락 대든다면 그 자녀의 앞날은 한심할 따름이다. 진심으로 참회의 눈물을 흘리며 잘못을 뉘우치고 부모 앞에 무릎 꿇고 빌 때 자녀의 앞날도 비로소 열릴 것이다. 설령 나의 잘못에 대한 하나님의 징계가 있다 해도 논을 갈아엎는 농부의 행동은 삼가야 한다. 그저 나의 잘못을 시정하기 위한 회개와 거룩한 생활로 인도하려는 하나님의 뜻에 따라야 한다. 비록 지금은 흉작으로 어려운 날들을 보내고 있지만 앞으로 콧노래를 부를 수 있는 좋은 날을 하나님이 마련해주실 것이다. 우리는 이처럼 늘 새로운 방법을 제시해주시는 하나님 앞에 순종하며 살아가야 할 존재임을 자각하자. Ω

태풍 '매미'
a typhoon and an human beings

우리나라는 지금 태풍 매미가 몰고 온 갖가지 피해 때문에 정신을 못 차릴 정도이다. 한반도를 강타한 제14호 태풍 매미로 인한 사망 및 실종자가 9월 16일 밤 현재 126명, 재산 피해는 3조 원대를 육박하는 것으로 공식 집계되었다. 사망, 실종자를 지역별로 보면 경남이 63명으로 가장 많고, 경북 19명, 강원 13명, 부산 13명, 전남 12명, 대구 3명, 제주 2명, 전북 1명 등이다. 원인별로는 산사태 및 절개지 붕괴 18명, 하천 급류 26명, 건물 붕괴 12명, 침수 18명, 기타 51명으로 집계되었다. 피해 현황을 보면 해일과 하천 범람 등으로 전국에서 주택 등 건물 5,045채가 파손되었고, 13,462채가 침수되었다. 도로 1,487개소와 교량 1,691개소, 비닐하우스 2,287ha가 파손되었고 농경지 34,020ha가 침수되었다. 이 재민은 모두 4,751가구에 12,091명이 발생하여 학교 및 마을회관, 이웃 집 등에 분산 수용 중이라고 한다.

부산항 신감만 부두와 자성대 부두에서는 대형 컨테이너 크레인 11대가 넘어지거나 레일 이탈로 파손되어 복구까지는 최대 15개월이 소요될 것으로 보여 당분간 수출입 화물 수송에 큰 차질이 불가피할 것으로 예상된다. 부산과 여수, 제주, 통영에서는 유조선 등 선박 4척이 침몰하여 현재까지 해양 오염 방지를 위한 방제작업이 진행 중이고, 제주 항구에 정박 중인 선박 등 전국 항·포구에서 모두 1,319척의 선박이 침몰, 좌초된 것으로 나타났다. 하룻밤 사이에 이렇게 엄청난 피해를 당했는데, 만약 매미가 한반도 중심부를 지나갔다면 어떻게 되었을까 생각하니 끔찍하기만 하다. 사천과 울진 한편으로 지나갔다고 하는 것은 그나마 다행스러운 일이 아닐 수 없다.

여름에 출현하는 매미에 대한 추억들은 누구나 가지고 있을 것이다. 느티나무 정자에서 노래하는 매미 소리를 들으며 수박을 먹거나 도란도란 이야기하던 아름다운 고향의 추억들이 다들 있으리라 믿는다. 이처럼 매미에 대한 좋은 감정을 가지고 있었는데, 이번 여름에는 무서운 태풍으로 변신하여 우리의 아름다운 추억을 송두리째 앗아갔다.

이번에 일어난 태풍 매미는 어떻게 봐야 하는가? 어떤 사람들은 자연을 마구잡이로 개발하는 바람에 자연이 파괴되고 오존층에 구멍이 나서 해양에 영향을 미쳤기 때문에 이 같은 재해를 가져왔다고 한다. 이는 자연과학을 신봉하는 사람들이 말하는 근거라 할 수 있다.

신앙인이 보는 재해는 하나님에게 근원을 둔다. 성경에서 보면 바람과 비를 주관하시는 이는 하나님이다. 아합 왕 당시 우상숭배로 인해 비를 거두기도 하고 비를 주시기도 하신 분이 하나님이시다. 바람을 사역자로 삼으시는 하나님이시다. 앞으로는 재해에 대처하는 방법도 하나님에게서 찾아야 할 것이다.

정부는 재해 선포를 눈앞에 두고 있다. 국민들도 이번 태풍을 천재지변(天災地變)으로 인정하는 분위기이다. 그러나 매스컴에서는 이번 재해를 인재(人災)로 보고 예방책을 미리 마련하지 않았기 때문에 피해가 더 컸다고 분석하고 있다. 또한 일본의 철저한 재해대책 방법을 보도하면서 우리나라도 여러 가지 제도와 시설을 정비하여 철저한 대책을 마련하도록 촉구하고 있다.

물론 인간으로서 할 수 있는 일에는 최선을 다해야 한다. 그러나 진정으로 재해를 주관하시는 하나님 앞에서는 어떻게 대처해야 하는지 다들 일언반구(一言半句)도 없다. 이런 상황에서 하나님이 얼마나 답답해하실까? 불신사회에서 하나님에게 함구한 것을 보면 입을 열어야 하는 것은 신앙인의 몫이다. 우리 민족이 하나님 앞으로 나와 철저하게 회개하고 바로 설 때 하나님의 보호를 받을 수 있음을 믿음을 가지고 외쳐야 한다. *Ω*

보지 않는 데서 욕하는 나라님
a presidential mistake

미국에서 할리우드 영화를 만드는 사람들에게는 오래 전부터 내려오는 4가지 금기사항이 있다. ① 영웅을 죽이지 말 것, ② 개를 죽이지 말 것, ③ 유색인 남자와 백인 여자의 섹스를 금할 것, ④ 대통령을 모욕하지 말 것이 그것이다. 그러나 그곳에서도 금기(禁忌)라는 말은 태어날 때부터 파기(破棄)라는 말을 배태(胚胎)하고 있었다. 아니, 파기라고 여겨지는 것에서부터 역산(逆算)하여 금기를 만들고, 이러한 이야기를 선전용 드라마로 재구성했는지도 모른다. 어쨌든 할리우드 영화에는 어느덧 영웅을 죽여도 아무 말이 없고 개도 수시로 죽어나가고 있으며, 흑인 남자와 백인 여자가 한 침대에서 뒹구는 것은 물론이고 대통령도 조롱의 대상이 되고 있다. 이 정도는 이제 뉴스도 아닌 것으로 자리 잡아가고 있다.

여기서 필자는 대통령을 모독하는 발언, 욕하고 인격을 비하하는 행위에 대해 이야기하고자 한다. 옛 어른들의 말에 의하면 없는 데서는 나랏님도 욕을 한다고 했다. 그러나 지금은 정반대의 현상이 벌어지고 있다. 얼마 전에 TV에서 한나라당 의원들이 나와 노골적으로 대통령의 인격을 모독하고 비하하는 모습을 보니 낯이 뜨거울 정도였다. 5, 6공 때는 술자리 같은 데서 대통령에 대한 인신공격을 했다 하면 낯선 남자들이 나타나 잡아가곤 했다. 그러나 지금은 세월이 좋아져서인지 민주화가 되어서인지는 몰라도 대통령 욕하는 모습을 언제 어디서든 쉽게 볼 수 있다.

대통령을 모독하는 것으로 삶의 에너지를 충전하거나 우월감을 맛보는 따위의 배설행위는 이미 구식으로 통한다. 대통령을 욕하고 대통령을 못난이로 만들고 대통령을 희롱하고 대통령을 먹잇감으로 삼아야 남들이 똑똑하다고 인정해주고 존경받을 수 있다고 믿는 것은 구시대 3

류들의 착각이다. 이는 '가장 힘센 자의 주변을 맴돌면 그를 물어뜯는 척만 해도 먹을 것이 생긴다'고 믿는 야생의 짐승 하이에나의 비열한 속성과 비슷하다.

대통령이 그처럼 욕먹을 일만 하고 있다든지, 대통령이 그처럼 못난이라든지, 대통령이 그처럼 희롱을 받을 만한 위인이라든지, 대통령이 무릇 입 가진 자들의 먹잇감이 될 만큼 만만한 인물이라든지 혹은 결코 그렇지 않은 인물이라든지 판단하는 것을 나쁘다고 말하는 것은 아니다. 대통령의 정치행위에 대해 나름대로 다른 견해가 있을 수 있다는 것도 인정한다. 또한 대통령이 지금 완벽하게 다 잘한다고 말하는 것도 아니다. 다만 국민의 도리로서 대통령을 존경해야 한다는 말은 꼭 하고 싶다. 왜 대통령을 존경해야 하는지, 그 이유를 몇 가지 말씀드리려 한다.

첫째, 나라의 어른이기 때문이다. 대통령의 나이가 젊기 때문에 욕해도 된다는 말은 너무 유치하다. 나이가 젊어도 국가의 어른이시므로 함부로 욕한다거나 모독해서는 안 된다. 젊은 사람이 어른들을 욕하고 버릇없이 굴면 부모에게 욕이 되는 것처럼 나라의 대통령을 욕하는 것은 스스로 잘못된 사람임을 인정하는 행위이다.

둘째, 내가 뽑은 대통령이기 때문이다. 대통령을 욕하면 자신의 무능을 인정하는 것이다. 잘났든 못났든 우리가 뽑은 대통령을 모독하는 행위는 자기 자신을 욕하는 행위나 다를 바 없다.

셋째, 국민은 협조자이기 때문이다. 대통령이 조금 부족하다 하더라도 국민은 협조자로서 그 부족한 부분을 채워주어야 한다. 선거를 통해 우리가 선발한 사람이라면 협조자로서의 역할도 제대로 수행해야 할 것이다.

대통령이 어떤 잘못을 했다거나 욕먹을 일이 있다면 내가 받는 수모로 알아 허물을 덮어주고 가려주는 일이 국민의 한 사람으로서 당연한 일이 아닌가 싶다. *Ω*

맞는 코드
an affinity code

Code(코드)라는 단어를 국어사전에서 찾아보니 ① 전신부호, ② 컴퓨터 등에 기억시키기 위한 부호 또는 그 부호체계라고 되어 있다. 이 말을 좀 더 쉽게 구체적으로 이해하려면 오디오의 앰프와 마이크를 연결하는 데 쓰이는 코드를 떠올리면 된다. 일단 마이크를 사용하려면 앰프에 맞는 코드가 붙어 있어야 한다. 마이크가 수놈이라면 앰프는 암놈이라 할 수 있다. 부부간에도 궁합이 맞아야 잘살듯이 마이크와 앰프도 서로 맞아야 쓸모가 있다.

요즘 매스컴에서 가장 많이 볼 수 있는 단어가 바로 '코드'이다. 이 말은 특히 참여정부의 인사정책 또는 정책입안 과정에서 자주 사용된다. 현 정부에서는 인재를 뽑을 때 코드가 맞는 사람들을 뽑는다고 한다. 서로 생각이 맞고 뜻이 맞는 사람들끼리 모이면 훨씬 능률도 오르고 효율적이라 얼핏 들으면 맞는 말 같기도 하다.

다음은 민주당의 한화갑 전 대표가 기자들과 만나서 한 이야기이다.

"노 대통령의 신당 관련 얘기로 볼 때 그동안 대통령이 거짓말을 해왔음을 알 수 있다. 신당은 아무런 명분 없이 코드 맞는 사람끼리 모인, 낡은 정치의 상징인 패거리정치의 부활일 뿐이다. 신당하면 개혁이고, 반대하면 반개혁이라고 몰아세우는 건 국민 통합에 아무런 보탬도 안 된다. 노 대통령 입장에서도 민주당이 그렇게 나쁜 당이고 없어져야 할 정당이라면 왜 후보를 수락하고 대통령이 되었느냐? 다시 말해 신당 출현은 코드 맞는 사람들끼리 개혁정당을 만들기 위해 민주당에서 분당하려는 구실일 뿐이다."

코드가 맞는다는 것은 서로 마음이 맞고 뜻이나 사상도 맞아야 한다는 말이다. 대통령의 사람이 되기 위해서는 대통령의 마음과 뜻에 맞는 사람이 되어야 한다. 그래야 비서관이 되고 장·차관이 되고 최측근이 되어 출세할 수 있다. 그런데 과연 나의 마음에 맞는 사람이 있을까? 부부간에도 서로 맞지 않아 4쌍 중 1쌍이 이혼한다는 판국에 마음에 맞는 사람을 찾기란 그리 수월한 일이 아니다.

간혹 나 자신도 내 마음에 들지 않아 갈등하며 머리를 쥐어박거나 가슴을 치며 통탄할 때가 있는데, 코드에 맞는 사람이라면 지나친 마마보이(mamma's boy : 지나치게 얌전함)나 예스맨(yesman)일 가능성이 높다. 상사에게 직언 한 마디 못하는 사람에게 무엇을 기대할 수 있겠는가? 코드가 맞는 사람을 찾을 수도 없고, 찾는다 하더라도 참된 일꾼은 아니다. 장·차관이나 정부 고위 관리들 모두 현 정부 코드에 맞춘 사람들이라면 더 이상 이 정부에 기대할 것이 없다.

코드를 맞춘다면 살아 계신 하나님에게 맞추어야 할 것이다. 사무엘 선지자가 다윗을 왕으로 선택하는 과정에서 다윗은 하나님 마음에 합한 사람이라고 했다. 인간은 죄인이므로 타락한 사람들이다. 타락한 사람들에게 코드를 맞춘들 선이 아닌 악일 것이다. 그러므로 정 코드를 맞추어야 한다면 사람에게 맞추지 말고 하나님에게 맞추는 일이 선행되어야 한다. 요즘 신당 출현으로 비난의 목소리가 하늘을 찌를 듯하다. 이는 코드에 맞는 사람들만 찾다 보니 생긴 부작용이라 하겠다. 조선일보의 한 네티즌이 쓴 댓글을 보면 매우 극단적인 표현들이 많다.

"노무현의 중 3 생활기록부를 보면 이런 기록이 있다. '신체 허약하나 두뇌 명석함, 불안한 거동이 많으며 악화의 우려조차 엿보임, 지나치게 자만심이 강하여 다른 사람의 일에 비협조적임.' 이를 볼 때 그때 담임 선생님의 놀라운 선견지명에 탄복할 따름이다. 이런 자가 왜 우리 대에 나와서 이 나라를 개판으로 만드나? 억장이 무너진다."

코드만 찾는 대통령과 그 주변 사람들에게 따끔한 일침을 가한 말이다. 자신에게 맞는 코드만 찾지 말고 먼저 하나님에게 코드를 맞출 때 하나님 마음에 맞는 사람들을 만나게 하실 것이다. Ω

한 명밖에 마시지 않는 수돗물
can not drink tap water

　서울시 수돗물수질평가위원회가 뚝섬, 구의, 강북 정수장의 원수와 정수장에서 생산된 수돗물을 수질 검사한 결과, 먹는 물 수질 기준에 적합한 것으로 판정되었다. 위원회는 한국과학기술연구원(KIST)과 한국환경수도연구소에서 원수와 정수장에서 생산된 수돗물 그리고 가정의 수돗물 중 물탱크를 거친 물과 거치지 않은 물을 모두 검사하여 이같이 판정했다고 발표했다.

　시 관계자는 또한 다음과 같이 자신 있게 덧붙였다.

　"탁도 등 일반 검사 항목은 물론이고 수은, 납 등 중금속 및 농약류 함유를 비롯해 55개 항목을 검사했지만 모든 항목에서 먹는 물 수질 기준에 적합한 것으로 나타났다."

　그럼에도 불구하고 수돗물을 그대로 마시는 사람은 1백 명 중 한 명꼴로 지극히 적은 소수에 불과하다. 이처럼 수돗물에 대한 사람들의 불신이 심각한 수준에 와 있는 까닭은 무엇일까? 환경부가 여론조사 기관인 월드 리서치에 의뢰하여 성인 남녀 1천 명을 상대로 조사한 결과 2000년에는 수돗물을 마신다는 사람이 2.5%였으나 이번 조사에서는 1%, 즉 1백 명 가운데 한 사람만 수돗물을 마신다고 응답했다. 반면에 정수기 이용자는 13.7%에서 33.6%로, 생수 구입자는 5.0%에서 10.4%로 늘어났으며 수돗물을 끓여 마시는 사람은 59.1%에서 44.8%로 오히려 줄어들었다. 또한 응답자의 44.85%가 수돗물이 식수로 부적합하다고 답했다. 이와 같이 수돗물에 대한 시민들의 불신이 점점 커지고 있다.

　그 이유는 무엇일까? 왜 시민들은 수돗물 마시기를 꺼리는 것일까? 이에 대해 사람들은 막연히 불안해서(32%), 냄새가 나서(31.2%), 언론 보도 때문에(11.2%), 물맛이 나빠서(10.1%) 등의 순으로 응답했다. 시에서는 위생적인 식수를 제공하느라 많은 힘을 쏟지만 식수에 대한 시민들의 불신은 날로 커질 뿐이다.

이러한 일들이 벌어지는 이유는 한 마디로 말해서 고정관념이 자리하고 있기 때문이다. 막연히 수돗물이 나쁘다는 생각이 머릿속에 자리 잡고 있다는 말이다. 오염된 생수를 마실지언정 수돗물을 기피하는 것은 시민들 마음에 수돗물이 나쁘다는 고정관념이 자리 잡고 있기 때문이다. 또한 수돗물을 마시면 돈 없고 가난하고 못사는 사람처럼 남들이 생각하므로 천민계급에 들어가지 않기 위해 어쩔 수 없이 생수를 사서 마시는 풍토가 생겨난 것이다. 자신의 신분을 업그레이드하기 위한 수단으로 물을 사 먹는 분위기가 조성되었다고 할 수 있다.

이와 동일한 생각으로 기독교 신앙을 불신하게 된 것이 아닌가 하는 생각이 든다. 지금의 한국 사회는 가난하고 못살고 굶주린 서민들이나 교회에 나가는 것이지, 돈 가진 자는 교회를 기피하는 분위기이다. 가난했던 50, 60년대에 구호품이나 타고 구제받기 위해 교회에 나갔지, 지금의 가진 자는 교회가 필요 없다고 생각하는 듯하다. 또한 신앙을 소유한 자는 다들 가난한 사람이요, 신앙이 없어야 중산층으로 업그레이드하고 가진 자로 신분을 위장할 수 있으므로 교회를 멀리 하자는 생각들이 대부분인 듯하다. 생각해보면 교회가 사회에 피해를 준 적은 없다. 수돗물이 시민의 건강을 해친 일이 없음에도 불구하고 수돗물에 피해의식을 가지고 불신하는 것처럼 신앙에 대한 피해의식 때문에 교회에 나가지 않는 것이 우리 사회의 정신적인 병폐이다. 물론 사이비 종교들로 인해 일어나는 수많은 비리와 사건들 때문에 종교를 불신하는 것은 한편으로 이해가 가기도 한다. 그러나 기독교 신앙에 대한 아무런 검증도 없이 피해의식을 앞세워 불신하는 일은 너무한 감이 있다.

건강에 피해주는 오염된 생수를 마시듯이 구원의 유일한 종교인 기독교 신앙의 관심에서 벗어나 지금도 잘못된 길을 걸어가는 사람들의 뒷모습을 바라보면서 마음 아파하지 않을 수 없다. 이들을 위해 열심히 전도하며 고정관념을 벗기는 그날이 올 날만을 힘써 기도할 뿐이다. Ω

말의 실수
word mistake

사자나 호랑이 같은 맹수는 조련사에 의해 길들여지지만 고작 세치밖에 안 되는 인간의 혀는 길들이기가 쉽지 않다. 따라서 인간의 행복은 세치 혀에 달려 있다 해도 과언이 아니다. 언어폭력은 인간을 불행으로 인도한다. 칼에 찔린 상처는 꿰매거나 치유할 수 있지만 혀로 인한 상처는 수십 년이 흘러도 가슴속 묵은 상처로 남는다. 셰익스피어는 다음과 같은 말로 언어의 폭력성을 설명했다.

"사람은 비수를 손에 들지 않고도 가시 돋친 말 속에 그것을 숨겨둘 수 있다."

신체에 가하는 폭력보다 상처도 깊고 후유증도 심한 언어폭력을 감당하기란 쉽지 않다. 사람들은 자기 혀를 스스로 길들일 수 있다고 생각하지만 이는 잘못된 생각이다. 공자는 이에 대한 방법론으로 일언삼성(一言三省)을 들고 있다. 즉 한 마디 말을 하기까지 세 번을 돌아봐야 한다는 의미이다. 한 마디 말을 위해 과연 세 번씩이나 생각하는 사람이 있을까? 할 수도 없을 뿐더러 한다 하더라도 말의 실수는 막을 수 없고 길들일 수도 없다. 성경에서 야고보는 다음과 같이 말하고 있다.

우리가 다 실수가 많으니 만일 말에 실수가 없는 자라면 곧 온전한 사람이라. 능히 온몸도 굴레 씌우리라. (약 3:2)

이와 같이 혀도 작은 지체로되 큰 것을 자랑하도다. 보라, 얼마나 작은 불이 얼마나 많은 나무를 태우는가. 혀는 곧 불이요 불의의 세계라. 혀는 우리 지체 중에서 온몸을 더럽히고 삶의 수레바퀴를 불사르나니, 그 사르는 것이 지옥 불에서 나느니라. 여러 종류의 짐승과 새와 벌레와 바다의 생물은 다 사람이 길들일 수 있고 길들여 왔거니와 혀는 능히 길들일 사람이 없나니, 쉬지 아니하는 악이요 죽이는 독이 가득한 것이라. 이것으로 우리가 주 아버지를 찬송하고 또 이것으로 하나님의 형상대로 지음을 받은 사람을 저주하나니. (약 3:5~9)

인간이 세치 혀로 자기 생의 바퀴를 불사른다는 말은 곧 혀로 망할 수도 있다는 의미이다. 또한 혀는 길들일 수 없으므로 사람은 혀로 인한 불행과 죽음을 안고 산다고 할 수 있다. 세인들은 혀에서 오는 불행을 극복하는 비결로 인간의 의지와 노력을 말하지만 이는 하나님의 도움 없이 인간의 행복이 가능하다는 말처럼 불가능한 일이다. 성경에 다음과 같은 말이 있다.

> 그들이 다 성령의 충만함을 받고 성령이 말하게 하심을 따라 다른 언어들로 말하기를 시작하니라. (행 2:4)

이는 성령으로 복음을 전할 수 있음을 말하는 것이다. 또한 가야바의 말도 소개한다.

> 한 사람이 백성을 위하여 죽어서 온 민족이 망하지 않게 되는 것이 너희에게 유익한 줄을 생각하지 아니하는도다 하였으니, 이 말은 스스로 함이 아니요 그 해의 대제사장이므로 예수께서 그 민족을 위하시고 또 그 민족만 위할 뿐 아니라 흩어진 하나님의 자녀를 모아 하나가 되게 하기 위하여 죽으실 것을 미리 말함이러라. (요 11:50~52)

이처럼 가야바가 예수님에 대한 지지 발언과 사명을 말한 것은 모두 신에 의한 것이다. 구약시대에 이스라엘 백성이 가나안으로 진군하며 모압 땅을 지나칠 때 당시 모압 왕 발락은 자기 땅으로 들어오지 못하게 하려고 많은 뇌물과 벼슬을 주면서까지 이스라엘 백성을 저주하도록 발람에게 부탁했으나 그는 저주가 아닌 축복을 내렸다. 발람이 이러한 행동을 한 것 또한 하나님의 의지이다. 인간의 혀는 인간의 소유지만 신에 의하여 사용될 때 제 가치를 발휘한다. 혀로부터 오는 죽음과 불행에서 해방되는 길은 나의 혀를 신에게 맡겨 혀의 기능을 제대로 발휘하는 것이다. Ω

삼보일배
bow down to the ground

삼보일배(三步一拜)란 '세 걸음을 이동한 후 한 번 절 한다'는 의미이다. 그러나 기독교 신앙인으로서 문제되는 것은 절하는 데 있다. 대체 어디에 절을 하라는 것인가? 성경을 보면 '내 앞에 다른 신을 두지도 말고 아무 형상을 만들지도 말라'고 하는 십계명의 1, 2계명이 있다. 경배를 한다면 하나님에게 해야 한다.

삼보일배라는 의식은 기독교의 진리가 아니다. 그 근원은 불가(佛家)에서 나온 것이다. 소원을 이루기 위하여 세 걸음 디딘 후에 한 번 절하는 것으로, 부처님에게 정성을 드리는 불가의 종교의식이다. 그런데 기독교의 모 목사는 새만금 사업 반대 집회에 참석하여 불가의 스님과 천주교 신부와 함께 삼보일배에 동참하여 기독교 명예를 훼손하고 있다. 명분은 삼보일배가 아니라 삼보일도(三步一禱)를 한다는 것이다. 다른 사람들은 절을 하지만 자신은 기도한다는 것이다. 그의 변명은 이렇다.

"목사의 한 사람인 나는 이 생명 죽임과 어촌공동체의 파괴를 그냥 두고 볼 수 없기에 새만금 갯벌의 생명 살리기를 하나님께 간절히 기도한다. 지성이면 감천이란 말에 의지하고 하나님의 창조의 뜻을 따라 새만금에서 전북도청까지 3보 1도를 하는 동안 오로지 하나님의 뜻대로 이루어지기를 기도할 것이다."

기도를 하는 것은 좋은 일이다. 하지만 굳이 이방 성직자들과 함께 해야 하는가? 교회에서도 기도할 수 있고 다른 곳에서도 기도할 수 있을 텐데, 삼보일배 수행단과 함께 해야 하는 이유는 무엇인가? 그런 행위가 바람직하다고 보는가? 이에 그는 이렇게 덧붙였다.

"지성이면 감천이란 말에 의지하여 삼보일도하는 것이다."

지성(至誠)이면 감천(感天)이란 말도 불가의 용어로 '정성이 하늘에 닿으면 하늘도 감동한다'는 뜻이다. 모든 종교는 정성의 종교지만 특히 불교의 정성은 대단하다. 저들은 부처에게 천 번 이상 절하는 등 지극정성을 다한다. 정성을 들이는 목적은 자신의 뜻과 소원을 신에게 전달하여 신의 마음을 감동케 해서 소원을 성취하기 위함이다. 즉 정성으로 자신이 섬기는 신을 굴복케 하는 것이다.

이는 기독교의 진리와는 많이 다르다. 우리 기독교인이 정성을 쏟는 것은 하나님의 뜻이 이루어지기를 바라서이다. 그래서 하나님의 뜻에 복종하고 이에 따르는 것이다. 다시 말해 내 뜻에 하나님을 굴복시키는 것이 아니라 하나님의 뜻에 나의 뜻을 굴복시키는 것이다. 내 뜻을 이루기 위하여 정성을 다하는 것이 아니라 하나님의 뜻이 이루어지기를 원하여 지극정성을 다한다. 따라서 내 뜻이 이투어지지 않아도 결국에는 모든 것이 합력하여 선을 이루기 때문에 감사가 넘친다. 앞에서 지성이면 감천이란 속담을 인용한 사람은 스스로 목사라고 칭할는지 모르나 진정한 의미의 기독교 성직자는 아니다. 불신자 및 이방 성직자와 함께 삼보일배하는 행사에 동참한 것 자체가 목사로서 잘못된 행위이기 때문이다.

성경에서 바울은 이렇게 말하고 있다.

> 너희는 믿지 않는 자와 멍에를 함께 메지 말라. 의와 불법이 어찌 함께 하며 빛과 어둠이 어찌 사귀며 그리스도와 벨리알이 어찌 조화되며 믿는 자와 믿지 않는 자가 어찌 상관하며 하나님의 성전과 우상이 어찌 일치가 되리요. 우리는 살아 계신 하나님의 성전이라. 이와 같이 하나님께서 이르시되 '내가 그들 가운데 거하며 두루 행하여 나는 그들의 하나님이 되고 그들은 나의 백성이 되리라' 하더라. (고후 6:14~16)

신앙인은 하나님이 선택한 백성이므로 삼보일배와 같은 행위는 거룩한 성직자로서 바람직한 행동이 아니다. 이와 같이 시사적인 안목으로 세상을 볼 수 있는 신령한 성도들이 되기를 바란다. *Ω*

행운의 2달러
lucky 2$

　나의 모든 소유는 나의 행복의 조건일 수 있다. 다시 말해 나의 실력, 재력, 능력, 달란트 등은 나의 행복의 조건이다. 소유에는 두 가지가 있다. 노력에 의하여 얻어진 것도 있지만 노력 없이 주어진 것도 있다. 부모로부터 물려받은 유산이라든지 증여받은 것들이 그것이다. 또한 정당한 방법으로 획득한 것도 있지만 정당하지 못한 방법으로 취득한 것도 있다. 어찌되었든 나의 소유는 귀하고 소중한 것이다. 이 모든 것이 행복의 조건이 되기 때문이다. 그런데 나의 소유로 인해 불행을 당한 사례들도 많다. 차라리 겪지 않았으면 좋았을 사건들을 겪기도 한다. 없어야 하는데 있기 때문에 마음 아픈 사연들이 생기기도 한다. 그 한 예를 들어보자.

　고급 주택가의 빈집만 골라 4억 원대의 금품을 털어온 절도범들이 행운의 미화 2달러라는 지폐 때문에 덜미가 잡혔다. 서울 성북경찰서는 지난 10월 19일 종로구 평창동, 성북구 성북동 일대의 고급 주택가 빈집을 돌며 4억 5천5백만 원 상당의 금품을 턴 혐의(특가법상 절도)로 이 모(38) 씨를 구속하고, 장물아비 김 모(50) 씨에 대해 구속영장을 신청했다.

　경찰에 따르면 이씨는 지난 3일 오후 3시 30분께 성북구 성북 2동에 소재한 오스트리아 외교관 집에 침입하여 4천4백만 원 상당의 금품을 훔친 것을 비롯해 금년 7, 8월 동안 5차례에 걸쳐 4억 5천5백만 원 상당의 금품을 털어온 혐의를 받고 있다. 조사 결과 이씨는 자동차를 타고 평창동, 성북동의 주택가 일대를 돌아다니다가 주택가 창문에 돌을 던져 비상벨 가동 유무를 확인하는 수법으로 빈집을 확인, 보안상태가 허술한 화장실이나 부엌 창문을 통해 집안으로 침입한 것으로 드러났다. 경찰은 사설경비업체를 통해 유사한 형태의 절도 피해 사례들을 접수받고, 주택가 주변에 폐쇄회로 TV(CCTV)가 설치되어 있다는 점에 착안하여 범행시간대 CCTV 자료를 분석, 차량 추적에 나서 이씨를 검거하는데 성공했다.

범행을 입증할 만한 근거를 확보하지 못한 상태에서 이씨가 완강히 부인하는 바람에 한동안 애를 태운 경찰은 이씨의 지갑에서 행운을 가져다주는 것으로 알려진 미화 2달러곤 지폐를 발견, 자백을 받아내는데 결정적으로 활용할 수 있었다. 절도 피해자 중 한 명이 과거에 2달러짜리 지폐를 선물로 받아 소중하게 보관하기 위해 기록했던 일련번호가 이씨의 지갑에서 나온 지폐 번호와 동일해 결국 범행의 꼬리가 잡힌 것이다. 2달러짜리 지폐는 지난 1995년을 마지막으로 더 이상 발행되지 않는다는 희소성 때문에 '행운의 달러'로 불렸으며, 지폐를 반으로 찢어 두 사람이 갖고 있으면 언젠가는 다시 만나게 되는 행운을 가져다준다고 한다. 이씨는 "한국에서 한몫 마련한 뒤 가족과 함께 중국으로 건너가 정착하려 했다"면서 행운의 달러가 자신에게는 불행을 가져다주었음을 인정하는 듯 고개를 떨어뜨렸다.

신앙 면에서 볼 때 건강이나 재산, 나만의 노하우 또는 재능이나 학문, 지식 등 행복의 조건으로 보이는 것들이 불행의 조건으로 다가올 때가 있다. 그리고 하나님 섬기는 신앙을 복이라고 하지만 세상적이고 물질적인 것 때문에 영접해야 할 주님을 영접하지 못하고 멀리하는 경우도 있다.

이스라엘 백성이 가나안으로 진군할 때 여리고 성을 정복했으나 아이 성 공략만은 실패로 끝난 일이 있다. 여호수아가 이 문제를 놓고 기도하니 아간이 부정한 방법으로 취득한 은금과 외투 때문임을 알게 된다. 아간은 순간이나마 행복에 잠겼을는지 모르지단 이 사실이 들통 나는 바람에 그 자신과 이스라엘에게 불행을 안겨주게 된다. 이 사건을 통해 나의 소유가 정당한 방법으로 취득한 것인지의 여부를 점검하는 계기가 되었으면 한다. Ω

형제란 명분보다 진리를 좇아야 한다
one's moral duty & truth

　우리는 과거의 연장선상에 놓인 현재를 살아가고 있다. 과거에는 용공사상은 물론 친북인사나 간첩은 남한 사회에 발도 붙이지 못했다. 그런데 요즘은 이들이 맹활약을 펼치는 시대가 되었다. 보수나 반공을 외치던 사람들은 따돌림을 당하고 진보세력들이 되레 큰소리치는 시대로 바뀌었다. 또한 금강산이나 묘향산은 물론 개성, 평양을 관광하는 시대가 되었다. 앞으로 개성공단에는 남한 기업만 적어도 2백여 업체가 입주할 예정이라고 한다. 우리나라는 아직도 분단국가로 남아 있으며 적대국인 북한을 상대로 155마일 전선에서 젊은 군인들이 대치하고 있다. 그런데도 실제로는 남북이 서로 적군인지 아군인지 분간할 수 없을 만큼 밀접한 관계를 맺어가고 있다.

　이 같은 시대에 신앙인은 어떻게 대처해야 할까? 이스라엘도 남북이 갈라져 우리나라와 같은 형편에 처했을 때가 있었다. 이스라엘의 북쪽에는 아합 정권이, 남쪽에는 유대나라 여호사밧 왕이 권력을 잡고 있었다. 당시 아람나라가 길르앗 라못을 침략하기 위해 전쟁을 걸어왔다. 이에 아합 왕은 남쪽의 유다나라 여호사밧 왕을 초청하여 친하게 지내자며 연합을 청했다. 그 결과 아합 왕은 전쟁터에 나가 전사당하고 남쪽의 유다 왕 여호사밧은 구사일생으로 살아남았다. 여호사밧 왕이 돌아오는 길에 예후 선지자를 만났는데, 선지자는 왕에게 이렇게 말한다.

> '왕이 악한 자를 돕고 하나님이 미워하는 자를 사랑하시나이까? 이러므로 하나님의 진노가 왕에게 임하리이다' 하고 책망을 하였다. (대하 19:2)

　하나님이 길르앗 라못 전쟁을 일으킨 것은 우상을 섬긴 아합 왕을 제거하기 위함이었다. 여기에 남쪽의 유다 왕이 동조한 것은 엄청난 잘못이요 하나님에게 화를 받을 증거이기도 하다는 것이다.

북한은 아직도 초근목피(草根木皮)로 연명하며 하루하루를 버티고 있다. 더욱이 수년 동안 흉년이 들어 국민은 기아에서 헤어날 수 없으며, 군인들은 굶주리다 못해 탈영하기 일쑤고 국고도 이미 바닥났다. 남과 북은 같은 하늘, 같은 땅에 사는 같은 민족인데 경제적인 격차가 왜 이리 심해졌을까? 그 이유는 북한이 하나님을 섬기지 않을 뿐더러 여전히 주체사상을 주창하는 김일성 일가를 우상으로 숭배하므로 하나님이 진노하신 것이다.

그렇다면 국민의 정부가 엄청난 양의 쌀을 공급했고 현 참여정부도 같은 정책으로 북한을 돕는 일은 하나님이 과연 환영할까? 물론 형제들이 굶주려 죽는다는데 방관할 수만은 없을 것이다. 반대할 이유는 없으나 신앙적인 면에서 저들이 철저하게 희개했을 때 도움을 주어야 한다. 회개 없는 자들에게 도움을 준다는 것은 도둑놈에게 도둑질 잘하라고 열쇠를 맡기는 것과 같다. 지금 북한은 그들이 굶주림에 처했을 때 도와준 쌀과 달러로 핵무기를 개발하여 남한과 미국을 위협하고 있다. 즉 아합 왕처럼 하나님을 섬겨야 하는 저들이 하나님을 섬기지 않고 우상을 섬김으로써 당하는 화를 남측이 돕는다면 회개를 지연케 하는 일이요, 이는 하나님의 뜻에 합당치 않다. 진정한 신앙인이라면 동족이요 형제라는 명분보다는 하나님의 뜻을 찾는 일이 선행되어야 한다. 형제라는 명분만 앞세워 동정을 호소하는 일에 귀를 기울여서는 안 된다.

우선 숭고한 하나님의 뜻이 어디 있는지를 생각해보도록 하자. 이번 여름에 우리나라는 예년에 없던 수해로 많은 피해를 입었다. 설상가상으로 태풍 매미가 삼남지역을 휩쓰는 바람에 인명과 재산 피해는 천문학적 숫자로 불어났고 30년 만에 처음으로 흉년이 찾아왔다고 한다. 이런 현상이 우연히 일어났으며, 인간의 생사화복을 주장하시는 하나님의 의도와는 무관하다고 할 수 있을까? 무턱대고 쌀을 지원하기에 앞서 하나님의 뜻을 먼저 헤아려보는 지혜가 있어야겠다. Ω

주님이 기억하는 이웃사랑
a LOVE for neighborhood

가슴 설레는 12월의 성탄절을 앞두고 여기저기서 이웃사랑에 대한 관심이 부쩍 커졌다.

"네 이웃을 네 몸같이 사랑하라."

주님은 사랑하는 제자들에게 이러한 계명을 주셨다. 따라서 주님을 섬기는 제자라면 누구나 이웃사랑에 관심을 가지고 그 계명을 실천해나가야 한다. 그러나 문제는 이웃사랑하는 것도 중요하지만 주님이 기억하는 이웃사랑이 되어야 한다는 점이다. 이웃사랑에 많은 시간과 노력, 물질을 들여 헌신했다 하더라도 주님에게 기억되지 않는 것이라면 모든 것이 헛될 수밖에 없다. 모든 것이 수포로 돌아갈 수밖에 없다. 그렇다면 주님이 기억하시는 이웃사랑은 어떤 것일까? 그 방법은 성경에서 찾아야 한다.

첫째, 공동체의식으로 해야 한다.

공동체라는 말은 한 몸이라는 의미이다. 믿음을 가진 자는 하늘에 계신 하나님을 아버지라 부르고 믿음을 가진 모든 사람과 형제로서 관계를 맺는다. 하나님은 아버지이며 믿음을 가진 자들은 모두 한 가족 구성원이 되는 것이다. 같은 피를 받은 한 형제로서의 공동체가 되는 것이다. 한 가족이 굶거나 병들었다고 할 때 같은 피를 나눈 형제로서 가만히 보고만 있을 수는 없다. 먼저 마음이 아파오고 저들이 잘하고 못하고 간에 상관없이 도울 마음을 갖게 된다. 그러므로 공동체 마음에서 이웃을 사랑한다면 진정으로 바람직하고 주님이 기억하는 이웃사랑이 될 것이다. 같은 형제가 가난하고 병들고 어려움을 당할 때 서로 도와준다면 아버지로서 기쁘고 반가울 것이다. 이와는 정반대로 같은 형제끼리 싸움이나 하고 시기, 질투를 한다면 부모님의 입장에서 심히 마음 아픈 일이다.

둘째, 주님의 이름으로 해야 한다.

여인의 경우 결혼을 하면 시집에서 살게 된다. 남편의 이름으로 살게 된다. 마찬가지로 신앙인은 남편 되시는 예수님에게 시집온 사람들이다. 나의 일거수일투족 모두 남편의 이름으로 살아야 한다. 기도를 비롯하여 생활하는 모든 것을 예수님의 이름으로 살아야 한다. 예수님 이름으로 행동하고 살아가는 것이 바로 신앙생활이다. 따라서 이웃사랑하는 것도 주님의 이름으로 하는 것이 당연하다. 주릴 때 목마를 때 나그네 되었을 때 헐벗었을 때 병들고 옥에 갇혔을 때 돌아보는 자들이 주님에게 인정을 받는 것은 이 모든 것을 주님의 이름으로 했기 때문이다.

셋째, 오른손이 하는 일을 왼손이 모르도록 해야 한다.

이는 좋은 일을 했을 경우 내 입으로 떠들어 자랑하지 말고 주님에게 영광이 되도록 하라는 의미이다. 비록 내가 한 일이라 하더라도 상대방에게는 하나님이 도와주었다고 믿게 하고, 하나님에게 그 영광을 돌릴 수 있도록 해야 한다.

이 같은 정신이 함양될 때 주님에게 인정받는 이웃사랑이 될 것이다. 요즘 많은 유형의 이웃사랑이 성행하는 터에 이 같은 진리를 몸소 실천하는 부부의 소식을 전해야겠다. 서울 구로구청 환경미화원 부부는 매년 배추 1만 포기로 김장을 해서 이웃에게 나누며 사랑을 실천한다고 한다. 참으로 남다른 이웃에 대한 애정이요, 이웃을 사랑하는 귀한 마음이므로 칭찬을 아끼지 말아야 할 것이다. 그것도 한두 해가 아니라 15년간 꾸준히 했다는 소식을 들으니 평범한 우리로서는 부끄럽지 않을 수 없다. 있는 사람은 지금도 엄청난 부를 누리며 흥청망청 쓰고 이웃은 나 몰라라 하고 관심도 없는 터에 이 같은 선행은 격려하고 칭찬할 일이다. 우리는 과연 살아 계신 하나님이 인정하는 이웃사랑을 얼마나 실천하고 있는지 한 번 생각해볼 일이다. Ω

감나무의 마음
a persimmon's mind

내가 사는 아파트 단지 내에는 감나무, 복숭아나무, 모과나무 같은 유실수(有實樹)가 많다. 이들 나무는 해마다 가을이 되면 부지런히 열매를 맺는데 금년 가을에도 어김없이 풍성한 자태를 뽐내고 있다. 오가면서 잠깐씩 보면 하나님의 신비로운 창조력을 다시 한 번 되새기게 된다. 특히 붉게 물든 감을 올려다보면 입안에 군침이 돈다. 잎이 떨어져 앙상한 가지에 붉게 익어가는 열매를 바라볼 때 참 아름답다는 생각을 갖게 된다. 그런데 얼마 있다 보면 그토록 아름다운 감은 온데간데없다. 벌써 누군가가 따먹은 것이다. 누가 따먹었을까? 먹기로 말하면 나도 따먹을 자격이 있는데 해마다 자기들만 독식하는 일을 겪다 보면 같은 아파트에 사는 사람으로서 불만스럽지 않을 수 없다.

아파트 단지 내에 살고 있는 주민이 약 3천 명은 될 터인데 제한된 수의 감 열매이다 보니 모든 사람이 맛볼 수는 없는 노릇이다. 그러나 나처럼 한 번도 감 맛을 보지 못한 사람 입장에서는 좋지 않은 감정이 생기는 것은 당연하다. 사실 작년에 앙상한 감나무를 보면서 '내년에는 나도 감을 따먹어보리라' 다짐을 했었다. 그래서 해를 넘겨 가을이 되었을 때 '이제 따먹을 시기가 되었구나' 하고 올려다보니 감나무는 이미 휑하니 비어 있었다. 이럴 때는 정말 어린아이처럼 울적해지면서 '사람들이 참 극성스럽군' 하고 투덜거리게 된다. 이 같은 마음이 어찌 나 혼자뿐이랴! 아파트 단지 내에서 감을 따먹지 못한 사람들은 모두 나 같은 마음이리라.

하나님이 우리에게 감나무를 주실 때는 어떤 마음이었을까? 이런 생각을 하면서 다시 한 번 감나무를 올려다본다. 감나무는 불특정 다수를 대상으로 열매를 맺는다. 선한 사람 악한 사람을 골라가며 열매를 맺지 않는다. 해마다 봄이면 부지런히 잎이 나고 여름이면 활짝 꽃을 피우며 가을이 되면 풍성한 열매를 맺어 고운 사람 흉악한 사람들을 골고루 기쁘게 하는 것이 감나무이다. 특별히 의인을 위하여 꽃을 피운다거나 불의한 사람들을 배제한 채 열매를 맺는 것이 아니라 그저 묵묵히 감나무의 역할을 해낼 뿐이다. 감 열매를 따먹는 사람 가운데는 선인도 악인도 있을 것이다. 그럼에도 거기에 연연하지 않고 지속적으로 열매를 맺는 것은 감나무만이 할 수 있는 일이다. 심지어 사람들이 함부로 열매를 따는 바람에 가지가 찢어지고 부러지는 수난을 당해도 감나무는 말이 없다. 실로 가슴 아픈 일이 아닐 수 없다. 열매만 따먹으면 그만이지, 감나무까지 부러뜨리는 일은 너무한 감이 있다. 내년에도 후년에도 감나무는 계속해서 열매를 맺을 것이다.

"살아 계신 하나님, 나에게도 감나무의 마음을 주시기 바랍니다. 내가 먹지 않는다 해도, 다른 사람이 열매를 따먹는다 해도 나의 감정이 상하지 않게 해주십시오. 내가 먹지 않아도 다른 사람이 먹는 것으로 만족스런 마음을 가지게 하옵소서."

주님은 이 같은 마음을 진정으로 원하실 테고, 이것이 또한 믿는 자의 마음이 아닐까 한다. 마치 어머니가 자식을 양육할 때 자신은 굶어도 자식이 먹는 것을 보고 기뻐하듯이 말이다. 어머니의 마음은 자식을 위해 음식물을 입안에 씹어서 자신이 삼키지 않고 자식에게 먹이는 이타적인 사랑과 같다. 불특정 다수의 어머니 마음을 갖는 목회자가 되지 않고는 많은 양떼의 어머니가 될 수 없다.

감나무의 한결같은 마음을 온 국민이 갖는다면 이 세상은 아름다운 세상, 불평불만이 없는 이상적인 하나님의 나라가 될 것이다. 이렇게 천사 같은 마음은 하나님에 의해 만들어진다. 주님을 진심으로 믿는다면 성령을 통해 감나무의 올곧은 마음씨를 우리 마음에도 심어주실 것이다. 모두가 감나무의 마음으로 신앙생활에 열심히 임하기를 바란다. *Ω*

정치인들의 금식(禁食)
a politician fasting

　예전에는 금식이 신앙인의 전유물이었으나 지금은 정치인의 금식도 심심치 않게 눈에 띈다. 금식의 유형은 매우 다양하여 식음을 전폐하는 단식이 있는가 하면 곡기를 끊되 물은 마시는 금식이 있다. 금식을 한다는 것은 쉬운 일이 아니어서 여간한 인내심 없이는 성공할 수 없다.

　한나라당 최병렬 대표가 지난 26일 무기한 단식에 들어갔다고 일간신문에 대서특필된 바 있다. 금식하게 된 동기야 나름대로 있겠지만 아무나 하지 못하는 것을 실행했다는 점에서 존경스럽다 하겠다. 정치인의 금식은 신에 의지하여 하는 것이 아니라 자력으로 하는 것이라 의지가 없으면 성공하기 힘들다. 물론 최 대표의 금식이 그다지 낯선 것은 아니다. 역대 정치인 가운데에도 금식한 사람들은 많다. 아직도 우리 기억에 남는 것은 김영삼 전 대통령이 전두환 전 대통령이 지휘하는 신군부의 탄압에 항의하기 위해 23일간 감행했던 단식이다. 김대중 전 대통령도 1990년 지자체선거가 무산될 조짐을 보이자 13일 동안 단식을 감행했다. 그리고 최근에는 임종석 의원이 이라크 파병을 반대하며 13일간의 단식을 실행했다. 그렇다면 기독교에서의 금식은 어떤 의미가 있을까?

　첫째, 기도하기 위한 금식이다.

　기독교에서는 금식하는 것 자체가 기도임을 보여준다. 기도할 때 뭔가를 먹는 것은 번잡스럽기 짝이 없다. 기도하랴, 먹는 것 해결하랴 얼마나 복잡한지 모른다. 그렇게 복잡한 것을 피하기 위하여 식음을 전폐한 후 기도에 들어가는 것이다. 또한 정성을 다한다는 의미에서도 금식을 감행한다. 정성이 기도일진대 금식 이상의 정성이 없는 것이다. 반면에 정치인의 경우 신앙을 가지고 금식에 임하는 사람은 많지 않다. 저들은 기도 대상이 없으므로 굳이 기도할 필요도 없다. 저들의 금식은 성경에서 말하는 금식과는 전혀 다른 정치적 행동일 뿐이다.

둘째, 하나님의 뜻을 묻기 위한 금식이다.

신앙인이 하나님의 뜻을 알기 위해 금식한다면 정치인의 금식은 자신의 뜻을 관철시키기 위해 하는 것이다. 한나라당의 최병렬 대표 역시 대통령의 친인척 비리를 국회에서 특검으로 가자고 결정했으나 노 대통령이 이에 거부권을 행사하자 당과 자신의 뜻을 관철하기 위한 수단으로 단식농성을 선택한 것이다. 신앙인의 금식기도는 하늘에서 뜻이 이루어진 것처럼 땅 위에서도 이루어지도록 해달라는 것이다. 나의 뜻을 포기한 채 하나님의 뜻이 땅 위에서 실현되도록 하는 것이 대부분의 금식내용이다. 자기를 온전히 비우고 하나님의 뜻으로 채워지도록 하는 것이 금식기도인 것이다. 정치인의 짧은 안목으로 당과 자신의 뜻을 관철하기 위해 금식하는 행위는 선하지 못하다.

셋째, 하나님의 긍휼(矜恤)을 얻기 위한 금식이다.

하나님에게 우리의 형편과 처지를 알리고 하나님의 긍휼을 기다리는 것이 신앙인의 금식기도이다. 반면에 정치인은 하나님이 아니라 국민의 시선을 모으기 위해 주로 금식을 감행한다. 즉 국민을 볼모로 잡고 정치생명을 연장하기 위한 수단으로 활용하는 것이 정치인의 금식행위이다. 이는 인간적인 계산이 깔려 있는 금식이므로 정치인의 금식은 국민을 위한다기보다 자신의 출세와 영달을 위한 것이라 할 수 있다. 정치인의 이런 행동에 어리석게 현혹되어서는 안 될 것이다.

성경을 보면 진정 바람직하고 하나님이 원하시는 금식이 있다.

> 내가 기뻐하는 금식은 흉악의 결박을 풀어주며 멍에의 줄을 끌러주며 압제 당하는 자를 자유하게 하며 모든 멍에를 꺾는 것이 아니겠느냐? 또 주린 자에게 네 양식을 나누어주며 유리하는 빈민을 집에 들이며 헐벗은 자를 보면 입히며 또 네 골육을 피하여 스스로 숨지 아니하는 것이 아니겠느냐? (사 58:6~7) Ω

꿈속에 나타난 여인
a woman in the dream

　사람이라면 누구나 꿈을 꾸도록 되어 있고 꿈을 꾸지 않는 사람은 거의 없다. 모든 사람이 꿈을 꾸지만 실제로 꿈을 통해 횡재를 만나는 일은 매우 드물다. 그런데 일간신문에 보도된 바에 의하면 이 같은 이야기가 현실로 나타났다고 한다.

　대전의 한 주부가 꿈에서 본 번호를 조합해 만든 로또 60개 계좌가 모두 당첨되어 화제가 되고 있다. 김 모(45 · 여 · 대전시 서구) 씨는 제52회 로또복권 추첨일인 지난달 29일 새벽, 옷을 곱게 차려 입은 한 부인이 꿈에 나타나 이런 말을 했다고 한다.

　"아이가 2명 있는데 한 명은 네 살이고 다른 한 명은 중학생이다."

　꿈에서 깨어나자 불현듯 로또가 생각난 김씨는 집 근처 복권방을 찾아가 김씨 10만 원, 남편 2만 원 해서 총 12만 원을 들여 로또 60개 계좌를 구입했다. 김씨 부부는 이날 오후 아이들 2명에서 2번, 4살에서 4번, 중학생의 나이인 14~16번 중 숫자 한 개씩, 그날 날짜인 29를 조합하여 4개 번호를 60개 계좌에 모두 표시한 뒤 나머지 2개의 숫자는 자동선택을 실행했다. 이날 저녁 추첨에서 행운의 숫자 6개는 2 · 4 · 15 · 16 · 20 · 29번이었고 김씨는 60개 계좌가 모두 당첨되는 행운을 안았다. 이에 김씨는 2일 오후 세금을 공제하고 난 1,600여만 원을 수령했다고 한다. 참으로 희한한 일이자 신비의 기적이라 아니할 수 없다. 어찌 이 같은 일이 있을 수 있는가? 사람들이 꿈을 무시해 그냥 지나치지 않고 중시하는 원인이 여기에 있다 하겠다. 성경에도 수많은 꿈 이야기가 나온다. 야곱은 브엘세바 광야에서 돌베개를 하고 잠자는 가운데 이상세계를 보기도 했고, 솔로몬 왕은 꿈속에서 '내가 너에게 무엇을 줄꼬?' 하는 신의 음성을 듣는 기적을 체험하기도 했다.

　이 같은 맥락에서 볼 때 황금만능주의 시대에 살고 있는 우리에게는 로또에 당첨되어 졸지에 1,600만 원을 횡재했다는 이야기가 아주 매력적으로 들린다. 반면에 열심히 일하는 사람들에게는 로또가 복음이 될 수 없다. 굶주린 배를 움켜쥐고 피땀 흘려 노력하지 않고 얻어지는 불로소득에 오히려 분노의 감정을 느낄 수도 있다. 이처럼 로또는 착실하게 일하는 사람에게 썩 달가운 이야기가 아니다. 그러나 물질만능 사회에서는 어느 누구도 로또를 무시하지 못한다. 그래서 많은 사람이 로또에 매력을 느끼며 매 주마다 로또를 산다. 또한 로또의 숫자를 맞히기 위해 명당 복권방을 찾아다니거나 좋은 번호를 점지해줄 꿈을 꾸기 위해 수시로 잠자리에 들기도 한다. 그러나 엿새 동안 부지런히 일하라는 주님의 말씀을 따르는 신앙인으로서는 심한 갈등을 느끼지 않을 수 없다.

로또 당첨으로 횡재하는 것을 성경적으로 어떻게 해석할 수 있을까? 성경에서는 일하기 싫으면 먹지도 말라고 했다. 하나님의 뜻은 일을 해야 먹을 수 있다는 것이다. 그렇다면 신앙인의 입장에서 로또를 어떻게 봐야 할까? 세상사 모든 것이 하나님의 섭리와 계획 속에서 이루어진다면 로또도 제외시킬 수 없을 것이다. 즉 로또 당첨 역시 하나님의 섭리로 봐야 한다. 그렇다면 왜 사람들이 헛된 꿈을 꾸도록 로또를 당첨되게 하시는가 하고 하나님에 대한 원망이 있을 수 있다. 그러나 복권에 당첨되었다고 하여 하나님이 다 행복하게 만들어주지는 않는다. 로또 당첨 후에 망하거나 불행해진 사람들도 많다. 그럼에도 돈을 사모하는 자에게 로또는 달콤한 유혹이 아닐 수 없다.

> 부하려 하는 자들은 시험과 올무와 여러 가지 어리석고 해로운 욕심에 떨어지나니, 곧 사람으로 파멸과 멸망에 빠지게 하는 것이라. 돈을 사랑함이 일만 악의 뿌리가 되나니, 이것을 탐내는 자들은 미혹을 받아 믿음에서 떠나 많은 근심으로써 자기를 찔렀도다. (딤전 6:9~10)

우리는 복권에 대한 관심보다 정신과 신앙 관리에 더욱 힘쓰는 자들이 되어야겠다. *Ω*

사랑의 공해를 극복하는 지혜
Wisdom jump love pollution

주님이 이 땅에 오시어 사랑하는 제자들에게 강조하신 말씀이 있다.

"너희에게 새로운 계명을 주노니 너희는 서로 사랑하라. 또한 이웃을 네 몸처럼 사랑하기 위해서는 속옷을 달라면 겉옷까지 주고 오 리를 가자 하면 십 리를 가고 오른뺨을 치는 자에게는 왼뺨을 돌려대라. 더 나아가서는 원수까지도 사랑하라."

이는 예수님을 따르는 사람이거나 그의 제자라면 반드시 지켜야 할 계율이다. 지키지 않으면 제자가 아니며 신앙인이 아니다.

대인관계에서 사랑하라고 하는 말은 서로 가깝게 지내라는 의미이다. 그러나 정작 가깝게 지내다 보면 냄새가 나기 마련이다. 사람은 멀리 있으면 냄새가 나지 않지만 가까이 하면 어쩔 수 없이 냄새가 나도록 되어 있다. 그래서 옛 선조들은 말하기를 '변소와 처갓집은 멀어야 좋다' 고 했다. 처갓집이란 원래 허물이 없고 대하기가 좋은 곳이다. 그러나 가까이 지내다가는 모든 약점과 허물을 보게 되어 만회할 수 없는 후회를 남길 수 있으므로 멀리 하는 것이 좋다는 것이다.

또한 위대한 사람으로 알고 가까이 했는데 별 볼일 없는 사람일 수 있고, 가진 것이 많은 재벌인 줄 알았는데 가까이 해보니 알거지인 경우도 있다. 많은 학문과 지식이 있는 사람으로 알아 접근했는데 모두가 위장된 것으로 나타난다면 차라리 가까이 하지 않고 멀리하는 것이 후회를 남기지 않을 수 있다. 너무 가까이 하다 보면 실망과 좌절로 상대방을 무시하거나 무례를 범할 수 있으므로 멀리하는 것이 좋을 수도 있다는 말이다. 사랑과 미움은 극에서 극을 달린다. 너무 사랑하다 보면 결국 미움의 경지에 이른다. 그래서 차라리 사랑하지 않고 멀리하는 것이 낫지 않은가 하는 생각을 해본다.

심리학자 프로이드(Freud)는 집단심리학 이론에서 사람은 사이가 가까울수록 미움도 자라고 시기도 커서 결국 상처를 입게 된다며 한 가지 예를 들었다.

사랑하는 한 쌍의 고슴도치가 모여 살았다. 겨울이 되어 이 추운 겨울을 어떻게 견뎌야 하나 고민하다가 서로 껴안고 지내기로 했다. 둘이 꼭 껴안고 있으면 서로의 체온 때문에 따뜻한 겨울을 날 수 있으리라 생각했던 것이다. 그런데 막상 껴안아 보니 뾰족뾰족 나온 가시가 서로를 콕콕 찔러 상처만 입게 되었다. 지나치게 가까이 지낸 결과가 그렇게 나타난 것이다. 고슴도치로서는 자기방어를 위해 가시로 무장한 것이 결국 자신을 해치고 상대까지 해치는 결과를 낳은 것이다.

'사촌이 땅을 사면 배가 아프다' 는 속담이 있다. 인간은 시기심과 질투가 있어 아무리 가까운 사이라도 잘되면 배 아파하기 마련이다. 그래서 너무 가깝게 지내다 보면 고슴도치의 가시처럼 상대를 찌르고 만다. 그럼에도 불구하고 사랑은 반드시 있어야 한다.

성경에서 바울은 다음과 같이 말하고 있다.

> 내가 사람의 방언과 천사의 말을 할지라도 사랑이 없으면 소리 나는 구리와 울리는 꽹과리가 되고, 내가 예언하는 능력이 있어 모든 비밀과 모든 지식을 알고 또 산을 옮길 만한 모든 믿음이 있을지라도 사랑이 없으면 내가 아무 것도 아니요, 내가 내게 있는 모든 것으로 구제하고 또 내 몸을 불사르게 내줄지라도 사랑이 없으면 내게 아무 유익이 없느니라. (고전 13:1~3)

이처럼 사랑은 절대적으로 필요하지만 그 후유증도 만만치 않다. 너무 사랑한 나머지 의부증, 의처증을 유발하여 한 가정이 파괴되기도 한다. 사랑으로 가까워졌으나 고슴도치처럼 상대를 찌르는 가시 때문에 생긴 후유증은 어떻게 치료할 수 있을까? 세상의 사랑은 이기적(利己的)이요 이해적(利害的)적이라 후유증이 심하지만 십자가를 통한 하나님의 사랑은 후유증이 없다. 그래서 인간에게 나타나는 사랑의 후유증은 신의 사랑을 통해 제거할 수 있는 것이다. ♀

사죄(赦罪)의 길
a way of apology

한나라당 최돈웅 의원이 SK로부터 1백억 원의 정치자금을 받았다고 매스컴에서 한창 떠들어대고 있다. 정황으로 보아 검은 돈이 한나라당 안으로 흘러들어간 것은 변명의 여지가 없는 듯하다. 이번 일로 한나라당의 체면이 말이 아니다. 4당 체제에서 제일 크다는 제1당으로서 국민에게 뭐라 변명할 말이 없는 처지이다.

이를 보다 못해 정의감에 불타는 한나라당의 소장파 국회의원들이 나서 중앙당사든지 천안연수원을 팔아서라도 SK로부터 받은 부정한 정치자금을 반환하자는 서명운동에 나섰다고 한다. 국민의 한 사람으로서 피 끓는 정의감을 몸소 실천하려는 이들의 모습은 높이 평가할 만하다. 게다가 서명운동에 참여한 의원들이 무려 60명이나 된다고 하니 남은 의원들도 모른 척 가만있지는 않을 것이다. 한나라당 국회의원 전원이 이번 서명운동에 동참하리라 믿는다. 그러나 문제는 중앙당사나 연수원을 팔아 누구에게 갚느냐 하는 것이고, 설령 갚는다 해서 사죄가 가능할까 하는 점이다. 받은 사람이나 준 사람이 다 함께 공모하여 범죄를 저질렀다면 대체 누가 누구를 단죄할 수 있단 말인가? 돈을 돌려준다는 것은 검은돈을 받아 유용하게 사용했으나 이제 모든 게 들통 나서 온전히 먹을 수 없으니 도로 받으라는 말과 같은 것이다.

이번 일은 준 사람이나 받은 사람이 공모하여 함께 저지른 사건이다. 다른 사람이 알아서는 안 되고 폭로된다면 다 같이 망신당하는 일이지만 이왕 들통이 난 이상 가만있을 수만은 없을 것이다. 그러나 소위 천주교에서 말하는 고해성사를 통해 면죄부를 얻는 기분으로 1백억 원을 갚는다면 이는 잘못된 것이며 헛된 일이 아닐 수 없다.

다각적으로 볼 때 아마도 소장층 정치인들의 생각은 다른 데 있는 듯하다. 즉 검은 정치자금을 받은 한나라당을 향해 전 국민이 돌을 던지므로 추락한 위상을 회복하고 국민의 신뢰를 회복하는 차원에서 그런 주장을 한 것 같다. 또한 우리 한나라당은 받은 돈을 갚았다고 떳떳이 말하기 위해 그런 주장을 한 것이라 추정한다. 그러나 국민을 정정당당하게 대하고 여론을 잠재우기 위해 하는 행동이라면 이 또한 정치색 짙은 쇼(Show)로 볼 수밖에 없다. 물론 한나라당의 이런 행동이 진심으로 죄의 사함을 받기 위한 것이라면 높이 평가할 만하다. 그러나 여러 정황으로 볼 때 그렇게 순수한 마음으로 서명운동을 이끄는 것 같지는 않다.

죄 지은 사람은 다른 사람에게서 죄를 용서받을 수 없다. 모든 사람은 죄인이기 때문이다. 또한 사람은 어느 누구도 사람의 죄를 용서할 수 없다. 죄인이 죄인을 용서한다는 것은 원리에 맞지 않는다. 이는 조금 더러운 사람이 많이 더러운 사람을 용서하는 격이 되기 때문이다.

기독교 신앙에서 죄의 사함을 받는 은총은 절대자인 하나님이 인간의 죄를 용서할 때만이 가능하다. 주님은 십자가를 지시고 붉은 피를 흘리시어 인간의 죄를 용서하기 위해서 인간에게 길을 여셨다. 누구든지 예수를 믿으면 주홍같이 붉은 죄가 양털같이 희어지는 역사(役事)가 있다. 사람이 지은 죄를 용서받을 수 있는 길은 이 길밖에 없다.

하나님은 사람의 눈에 보이지 않으므로 하나님에게 용서받을 수 있는 길을 스스로 가르쳐주셨다. 즉 '네 이웃을 네 몸같이 사랑하라'는 교훈대로 부정하게 받은 정치자금을 주님의 이름으로 자선단체 또는 공익사업에 헌납하여 주님의 뜻에 부합하도록 사용케 하는 것이 바람직하다. 그러나 정치인 입장에서 볼 때 이 같은 일은 정치적인 효과가 나타나지 않으므로 아무도 선택하지 않을 것이다. 이때 이 길을 선택한 자만이 죄의 사함을 통해 은총을 받을 수 있다. 사죄의 은총을 입은 사람은 의롭다고 인정받는 사람으로서 하나님 앞에서의 정치생명도 길 것이다. Ω

자전거 값
a price of the bicycle

젊은 시절에 가난을 극복하기 위해 장사를 한 적이 있다. 지금도 그렇지만 장사를 하려면 도매시장에서 단골을 정해놓고 물건을 외상으로 가져다가 팔아서 나중에 갚는다. 한동안 그 일을 계속하다가 장사를 그만두고는 예수 믿어 구원을 받고 주님의 일을 하게 되었다.

어느 날 기도원에 들어가 기도를 하다가 어렸을 적부터 지은 죄를 낱낱이 회개하던 중 도매상의 외상값을 갚지 않은 일이 떠올랐다. 몇 날 며칠을 괴로워하다가 견딜 수 없던 나는 돈을 마련하여 외상값을 갚으려고 도매상을 찾았다. 전에 관계하던 사람들이 보이지 않아 물어보니 다들 그만두었다고 했다. 일일이 집을 찾아보았으나 결국 찾을 길이 없어 난감해하다가 훗날 하나님에게 헌금을 했다. 이처럼 믿음을 가지고 있으면 양심이 되살아나 지난날을 돌아보게 되는데, 이런 일은 신앙인이라면 한두 번쯤 겪었으리라 본다.

최근 신문지상에 공개된 훈훈한 이야기를 소개한다. 20년 전 대구 시내의 한 자전거 가게에서 자전거를 훔친 30대 남자가 뒤늦게 속죄하기 위해 찾아왔다면서 자전거 값 20만 원이 든 봉투를 건네고 사라졌다. 지난 10일 대구 중부경찰서 삼덕지구대에 따르면 9일 오후 30대 후반으로 보이는 남자가 동인동의 한 자전거 가게를 방문하여 학창 시절 자전거 1대를 훔친 것이 평생 양심의 가책이 되었다면서 봉투를 놓고 갔다고 한다. 참으로 양심 바른 사람으로, 양심을 속이지 않고 마음 편하게 살려고 하는 의지가 엿보인다. 정말 잘한 일이다. 이 같은 사람으로 이 세상이 가득 찼다면 얼마나 좋을까 하는 생각을 가져본다.

요즘 들어 정치자금법에 위반되는 위정자들의 부정부패가 신문지상과 매스컴을 온통 장식하고 있다. 우리가 상상도 할 수 없었던 정치판의 비열한 뒷거래 소식들을 접하면서 세상에는 양심 불량한 사람들이 많다는 생각을 해본다. 소위 비자금으로 오갔던 금액이 몇천만 원도 아니고 몇억 원도 아니다. 적어도 몇백억 단위, 몇천억 단위에 가까운 돈들이 오간 것을 생각할 때 20만 원 정도는 게임도 안 된다. 청문회에 나온 위정자들은 대부분 기억에 없다, 할 말이 없다 등으로 성의 없게 진술하며 자신의 부정행위를 부인하고 있다. 이들의 졸렬한 모습을 보고 있자니 훔친 자전거 값을 돌려준 이름 모를 남자에게 차라리 경의를 표하고 싶을 따름이다.

20만 원의 돈 봉투를 받은 자전거 가게 주인 김 모(70) 씨는 받은 봉투를 들고 인근 지구대를 찾아가 그간의 사정 이야기를 하고 받아도 되는 것인지 자문을 구했다고 한다. 자전거 가게 주인은 아마 돈 봉투를 놓고 간 사람만큼이나 양심적인 사람인 듯하다. 지금은 도둑질을 해서라도 자기 주머니를 채우려 하는 세상이 아닌가. 그런데 자전거 값을 받아도 되냐면서 경찰을 찾아가 자문을 받은 것을 보면 깨끗한 양심의 소유자가 아니고서는 할 수 없는 행동인 것이다. 이 같은 뉴스들이 정치판의 위정자들에게 신선한 충격을 주었으면 한다. 또한 이번 사건의 영향을 받아 양심이 살아 숨쉬는 실력자, 권력자, 정치가가 되었으면 하는 바람이다.

선한 양심의 소유자가 되려면 많은 노력이 필요하다. 어쩌다 한두 번 죄를 짓다 보면 이내 습관이 되고 습관이 계속되면 죄의 종이 되어버린다. 이렇게 종이 되어버리면 스스로의 힘으로는 도저히 자유를 되찾을 수 없다. 누군가 속전을 주고 종의 신분에서 벗어나도록 도와주어야 한다. 이 분이 바로 우리 구주 예수 그리스도이시다. 예수님이 이 땅 위에 오셔서 십자가에 못 박혀 흘리신 피로 우리의 죗값을 사셨으므로 우리가 마침내 자유스런 몸이 된 것이다. 이 놀라운 진리를 믿음으로 구원받아 선한 양심을 가지고 살아가는 사람들이 되었으면 하는 바람이다. 너나 할 것 없이 양심적인 대열에 동참하여 깨끗한 사회와 국가를 이루는 데 힘써야 할 것이다. ♎

국민이 사는 길
a way of the people

우리나라 속담 가운데 '가난 구제는 나라도 못 한다' 는 말이 있다. 가난한 사람을 구제하기는 끝이 없어 개인은 물론 나라의 힘으로도 어렵다는 의미이다. 그러나 국민 입장에서 볼 때 국민이 잘살도록 나라에서 대책을 세울 수 없다면 대체 누구를 믿고 살아야 할지 암담하기만 하다. 아직도 대다수 사람들은 국가가 존재하는 이유를 국민의 복리와 행복을 위해서라고 믿는다. 그럼에도 불구하고 국가가 자국민의 행복을 지원하지 못한다면 서글픈 일이 아닐 수 없다.

지금 상황에서 우리나라의 장래를 예측할 때 매우 어두운 편이다. 정치, 사회, 경제, 외교, 안보 등 어느 한쪽도 어려움에 처하지 않은 곳이 없다 하겠다. 정치 쪽에서는 정경유착으로 인한 불법 대선자금이 들통나는 바람에 여야를 막론하고 각 당이 몸살을 앓고 있다. 아무 흠결 없는 정당이 없다 할 정도로 모두가 불법자금 괴소문에 시달리는 것이다. 또한 부안군민들은 핵 폐기장 설치 여부를 두고 날마다 촛불시위 및 집회를 벌이는 중이며, 대치하는 과정에서 전경과 군민은 전쟁하듯 서로를 향해 치열하게 싸워 피해가 속출하고 있다. 게다가 농민은 칠레와의 FTA 조약(Free Trade Agreement : 자유무역협정)을 파기하기 위해 국회 앞에서 피나는 시위가 한창이다. 이처럼 하루가 멀다 하고 노동자와 노점 상인들의 시위, 이라크 파병 문제로 인한 시위, 농민들의 시위 등이 일어나 나라 전체가 몸살을 앓고 있다. 또한 사회적으로는 청소년들의 자살소동이 그치지 않으며 스와핑(swapping)으로 인한 성문란 행위가 결국 가정파탄으로 이어지는 등 다양한 사연들이 신문에 대서특필되고 있다. 매번 이런 기사를 접할 때마다 가슴이 저려올 뿐이다.

특히 송두율 교수 사건으로 이념간의 갈등이 심화되어 진보냐 보수냐의 색깔 논란이 더욱 선명해지면서 국민 전체가 양쪽으로 갈라지는 길목에 서 있다. 이렇게 국가가 혼란스러울 때 상식이 있는 국민이라면 국가를 걱정하고 국가를 위해 내가 할 수 있는 일은 무엇인지 생각해볼 것이다. 우리 민족이 살 길은 과연 무엇인가? 어떻게 하면 이 난국을 벗어날 수 있으며 아름다운 복지국가를 일구어 이상적인 나라로 만들 수 있을까? 이에 대해 입 달린 사람이라면 한 마디씩 해결책을 제시하고 싶을 것이다. 그러나 천 명이 천 가지 의견을 말하고 만 명이 만 가지 의견을 말한다 해도 결국 진리는 하나이다. 신앙인이라면 그 하나의 진리를 성경에서 찾아야 할 것이다. 성경에서는 구약시대의 아모스라는 선지자의 입을 빌려 다음과 같이 하나님 말씀을 전하고 있다.

> 여호와께서 이스라엘 족속에게 이와 같이 말씀하시기를 '너희는 나를 찾으라. 그리하면 살리라' 하셨다. (암 5:4)

살기 위해서는 반드시 하나님을 찾아야 한다. 하나님에게서 방법을 모색하는 사람만이 살 길을 발견할 것이며, 이것이 신앙인으로서 지향해야 할 길이다. 세상에서 아무리 도덕성 회복운동을 하고 양심 되찾기 운동을 벌인다 해도 하나님을 찾지 못하면 모두 허사가 되고 만다.

이스라엘의 역사를 보면 역대 왕들 가운데 하나님 중심으로 살았던 때는 국가가 부강해지고 외적의 침략이 없으며 정치, 경제, 문화, 사회에 평강과 축복이 있었음을 알 수 있다. 반면에 하나님이 아닌 이방 우상을 섬긴 열왕들의 나라는 점점 쇠락의 길을 걷게 된다. 일례로 아합 왕은 역대 왕 가운데서도 극악한 왕으로, 우상을 섬기기까지 했다. 그래서인지 그 나라는 7년간이나 비가 내리지 않는 한재(旱災)를 겪으며 백성들이 어려운 시절을 살았다. 이 같은 선례를 보면서도 여전히 우상을 섬기는 일은 어리석다 하겠다. 하나님보다 더 우상을 사랑하고 섬긴다면 신의 범주 안에서 절대 자유로울 수 없다. 살아 계신 하나님을 찾아 섬기는 백성들이 될 때 비로소 잘사는 나라가 될 것이다. Ω

부자가 되어도 문제가 있다
The rich are not always happy

나는 늘 교회의 성장을 고민하며 많은 스트레스를 받는다. 교회만 성장한다면 이 모든 문제가 해결되리라 믿는다. 어려운 재정 문제도 해결되고 각 기관이 활성화되어 맡겨준 복음을 전하는 데 조금도 부족함이 없을 것 같다. 아직은 교회의 성장이 나의 바람만큼 활성화되지는 않았지만 이 모든 것을 나의 탓으로 여겨 항상 부담을 안고 살아간다. 어서 속히 부흥이 되었으면 하는 바람 속에서 하루하루를 열심히 살아간다. 교회 성장을 생각하면 하루에도 몇 번씩 진땀나는 스트레스를 받기도 하지만, 어떤 주일에는 새로 등록한 교인을 발견하고 들뜬 마음으로 기쁨이 넘칠 때도 있다.

교회 성장과 부흥에 대한 소망은 나뿐만 아니라 한국 교회 강단에 선 목회자들이면 다 갖는 것이리라 믿는다. 자신이 소속된 교회의 성장을 반대할 사람이 누가 있겠는가. 그러나 교회가 성장한다고 해서 모든 문제가 말끔히 해결되는 것은 아니다.

성경의 초대교회인 예루살렘(Jerusalem) 교회를 한 번 진단해보자. 예루살렘 교회는 오순절 마가 다락방에 성령의 역사가 있은 후로 엄청난 부흥을 가져왔다.

> 그때에 제자가 더 많아졌는데 헬라파 유대인들이 자기의 과부들이 매일의 구제에 빠지므로 히브리파 사람을 원망하였다. (행 6:1)

즉 성령의 역사 후 제자가 많아지는 부흥을 가져왔지만 그 이면에 문제가 생긴 것이다. 예루살렘 교회는 교인들 모두가 은혜를 받아 자기 재산을 자기 것으로 생각하지 않고 제자들 발 앞에 가져다놓았다. 이는 교회 본연의 사명인 이웃사랑에 앞장섰던 교회였기에 가능한 일이다.

이 같은 교회에 두 가지 문제점이 발견되었다. 첫째는 아나니아, 삽비라 부부의 사건이다. 하나님 앞에 헌납하기로 했던 재산을 팔아 베드로의 눈을 속이고 얼마를 감춘 것이 화근이 되어 헌금한 가정이 죽음으로써 초대교회가 어려움에 직면한 것이다. 또 다른 한 가지는 구제 문제이다. 헬라파 과부들이 구제에 빠짐으로써 문제가 야기된 것이다. 이에 따라 사랑이 많았던 교회는 분위기가 냉랭하게 가라앉아 성장이 둔화되었다. 이때 제자들은 지혜롭게 문제를 진단하여 완벽하게 해결했다. 따라서 교회가 더욱 성장할 수 있게 되었다.

이 문제를 곰곰 생각해보면 성장에 문제가 따른다 해서 기피하는 행위는 용납될 수 없음을 알게 된다. 또한 성장을 위해 수단방법을 가리지 않는 것은 바람직하지 않고, 성장이 안 된다 하여 자학하거나 열등의식을 가질 필요도 없다. 다만 현재의 환경에서 최선을 다해 주님께서 맡겨주신 사명을 감당하는 지혜가 필요할 뿐이다.

부자가 되는 것을 원치 않는 사람은 없을 것이다. 그러나 부자가 된다 해서 아무런 문제 없이 마냥 행복한 것은 아니다. 따라서 부자가 되기 위해 지나친 욕심을 부릴 필요는 없다. 그저 묵묵히 현실에 충실하다 보면 부자도 되고 만족스러운 자리에 이르기도 할 것이다. 지금은 이 같은 진리를 나의 생활에 구현하는 아름다운 지혜가 필요한 때이다.

예수님은 가난한 분이었다. 머리 둘 곳이 없으리만치 가난한 분이었으나 가난에서 벗어나기 위해 수단 방법을 가리지 않는 행동은 하지 않으셨다. 대중으로부터 왕으로 추대되어 부자가 될 수도 있었으나 손을 들어 거부하고 자기 갈 길을 가신 분이다.

우리도 주어진 여건과 환경에 만족하며 당면한 문제를 지혜롭게 풀어나가야 할 것이다. 문제가 발생했다 하여 고민할 것이 아니라 하나님 뜻에 부합하도록 문제를 푸는 것이 급선무임을 알아 사도들처럼 지혜롭게 대처해나가야겠다. ☻

정계 은퇴를 선언한 대통령
a presidential retirement

　노무현 대통령은 16대 대통령 선거 당시 민주당이 쓴 불법 대선자금이 한나라당의 10분의 1도 채 안 될 거라면서 그렇지 않을 경우 정계은퇴를 하겠다며 자신감을 드러냈다. 대통령의 이 같은 발언은 한나라당이 주장하는 대선자금 수사의 불공평성을 반박하는 과정에서 나왔다. 지난번 4당 대표가 모인 자리에서 최병렬 대표는 이렇게 따져 물었다.

　"다들 우리가 대선자금을 더 썼을 거라고 생각하지만 대통령님도 쓴 것 아닙니까?"

　이때 대통령이 불쑥 나서서 '10분의 1' 발언을 한 것이다. 다시 말해 대선자금에 대해 밝힐 것은 다 밝혀보자고 정면대응을 한 셈이다. 대통령이 이 같은 확신을 가지고 발언하기까지는 여러 곳에서 정확한 정보를 입수하지 않았겠냐는 관측이 일반적이다.

　청와대의 한 비서관은 이렇게 주장했다.

　"한나라당의 대선자금은 2천억이 넘지만 민주당은 백억은커녕 50억이 될까 말까한 액수다."

　따라서 한나라당과 비교해 도덕적으로 우위에 있음을 대통령이 강조하다 보니 10분의 1 발언이 나왔다는 것이다. 그러나 이는 대통령이 자신과 한나라당은 죄질이 다르다고 생각하고 있음을 암시한다. 한나라당이 쓴 액수와 비교해볼 때 자신이 쓴 선거자금은 대수롭지 않다는 의미인 것이다.

　대통령의 이런 발언은 자신이 한나라당보다는 의인이란 말인 동시에 한나라당을 죄인 취급한 것과 같다. 그러나 여론은 노무현 대통령이나 이회창 전 총재나 불법자금을 쓴 행위는 마찬가지라는 이른바 '오십보 백보론'이 힘을 얻고 있다. 이는 한나라당의 정치자금 액수가 불법과 합법을 가르는 기준이 될 수 없으며, 한나라당보다 불법 대선자금의 양이적으면 괜찮고 많으면 안 된다는 식의 말장난은 잘못되었음을 지적한 것이다. 불법으로 모금한 액수의 많고 적음이 문제가 아니라 불법이냐 적법이냐를 따져봐야 한다. 액수가 아무리 작아도 불법이라면 법의 처분을 받아야 한다. 그 죗값은 사망이다. 사망에 이르는 죄는 크든 작든 관계치 않고 하나님의 심판을 받아야 한다. 결국 한나라당의 불법 대선자금 모금액과 비교해 10분의 1만 안 넘으면 된다는 식의 대통령 생각은 잘못되었다는 말이다.

물론 한나라당은 법적인 심판을 받아야 할 것이다. 그러나 대통령의 말 한 마디가 일파만파로 퍼져나가 물의를 빚고 있음을 생각하면 한 나라의 최고 위치에 있는 대통령의 말 한 마디가 얼마나 큰 영향을 미치는지 알고 보다 신중해야 할 것이다. 일단 대통령 자리에 올랐다면 들어도 못들은 척, 보아도 못 본 척, 하고 싶은 말이 있어도 입을 굳게 다물어야 옳지 않을까 싶다. 어른들의 이야기 가운데 사랑하는 딸을 시집보낼 때 신신당부하는 말이 있다.

"시집가거든 벙어리 3년, 귀머거리 3년, 장님 3년으로 지내야 한다."

대통령은 한때 자신의 신임 여부를 국민투표로 묻겠다 하여 큰 물의와 파장을 일으킨 적이 있다. 그런데 이번에는 자신의 대선자금 불법모금 액수가 한나라당의 10분의 1도 안 된다는 발언을 하여 또 한 차례 문제를 일으키고 있다. 대통령이 국민을 의식한다면 이런 식으로 말을 함부로 하지는 않을 텐데 싶어 안타까울 뿐이다.

대통령은 이날 회동에서 다음과 같은 말도 했다.

"총선 후에, 즉 대선 관련 수사가 모두 종료된 후에 큰 틀의 대전환을 모색하겠다!"

이와 연관 지어 일부 언론은 정국의 대변환을 노리기 위한 수순으로 대통령이 10분의 1 발언을 했을 것이라는 관측도 하고 있다. 또한 대통령이 정상적인 국정 운영을 무시한 채 툭 하면 충격적인 승부수를 들고 나와 국민을 혼란에 빠뜨리고 있다는 비판도 흘러나오는 상황이다. Ω

권력보다 더 중요한 약속
power and promise

약속(約束)이란 '상대방과 서로 합의한 내용'이라고 할 수 있다. 따라서 약속을 지켜야 할 의무와 책임이 쌍방간에 공히 있다. 약속을 지키지 않을 경우에는 약정에 의하여 상대방에게 손해가 없도록 해야 하며, 만약 어느 한쪽이 손해를 입을 경우 불신(不信)과 불목(不睦)으로 이어진다. 반면에 약속을 지키면 상대방에 대한 신뢰와 믿음으로 대화가 이루어지며 좋은 인간관계를 유지할 수 있다.

약속을 소중히 여기는 소년의 일화를 소개한다. 조지의 할머니는 조지에게 우표책을 선물해주겠다고 약속했지만 아무런 소식이 없었다. 그런데 조지는 친구들에게 할머니가 우표책을 선물해주셨다고 자랑하곤 했다. 옆에서 이를 지켜보던 어머니가 의아한 표정으로 물었다.

"조지야, 넌 할머니한테 우표책을 받지도 않았는데 왜 친구한테는 받았다고 자랑하니?"

"할머니가 주겠다고 약속하셨으니까 받은 거나 마찬가지예요."

한 달이 지나도 우표책은 조지의 손에 들어오지 않았다. 어머니가 위로하듯이 소년에게 말했다.

"조지야, 할머니가 너와의 약속을 잊어버리신 것 같구나."

"아니에요, 할머니가 잊으실 리 없어요. 그래서 지금 할머니께 감사의 편지를 쓰는 중이에요."

오래지 않아 할머니에게서 답장이 왔다.

"사랑하는 조지야, 네게 선물하기로 한 우표책을 아직 못 구했단다. 그래서 뉴욕과 시카고의 서점에 주문해놓았단다. 조금만 더 기다리렴. 손자를 사랑하는 할머니로부터…"

편지를 끝까지 읽은 조지는 감격스런 얼굴로 어머니를 바라보았다.

"엄마, 제가 말했죠? 할머니와 약속했으니까 받은 거나 같다고요."

조지는 할머니와의 약속을 아무런 의심 없이 믿었던 것이다. 약속을 했다면 상대를 믿어야 한다. 믿지 못하면 불행이다. 하나님과의 약속 또한 마찬가지다. 언젠가는 이루어지리라고 믿어야 한다.

토미 프랭크(57세)는 미국의 4성 장군으로 아프가니스탄 전쟁과 이라크 전쟁을 승리로 이끈 중부 사령관이다. 프랭크의 2년 임기가 끝났으나 도널드 럼스펠드 국방장관은 그의 임기를 1년 더 연장했다. 2003년 6월 11일 에릭신세키 장군이 사임함에 따라 공석인 미 육군 참모총장직을 승계할 수 있음에도 불구하고 그는 정중히 사양하고 군을 떠나겠다는 결정을 내렸다. 그 이유는 아내와의 약속을 지키기 위해서라고 했다. 프랭크는 플로리다 주 지역신문과의 인터뷰에서 이렇게 말했다.

"아내는 요즘 내게 전역할 날이 얼마 남지 않았음을 상기시키곤 한다. 왜냐하면 결혼 초에 퇴역한 후에는 세계 여러 나라를 여행하며 오붓한 시간을 갖자고 약속했기 때문이다. 아내와의 약속을 지키기 위해 이번에 전역할 예정이다."

이 일화를 통해 평소에도 그가 약속을 소중히 여기며 철저하게 지켜 왔음을 알 수 있다. 미 육군 참모총장이라는 명예와 권세를 마다하고 아내와의 약속을 지키기 위해 전역하는 프랭크 장군의 고매한 인격을 높이 평가한다. 여느 부인 같으면 전역하지 말라고 극성스럽게 말릴 법도 하건만 그러지 않은 걸로 봐서 그의 아내 역시 현명한 듯하다.

약속을 귀히 여기는 이들 부부의 이야기를 보면서 우리 신앙인도 약속을 생명처럼 지키는 사람이 될 것을 기대한다. 사람도 약속을 귀히 여겨 지키려 애쓰거늘 하나님은 오죽 하시겠는가. 하나님은 신실하셔서 우리와의 약속을 반드시 지키신다. 약속을 지키기 위해 독생 성자 예수 그리스도를 십자가에 내어주시며 죽은 자 가운데 부활하여 성령 신을 보내시고 승천 후 하나님 보좌우편에 앉아 지금도 간단없이 우리를 위해 대언기도하고 계신 주님이시다. 이 고마운 하나님의 은혜를 알아 우리도 주님과 약속한 것이 있다면 지키는 일에 인색해서는 안 된다. Ω

부자되는 비결
a way of rich man

경주 최 부잣집이라고 하면 모르는 이들이 없다. 경주에서 12대 동안 부자로서 내로라하며 살아온 최씨 집안의 명성은 오늘날까지 이어져오고 있다. 황금만능 시대를 살아가는 요즘 사람들에게는 부자로 살았다는 자체가 부럽지 않을 수 없다. 어떻게 하면 돈을 많이 벌어 부자로 살까 하고 한 번이라도 관심을 가져본 적이 있다면 최 부잣집의 삶을 들여다보라 권하고 싶다.

3백 년 동안 이어져온 최 부잣집의 6개 가훈에는 부자로 살아왔던 이들의 삶의 지혜가 집약되어 있다. 첫째, 과거를 보되 진사 이상의 벼슬은 하지 말라. 둘째, 재산은 1만 석 이상 지니지 말라. 셋째, 과객을 후하게 대접하라. 넷째, 흉년기에는 땅을 사지 말라. 다섯째, 며느리들은 시집온 뒤 3년 동안 무명옷을 입어라. 여섯째, 사방 1백 리 안에 굶어죽는 사람이 없게 하라.

여기에는 과욕을 부리지 말고 이웃과 공생하라는 메시지가 담겨 있다. 삶의 철학이 있고 교훈도 있는 가훈이라 할 수 있다.

성경에도 최 부잣집의 가훈과 같은 교훈이 많다. 또한 공자, 맹자의 말씀 속에도 이 같은 가르침이 많다. 집집마다 가훈이 없는 것은 아니나 그 가훈을 어떻게 지키느냐는 것이 중요한 과제이다. 아무리 좋은 가훈이라 해도 그것을 온전히 지키지 않고 일관성이 없다면 이내 물거품이 되지 않겠는가. 과연 이들 최 부잣집 사람들은 3백 년 동안 12대가 모두 가훈을 충실히 지켰는지 함께 살아보지 않아서 알 길은 없다. 그러나 옛날이든 지금이든 인간은 다 같다고 생각한다. 최 부잣집 사람들도 우리와 성정이 같은 사람이지만 부자가 된 것이 가훈을 지킨 결과라면 기적이 아닐 수 없다. 한두 세대도 아니고 12대의 3백 년 동안 가훈을 지킨 결과 부를 축적했다면 이들은 인간의 한계를 뛰어넘은 훌륭한 사람들임에 틀림없다.

그렇다면 과연 우리는 어떠한가? 새해를 맞을 때마다 이것저것을 지키겠다는 결심과 함께 새롭게 출발한 적이 한두 번 아니다. 그런데도 작심삼일(作心三日)이어서 번번이 지키지 못하고 후회할 때가 대부분이다.

이 같은 점을 감안할 때 최 부잣집 사람들은 인간 이상의 능력을 발휘했든지 아니면 누군가의 도움으로 가훈을 지켜왔으며 장기적으로 치부(致富)도 할 수 있었을 것이다. 이를 그리켜 세인들은 귀신이 도왔다고 할 것이고, 기독교에서는 하나님에 의하여 가훈을 지킬 수 있었고 또한 치부할 수 있었다고 말할 것이다.

최 부잣집의 가훈을 살펴보면 매사에 근검절약으로 일관된 것을 볼 수 있다. 그들에게 낭비란 없었다. 물론 최 부잣집만 쓸데없는 낭비를 하지 않고 근검절약한 것은 아니다. 부모를 가난으로 잃은 허 흥은 선비의 체면을 버리고 오직 성실함과 절약정신으로 농사에 매달려 집안을 일으켰다. 또한 10년 고생을 각오하고 길에서 좌판을 벌여 술장사를 시작한 조삼난 부부는 하룻밤 묵어가는 형에게까지 술값과 밥값을 받아내며 억척스럽게 일한 구두쇠였다. 이들은 모두 어려운 처지를 동기화하여 근검절약으로 부를 축적했음을 알 수 있다.

이러한 근검절약이 하나님의 도움 없이 사람의 노력만으로 가능할까? 냉정하게 따져본다면 최 부잣집이든 가난한 선비든 억척스런 부부든 신을 배제한 채 부의 열매를 맺을 수는 없었을 것이다. 문제는 하나님을 발견하지 못하고 오로지 자신의 노력과 인내로 성공했다고 자부하는 사람들의 이기심이다. 사람의 호흡을 주관하시고 걸음을 인도하시는 하나님이 함께 하지 않은들 어찌 이들이 큰소리치는 결과를 맞을 수 있었으랴. 주신 은혜를 인간의 노력으로 돌리는 우(愚)를 버리고 하나님에게 영광 돌리는 아름다운 신앙의 사람이 되어야 할 것이다. Ω

임명권자는 하나님
God is a nominater

이 나라의 최고 통수권자는 대한민국 헌법에 따라 국민투표를 실시하여 선발한다. 투표에서 승리한 대통령은 국민 앞에 선서를 하고 지도자로서 일을 시작한다. 물론 선거만으로 대통령이 되는 것은 아니다. 시대의 요구에 부응하여 백성들을 구원하기 위해 어쩔 수 없이 나섰다면서 쿠데타나 반란을 일으켜 정권을 획득하는 경우가 있는가 하면 아버지에서 아들로 세습적인 정권을 이어가는 경우도 있다. 여타 하위직은 대통령에 의하여 직분을 임명받은 장·차관이나 그 외의 임명권자가 법에 의하여 임명하는 것이 관례이다. 즉 대통령을 제외한 모든 임명은 사람이 하는 것이다.

교회에서는 두 가지 방식으로 사람을 선택한다. 일단은 임명과 선거에 의하여 직분자를 선출한다. 장로, 목사, 권사, 안수집사는 소정의 교육을 받고 고시를 거쳐 임명, 선거를 통하여 뽑는다. 여타 서리집사, 반사, 성가대 임시직은 당회에서 임명한다. 그러나 교회의 직분은 모두가 다 하나님이 선택해서 주신 것으로 믿는다. 하나님이 인간을 통하여 주셨다고 믿는 것이 세상의 직분자와 다른 점이다. 그렇다면 하나님이 주신 직분과 사람이 주신 직분은 어떤 차이가 있을까?

나의 목회 현장에서 일어난 사건을 소개하고자 한다. 한 번은 설교를 위해 강단에 올라가니 강대상 위에 구역공과 책과 임명장 그리고 편지 한 장이 놓여 있었다. 바쁜 시간이라 일단 주머니에 넣어두고 사무실에 와서 펼쳐보았다. 구역장이 보낸 편지인데, 자신은 시간이 없고 자격도 없어 구역장직을 수행할 수 없으므로 사표를 낸다는 내용이었다. 그의 입장에서는 임명권자가 목사님이니, 목사님에게 사표만 내면 되는 줄 알았나 보다. 하나님을 임명권자로 믿는 자라면 감히 이 같은 행동을 할 수는 없었을 것이다. 보이지 않는 하나님이 임명하신 것으로 믿는다면 어떻게 사표를 낼 수 없으랴. 바울의 고백처럼 맡은 자의 구할 것은 충성이다. 따라서 충성만이 그의 할 일이지 사표 따위는 필요 없는 것이다.

청와대에서는 대통령이 없는 기회를 틈타 보좌관들이 가족과 함께 헬기를 타고 새만금지역을 관광한 것이 문제가 되어 이들에게 사정의 칼을 들이댔다. 즉 가차 없이 자른 것이다. 보좌관의 해임은 임명권자의 권한이므로 주어진 권한에 따라 해임시킨 것은 뭐라 말할 필요가 없다. 그러나 잘린 사람들의 입장에서 볼 때 한 번의 경고도 없이 직장을 잃는다는 것은 상당히 충격이었을 것이다.

이들이 보다 좋은 직장이나 장래를 보장받는 곳에 이직했으면 좋겠으나 그럴 수는 없을 것이다. 그렇다면 이들은 좌절하여 고통의 나날을 보낼 것이 당연하다. 이를 이기지 못할 경우 두고 보자는 식의 보복의 칼을 갈게 될 것이며 기회만 주어진다면 엄청난 과장을 몰고 올 보복의 역사가 연출될지도 모르는 일이다. 두고 보자는 식의 인생을 살아가는 이들은 무서울 것이 없다. 요즘 벌어지는 숱한 사건을 살펴보면 보복을 한다거나 원수를 갚는 등 악순환의 연속이다. 그러다 보니 사회가 불안정하여 마음 놓고 살아갈 수 없는 것이 요즘의 사회 정서이다.

하나님이 임명권자인지 인간이 임명권자인지 가르는 일은 간단한 것 같지만 인간을 임명권자로 믿는 사람들로 인해 이 세상은 혼란스럽고 무질서해진다. 대통령은 하나님이 국민의 마음에 감동을 주어 선발케 한 것이라고 스스로 믿어야 한다. 이 같은 믿음이 있을 때 인간이 만든 헌법을 놓고 선서하되 성경 위에 손을 얹고 선서하는 듯한 마음가짐을 갖게 될 것이며, 충성의 대상도 국민이 아닌 하나님으로 바뀔 것이다. 하위 직분자들의 마음가짐도 이와 같아야 한다. 하나님이 대통령을 통해서 장·차관으로 임명했다고 믿는다면 사람이 아닌 하나님에게 충성하게 될 것이다. 사람에게 충성하는 이들은 그 사람이 있을 때만 충성하겠지만 하나님에게 충성하는 이들은 늘 옆에서 지켜보는 하나님에게 충성한다. 즉 충성의 질도 차원이 다른 것이다. Ω

기독교 정당은 바람직한가?
a political party of the Christianity

일전에 기독교계 신문에서 기독교 정당을 창당한다는 소식을 접했다. 이미 상당한 진전을 보아 이제는 창당 작업만 남았다고 한다. 막상 이러한 보도를 접하고 보니 기독교 정당이 한국 정치사에 꼭 필요한가 하는 의문을 던져본다. 기독교 정당이라면 기독교가 표방하는 선교를 정강으로 해야 할 것이다. 선교가 정당의 정강이 아니라면 굳이 기독교 정당이라는 이름을 붙일 필요가 없다. 얼마든지 다른 이름을 붙여 정치 활동을 해도 되는 것이다. 선교가 목적이 아니라면 기독교라는 이름을 붙여 정당을 창당하는 것은 잘못이라고 본다. 만약 기독교 정신에 입각한 정당이라면 '오직 성령이 임하면 권능을 받고 예루살렘과 유다와 사마리아와 땅 끝까지 이르러 나의 증인되리라' 는 전제하에 창당해야 마땅하다고 본다.

곰곰 생각해보면 기독교 정당을 창당한다는 것부터가 잘못이다. 정교 분리라는 역사가 있으므로 교회가 정치에 참여하는 것은 바람직하지 않다. 예를 들어 정치에 참여하여 국회 의원수를 많이 내서 원내 일당이 된다고 하자. 그러면 모든 정책을 기독교 진리로 제정하고 책정하여 기독교 정신에 합당한 정책을 펴게 될 것은 당연하다. 기독교를 과시하고 위상을 높임으로써 선교에 정치가 참여하게 되어 기독교 전성기를 이루게 된다면 이보다 더 기쁜 일이 어디 있겠는가? 그러나 실정(失政)을 한다거나 기독교 진리를 합리적으로 지켜나가지 못하는 경우 국민에게 지탄을 받고 국민이 등을 돌리는 참담한 상황을 겪을지도 모른다. 그렇게 된다면 어찌할 것인가? 그럴 바에는 차라리 창당하지 않는 것이 좋다는 생각이 든다.

설령 반대를 무릅쓰고 창당한다 해도 선교에는 상당한 지장을 주게 될 것이다. 성경에서는 만민에게 복음을 전하라고 했다. 그런데 창당이 되는 순간부터 파당이 생길 것은 불 보듯 뻔한 이치이다. 기독교 정당이 생기는 동시에 기독교와 기독교 진리에 반대하는 정파가 생길 것이고, 그러면 반대편에 선 정당은 기독교 정당이 펴는 정책에 사사건건 비난의 화살을 쏘게 될 것이다. 좋든 나쁘든 서로 치열한 경쟁을 해야 하므로 상대편을 깎아내리고 비난하고 심판한다고 생각해보라. 기독교 선교에 막대한 지장을 줄 것은 불 보듯 뻔한 일 아닌가. 따라서 창당하지 않았다면 복음을 전하는 데 그리 어렵지 않을 일들도 창당으로 인해 많은 어려움을 겪게 될 것이다.

기독교 정당이 창당되어 정쟁에 휘말렸을 때를 가정해보자. 다들 알다시피 정치는 도덕성이나 윤리성이 높은 영역이 아니다. 때로는 정책이 맞지 않아 상대 당과 경쟁을 해야 할 때도 있을 것이다. 그럴 경우 자기 당의 권익을 보호하기 위해 가진 것을 없다고 해야 할 때도 있을 테고 사실을 은폐하고 거짓말을 해야 할 때도 있을 것이다. 그런가 하면 작은 일을 침소봉대(針小棒大)하여 자기 당을 과시하고 허세를 부려야 할 경우도 있을 테고 때로는 불의, 진리가 아닌 것과 협상하는 일도 서슴없이 해야 할 것이다.

이런 일들은 기독교 정신에 위배될 뿐만 아니라 이런 일을 지속하다 보면 하나님 앞에 양심을 지키기가 매우 어려워질 것이다. 정치인이라면 자기 정당의 목표를 위해 온갖 비리를 폭로해야 하고 중상모략을 일삼아야 한다. 이런 일들은 기독교 정신에 맞지 않는 것인데 구태여 기독교 이름을 걸고 창당할 것인가 하는 의문이 들지 않을 수 없다. 창당에 앞장선 사람들도 이 같은 문제점들을 모를 리 없으므로 저들의 저의를 의심하지 않을 수 없다. 또한 그들이 진정한 기독교 진리로 거듭 났는지도 의심할 대목이다. 교회가 맡겨준 복음 전파를 원칙으로 삼는다면 정당을 세울 것이 아니라 믿음과 비전을 가진, 진정한 기독교 정신에 입각한 민주주의에 충실한 일꾼을 키워 정치인으로 배출하는 것이 국가와 국민 앞에 교회가 할 일이 아닌가 한다. Ω

헌금정신(獻金精神)
a mind of the collection at Church

헌금은 비단 교회뿐 아니라 어느 종교단체든지 있기 마련이다. 또한 사회에도 있고 교회 내에도 수많은 종류의 헌금이 있다. 이러한 헌금은 어떤 정신으로 내야 할까?

여유가 있어 내는 헌금이 있는가 하면 마음은 없지만 적선하는 심정으로 내는 헌금도 있다. 어쩔 수 없이 품위를 유지하기 위해 내는 헌금도 있고, 다른 사람이 하니까 나도 하지 않을 수 없어 미적거리며 내는 헌금도 있다. 그러나 이런 식으로 헌금을 내는 태도는 좋지 않다. 그렇다면 헌금을 낼 때의 마음가짐은 어떠해야 할까?

성경을 보면 이스라엘 사람들이 애굽에서 4백 년간 종살이한 이야기가 나온다. 종살이란 남의 집에서 종노릇을 하는 것으로, 노예생활을 의미한다. 그 생활은 참으로 비참한 비극의 연속이었다. 하루 이틀도 아니고 4백 년이란 긴 세월 동안 노예생활을 했다면 그 고통은 말로 형언할 수 없을 정도였으리라. 그러나 이스라엘 사람들은 모세를 통해 애굽을 탈출하는 데 성공했다. 그것이 바로 장자의 재앙으로 인한 출(出)애굽의 역사이다.

애굽 전역의 짐승과 사람의 장자는 모두 죽어야 하는 그 죽음의 밤에 이스라엘 하나님이 유대 백성들에게 양을 잡고 그 피를 문설주 인방에 바를 것을 명령했다. 장자의 재앙 가운데 애굽 전역에서 이스라엘 사람들은 죽지 않고 모두 살아남았다. 실로 거짓말 같은 기적의 이야기가 아닐 수 없다. 장자의 재앙이 이스라엘 사람들을 뛰어넘었다고 하여 유월(逾越)이라 하는 것이다. 하나님은 유대인들에게 이날을 절기 삼아 명절로 지킬 것을 명령하셨다.

너는 무교절을 지키되 내가 네게 명령한 대로 아빕월 그 절기에 이레 동안 무교

병을 먹으라. 이는 네가 아빕월에 애굽에서 나왔음이니라. 모든 첫 태생은 다 내 것이며 네 가축의 모든 처음 난 수컷인 소와 양도 다 그러하며 나귀의 첫 새끼는 어린 양으로 대속할 것이요, 그렇게 하지 아니하려면 그 목을 꺾을 것이며 네 아들 중 장자는 다 대속할지며 빈손으로 내 얼굴을 보지 말지니라. (출 34:18~20)

바로 이것이 하나님께 헌금할 때의 정신적 배경이다. 즉 장자의 재앙 가운데 살아 있는 모든 짐승과 사람의 초태생은 다 하나님의 것임을 고백하는 헌금이 되어야 한다. 첫째, 나는 내 것이 아니라 하나님의 것이라는 신앙 고백이 담겨 있어야 한다. 둘째, 장자의 재앙 가운데 죽지 않고 살았음을 감사하는 정신으로 드려야 한다. 이러한 정신으로 헌금을 드린 사람만이 하나님의 백성이라는 자격을 가지게 될 것이며, 하나님의 백성으로서 특혜를 누리며 살아갈 수 있다.

이 말은 구약 이스라엘 백성에게 해당할 뿐 오늘의 우리와는 상관없다고 생각할 수도 있으나 그렇지 않다. 우리 역시 하나님의 장자이신 그리스도가 십자가의 희생양이 됨으로써 구원을 받아 살아남았기 때문이다. 하나님은 의로운 재판장으로서 불의한 인간들을 심판해야 할 처지에 있지만 십자가에 죽으신 예수가 대신 희생양이 되어 죽음으로써 오늘날 우리가 생명을 얻게 된 것이다. 더욱이 예수님의 십자가 사건을 믿는 자들은 세상에 대해 하나님의 장자라는 명예를 주신 것이다.

오늘의 신앙인들은 내가 세상에 대해 장자라는 점을 믿어야 한다. 또한 장자의 재앙 속에서도 살아남은 이유는 깊은 믿음을 가진 나 때문임을 믿어야 한다. 그리고 믿음을 가진 나 때문에 세인들이 지금도 살아가고 있음을 깨달아 자부심과 긍지를 가져야 한다. 헌금 정신은 나는 나의 것이 아니라 하나님의 것임을 고백하는 것이며, 장자의 재앙 가운데에도 죽지 않고 살아남은 데 대한 정신적인 감사가 배어 있어야 한다. 이처럼 구원받은 성도로서 감사한 마음으로 헌금을 낼 때 하나님의 백성으로 특혜를 누리며 살게 될 것이다. Ω

선물과 봉헌
a present and a dedication

시간이 있을 때면 아침식사 전에 종종 TV 드라마를 본다. 드라마 속에 이런 내용이 나온다.

사랑하는 딸이 아르바이트를 해서 번 돈으로 식구들의 선물을 사온다. 다들 설레는 표정으로 뜯어보느라 야단인데, 어머니는 딸이 사온 선물에는 눈길도 주지 않은 채 외면해버린다. 한번 풀어보라고 식구들이 성화를 하니까 이번에는 아예 건넌방으로 가버린다. 식구들이 의아해하는 가운데 딸에게 어머니를 따라가서 선물을 직접 건네주라고 권한다. 이 말을 들은 딸이 건넌방으로 가서 정성을 다해 사온 것이니 풀어보라고 말했으나 어머니는 여전히 거절할 뿐이다.

이상하다. 사람들은 대부분 선물을 좋아하는데 드라마 속의 어머니는 왜 딸이 사온 선물을 받지 않았을까? 거기에는 그만한 이유가 있다. 한창 공부에 집중해야 할 대학생 딸이 빗나간 이성교제로 인해 임신을 한 것이다. 딸은 아이 아빠와 결혼하겠다고 결심하고 어머니를 설득했으나 그것은 부모로서 허락할 일이 아니다. 이런 상황에서 주는 선물은 순수한 선물이 아니라 뇌물일 수밖에 없다.

신앙인은 하나님께 주로 헌금이나 헌물로 봉헌한다. 어떤 사람은 생을 바쳐 순교하기도 한다. 그런 것을 보며 가끔 '하나님은 우리가 드리는 것은 모두 다 받으실까?' 하는 의구심을 갖게 될 때가 있다. 앞서 말한 드라마 속 어머니가 윤리적 도덕적으로 비뚤어진 삶을 사는 딸의 선물을 기뻐하지 않듯이 하나님도 뜻에 부합하지 않는 선물은 받지 않을 것이 당연하다.

〈창세기〉 4장을 보면 가인과 아벨이 같은 장소에서 같이 수고하여 얻은 곡물과 양을 하나님께 제물로 바쳐 제사를 드렸으나 아벨의 것은 열납하였고 가인의 것은 열납하지 않았다. 왜 아벨의 것은 받고 가인의 것은 받지 않았을까? 이에 대한 많은 논란이 있다. 하나님은 양으로 드릴 때는 받지만 알곡으로 드리면 받지 않는다는 우스갯소리를 하는 사람도 있다. 물론 모든 이야기에는 그만한 근거가 있을 것이다. 부모가 부도덕한 죄를 지은 자녀의 선물을 받지 않듯이 하나님도 이와 동일하지 않을까? 즉 어떤 제물을 바치느냐가 중요한 것이 아니라 제물을 드리는 사람이 중요한 것이다.

> 세월이 지난 후에 가인은 땅의 소산으로 제물을 삼아 여호와께 드렸고 아벨은 자기도 양의 첫 새끼와 그 기름으로 드렸더니 여호와께서 아벨과 그의 제물은 받으셨으나 가인과 그의 제물은 받지 아니하신지라. 가인이 몹시 분하여 안색이 변하였다. (창 4:3~5)

다시 말해 하나님은 성품이나 인격을 제대로 갖춘 사람이 바치는 제물을 기쁘게 받으신다는 의미이다. 나는 과연 나의 모든 신앙생활을 하나님께서 열납하시는지 한 번쯤 돌이켜보는 성도가 되어야겠다. 아벨과 그 제물은 받으셨다는 성경의 말씀은 신앙 인격이 참으로 중요함을 드러내고 있다. 드리는 일도 중요하지만 나의 신앙 인격을 닦는 것이 선결 문제요 소홀히 할 수 없는 일이다.

> 만군의 여호와가 이르노라. '너희가 눈 먼 희생제물을 바치는 것이 어찌 악하지 아니하며 저는 것, 병든 것을 드리는 것이 어찌 악하지 아니하냐? 이제 그것을 너희 총독에게 드려보라. 그가 너를 기뻐하겠으며 너를 받아주겠느냐?' 만군의 여호와가 이르노라. '너희는 나 하나님께 은혜를 구하면서 우리를 불쌍히 여기소서 하여 보라. 너희가 이같이 행하였으니 내가 너희 중 하나인들 받겠느냐?' 만군의 여호와가 이르노라. '너희가 내 제단 위에 헛되이 불사르지 못하게 하기 위하여 너희 중에 성전 문을 닫을 자가 있었으면 좋겠도다. 나가 너희를 기뻐하지 아니하며 너희가 손으로 드리는 것을 받지도 아니하리라' 하였다. (말 1:8~10)

나 역시 오랜 교회생활을 통해 정성을 다하여 헌신하는 생활을 하고 있으나 나의 신앙 인격이 나의 드리는 것과 비례하여 하나님 뜻에 부합하는지 늘 고민하는 자세를 가져야 할 것이다. Ω

버리고 취하는 일
to throw and to take

'사람은 들고 나는 일이 정확할 때 출세도 하고 명성도 지킬 수 있다' 는 말이 있는가 하면 '버릴 줄도 알고 취할 줄도 알아야 한다' 는 말이 있다. 전자는 출입의 중요성을 말하는 것이요, 후자는 탐욕을 다스릴 줄 알아야 한다는 의미이다. 세치 혀도 다스리지 못하여 패가망신하는 사람들이 너무나 많다. 하물며 자기 심장에 숨어 있는 탐욕을 다스릴 줄 아는 현자가 얼마나 될까?

성경 속의 한 인물을 소개한다. 사사시대에 사무엘이라는 분이 있었다. 그는 어렸을 적부터 성전에서 자라 하나님의 총애를 받으며 살았다. 백성들이 왕을 구할 때 사울이라는 왕을 발탁하여 이·취임식장에서 낭랑한 음성으로 전달한 유명한 연설문이 있다.

> 사무엘이 온 이스라엘에게 이르되 '보라, 너희가 내게 한 말을 내가 다 듣고 너희 위에 왕을 세웠더니 이제 왕이 너희 앞에 출입하느니라. 보라, 나는 늙어 머리가 희어졌고 내 아들들도 너희와 함께 있느니라. 내가 어려서부터 오늘까지 너희 앞에 출입하였거니와 내가 여기 있나니, 여호와 앞과 그의 기름 부음을 받은 자 앞에서 내게 대하여 증언하라. 내가 누구의 소를 빼앗았느냐? 누구의 나귀를 빼앗았느냐? 누구를 속였느냐? 누구를 압제하였느냐? 내 눈을 흐리게 하는 뇌물을 누구의 손에서 받았느냐? 그리하였으면 내가 그것을 너희에게 갚으리라' 하니, 그들이 이르되 '당신이 우리를 속이지 아니하였고 압제하지 아니하였고 누구의 손에서든지 아무것도 빼앗은 것이 없나이다' 하니라. 사무엘이 백성에게 이르되 '너희가 내 손에서 아무것도 찾아낸 것이 없음을 여호와께서 너희에게 대하여 증언하시며 그의 기름 부음을 받은 자도 오늘 증언하느니라' 하니, 그들이 이르되 '그가 증언하시나이다' 하니라. (삼상 12:1~5)

이와 같이 사무엘이 백성들과 살아 계신 하나님과 사울 왕 앞에서 담대하게 자신의 결백을 주장할 수 있음은 청백리의 삶을 살았기에 가능한 일이다. 이때 백성들은 모두 손을 들어 아니라고 대답한다. 이는 선한 양심대로 살았음을 증명하는 증인들의 대답이다.

이 시대에 사무엘 같은 정치인들이 나오면 얼마나 좋을까? 승용차로 트럭으로 정치자금을 끌어대는 권력자들의 횡포 탓에 국민 경제가 멍들고 있음을 생각할 때 서글픈 시대가 아닐 수 없다. 이러한 때 어느 누가 사무엘과 같은 청백리의 삶을 살 수 있을까?

인간은 할 수 없다. 하나님만이 할 수 있다. 바울은 "내게 능력 주시는 자 안에서 나는 무엇이든 할 수 있으며 능치 못할 일이 없다"고 갈파한다. 험악한 시대를 살아가는 우리는 하나님을 경외하는 일에 최선을 다해야 한다. 이 시대에 누구를 탓할 수 있으랴. 모두가 우리의 탓이다. 하나님을 경외하여 하나님에 의해 인생을 살아가는 사무엘과 같은 사람이 되기를 바란다.

국민일보(2004년 1월 6일자)에서 '아름다운 퇴장' 이라는 기사를 보았다. 한승수(한나라당·68세) 의원이 고향인 강원도 춘천에서 정치 인생을 조용히 마감했다는 내용이다. 그는 장관을 세 번이나 지냈고, 노태우 대통령 시절 상공부장관을 거쳤으며, 김영삼 대통령 당시 주미 대사와 비서실장, 경제 부총리를 지냈고, 김대중 대통령 당시 외교통상부 장관직을 역임했다.

18년 동안 대학 강단에서 교수직을 지내다가 정치에 입문한 그가 춘천 시민으로서 정계를 은퇴함에 또한 말들이 많기는 하나 전적으로 하나님에게 의존한 삶을 산 사람으로서 좋은 결과를 장식했다고 볼 수 있다. 또한 한나라당의 공천 물갈이가 소용돌이치는 가운데 용퇴하는 것이 아니냐는 좋지 않은 여운들이 있기는 하나 공복으로서 사무엘처럼 깨끗하게 마무리하는 것도 그의 아름다운 인격이라 할 수 있다. 그의 신앙은 모르겠지만 신의 은혜를 입어 큰 잘못 없이 마무리를 잘하고 인간의 탐심을 다스리는 모습은 참으로 아름답다고 할 수 있다. Ω

편을 가르는 행동은 삼가야
to divide party

말에 대한 중요성은 아무리 강조해도 지나치지 않을 것이다. 장부일 언중천금(丈夫一言重千金)이란 장부의 말 한 마디는 천금보다 무겁다는 뜻으로, 한 번 내뱉은 말은 반드시 지키라는 의미이다. 말 한 마디 때문에 사람이 죽고 사는 문제가 발생할 수도 있고, 재산상의 이해득실을 가늠하는 일들까지 벌어진다.

공인이라면 물론 거짓말 따위를 해서는 안 된다. 그러나 아무리 소신 있는 발언이라도 남에게 피해를 입히는 것이라면 공인의 입장에서는 삼가야 한다. 물론 평범한 사람들도 말을 함부로 해서는 안 되지만 특히 공신력 있는 지도자는 쉽게 내뱉은 말 한 마디가 많은 사람에게 영향을 줄 수 있으므로 신중하게 처신해야 한다.

지난번에 노무현 대통령의 말 한 마디가 또 화를 몰고 왔다. 총선 출마를 위해 사표를 낸 청와대 비서관과의 오찬 자리에서 "민주당을 찍는 것은 한나라당을 도와주는 것이다"라고 말한 것이 발단이었다. 한 참석자는 "이번 선거는 한나라당이 하나의 세력으로 자리 잡고 대통령과 열린우리당이 한 축으로 협력하는 구도로 가게 될 것이다" 하는 대통령의 발언 요지를 전했다.

물론 그 자리가 공식석상도 아니고 마이크를 잡고서 정식으로 발표한 말도 아니므로 대통령을 싫어하는 언론이나 야당의 괜한 시비라고 넘어갈 수도 있다. 청와대 대변인도 "격려 차원의 덕담이었을 뿐이다"라면서 비슷한 맥락의 해명을 했다. 그러나 당사자인 민주당과 한나라당측의 반응은 매우 심각하다. 이들은 '대통령의 선거 중립 훼손'을 주장하며 사전선거운동 혐의로 검찰에 고발하고 선관위에 조사 의뢰를 검토하겠다며 펄펄 뛰고 나섰다.

청와대측의 해명처럼 대통령의 '덕담'이 '집안일'로 끝났으면 하등 문제될 것이 없다. 하지만 공식 발표가 아니라 해도 일단 모든 국민이 알아버렸으니 의도적이든 의도적이 아니든 이로 인한 분란의 책임은 결국 대통령에게 돌아갈 것이다. 대통령도 현실 정치인이므로 아무리 사소한 발언을 했다 해도 일종의 정치행위라 할 수 있다. 즉 대통령은 한 사람의 국민이요 정치인이기도 하지만 공인 중의 공인이며 국정 최고책임자이며 국가원수이다. 따라서 공개된 자리든 비공개된 자리든 대통령의 언행 하나하나가 지극히 신중해야 한다는 데 이론이 있을 수 없다. 이번 발언이 더 유감스럽고 안타까운 것도 바로 이 때문이다. 이번 기회에 대통령과 주변 인물들 모두 절제된 언행을 하도록 유의해야 할 것이다.

대통령은 한 나라의 지도자이다. 지도자는 네 편 내 편을 가르는 발언을 해서는 안 된다. 여당이든 야당이든 모든 정당은 대통령의 지도하에 성장해야 한다. 여당만 잘되고 야당은 잘되어서는 안 된다는 논리는 타당성이 없다. 모든 정당이 잘되어야 하고 그것이 진정한 민주사회로 가는 길이다. 민주주의를 표방하는 대한민국의 최고통수권자가 밀실에 앉아 여야를 편 가르는 식의 발언은 삼가야 한다. 한 집안의 가장 입장에서는 큰아들과 작은아들이 모두 잘되어야 마음이 흡족한 법이다. 제대로 된 부모라면 큰아들은 장자이므로 잘되어야 하고 작은아들은 큰아들보다 잘되면 안 된다는 식의 편애는 절대 해서는 안 될 일이다.

성경을 보면 바리새인들이나 당시 즈님을 따르는 제자들은 같은 유대민족이다. 공정한 지도자라면 바리새인들은 당하고 주님의 제자들은 흥해야 한다는 식의 편향된 생각은 갖지 않을 것이다. 신앙인의 입장에서 볼 때 사람들이 믿지 않아 악하기에 하나님의 준엄한 심판을 받는 것은 당연하지만 그렇다 해도 신앙인이 사람들을 직접 심판해서는 안 된다. 세상을 지도하는 신앙인은 내가 세상을 심판할 것이 아니라 구원받아야 할 존재임을 알고 불쌍히 여기는 마음을 가져야 한다. 또한 화합과 화평을 도모하는 차원에서 전도하는 신앙인이 되어야 한다. Ω

대통령의 말 한 마디
a word of the President

말이란 참으로 중요하다. 한 마디의 말이 인생을 파멸로 몰기도 하고 죽음으로 이끌기도 한다. 요즘 우리나라는 듣기에도 생소한 대통령 탄핵 사태로 전국이 떠들썩하다.

지난 2월 24일 오전, 노무현 대통령은 SBS 목동 신사옥에서 방송기자클럽 초청 대통령특별회견을 가졌다. 이때 노 대통령은 "열린우리당이 표를 얻을 수만 있다면 모든 것을 다하고 싶다. 열린우리당에 압도적인 지지를 해주기를 기대한다"며 선거 결과에 영향을 미치고 싶다는 의사를 명백히 했다. 대통령의 이 말은 정계를 들썩이게 했을 뿐 아니라 술좌석이나 사석에서 평범한 사람들의 안줏거리가 되기에 충분했다. 특히 국회에서는 대통령 탄핵이라는 헌정사상 초유의 사건을 벌일 예정이라 앞으로의 정국 변화에 관심이 집중되고 있다. 대통령의 말 한 마디가 미치는 영향이 이렇게 크다 하겠다. 말 한 마디 잘못한 탓에 자신뿐만 아니라 국가 운명이 먹구름에 가려 한치 앞을 볼 수 없는 상황이다.

탄핵으로까지 이어질 가능성이 있는 대통령의 발언은 선거법 9조에 '공무원 기타 정치적 중립을 지켜야 하는 자는 선거에 대한 부당한 영향력의 행사, 기타 선거 결과에 영향을 미치는 행위를 해서는 안 된다', 60조에 '공무원은 선거운동(당선되게 하거나, 되지 못하게 하기 위한 행위)을 할 수 없다' 고 규정되어 있어 야당의 맹공격을 받고 있다.

공직자의 최고 위치에 있는 노 대통령은 지난해 12월 24일 청와대 비서관들을 만난 자리에서 "4 · 15 총선에서 민주당을 찍는 것은 한나라당을 도와주는 것"이라고 말했다가 선관위로부터 공명선거협조요청공문을 받은 바 있다. 그럼에도 불구하고 노 대통령은 선거 관련 발언을 거듭하고 나섰는데 이에 대하여 야당은 "국민의 대통령이 아니라 열린우리당의 선대위원장이냐"하고 비판하기에 이르렀다. 평소 같으면 그 정도 발언쯤이야 하고 지나칠 수도 있겠지만 지금은 선거철이다. 4월 15일은 제17대 선량들을 대거 선출하는 선거일로 매우 민감한 시기인 것이다.

대통령은 선거에서 중립을 지켜야 한다. 여당만 잘되고 야당은 안 되어야 한다는 논리는 맞지 않다. 한 나라를 대표하는 대통령은 여야를 모두 후원해야 하는 입장에 서 있다. 물론 그동안의 권력구조가 여소야대였으므로 정치적 탄압을 받았을 테고 남모르는 고충도 많았을 것이다. 그렇다 해도 여야가 모두 잘되도록 중립을 지켜야 하는 대통령이 노골적으로 여당 편에 서서 선거에 영향을 미칠 달까지 한 것은 잘못이다. 불이익을 당하는 야당으로서는 좌시할 수 없는 상황이었을 것이다. 그래서 대통령의 발언이 선거법 위반이냐 위반이 아니냐를 선거관리위원회에게 물었고, 선관위에서는 대통령의 선거 개입이 맞다는 결론을 내려 앞으로는 자중해줄 것을 요청했다. 이에 대통령은 선관위의 결정은 존중하지만 납득할 수 없다는 반응이다. 즉 자신의 잘못을 인정할 수 없다는 것이다.

성경에서는 인간의 어리석음을 이렇게 표현하고 있다.

"낟알을 절구에 넣고 공이로 찧어도 벗어지지 않음과 같다."

대통령이 자신의 잘못을 알 때 편파적인 선거운동을 더 이상 하지 않을 것이고, 더 이상 편파적인 정치행태를 벌이지 않을 것이다. 지금 내 머릿속에는 주님의 말씀이 맴돌고 있다.

"다른 사람 눈의 티는 보면서 자신의 눈 속에 있는 들보를 보지 못한다."

선관위의 결정을 존중한다는 대통령의 반응에 선관위에서는 존중한다면 행동으로 직접 보이라는 쓴소리까지 했다고 한다. 이번 사건이 우리에게 주는 교훈은 말을 하기 전에 한 번 더 생각해보고 함부로 말하지 않아야 한다는 것이다.

말 한 마디에 다른 사람이 불이익을 당하거나 마음 상하지 않도록 불행을 가져오는 말은 삼가야 할 것이다. *Ω*

허세를 좋아하는 사람
strike an attitude

출퇴근 시간에 밖으로 나가 보면 실로 엄청난 사람들이 무리지어 오가고 있다. 앞서가는 사람들에게 뒤에서 "사장님!"하고 부르면 10명 중 7, 8명이 돌아본다는 우스운 노랫말도 들은 적이 있다. 물론 실제로 모두 다 사장님일 수도 있지만, 평소에 사장으로 군림하며 허세(虛勢)를 부리는 사람들이 많다는 의미이기도 한다.

우리나라는 예로부터 실속보다는 명분을 중시하는 유교적 분위기가 몸에 배어 있어 속내를 털어놓기보다는 허세를 좋아한다. 좋은 예로 '냉수 먹고 이 쑤신다' 는 속담이 있다. 이는 잘 먹은 체하며 이를 쑤신다는 뜻으로, 실속은 없으면서 무언가 있는 체함을 이르는 말이다. 돈 없는 빈털터리가 부자로 허세부리기 위해 냉수를 먹고도 이를 쑤시는 것은 매우 천박한 행동이다. 그러나 허세부리는 행위가 바람직하지 않다는 것을 빤히 알면서도 명분을 중시하는 문화 속에서 살다 보면 남의 눈을 의식하지 않을 수가 없다. 그러다 보니 가난한 사람일수록 더 입성에 신경 쓰고 돈 없는 사람일수록 지갑 여는 횟수가 더 잦아지는 것이 어쩔 수 없는 우리 현실이다. 정작 부자는 허름한 잠바 차림에도 주눅 들지 않고 자유롭게 살아가는 것을 보면 그저 부러울 따름이다.

허세를 버리고 남의 눈을 의식하지 않은 채 솔직하고 당당하게 내 모습을 드러내며 살아갈 수는 없을까? 우리나라에서는 지나치게 솔직하면 불이익을 당하거나 정당한 대우를 받지 못하기 때문에 아직은 적당한 허세를 부릴 수밖에 없다고 생각한다. 아무래도 신앙의 도움이 없으면 이 같은 문제를 해결하기 어려울 것이다.

성경에 나오는 요한이라는 인물을 소개하고자 한다. 여기서 말하는 요한은 세례 요한을 가리킨다. 그는 주님보다 6개월 먼저 출생했으며 약대 털옷을 입고 허리에 가죽 띠를 띠고 메뚜기와 석청을 먹으며 자랐다. 그가 예수님보다 6개월 먼저 세상에 온 이유는 예수님의 길을 미리 준비하기 위해서이다. 혜성같이 나타난 세례 요한은 유대 광야에서 바리새인과 서기관들에게 이렇게 외친다.

"독사의 자식들아! 누가 너희를 가르쳐 임박한 진노를 피하라 하더냐? 회개의 합당한 열매를 맺으라."

이러한 외침 이후에 그의 이름이 온 천하에 알려졌고 그의 인기는 극에 달했다. 유대인들은 그의 신분을 알아내기 위해 사람을 보냈다. 밀파된 사람이 와서 세례 요한에게 "당신이 누구냐?"하고 묻자 그는 "나는 그리스도가 아니다"하고 답했다. 보내어 온 자가 "네가 무엇이냐? 혹시 우리가 기다리는 엘리야냐?"하고 다시 묻자, 세례 요한은 "나는 아니다"하고 대꾸했다. 이에 또다시 "그렇다면 선지자냐?"하고 묻자 세례 요한이 대답하기를 "나는 아니다"라고 했다. 이번에는 밀파된 사람이 묻기를 "그러면 우리에게 보낸 자들에게 무어라 대답하겠느냐?"하고 다그치자 이때 세례 요한은 "나는 이사야 선지자가 말한 대로 길을 예비하러 온 광양의 소리다"하고 대답했다.

세례 요한은 그리스도를 소개하면서 "나는 그의 신들메 풀기도 감당치 못하겠노라"하고 고백했다. 이 말은 신에 가까운 경지에 이른 신앙의 사람이 아니고서는 쉽게 할 수 없는 고백이다. 자신을 주님의 종이라 소개하며, 주님의 신발끈을 푸는 일조차 감당하지 못하는 자라고 솔직히 털어놓고 있다. 세례 요한이야말로 허세를 부릴 자리에서 머리만 까딱해도 대접 받을 수 있는 사람이요, 선지자 중 한 사람이요, 굳이 엘리야라고 말하지 않아도 권력층의 융숭한 대접을 받을 수 있는 사람이요, 대중에게 추앙받을 수 있는 사람이지만 그는 허세를 부리지 않았다. 부끄러운 짓을 하지도 않았다. 세례 요한은 자신을 낮추고 주님을 높이는 위대한 신앙의 선구자로, 예수님의 종으로, 증거 자로 남기를 원했을 뿐이다. 신앙을 통해서만이 진정 허세를 부리지 않고 자신의 길로 나아갈 수 있다. Ω

심은 대로 거둔다
As a man sows, so he shall reap

새천년민주당의 조순형 대표는 대통령 탄핵을 발의하여 헌정사상 처음으로 대통령직을 중단하는 데 일조를 했다. 그러나 이로 인한 탄핵 후폭풍으로 새천년민주당은 지난해 우리나라를 휩쓸고 간 태풍 매미보다 더 큰 후유증을 앓고 있다. 탄핵할 때는 당원들이 하나가 되었지만 지금은 분당 위기로 시끌시끌한 것이 새천년민주당의 문제점이다. 여론조사를 실시한 후 열린우리당의 인기는 나날이 높아가지만 새천년민주당은 바닥을 면치 못할 정도이니 총선을 눈앞에 둔 시점에서 탄핵을 주도한 조 대표에게 비난의 화살이 쏠리는 것은 당연한 일이라 하겠다. 게다가 조 대표의 유명세 탓에 안 좋은 일로 매일매일 뉴스 시간마다 오르내리고 있으니 조만간 물러나야 할 형국이다.

지난 3월 26일, 추미애 의원은 조순형 대표의 사퇴를 거듭 주장하고 나섰다. 이에 조 대표가 정면 반박하면서 상황이 악화되기 시작했다. 추 의원은 이날 밤 기자회견을 갖고 다음과 같이 말했다.

"대통령은 헌재 결정이 날 때까지 직무가 정지되어 있으므로 조 대표도 헌재 결론이 날 때까지 스스로 직무를 정지해야 한다. 아니, 사퇴해야 한다."

추 의원은 자신도 탄핵에 동참했으므로 심히 가슴 아픈 일이라고 말하면서도 조 대표의 퇴진을 주장하고 나섰다. 당권파와 비당권파를 막론하여 젊은 소장파들은 추미애를 중심으로 출당도 감수하겠다는 반응이다. 조 대표 입장에서 볼 때 당원 전체가 탄핵을 주도했음에도 불구하고 그 책임이 혼자만의 것으로 남는 것은 가슴 아픈 일이다. 탄핵 후 국민여론이 민주당 쪽으로 기울었으면 좋았겠지만 후폭풍으로 당만 분열될 위기라 그의 입장이 더욱 난처해졌다. 언제는 나무 위에 올라가라고 성화를 부리더니 이제는 그 나무를 흔드는 격이다. 이런 결과는 그로서도 예측하지 못한 사안임에 틀림없다.

우리 속담에 '심은 대로 거둔다' 는 말이 있다. 이번 일을 볼 때 딱 어울리는 말이 아닐 수 없다. 성경에서 바울은 다음과 같이 말하고 있다.

> 스스로 속이지 말라. 하나님은 업신여김을 받지 아니하시나니 사람이 무엇으로 심든지 그대로 거두리라. 자기의 육체를 위하겨 심는 자는 육체로부터 썩어질 것을 거두고 성령을 위하여 심는 자는 성령으로부터 영생을 거두리라 . (갈 6:7~8)

박정희 대통령이 부하에게 시해되어 동작동 국립묘지로 운구될 때 식전행사가 있었다. 이때 새문안교회 강신명 목사님은 속담을 인용하여 '칼을 쓰는 자는 칼로 망한다' 는 내용의 기도를 하나님에게 드렸다. 이는 무엇을 심든지 그대로 거둔다는 성경의 말씀과 맥을 같이 한다. 마찬가지로 조순형 민주당 대표는 망설임 없이 대담한 탄핵을 발의하여 다른 사람의 목을 자르더니 이제는 자신이 대표직을 내놓아야 할 비통한 처지에 놓이게 되었다.

이번 사태를 통해 평소에도 씨 뿌리는 농부의 신중한 태도를 가져야 한다는 생각이 들었다. 물론 대통령이 다 잘한 것은 아니다. 그렇다 해도 남의 잘못을 자신의 아픔처럼 생각하지 않고 심판자의 위치에서 정죄하고 심판하는 일은 바람직한 태도가 아니다. 바울은 또한 이렇게도 말하고 있다.

> 형제들아, 사람이 만일 무슨 범죄한 일이 드러나거든 신령한 너희는 온유한 심령으로 그러한 자를 바로잡고 너 자신을 살펴브아 너도 시험을 받을까 두려워하라. 너희가 짐을 서로 지라. 그리하여 그리스도의 법을 성취하라. (갈 6:1~2)

당리당략에 눈이 어두워 한치 앞을 내다보지 못한 야당의 탄핵행위는 스스로의 무덤을 판 것과 같은 어리석은 행동이라 할 것이다. Ω

정계로 진출하는 사람들
a person into the political circles

아는 분을 만나서 나눈 대화의 일부를 소개한다. 그 분이 말하기를 언젠가 국회 의원회관을 방문한 적이 있다고 한다. 로비에 두 개의 엘리베이터가 있는데 하나의 엘리베이터에는 양탄자가 깔려 있고, 다른 하나에는 깔려 있지 않더라는 것이다. 알고 보니 양탄자가 깔려 있는 엘리베이터는 의원들만 전용으로 사용하는 것이고, 다른 하나는 일반인이 사용하는 것이라고 했다. 그래서 양탄자가 깔려 있는 엘리베이터를 타려 하자 경비원이 달려와 이용하지 못하게 하더라는 것이다. 하지만 경비원과 실랑이를 한 끝에 기어코 의원 전용 엘리베이터를 탔다는 이야기였다. 그 분이 경비원에게 말한 내용이 재미있다.

"국회의원 후보가 찾아와 '나는 국민의 공복입니다. 심부름꾼 노릇을 잘하기 위해 나왔으니 꼭 찍어주십시오' 하기에 내가 표를 찍어 국회의원이 되었소. 그렇다면 나는 그 분의 주인이 아니겠소? 종이 타는 엘리베이터를 주인이 타지 못하는 이유라도 있는 거요?"

그 말을 들은 경비원이 잠자코 있기에 일반인 사용이 금해진 엘리베이터를 탔다는 내용이다. 말과 현실의 괴리가 있음을 실감한 사건이 아닐 수 없다. 국회의원들이 말로는 공복이요, 심부름꾼으로 자처하지만 실제로는 주인으로 행세한다는 이야기이다. 어불성설(語不成說) 같지만 실제로는 이런 일이 너무 많다.

이 같은 사건들이 다시금 재현되는 시기가 왔다. 4월 15일은 제17대 국회의원을 선출하는 선거일이다. 수많은 국회의원 후보들이 출몰하여 앞서 말한 것과 같은 구수한 말로 국민을 기만할 것을 생각하면 기가 차다. 하루는 집으로 전화가 한 통 걸려왔다. 내용인즉은 모 장소에서 모월 모일 모시에 모임이 있으니 거절하지 말고 나오라는 전화였다. 의정보고를 한다는 것이다. 평소에는 한 통의 전화도 없던 사람들이 이제 국회의원 선거가 얼마 남지 않으니 선거활동하기 위해서 전화를 한 것이다. 평소에도 얼마든지 전화를 할 수 있고, 만날 기회를 만들 수도 있으련만 선거가 턱밑에 닿아서야 전화를 하는 속셈이 너무 빤히 보여 마음이 많이 상했다. 내가 국회의원이니 잔소리 말고 약속한 장소로 나와 내 말을 들으라 하는 식의 권위적인 자세는 시정하고 개혁되어야 하지 않을까?

과연 그 집회에 얼마나 많은 사람이 모였는지는 모르겠다. 아무튼 그곳에 모인 사람들은 아직도 권력에 아부하는 근성을 버리지 못한 개혁 대상자들이다. 선거 때만 되면 후보들에게 들러붙어 한몫 챙기려는 거지 근성의 유권자들이 사라지지 않는 한 깨끗한 정치, 바른 정치는 구현될 수 없다. 돈 쓰는 후보들만 나쁜 것이 아니라 돈 받는 유권자들 또한 쓰레기 같은 존재이다. 이들은 둘 다 필요에 의해 만난 사람들이다. 한쪽은 권력이 필요하고 다른 한쪽은 돈이 필요한 사람들이기 때문이다. 표를 사고파는 못된 관행을 뿌리 뽑지 않는 한 그들의 뒷거래는 쉽게 사라지지 않을 것이다.

17대 총선을 통해 돈 안 쓰는 정치, 돈 안 받는 정치풍토가 이 땅에 정착했으면 하는 바람이다. 표를 찍는 사람들이 아름다운 시민정신을 발휘할 때 우리나라도 진정한 의미의 선진국이 될 수 있다. 하지만 아직은 개선해야 할 점들이 많다. 선거철에 표를 사고팔아서는 안 된다는 것을 모르는 사람은 없지만 실천에 옮기는 사람은 얼마나 될지 모르겠다. 어떻게 하면 이 썩어빠진 관행과 부패를 없앨 수 있을까? 하루빨리 선거법을 고치고 제도를 보완해야 한다고 떠들어대지만 수많은 세월 동안 선거법을 얼마나 많이 개정하고 수정해왔는지 잘 알지 않는가. 무엇보다 필요한 것은 정치인과 국민의 의식이 깨어나는 것이다. 타락한 인간은 신앙을 통해 거듭 태어나지 않는 한 새 사람으로 바뀔 수 없다. 여기에서 진정한 해결의 실마리를 찾을 수 있으리라 믿는다. Ω

체형에 대한 불만
a discontent about one's body form

전 세계를 통해 볼 때 우리나라가 1등을 하는 것들이 꽤 많다. 음주운전과 교통사고가 세계 1위인 것은 이미 누구나 잘 아는 이야기이다. 그 이외에 어떤 사람은 세계 1위가 10가지나 있다고 꼽기도 한다. 그런데 요즘 지상에 공개된 것을 보면 영국의 유명한 체형관리업체인 마리프랑스가 한국, 홍콩, 말레이시아, 태국 등 아시아 6개국에서 20~59세 여성 각 2천 명을 골라 총 1만 2천 명을 대상으로 외모 만족도를 조사한 결과 우리나라 여성의 78.7%가 불만족을 나타내어 세계 1위였다고 한다.

반면에 태국 여성의 73.5%는 자신의 외모에 만족한다고 답해 한국을 제외한 5개국 여성 과반수는 만족을 표시했다고 한다. 외모로 인해 불이익을 받은 경험이 있냐는 질문에는 우리나라 여성 31.7%가 경험이 있다고 답해 외모 중시 풍조를 여실히 보여주고 있다. 불이익 경험의 유형별로는 이성교제(42%)가 가장 많았고 인간관계(24.8%), 취업(22.7%) 순으로 나타났다. 우리나라 여성이 가장 이상적으로 생각하는 체형은 키 165.7센티미터, 몸무게 50.7킬로그램으로 나타났다. 우리나라 여성들이 자기 신체 중 가장 불만족스럽거나 체형 관리를 받고 싶어하는 부위로는 허리와 복부(36.8%), 허벅지(16.0%)를 꼽았다. 한편 이상적인 체형의 연예인으로는 1위가 이효리(15.1%)이고 다음은 김혜수(14.1%), 전지현(11.1%) 등의 순으로 나타났다.

위의 설문조사를 통해 요즘 젊은이들의 심리를 조금은 알 수 있을 것 같다.

첫째, 가진 것에 대한 고마움을 모른다.

인간 내부에 자리잡은 탐욕 때문일까? 요즘 사람들은 가진 것에 만족하지 않고 늘 다른 사람과 비교하며 살아간다. 내가 가진 것을 고마워하며 소중히 여기는 것이 아니라 내가 갖지 못한 것을 부러워하며 신세를 한탄한다. 내 몸을 진심으로 아끼고 사랑한다면 이 땅에 태어나게 해주신 부모님과 신의 존재에 감사의 기도가 넘쳐야 하지 않을까? 모두가 하나님을 믿지 않는 불신앙에서 비롯되는 일이므로 안타깝기만 하다.

둘째, 사람의 운명을 임의로 바꿀 수 있다고 믿는다.

세상에는 운명적인 것들이 참 많다. 이 말은 사람의 힘으로는 바꿀 수 없는 것들이 많다는 의미이기도 하다. 남자와 여자로 태어나는 것, 즉 성이 확정되어 태어나는 것은 운명이다. 또한 부모로부터 받은 유전자도 바꿀 수 없으며 자기만이 고유하게 갖고 있는 것이다. 하기야 요즘은 성 전환하는 사람들도 차츰 늘어나 운명을 손바닥 뒤집듯이 바꾸는 세상이니 성형수술 따위야 대수롭지도 않을 것이다. 그러나 사람의 운명은 신에 의하여 결정됨을 믿어야 한다.

셋째, 신앙심이 부족하다.

성형을 한다거나 다이어트를 하는 이유는 그렇게 하지 않으면 불이익을 당하기 때문이다. 그런데 이성을 만나기 위해 성형이나 다이어트를 하는 것이라면 당장 그만두어야 한다. 사람이 짝을 지어 가정을 이루는 것은 내가 선택하는 것이 아니라 신의 섭리에 의해 이루어지기 때문이다. 하나님이 짝지어주신 인연을 사람의 힘으로 나눌 수는 없다. 취업 또한 내가 노력해서 되는 것이 아니라 배후에 역사(役事)하시는 하나님의 섭리 속에 이루어진다. 흥망성쇠가 인간에게 있지 않고 하나님에게 있음을 감안할 때 주신 몸을 소중히 여겨 성형 또는 무리한 다이어트는 금해야 한다.

우리 조상들은 부모님이 주시는 거라 하여 머리터럭 하나도 자르지 않고 지켜왔음을 상기하고 내 몸을 소중히 다루도록 해야 할 것이다. 지금은 개성의 시대이다. 내 몸의 약점을 드러내어 나만의 개성으로 되살려보는 것은 어떨까? 부모님께서 물려주신 몸이다. 세상에서 단 하나밖에 없는 나를 사랑하며 자부심과 긍지를 가지고 살아가도록 하자. *Ω*

안정된 삶을 위하여
for stable life

사람은 대부분 어렸을 적에는 먹고 자는 기본적 욕망을 위하여 살아가고, 청년이 되어서는 교육을 통해 지적 만족을 느끼며 살아간다. 그러다가 성년이 되어 가정을 꾸리면 책임감으로 살아가는 것이 평범한 사람들의 삶이다. 이처럼 사람들이 그때그때 최선을 다하는 것은 안정된 삶을 위해서이다. 안정된 삶! 물론 불안정한 삶을 원하는 사람은 단 한 명도 없을 것이다. 그러나 바다를 보라. 파도가 밀려왔다 가면 또 다른 파도가 기다렸다는 듯이 밀려온다. 바다가 단 한순간도 잔잔한 적이 없듯이 우리의 인생도 늘 기복이 있다. 이처럼 불안정한 삶을 살기에 더욱 안정된 삶을 동경하게 된다.

하루아침에 거지가 벼락부자가 되는가 하면 신사가 거지가 되기도 하며 관직에 앉은 사람이 서민으로 내려앉기도 한다. 그런가 하면 잘살던 집이 화염에 휩싸이는 바람에 생명을 잃는 경우도 있다. 또한 재벌이 졸지에 도산당하여 대우그룹 김우중 씨처럼 전 세계를 유랑하며 떠도는 신세가 되기도 한다. 이처럼 갑작스런 변화에 흔들리지 않는 삶이 바로 안정을 위한 삶이라 하겠다. 그러나 사람들은 정신적인 안정보다 현실적인 안정을 우선시한다. 무엇보다 정신적 안정이 우선임에도 불구하고 주객이 전도된 삶을 살아가는 것이 인간의 실제 모습이다. 또한 안정된 삶을 살기 위해 많은 것을 동원하기도 한다. 그렇다면 안정된 삶을 살아가는 비결은 과연 무엇일까?

정신위생을 연구하는 의사인 데이비드 핑크(David Fink) 박사는 〈안정을 위한 4박자 균형〉이라는 논문을 발표했다. 그는 인간이 정신적 안정과 평화를 갖기 위해서는 다음과 같은 네 가지 요소, 즉 일(work), 놀이(play), 사랑(love), 예배(worship)가 균형을 이루어야 한다고 주장했다. 그 첫 자를 따서 흔히 WPLW라고도 한다. 목사도 아닌 의학자가 4

대 균형요소에 예배를 집어넣은 것은 주목할 만하다. 하나님을 섬기고 나 자신을 하나님에게 맡기는 것이 정신적 안정과 균형을 잡는 데 불가결의 요소가 된다는 핑크 박사의 연구는 많은 신앙인에게 공감을 불러일으키고 있다. 일 속에는 직업적 활동, 놀이 속에는 휴식, 사랑 속에는 대인관계의 정신적 자세가 포함되며, 예배 속에는 절대자에 의지하는 신앙적 정신자세가 내포되어 있다. 인간은 이 네 가지 요소가 골고루 균형 잡고 있어야 안정을 누릴 수 있다고 한다.

개중에는 마음의 안정을 찾아 절로 들어가 부처님 앞에서 조용히 참선하는 사람이 있는가 하면 보험을 들어 금전적 안정을 취하기도 한다. 그러나 참된 신앙인이라면 거룩한 성전에서 예배로 안정을 취해야 할 것이다. 혹자는 "교회에 나가면 거기서 요구하는 것들을 해야 하므로 일반인보다 더 부담스런 생활을 해야 한다"고 투덜대기도 한다. 따라서 교회를 다니면 안정은커녕 오히려 무거운 짐만 지는 것 같다고 불평을 한다. 그러나 신앙을 통해 안정을 취한 사람들의 예는 아주 많다. 그 예로 동정녀 마리아가 있다. 그는 처녀가 잉태하여 아들을 품에 안게 되었다. 그러나 세상의 따가운 시선 때문에 불안한 나날을 보냈을 것이다. 마리아는 결혼도 하지 않고 정혼한 남자와 동침하지도 않았다. 그런 상태에서 임신 사실이 밝혀졌다면 아마 돌에 맞아 죽임을 당했을 것이다. 그런 그가 꿋꿋이 살아갈 수 있었던 것은 정신적 안정 때문이다. 성경에는 마리아의 고백이 다음과 같이 나와 있다.

> 내 마음이 하나님 내 구주를 기뻐하였음은 그의 여종의 비천함을 돌보셨음이라.
> 보라, 이제 후로는 만세에 나를 복이 있다 일컬으리로다. (눅 1:47~48)

이보다 더 정신적인 안정이 어디 있으랴! 이와 같은 정신적 안정이 이루어질 때 생활의 안정도 따라올 것이다. 혼란에 빠지면 생활의 안정을 찾을 수 없다. 신앙이 정신적 안정에 얼마나 필요한지 깨달아 하나님 섬기기를 즐거움으로 하자. Ω

제 3 부

믿음을 통한 기적

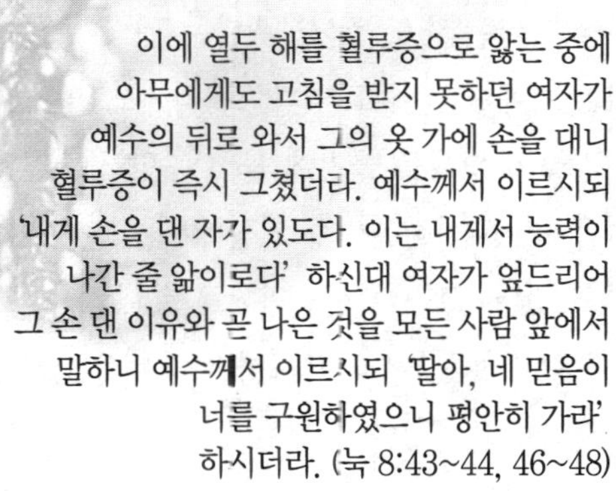

이에 열두 해를 혈루증으로 앓는 중에
아무에게도 고침을 받지 못하던 여자가
예수의 뒤로 와서 그의 옷 가에 손을 대니
혈루증이 즉시 그쳤더라. 예수께서 이르시되
'내게 손을 댄 자가 있도다. 이는 내게서 능력이
나간 줄 앎이로다' 하신대 여자가 엎드리어
그 손 댄 이유와 곧 나은 것을 모든 사람 앞에서
말하니 예수께서 이르시되 '딸아, 네 믿음이
너를 구원하였으니 평안히 가라'
하시더라. (눅 8:43~44, 46~48)

우선순위
First and second

얼마 전에 들은 씁쓸한 이야기 하나를 소개한다. 시골 할아버지가 서울 아들네 집에 얹혀살다가 시골로 내려가면서 이런 말을 했다고 한다.

"아들네 집에는 관심도 제1순위가 대학 갈 수험생 손자 녀석이고 며느리가 두 번째라네. 그 다음은 가장인 아들이 세 번째이고 그 집에서 키우는 애완견이 네 번째이지. 그리고 식모가 다섯 번째이고 나는 여섯 번째라네. 이런 대접을 받는데 내가 아들 집에 더 있을 이유가 뭐 있겠나? 그래서 고향으로 내려가기로 결정했지."

처절하기 그지없는 내용이지만 우리가 살고 있는 사회를 신랄하게 풍자한 이야기이기도 하다. 이 말씀대로라면 오늘의 우리 형편은 어떠한가? 노인들이 설 자리가 없다는 의미이다. 아니, 설자리가 없다기보다는 아예 필요 없다는 말이나 같다. 물론 인간사회에서는 필요 없을는지 모르지만 하나님 편에서 본다면 그게 아니다. 이 땅 위에 있는 것들은 다 하나님이 필요하시기 때문에 남겨둔 것인 줄 믿는다.

다만 순위를 어떻게 매기냐에 따라 삶의 자세가 달라질 뿐이다. 그 순위는 여러 가지 형태로 나타난다. 일상생활에서 말하는 순위가 실제로 작용하는 가정도 있을 것이다. 황금만능시대이니 1순위가 돈이 될 수도 있고 하늘을 나는 새도 떨어뜨린다는 권력이 될 수도 있고 생명처럼 귀히 여기는 명예가 될 수도 있다. 그 외에도 많은 사례가 있을 것이다. 학문을 사랑하여 평생을 골방에 묻혀 문밖 세상을 모르고 살아가는 학구파도 있을 것이다. 젊은이들 입장에서는 연예인이나 미래를 약속한 애인일 수도 있다. 그러나 신앙인으로서 세상적이고 육적인 순위에 혈안이 되는 것을 하나님은 기뻐하시지 않는다. 산상보훈 가운데 예수님은 다음과 같이 말씀하셨다.

그런즉 너희는 먼저 그의 나라와 그의 의를 구하라. 그리하면 이 모든 것을 너희에게 더하시리라. 그러므로 내일 일을 위하여 염려하지 말라. 내일 일은 내일이 염려할 것이요, 한 날의 괴로움은 그 날로 족하니라. (마 6:33~34)

세상 것에 우선순위를 두는 것은 어리석은 짓이다. 솔로몬의 말에 따르면 '세상의 것은 모두 헛된 것이며 바람을 잡는 것과 같기' 때문이다. 세상일에 우선이다 보면 보람도 없고 헛된 수고에 그쳐서 인생을 낭비하게 된다. 또한 우선순위를 임의로 결정한다고 해서 정한 대로 이루어지는 것도 아니다. 앞에서 예를 든 가정의 경우 대학 갈 학생이 우선순위 1위지만 부모가 그토록 정성을 들이고 뒷바라지를 한다 해서 부모가 원하는 대로 자녀들이 모두 좋은 대학에 가는 것은 아니다. 왜냐하면 이 세상을 주관하시고 섭리하시는 살아 계신 하나님은 우리에게 필요한 것을 주시는 것이 아니라 하나님의 필요에 따라 주시기 때문이다. 그러므로 인간으로서 원하는 것이 있지만 정작 원하지 않는 것이 다가올 때가 있다. 그러므로 모든 것이 하나님에 의하여 이루어진다는 엄연한 사실을 믿는 성도라면 우선순위를 하나님으로 바꾸는 일에 머뭇거려서는 안 된다.

모두가 부자 되고 싶지만 임의로 되는 것은 아니다. 하나님이 필요하시면 부자로도 만들고 재벌로도 만드실 것이다. 그러므로 하나님을 내 삶의 우선순위 1위로 모셔야 한다. 생사화복(生死禍福)이 하나님에게 있고 성공 실패 또한 하나님에게 있다. 젊은이 입장에서는 나이 많은 노인들이 비생산적이고 소모품처럼 생각될는지 모른다. 그러나 나의 가정에 연세 많은 노인이 있다는 것은 장수가정으로 인정받는 축복의 가정이며 어른을 섬김으로써 복 받을 수 있도록 은혜 주신 것임을 믿어야 한다. 나의 가정만은 하나님이 제1순위로 활동할 수 있도록 신앙생활에 최선을 다하자. Ω

당나귀의 착각
an illusion of the donkey

아무리 실업자가 많은 사회라 해도 사람들이 일자리를 찾을 때 기피하는 '3D 업종'이란 것이 있다. 즉 더럽고(dirty), 어렵고(difficult), 위험(dangerous)한 일들은 다들 기피한다는 뜻이다. 물론 힘들고 위험하고 더러운 일을 하기 좋아하는 사람은 없다. 계급사회에서 살았던 우리 선조들만 봐도 사농공상(士農工商)이라 하여 노동보다 사무직을 더 선호하는 경향이 있었다. 계급사회의 서열이란 선비가 제일이고 다음은 농부, 근로자, 상인의 순으로 당시 조상들의 관점에서 나눈 서열이다. 물론 누구든 좋은 자리에서 힘 안들이고 호화스럽게 살아갈 수 있다면 마다할 사람이 없을 것이다. 그러나 인간이라면 누구나 신으로부터 부여받은 사명이 있다. 이 사명은 힘들어도 해야 하고, 더러워도 해야 하고, 위험해도 해야 한다. 주신 사명까지 기피한다는 것은 하나님이 창조한 피조물임을 포기하는 행위와 같다. 자기가 할 일을 위해서는 어떤 위험이 따른다 하더라도 신명 바쳐 충성하는 것이 인간 삶의 목적이기 때문이다.

재미있는 이야기를 하나 소개한다. 옛날에 방방곡곡을 돌아다니며 장사를 하던 장돌뱅이가 집으로 돌아오는 길에 아내한테 선물하려고 작은 애완견 한 마리를 샀다. 이 집 안주인은 남편이 가져온 사랑의 선물을 기쁜 마음으로 받아들였다. 그 후로는 항상 강아지를 자기 무릎 위에 앉혀놓고 데리고 놀면서 맛있는 음식으로 배를 채워주었다. 안주인이 강아지를 끔찍이 위해주는 모습을 묵묵히 지켜보던 당나귀는 은근히 질투심이 솟아올랐다. 그래서 아무도 보지 않는 곳으로 숨어들어 혼잣말로 불평을 늘어놓았다.

"난 지금까지 단 한 번도 게으름피우지 않고 주인의 무거운 짐을 싣고 다니며 열심히 일했어. 그런데 고작 돌아오는 거라곤 더러운 마구간에

깔아준 잠자리와 양에 차지도 않는 건조한 여물뿐이야. 그래, 정직한 노동보다 주인 앞에서 아첨을 부리고 애교나 떠는 게 더 대접받는 세상이란 말이지!"

이때부터 당나귀는 집안 형편을 살피다가 안주인만 눈에 띄었다 하면 안으로 달려가 무릎 위로 휙 뛰어올라서는 나귀 특유의 소리를 내며 어리광을 부렸다. 안주인은 너무 놀라 제정신을 잃었을 뿐만 아니라 무릎이 아프고 통증을 느낄 정도로 멍이 들어 가라앉히려면 몇 주일이나 걸릴지 모르는 심한 타박상까지 입게 되었다. 결국 당나귀는 맛난 것을 얻어먹는 대신 무지막지한 몽둥이로 매만 죽도록 맞았다.

여기서 한 번 생각해보자!

우화지만 애완견과 당나귀는 하는 일이 다르다. 마찬가지로 사람도 각자 할 일이 서로 다른 것을 알아야 한다. 어른이 하는 일과 아이들이 하는 일은 다르다. 남자는 남자의 일이 있으며 여자는 여자의 일이 있다. 또한 남의 흉내를 내는 일도 금물임을 위의 이야기를 통해 알 수 있다. 다른 사람의 몫을 가로채서도 안 되고 계층간, 세대간 서로 다른 일을 해야 한다. 일에도 여러 종류가 있어 사명을 감당하기 위해 하는 일이 있을 테고, 사명을 감당하기 위해 훈련받는 일도 있을 것이다. 우리 주변을 살펴보면 힘 안 들이고 잘사는 사람이 있는가 하면 아부나 아첨하는 사람이 출세하고 화려하게 살아간다. 또한 힘들이고 사는 것보다 차라리 애완견처럼 살았으면 좋겠다고 생각하여 하던 일을 내던지고 다른 사람의 방식대로 살려는 어리석은 사람도 많다.

우리에게는 하나님이 주신 은사(恩賜)가 있고 사명이 있다. 사명감을 가지고 주어진 현장에서 힘들어도, 위험해도, 더러워도 하나님이 힘주시는 대로 성실하게 살아가야 한다. 당나귀가 아무리 노력한들 애완견이 될 수는 없다. 나의 분수를 아는 것이 우선되어야 한다. 나도 노력하면 된다는 어리석은 유혹이나 착각에 빠져서는 안 된다. Ω

초상화
a portrait

북한의 조선중앙통신이 전하는 바에 의하면 금번 용천군 열차 폭발 사건은 1톤짜리 폭탄 1백여 개가 순간적으로 한 지점에 떨어진 것처럼 위력이 대단한 참사였으며 사망자 150여 명, 부상자 1,300여 명의 피해를 보았다고 한다. 용천군 주민들은 아비규환의 열차 폭발 순간에도 김일성 주석과 김정일 국방위원장의 초상화를 목숨 걸고 챙겼다고 조선중앙통신이 4월 27일 용천발로 보도했다. 중앙통신에 따르면 용천군 일반용품 수매상점 수매원인 최영일, 정동식 씨는 점심식사를 하러 가던 중 강한 폭음소리를 듣고 기업소로 달려가 김일성 부자의 초상화를 품에 꼭 안고 나오다 건물이 무너지는 바람에 그 밑에 깔려 사망했다고 한다.

이는 북한 주민들이 김일성 부자에 대한 충성심이 얼마나 큰가를 단적으로 보여주는 사례이다. 사느냐 죽느냐를 가늠할 수 없는 폭발 현장에서 김일성 부자의 사진을 챙긴다는 것은 그 사진이 자기 목숨보다 더 귀한 존재임을 은연중에 드러내는 것이다. 생사 위기에 처한 상황에서 초상화를 챙긴다는 것이 그리 수월한 일은 아니었을 것이다. 부모 입장이라면 아이들을 먼저 챙겼을 테고 가장이라면 식구들을 먼저 챙기는 것이 우선일 것이다. 가정주부라면 음식이라도 먼저 챙기는 일을 해야 한다. 이처럼 우리네 정서와는 전혀 다른 북한 주민의 행동을 볼 때 우선순위가 바뀌었다고 할 수 있다.

이들의 행동은 김일성 부자에게 목숨 바쳐 충성한 것으로 보아야 한다. 그 같은 행동들은 마음에서 우러나오지 않고서는 할 수 없다. 아마도 그동안 철권통치하에서 지속적으로 훈련받은 결과일 것이다. 어쩌면 북한 사회의 폐쇄적 분위기가 그런 행동을 강요하도록 만들었을 수도 있다. 다른 사람이 하니 나도 한다는 식의 행동으로 나타났을 수도 있다는 말이다. 또한 상을 받거나 출세할 기회로 생각해서 의식적으로 그런 행동을 했을 수도 있다. 아무튼 신앙인 입장에서 이들의 행동을 바라볼 때 김일성 일가에 대한 우상숭배임에는 틀림없다. 신앙인은 나의 삶에서 최고 가치를 김일성 부자가 아닌 하나님에 두어야 한다. 하나님이 나의 삶에서 최고 가치이고 최우선순위가 되어야 한다.

용천군 열차 폭파 사건과 같은 참사가 나의 삶에서 재현될 때 내 집에 걸어놓은 예수님의 사진이 있다면 다른 것들을 모두 포기한 채 그 사진만 품에 안고 돌아 나올 수 있을까? 만약 이 질문에 쉽게 대답할 수 없다면 참으로 부끄러운 일이 아닐 수 없다. 주님은 나를 위하여 십자가를 지셨고 나를 위해 피 흘리시며 나를 대신하여 죽으신 분이요, 나의 의를 위하여 죽은 가운데 부활하신 분이시다. 그리고 하나님 옆에 앉아 계시어 지금도 나의 일상생활을 주관하는 분이시다. 생사가 그에게 있고 성공과 실패를 가늠하시는 분이라면 주님의 사진을 위기 현장에서 안고 탈출하는 것은 당연한 일 아닐까?

김일성 부자는 우상(偶像)이다. 하나님이 아니다. 그런데도 북한 사회에서 김일성 부자는 하나님처럼 군림하고 있다. 북한 주민들은 의식주를 비롯하여 생사 문제까지 모든 것을 그가 해결해준다고 철석같이 믿고 있다. 사고 현장에서 북한 주민들이 보여준 행동이 폐쇄사회에서 김일성 부자의 우상화 학습에 길들여진 결과라면 얼마나 불쌍한가? 헛된 인생을 살아가는 북한 주민의 모습은 허수아비의 삶과 같다 하겠다.

참 신이신 하나님을 믿는 신앙인들은 참으로 행복하다. 그러나 그들처럼 주님을 예우할 수 없는 우리의 안타까운 현실을 한(恨)하지 않을 수 없다. 우리는 더욱 열심히 신앙의 훈련을 받아 앞서간 스데반 집사님이나 수많은 순교자처럼 생명을 돌아보지 않고 주님 위해 충성하는 성도들이 되어야 한다. 주님을 위한 뜨거운 열정이 다른 사람들의 눈에 불쌍하게 보일 정도로 행복한 사람들이 되어야겠다. Ω

역할분담
a part assignment

　역할분담(役割分擔)이란 각자의 역할을 나누어 맡는 것이다. 사람은 저마다 맡은 역할이 있다. 그 중에는 자기 혼자서 하는 역할도 있겠으나 많은 사람이 함께 하는 역할도 있다. 저마다의 위치에서 제 역할을 잘 수행하면 아름다운 세상이 될 것이다. 드라마도 마찬가지다. 하나의 드라마를 만들기 위해서는 수많은 배역이 필요하다. 배우들이 자신이 맡은 배역을 성실하게 해낸다면 그 드라마는 훌륭한 작품이 될 것이다. 교회도 동일하다. 교회는 한두 사람이 모인 곳이 아니다. 교인 수가 적게는 몇십 명에서 많게는 수십만 명에 이르는 교회도 있다. 각기 다른 사상과 다른 믿음을 소유한 사람들이 교회를 위하여 모여서 자신이 받은 은사(恩賜)를 활용해 한 몸 된 교회를 이루어나갈 때 아름다운 교회가 된다. 교인들은 각기 다른 달란트나 재능을 가지고 교회를 위하여 헌신하고 봉사해야 한다. 그러나 자신이 갖고 있는 은사나 달란트만 좋고, 다른 사람의 것은 무시하는 처사는 교회를 이루어나가는 데 암적인 존재이다.

　조선 시대에 있었던 이야기를 소개한다.

　시골에서 한양으로 과거를 보러 가는 선비 한 사람이 있었다. 젊은 선비는 할아버지가 진사를 지내신 이력을 가지고 세도가 이만저만이 아니었다. 더욱이 배우지 못한 사람을 보면 괜히 집적거려 약을 올리는 악취미를 가지고 있었다. 게다가 과거에 다섯 번이나 낙방하는 바람에 스트레스가 매우 심한 상태였다. 이번에도 과거를 보기 위해 강을 건너는데 손님이 자기밖에 없었다. 선비는 심심한 터에 그동안 갈고 닦은 학문을 뽐내고 싶어 사공에게 말을 건넸다.

　"사공님!" 젊은 선비는 장난스럽게 사공을 불러세우고는 이렇게 물었다. "사공님은 논어를 아시오?" 이에 사공이 "처음 듣는 말입니다"하고 답하자 선비가 다시 물었다. "논어를 모르고 므슨 재미로 세상을 사시오? 그러면 맹자는 아시오?" 사공은 역시 모른다고 대답했다. 그러자 선비는 "맹자를 모른다면 당신 목숨의 절반은 없는 거나 같소"하고 비아냥거렸다. 잠시 후 선비가 다시 물었다. "그렇다면 중용은 아시오?" 이에 사공이 또 모른다고 대꾸하자 선비는 "당신은 목숨의 3분의 2가 없는 것이나 마찬가지오"하고 말했다. 사공의 귀에는 선비의 이와 같은 논조가 무식한 사람은 생존할 가치조차 없다는 것처럼 들렸다. 사공은 새파랗게 젊은 선비에게 무시당한 것 같아 은근히 괘씸한 생각이 들었다.

사공이 배를 몰고 가는데 별안간 물결이 출렁이면서 배가 전복 위기에 처하게 되었다. "그럼 대학은 아시오?" 선비가 이렇게 묻는 사이 배가 심하게 기우뚱거리며 금방이라도 뒤집힐 것 같았다. 선비는 얼굴이 새파랗게 질려서 온몸을 벌벌 떨며 사공을 향하여 살려달라고 아우성을 쳤다. 이에 사공이 말하기를 "물살이 세어 나로서도 어쩔 수 없습니다"하고는 "젊은 선비 나리, 당신은 노를 저을 수 있습니까?"하고 질문하니 선비는 "한 번도 해보지 않아 모르오"하고 답했다. 그러자 사공이 "당신의 생명은 내게 달려 있군요. 그러면 헤엄은 칠 줄 압니까?"하고 또 물었다. 선비는 대답하기를 "전혀 할 줄 모르오"하고 대답했다. 그러자 사공은 말하기를 "그럼 당신의 목숨은 이미 없는 거나 다를 바가 없습니다. 나는 내 목숨만 건질 줄 압니다" 했다. 이에 선비는 사공의 다리를 꽉 붙들고 제발 잘못했으니 살려달라고 두 손을 싹싹 빌었다고 한다.

교회생활을 할 때 어떤 일에 대해 잘 안다고 해서 자신만이 노하우가 있는 것처럼 유세를 떨어서는 안 된다. 물질을 많이 가지고 있다 하여 갖지 못한 사람을 업신여겨서도 안 된다. 많은 학문과 지식이 있다 해서 배우지 못한 사람들을 무시해서도 안 된다. 할 줄 모르는 사람에게 할 줄 안다고 으스대서도 안 된다. 그저 자신이 맡은 역할에 따라 매사를 성실하게 감당해야 할 것이다. *Ω*

만족스러운 존재
Being and Satisfaction

웰빙(Well Being)이란 말이 요즘 제일 잘 나가는 유행어이다. 먹는 것 입는 것을 비롯하여 사람살이에 필요한 모든 것에 웰빙이란 단어가 안 들어간 것이 없다. Being이란 단어를 번역하면 '있다' 또는 '있는 것'으로, 존재, 실존, 실재, 생존, 생명, 인생, 본질 등의 의미이다. Well이란 단어는 '건강한, 만족스럽고, 잘, 상당히, 훌륭히, 족히'라는 뜻으로 번역할 수 있다. 이 말의 가장 적절한 의미는 '만족스럽게 존재하는 것'이라고 할 수 있다. 예전에는 그냥 존재하는 것(Being) 자체에 의미를 두었다면 요즘은 만족스럽게 존재하는 것(Well Being)에 그 가치를 둔다는 말이다. 즉 삶의 질이 한 단계 업그레이드되었음을 의미한다고 할 수 있다.

물건으로 말하면 '만족할 만하게 만들어진 제품'이라는 뜻이다. 이 말을 인생 속에 적용한다면 '만족할 만하게 있다'는 의미가 될 것이다. 즉 아무런 염려와 근심이 없고, 먹고 살아가는 데 부족함이 없이 잘 있다는 말이다. 누구든 이 같은 삶을 원치 않는 사람은 없을 것이다. 이렇게 살고 있는지 확인하기 위한 인사도 있다. 즉 우리가 평소에 사람들을 만나 주고받는 '안녕히 계셨습니까?' '잘 있습니까?' 하는 인사말이 그것이다. 이 말을 물질세계의 의미로 해석하지 말고 신앙 차원에서 좀 더 깊숙이 파고들면 상당히 의미심장한 뜻이 내포되어 있다. 인간 존재의 자기완성의 의미를 가지며, 자기실현의 의미도 담겨 있다.

그렇다면 '잘 있다'는 의미는 어떤 것일까? 어떻게 해야 잘 있다고 할 수 있을까?

내가 사람들을 만나서 주로 하는 인사말은 "잘 있었냐?"이다. 한 번은 오랜만에 만난 친구에게 이렇게 인사했더니 그 친구가 웃으면서 하는 말이 "아무렇게나 있었다"는 것이다. 왜 그러냐고 물으니 그 친구 대답이 걸작이다.

"잘 있기가 얼마나 어려운지 아나? 옷을 차려 입고 넥타이까지 매고서 앉아 있기가 얼마나 힘든 줄 자네도 잘 알지? 그래서 작정하고 아무렇게나 있었다네. 눕고 싶으면 눕고 앉고 싶으면 앉고 말야. 아무렇게나 있어 보니 아주 편하더군."

단순한 우스갯소리지만 잘 있기가 얼마나 힘든지를 잘 표현한 이야기이기도 하다. 친구의 말처럼 한순간도 잘 있기가 힘든 일이니, 인생 전체를 생각한다면 참으로 어려운 일이 아닐 수 없다. 잘 있고 싶다는 마음이야 다들 간절하지만 원하는 대로 되지 않음이 또한 인간의 모습이다. 인간의 입장에서는 잘 있다고 생각하지만 하나님 편에서 보기에 잘못 있는 것일 수도 있기 때문이다. 나는 잘 먹고 잘살면서 있지만 하나님이 보시기에 잘 있는 것이 아니라 잘못 있는 경우도 있다. 예를 들어 남의 물건을 훔치면서 살아가는 도둑이라면 그가 아무리 잘 먹고 잘산다 해도 그것은 잘 있는 것이 아니다. 하나님이 보시기에는 잘못 있는 것이다.

이처럼 우리 인간은 윤리와 도덕성과 동떨어져 있을 수 없으며, 인간 혼자 힘으로 잘 있기란 어려운 일이 아닌가 생각한다. 그러므로 잘 있다고 하면 하나님과의 관계에서 잘 있어야 한다. 인간은 죄의 문제를 해결하지 않고는 행복할 수 없다. 죄의 문제는 인간이 해결할 수 없지만 행여 죄의 문제를 해결했다 하더라도 하나님과의 관계가 바로 되어 있지 않다면 행복할 수 없다. 즉 잘 있을 수 없다는 의미이다. 죄의 문제를 해결하고 하나님과 바른 관계를 맺은 사람이라면 세상적인 행복의 조건을 갖추지 않았다 해도 진정으로 잘 있는 사람이다.

마지막으로 하박국 선지자를 소개한다. 그는 우리 안에 양이 없어도, 외양간에 소가 없어도, 감람나무에 소출이 없어도, 포도나무에 열매가 없어도 잘 있는 사람이다. 신앙인이라면 하박국처럼 잘 있는 Well Being(웰빙)이 되어야겠다. Ω

실망 없는 삶
a disappointment & a life

세상에 태어나 실망(失望)의 경험을 가져보지 않은 사람은 단 한 명도 없을 것이다. 살면서 이런저런 일들을 겪다 보면 누구나 실망하기 마련이다.

필자는 지난 몇 달간 어수선했던 정치상황을 지켜보면서 많은 생각을 하게 되었다. 대통령 탄핵이라는 헌정사상 초유의 일이 벌어졌고, 이로 인해 헌정 중단의 불행한 사태까지 이어지자 국민의 실망은 날로 커져갔다. 국민을 대표한다는 국회의원들이 국민의 마음을 제대로 읽지 못한 채 국민의 정서와는 정반대인 대통령 탄핵으로 상황을 몰고 가는 바람에 정국은 시끄럽기 그지없었다.

물론 국회의원들이 국민 개개인의 마음을 다 읽을 수는 없다. 그러나 국회에서 대통령 탄핵이 가결되자마자 전 국민이 자발적으로 나서서 벌인 촛불시위는 그 인파도 대단했고 열기도 뜨거웠다. 그 후로 탄핵한 정당에서 오히려 무효화하자는 설문조사를 벌이기도 했고, 국회에서는 탄핵 해제를 노골적으로 주장하는 목소리도 커졌다. TV를 통해 탄핵 현장을 생생하게 지켜보던 국민들의 실망은 컸다. 게다가 모당은 차떼기 정당으로 불릴 만큼 어마어마한 정치자금을 불법으로 받았다는 둥 여야를 막론하고 국회의원들이 부정한 선거자금을 받아 챙겼다는 둥의 우울한 소식들을 접하면서 많은 국민이 '내가 믿고 찍은 국회의원들이 이럴 수 있나!' 하는 실망감에 사로잡혀 괴로워했다.

그렇다면 우리는 왜 실망하게 되는 걸까? 실망하는 속내를 깊숙이 들여다보면 보다 본질적인 문제점을 발견하게 된다.

첫째, 자신이 완벽하다고 믿기 때문에 실망하는 것이다.

인간이라면 누구나 실수가 있고 죄를 지을 수 있다. 의인은 없나니 한 사람도 없는 세상이다. 내가 뽑은 선량이 부정을 저지르고 불량한 삶을 살았다 해서 실망하는 이면에는 자신은 완벽하다는 오만함이 숨어 있다. 내가 선택의 의지를 발휘하여 선택한 것인데, 거기에 실망하는 사람은 자신의 의지가 완벽하다고 생각했기 때문이다. 그러나 완벽한 인간은 없다. 실망하기에 앞서 나의 생각과 행동이 과연 완벽한가를 되짚어 보아야 한다. 살다 보면 많은 시행착오를 겪기 마련이다. 따라서 자신의 부족한 점을 인정하지 않을 수 없는 것이다.

둘째, 자신만 믿고 하나님을 신뢰하지 않기에 실망하는 것이다.

내가 선택한 것이 하나님의 뜻에 따른 것이라면 실망할 일이 아니다. 만약 실망스런 일이 있다면 그것은 하나님이 아니라 내가 선택했기 때문이다. 행여 하나님의 선택에 부정과 불법이 개입되었다면 이는 하나님이 심판할 일이지 내가 심판하고 실망할 일은 아니다.

셋째, 결과까지 자신의 뜻대로 되어야 한다는 생각 때문에 실망하는 것이다.

우리는 노력하고 힘써 일하지만 그 결과는 내 의지가 아니라 하나님의 뜻에 따라 결정된다. 내가 열심히 했는데도 결과가 좋지 않다 하여 실망하고 낙심하는 것은 잘못된 일이다. 같은 농사를 지었는데도 불구하고 어떤 지역에는 풍년이 들고 어떤 지역에는 흉년이 드는 일을 어떻게 해석해야 할까? 같은 동창으로 같은 대학을 졸업하고 같은 고생을 했는데도 한 사람은 출세하고 한 사람은 밑바닥 인생을 사는 사람이 있음을 어떻게 설명할 수 있는가? 같은 형제로 태어나 같은 환경과 같은 여건, 한 가정에서 자랐는데도 성장한 후에는 너무나 다른 길을 걷는다면 그 이유는 무엇일까? 그 해답은 너무나 간단하다. 모든 결과는 인간이 주장하는 것이 아니라 하나님에 의해 결정되기 때문이다.

우리는 투표를 함으로써 국회의원을 선택한다. 그렇다면 우리의 할 일은 투표에 참여하여 투표권을 행사하는 것이지 그 후의 결과는 우리가 할 일이 아니다. 그러므로 하나님에게 모든 것을 맡기고 그들을 위해 기도할 뿐이다. ◯

나는 그들을 용서하였다
I forgave them

"나는 그들을 용서하였다."

이 말은 1980년 이른바 '김대중 내란 음모 사건'에 연루되어 이듬해 사형이 확정된 김대중 전 대통령이 재심리를 받기 위해 법정으로 들어가기 전에 한 말이다. 이에 덧붙여 "무도한 판결이 무효가 되어 정의와 역사가 살아 있다는 것을 밝히는 날이 되길 바란다"고 담담히 소감을 밝혔다.

부장판사 신영철의 심리로 열린 이날 공판에서 김 전 대통령은 당시의 권력층인 신군부 세력을 이미 마음으로부터 용서했다고 밝혔다. "국민을 함부로 살육하면서까지 얻으려 했던 그들의 야심을 절대 용서할 수 없어 한때는 세상이 바뀌면 가만 놔두지 않겠다는 생각도 했지만 개인적으로는 그들에게 아무런 원망이 남아 있지 않으며 마음으로부터 용서했다"고 고백했다. 내란음모라는 죄명에 대해서는 "박정희 전 대통령을 반대하여 싸운 것이지 대한민국을 반대하여 싸운 것이 아니다"하고 반박했다. 또한 "죽는 것이 두려워 목숨을 구걸하기 위해 당장 타협하면 영원히 죽는 것이고, 여기서 죽는 것이 역사 속에서 사는 것"이라고 다짐하면서 죽음의 공포를 이겨냈다고 밝혔다.

'죽고자 하면 살 것이요, 살고자 하면 영원히 죽는다'는 기독교의 진리가 있다. 김대중 전 대통령이 말한 내용 가운데 신군부 세력인 전두환 전 대통령과 노태우 전 대통령에 대해서 용서했다는 대목은 정말 감동적이다. 그 말은 참으로 아름답고 본받아야 할 사상이다. 만약 그에게 보복이나 복수할 능력이 없었다면 그가 했던 말은 공염불에 지나지 않았을 것이다. 그러나 그는 전직 대통령으로서 복수하고 심판할 수 있는 권세자이자 피를 부르는 폭군도 될 수 있는 사람이었다. 그래서 큰소리칠 만한 것이다. 용서하는 것은 참으로 아름다운 화해의 정신이다. 그러나 이 화해의 정신은 기독교 신앙에서 출발해야 한다. 이와 같은 용서의 원칙은 성경에서도 볼 수 있다.

> 그때에 베드로가 나아와 이르되, '주여 형제가 내게 죄를 범하면 몇 번이나 용서하여 주리이까? 일곱 번까지 하오리이까?' 예수께서 이르시되 '네게 이르노니 일곱 번뿐 아니라 일곱 번을 일흔 번까지라도 할지니라. 그러므로 천국은 그 종들과 결산하려 하던 어떤 임금과 같으니 결산할 대에 만 달란트 빚진 자 하나를 데려오매 금은의 중량 값을 것이 없는지라. 주인이 명하여 그 몸과 아내와 자식들과 모든 소유를 다 팔아 갚게 하라 하니, 종이 엎드려 절하며 이르되 내게 참으소서 다 갚으리이다 하거늘, 그 종의 주인이 불쌍히 여겨 놓아 보내며 그 빚을 탕감하여 주었더니 종이 나가서 자기에게 백 데나리온 빚진 동료 한 사람을 만나 붙들어 목을 잡고 이르되, 빚을 갚으라 하매 그 동료가 엎드려 간구하여 이르되 나에게 참아주소서 갚으리이다 하되, 허락하지 아니하고 이에 가서 그 빚을 갚도록 옥에 가두거늘 그 동료들이 그것을 보고 몹시 딱하게 여겨 주인에게 가서 그 일을 다 알리니, 이에 주인이 그를 불러다가 말하되 악한 종아 네가 빌기에 내가 네 빚을 전부 탕감하여 주었거늘 내가 너를 불쌍히 여김과 같이 너도 네 동료를 불쌍히 여김이 마땅하지 아니하냐? 하고 주인이 노하여 그 빚을 다 갚도록 그를 옥졸들에게 넘기니라. 너희가 각각 마음으로부터 형제를 용서하지 아니하면 나의 하늘 아버지께서도 너희에게 이와 같이 하시리라' 하였다. (마 18:21~35)

신하인 우리는 1만 달란트를 빚졌으나 군주의 자비와 긍휼로 죗값을 탕감받은 것이다. 신으로부터 1만 달란트를 탕감받은 사건은 예수를 통하여 용서받은 것과 같다. 신앙인 이외의 사람들이 용서하는 것은 진정한 용서가 아니라 심판을 잠정적으로 유보했을 뿐이므로 심판할 분위기가 조성되면 무서운 피의 보복이 있을 것이다. 그러나 죄인으로 심판받아야 할 자리에서 하나님의 은혜로 용서받았다면 당연히 자신에게 잘못한 사람도 용서해야 한다. 원수에 대한 심판은 하나님이 하실 테니 용서하라는 주님의 명령은 내가 준행하되 그리스도의 이름으로 용서해야 나도 용서받을 수 있다. Ω

외모에 치중하는 얼짱 문화
appearance culture

요즘 '얼짱'이니 '몸짱'이니 하는 말이 대유행이다. 얼굴이 잘생긴 사람을 '얼짱'이라 하고, 몸매가 잘 빠진 사람을 '몸짱'이라 한다. 사실 얼굴이 잘생긴 사람이나 몸매가 잘 빠진 사람에 대한 대중의 관심과 열망은 어제 오늘의 일은 아니다. TV 연기자나 영화배우, 모델 같은 연예인들이 스타로 군림하고 대중의 우상으로 사랑받는 것은 얼굴이 잘생기고 몸매가 균형 있게 잘 잡혀 있기 때문이다. 최근 들어 더욱 기승을 부리는 얼짱, 몸짱 열풍은 병적인 현상을 지칭하는 '신드롬'으로까지 불리면서 급속도로 퍼져나가고 있다. 상황이 이렇다 보니 잘생기지 않았다거나 몸매 관리를 제대로 하지 못하면 엄청난 불이익과 손해를 보기 마련이다. 따라서 젊은이든 나이든 사람이든 가리지 않고 얼짱, 몸짱을 최고의 가치로 여기는 것은 어쩔 수 없는 사회현상이다. 치열한 경쟁세계에서 살아남으려면 얼짱이 되기 위해, 몸짱이 되기 위해 온갖 노력을 아끼지 말아야 한다고 다들 열심이다.

사람을 볼 때 내면보다 외형에 먼저 끌리는 것은 인간의 본성, 좀 더 노골적으로 말하면 인간의 죄된 본성의 편향된 경향성으로 이해할 수 있다. 적지 않은 기업들이 신입사원을 선발할 때 실력보다 외모에 치중한다는 것은 취업자들 사이에 공공연한 비밀이다. 물론 합격한 사람이라면 선정 기준에 관계없이 무조건 기분 좋을 것이다. 그러나 합격자보다 훨씬 실력도 좋고 조건이 우수함에도 불구하고 얼짱이 아니라는 이유로 낙방했다면 그 사람은 몹시 실망할 것이다. 최근 들어 성업 중인 결혼정보업체에 의하면 키와 몸무게를 비롯한 외모 조건은 모든 연령대의 결혼 희망자들이 제시하는 배우자 기준에서 매우 큰 배중을 차지한다고 한다.

교회 역시 이런 점에서 예외는 아니다. 사무원이나 후임자를 선발할 때 실력보다는 얼짱이나 몸짱을 선호하는 것은 어쩔 수 없는 시대의 흐름이다. 그러나 외모지상주의로 비난받는 얼짱, 몸짱 신드롬이 대중문화의 코드로 자리 잡고 있으며 교회에서까지 이를 선호한다는 것은 참으로 마음 아픈 일이 아닐 수 없다.

성경은 말씀하시기를 '하나님은 외모로 사람을 취하지 않으시고 중심을 보신다' 고 하였다. 주님을 믿고 따르는 제자요, 그의 후예라면 의당히 주님의 교훈을 본받아야 함에도 불구하고 외모지상주의에 빠진 현실과 합류하는 교회의 모습은 주님과 너무 동떨어져 보인다.

성경을 보면 우리에게 너무나 잘 알려진 이야기가 있다.

여인이 간음하던 현장에서 바리새인들에게 잡혀 주님 앞으로 끌려왔다. 여인을 끌고 온 바리새인들이 주님에게 물었다.

"이 여인을 돌로 쳐야 합니까, 아니면 방면해야 합니까?"

이에 주님은 다음과 같이 말씀하셨다.

"죄 없는 자가 있으면 나와서 이 여인을 돌로 쳐라."

그러자 모였던 사람들이 돌을 버리고 각자의 집으로 돌아갔다. 즉 당시 바리새인들은 여자의 외적인 면만 보았고, 주님은 그녀의 내면세계를 보셨던 것이다. 그럼으로써 주님의 힘으로 한 생명을 살리게 되었다는 기적 같은 이야기이다.

이처럼 외적인 면만 보면 살인하는 일에 동참하게 되지만 내면의 세계를 볼 줄 알면 생명의 역사가 나타난다. 신앙인이라면 마땅히 내면세계에 관심을 가져야 한다. 외모에 치중하는 얼짱, 몸짱 문화에서 벗어나 내면세계로 관심을 돌리도록 애써야 한다. 또한 예수 그리스도의 무한한 인격에 도달하도록 노력하는 것이야말로 신앙인이 할 일이다. 우리 신앙인이 내면의 인격을 쌓는 데 노력한다면 다른 사람을 판단할 때도 얼짱, 몸짱이 아닌 내면의 인격을 얼마나 쌓았는지에 관심을 갖게 될 것이기 때문이다. Ω

나의 이미지
my Image

이미지(image)란 상(像), 화상(畵像), 형태, 상징, 인상 등으로 번역된다. 좀 더 구체적으로 말한다면 '나에 대한 사람들의 기억'이라고 할 수 있다. 인간은 사회적 동물이다. 그래서 대인관계 없이는 살아갈 수가 없다. 대인관계를 통해 사람들은 나에 대한 기억을 갖게 된다. 사람에 따라 나의 기억이 좋은 경우도 있고 나쁜 경우도 있을 것이다. 대부분의 사람은 될 수 있으면 나쁜 이미지보다는 좋은 이미지를 심어주기 위해 노력한다. 다른 사람이 나를 어떻게 보느냐 하는 것은 참으로 중요하다. 다른 사람에게 얼마나 잘 보이냐에 따라 출세도 하고 경제적인 이익이 창출되기도 한다. 연예인 같은 경우에는 많은 사람에게 인정을 받을 때 인기스타가 된다. 이렇게 스타가 된 연예인은 돈과 명예를 한 손에 움켜쥘 수 있다.

다른 사람에게 어떻게 보일 것인가 하는 면에서 이미지는 참으로 중요하다. 사람이 살아가려면 힘이 필요하다. 힘이란 첫째, 젊음과 건강이고 둘째, 물질과 기타 자신의 소유이며 셋째, 인격에서 풍겨 나오는 이미지라 할 수 있다. 이 세상 모든 것을 가졌다 하더라도 이미지가 나쁘다면 그 사람은 사회활동을 할 수 없어 점차 그 사회에서 소외된다. 아무리 재능 있고 왕성하게 활동한다 해도 사람들로부터 인정을 받을 수 없다. 이미지가 나쁠 경우 살아 있다 해도 실상은 죽은 사람이나 다를 바가 없게 되어버린다.

이미지 관리는 곧 품위 관리이기도 하다. 사람들은 품위를 관리하는 일에 상당히 관심이 많고 투자도 많이 하면서 신경을 쓴다. 필자의 직업이 목사이기에 품위 관리에 대해서는 더 많은 생각을 하게 된다. 목사가 교인들에게 잘 보여야지, 그렇지 않을 경우 극단적인 경우에는 쫓겨나기도 한다. 그래서일까? 나를 나쁘게 생각하는 사람에게는 그렇지 않다면서 자꾸 변명하려 하고, 나에 대해 오해하는 경우에는 어떻게 해서든 해명할 기회를 가지려 애쓰는 나 자신을 발견하곤 한다.

교회도 이와 동일하다. 아무리 모든 것을 완벽하게 갖추었다 하더라도 지역 내에서 소문이 한 번 잘못 나면 그 교회는 두 번 다시 부흥을 기대할 수 없다. 교단 좋고 복음의 순수성을 지키는 보수적인 교회이고 현대적인 시설을 갖추었고 풍부한 자금력이 있으며 훌륭한 인재들이 많은 교회라 하더라도 일단 좋지 않은 소문이 퍼지면 그 교회의 미래는 없는 것이고 밑동 잘린 나무와 같은 운명이 되는 것이다.

그런데 문제는 '이미지 관리한다'는 말 자체가 잘못되었다는 점이다. 썩은 수박을 아무리 잘 관리한다 해도 그 속이 썩었다면 사람이 먹을 수 없다. 반면에 속이 싱싱한 수박이라면 관리할 필요 없이 맛있게 먹으면 그만이다. 다시 말해 인간의 내면 문제, 즉 하나님과의 관계가 제대로 정립되어 있다면 굳이 관리할 필요가 없다는 말이다. 진심으로 믿어 중생하고 구원받아 하나님의 자녀가 되었다면 하나님에 의하여 관리가 될 것은 자명한 일이다. 이미지가 잘못되어 행여 왕따당하는 일이 생긴다 해도 하나님이 섭리하시고 역사하시는 가운데 모든 것이 합력하여 선을 이루시는 아름다운 역사가 나타나게 될 것이다.

야곱의 아들 요셉의 경우 이미지 관리를 잘못하여 형들에게 미움을 받고 애굽으로 팔려가는 비운을 맞게 되었다. 애굽에 가서도 요셉은 주인 마나님에게 미움을 받아 감옥에 투옥되는 등 어려움을 겪어야 했다. 그러나 하나님은 요셉을 철저하게 관리하여 왕의 꿈을 해몽하게 되었고, 급기야 왕 버금가는 국무총리가 되어 하나님의 축복을 이루어낸 사람이 되었다. 요셉이 자신의 이미지를 손수 관리했다면 애굽의 제2인자로 출세할 수 있었을까? 대답은 '아니다'이다. 모든 것을 하나님에게 맡기고 그 나라와 그 의를 구하는 일에 초선을 다하자. Ω

보니타
bonita

보니타(Bonita)는 브라질어인데 우리말로는 '예쁘다' '아름답다' 는 의미이다. 이 말은 주로 여자들에게 많이 사용한다. 여자들을 만나 "보니타!"하고 말해주면 반응이 대단히 좋다. 그러나 남자들에게는 이 말을 사용하지 않는다. 그들에게는 용사 같다든지, 훌륭하다든지, 남자다운 기백이 있다든지 하는 말로 칭찬해주면 좋아할 것이다. 아무튼 여자들은 누구나 "보니타!" 하면 굉장히 좋은 반응을 보인다.

얼마 전에 친구를 만났는데 브라질 여행 중에 있었던 일을 필자에게 들려주었다. 한가롭게 해변가를 거닐다가 엄마와 딸이 일광욕을 즐기는 모습이 다정해 보여서 어린 딸에게 다가가 "보니타!" 하고 말을 건넸다고 한다. 그랬더니 어린애가 얼른 자기 캠프로 들어가더니 해변에서 잡은 큼직한 조개를 갖고 나와 융숭하게 대접을 하더라는 것이다. 덕분에 배불리 잘 얻어먹었다는 이야기를 들었다. 한 번도 보지 못한 낯선 외국인에게 가족과 함께 먹으려고 준비한 음식을 아낌없이 대접하게 만드는 '보니타' 의 위력은 실로 대단하다 하겠다. 비단 브라질에서만이 아니다. 세계 어느 나라 여성이든지 예쁘다는 칭찬 앞에는 다들 기분 좋아하는 듯하다.

일전에 교회에서 《칭찬은 고래도 춤추게 한다》는 책으로 교인들과 함께 학습한 적이 있다. 책의 내용은 고래를 훈련하는 과정에서 얻은 지혜를 풀어쓴 글인데, 고래도 처음부터 춤을 추지는 않는다고 한다. 처음에는 바닥보다 조금 높은 곳에 줄을 쳐놓고 위로 지나가는 훈련을 시키는데, 고래가 제멋대로 하면서 줄 밑으로 지나가면 쳐다보지도 않는다고 한다. 반면에 훈련시킨 대로 줄 위를 지나가면 뽀뽀도 해주고 맛있는 먹이도 주고 쓰다듬어주기도 하면서 칭찬을 한다는 것이다. 고래가 줄 위로 오르는 게 익숙해지면 줄을 좀 더 높여 똑같은 방법으로 훈련을 시킨다고 한다. 즉 줄 밑으로 지나가면 무관심하게 대하고 줄 위로 오르면 칭찬을 흠뻑 해준다는 것이다. 그렇게 칭찬에 길들여진 돌고래는 상당히 높은 곳까지 치솟아오르면서 멋진 쇼를 관객에게 선보인다고 한다. 이는 칭찬의 위력이 얼마나 대단한지를 보여주는 사례이다.

우리도 칭찬의 매력을 한 번 활용해보는 것이 어떨까? 자녀들이 잘못된 행동을 했을 때 책망하는 경우가 있고, 타이르고 격려하는 경우가 있다. 어떤 방법을 쓰느냐에 따라 성장한 자녀의 삶에 엄청난 영향을 미칠 것이다. 칭찬과 격려, 사랑을 흠뻑 받고 자란 아이는 성격이 유순하고 절망하지 않으며 맡은 일을 성실히 해내는 바람직한 인간형이 된다고 한다.

교회는 죄 지은 사람들이 다니는 곳이다. 다시 말해 의인만 있는 곳이 아니라 죄인들도 모이는 곳이 교회이다. 그런데 의인만 있는 곳으로 착각하는 경우가 있다. 만약 교회의 룰에 맞지 않고 성경 말씀대로 살지 않는다고 교인들을 마구잡이로 책망하고 꾸짖는다면 교회에 붙어 있을 사람이 얼마나 되겠는가. 또한 잘못을 꾸짖는다고 할 때 돌을 들어 정죄할 사람은 과연 누구인가? 너나 할 것 없이 돌 맞을 사람들뿐이리라.

우리 주님마저도 돌을 들지 않으니 너를 정죄할 자가 없느냐? 나도 너를 정죄하지 않으니 다시는 이 같은 류의 죄를 범치 말라고 조용히 권고하시는 주님이시다. 그리고 우리가 잘할 수 있도록 과거의 죄를 해결해주시고 잘할 수 있도록 칭찬하시고 격려해주시는 주님이시다.

우리는 다른 사람의 잘잘못을 판단하는 자리에 있지 않다. 따라서 칭찬거리만 찾아 사람들 앞에서 칭찬하는 습관을 기른다면 그로 하여금 교회 앞에 많은 헌신과 봉사를 기대할 수 있을 것이다. 다른 사람의 허물과 잘못을 보는 눈은 질끈 감고, 잘하는 것 좋은 면만 보는 눈은 부릅떠서 열심히 칭찬을 해보자. Ω

거짓말
a lie

남아메리카 북부 끝에 위치한 베네수엘라의 어느 성당에서 미사가 진행 중이었다. 이때 갑자기 "불이야!" 하는 소리가 들리자, 성당 안에 있던 6천여 명의 신자가 공포에 질려 밀고 밀치는 바람에 46명의 사상자가 났다. 경찰 조사에 의하면 이번 사건은 소매치기들이 남의 물건을 훔치기 좋은 여건을 만들기 위해 저지른 기만술책의 일환이었다고 한다.

도둑질이라는 목적을 달성하기 위해 수단 방법을 가리지 않고 거짓말로 고함을 친 소매치기 일당도 문제지만 거기에 휩쓸려 46명의 사상자를 낸 군중의 행동에도 문제가 있다. 화재의 사실 여부도 확인하지 않고 무조건 소란을 피웠기 때문이다.

성경에는 거짓말하는 자는 천국에 들어갈 수 없음을 다음과 같이 표현하고 있다.

> 개들과 점술가들과 음행하는 자들과 살인자들과 우상 숭배자들과 거짓말을 좋아하며 지어내는 자는 다 성 밖에 있으리라. (계 22:15)

우리 주변에도 위와 같은 거짓 경보가 자주 울린다. 신앙 양심 없는 자들이 외치는 대로 놀아나는 어리석은 사람이 되어서는 안 되겠다.

신도 살해 암매장 사건으로 구속 기소되어 제1심에서 사형이 선고된 영생교 승리재단 교주 조희성(72세) 씨는 서울고법 형사5부(부장판사 이흥권) 심리로 열린 항소심 최후 진술에서 "나에게 사형선고가 내려지면 2년 안에 지구가 폭발한다"는 엄청난 거짓말을 했다. 조씨는 이같이 말한 뒤 "세계 인류를 구원하는 길은 나에게 무죄를 선고하는 것"이라고 주장했다. 조씨는 또 "평생 거짓말을 해본 적이 없는 죄 없는 사람에게 사형선고를 내리는 것을 보고 소름이 끼쳤다"며 사형선고를 내리는 사람은 살인죄를 저지르는 것이라고 재차 거짓말을 했다. 이어 조씨는 방청석에서 웃음이 터져나오자 "웃지 마라, 예언록에 나온 대로 2006년이 되면 태양이 어두워지고 지구 속에 있는 불이 솟아나오게 되니 이런 일이 생긴 후에 후회할지도 모른다"고 협박까지 했다.

재판받는 과정에서 연이어 나온 조씨의 거짓말을 과연 누가 믿을까 하는 의구심이 든다. 그러나 조씨 밑에 엄청난 수의 교인이 있어 그의 거짓에 놀아났음을 볼 때 심히 비통하지 않을 수 없다.

검찰은 조씨가 엉뚱한 거짓논리로 일관하고 참회하는 모습이 보이지 않자 1심과 같이 사형을 구형했다. 거짓으로 인하여 화를 당한 셈이다. 목회하는 현장에서도 그는 겁 없이 거짓말을 했을 터인데, 그 말을 곧이 듣고 전 재산을 헌납하고 충성한 교인들을 어떻게 이해해야 할지 모르겠다. 오늘날 그의 거짓말이 백일하에 드러나는 것을 지켜본 사람들은 그의 실체를 알게 되었지만 그를 따르는 많은 사람은 여전히 그의 말을 믿고 있다. 이 같은 사건은 성경에서 말하는 사단의 역사이다. 조씨가 사단의 사주를 받아 엄청난 거짓말을 하는 것을 지켜볼 때 정상적인 인간의 행위가 아니다.

목회자는 조씨와 같은 거짓말을 할 필요도 없고 할 수도 없다. 사단에 뒤집어씌우지 않고는 이 같은 거짓말을 할 수가 없다. 성경에서 말하기를 '사단은 거짓의 아비'라고 했다. 즉 거짓 영에 잡힌 바 되므로 엄청난 거짓말을 참말로 듣고 이단에 유익을 주는 무리에 들어가 복음을 증거하는 기성교회에 누를 끼치게 될 뿐이다.

이단이 되지 않으려면 거짓 영이 아닌 복음의 참된 성령에 속한 성도들이 되어 이단이 날뛰지 못하도록 해야 한다. 신앙을 가지고 산다지만 잘못된 거짓 영에 매여 이단 활동에 동조하는 어리석은 성도들이 되어서는 안 되겠다. 거짓의 종말은 결국 죽음이다. 조희성 씨는 얼마 전 심장마비로 인해 거짓과 함께 영원히 지구상에서 사라졌다. Ω

나는 안 보인다
I am not being

늦은 봄 또는 녹음방초가 우거진 싱그러운 초하(初夏)에 산행을 하다 보면 옆에서 푸드덕거리는 소리를 들을 수 있다. 남몰래 알을 품고 있던 꿩이 인기척에 놀라 달아나는 소리다. 녀석을 놓칠세라 서둘러 쫓아가면 이리저리 도망치다가 몸이 지쳐 더 이상 달아날 수 없을 경우 수풀에 머리를 처박고 숨어버린다. 그 모습이 마치 "나는 안 보인다!"하고 소리치는 것 같다. 이런 경우가 바로 속담 '꿩 먹고 알 먹고'의 상황과 똑같다 하겠다.

이와 같은 꿩의 태도를 보면 매우 어리석음을 알 수 있다. 기왕 도망치려면 훨훨 날아서 인적이 드문 곳으로 피할 수도 있을 터인데, 그렇게 하지 않고 고작 수풀로 숨어드는 것을 보면 어리석기 그지없다. 물론 꿩 나름대로 할 말이야 있겠으나 결국 자신의 어리석음으로 생명까지 잃게 되는 것 아닌가. 사실 꿩 입장에서야 가까운 수풀 속에 숨는 것만이 최선의 방법인 줄 알고 그렇게 행동했는지도 모르겠다. 하지만 꿩은 자신의 어리석음으로 인해 하나밖에 없는 목숨이 송두리째 없어지는 슬픔을 맛보아야 한다.

인간의 어리석음도 꿩의 행동에서 크게 벗어나지 않는다. '나는 안 보인다'고 생각하는 것은 꿩의 시력으로 확인한 결과일 뿐이다. 즉 수풀 속에 숨는 것이 최고로 안전한 상태라고 믿는 것이다. 하지만 그 상황이 절대로 안전하지 못함을 우리는 안다. 자신의 눈의 시력을 100% 정확한 것으로 믿을 수 없기 때문이다. 그 시력은 자신을 보호해줄 만한 좋은 시력이 아니다. 내 눈에 보이는 것만으로 인생의 가치와 행동의 룰을 삼는 것은 어리석은 행위이다. 다시 말해 눈에 보이는 것만이 전부가 아니라는 것이다. 눈에 보이지 않으나 실제로 존재하는 것들도 있다. 눈에 보이는 것만 믿고 행동했다가는 꿩과 같은 불행을 맞는다.

신앙은 보이는 것을 추종하는 것이 아니다. 시각적이고 현세적인 것을 위해서 살아가는 것이 아니라 하나님 중심으로 살아가는 것을 신앙의 근본으로 삼는다. 아직도 믿음을 갖지 못해 하나님 없이 살아가는 사람들은 머지않아 무릎을 치며 후회할 날이 올 것이다. 즉 눈에 보이는 세상을 위해 살아간다면 자신조차 보호하지 못하고 송두리째 없어지는 불행을 맞을 것이다. 내 눈에 안 보인다고 하여 없는 것이 아니다. 이는 시각적이고 현세적인 삶에 치중하는 것이 얼마나 위험한 일인가를 보여주는 말이다. 보이지 않는 세계를 위하여 혼신의 힘을 기울이는 사람들에게는 후회 없는 세상이 펼쳐질 것이다.

최근 자살 행위가 유행처럼 번지는 바람에 한강은 자살의 도장으로 변하고 있다. 자살을 시도하는 이들의 정신 상태는 꿩과 크게 다르지 않은 듯하다. 물속으로 풍덩 빠지면 자신은 안 보인다고 생각할지 모르나 이는 잘못된 생각이다. 다시 말해 보이는 세상의 것을 피하기 위해 수풀에 머리를 박는 꿩이나 다를 바가 없다.

하나님은 살아 계시다. 그 하나님은 영원부터 영원까지 살아 계시어 인간에 대하여 섭리하시고 인도하시고 다스리신다. 어느 누구든 그 분의 눈을 피할 재간은 없다. 한강에 투신한다 하여 하나님의 눈을 피했다고는 볼 수 없다. 죽음 이후에 하나님이 백보좌를 베풀고 인간의 잘잘못을 심판하시는 것을 믿는다면 제 힘으로 문제를 해결한답시고 무작정 한강에 투신하는 어리석은 행동은 저지르지 않을 것이다.

우리 인간의 잘못을 묻어두고 평안하게 살 수 있도록 해줄 곳은 한강이 아니라 우리 주님이시다. 어디까지나 하나님은 인간에게 독생자 예수를 주어 그로 하여금 인간의 허물과 잘못을 묻어주시고 평안한 삶을 살 수 있도록 하신 것이다. Ω

길들여야 할 우리의 습관
our habits

습관을 다른 말로 '버릇'이라고 한다. 습관은 버릇이고 버릇은 습관이다. 습관이란 몸에 배어 굳어버린 성격 또는 행동을 말한다. 같은 행동을 반복적으로 계속하다 보면 자신도 모르는 사이에 습관이 된다. 한번 길들여진 습관은 버리기가 여간 어려운 것이 아니다. 그러므로 습관을 고치기가 어려워 '제2의 천성'이라고도 한다. 일단 습관이 들면 바꾸기가 쉽지 않으므로 좋은 습관을 몸에 익혀야 한다.

사람들의 평소 모습을 찬찬히 관찰해보면 저마다 다른 습관을 가지고 있음을 알 수 있다. 학생 가운데는 볼펜을 잡고 이리저리 돌리거나 손가락으로 튕겼다가 다시 잡고 돌리기도 한다. 어떤 사람은 대화하는 내내 양쪽 손가락을 잡고 관절에서 똑똑 소리가 나도록 비틀기도 한다. 대화하는 가운데 콧구멍을 후비는 사람도 있다.

교인들은 어떠한가? 어떤 사람은 기도를 시키면 "주여! 주여!" 한다든지 아니면 "아버지! 아버지!" 하며 같은 말을 반복하기도 하고 "하나님!"이라는 말을 기도가 막힐 때마다 거듭 되풀이하는 성도들도 있다. 이 또한 습관이요 버릇이다. 이를 지적하면 멋쩍어하는 사람이 있는가 하면 횟수를 거듭하여 시정을 요구해도 시험에 드는 경우가 있다. 목회자라고 습관이 없겠는가? 어느 목사는 안경을 쓰고 설교할 때 안경테가 내려오지 않는데도 계속 만지작거리는 습관이 있다.

습관은 모든 사람에게 다 있다. 그런데 문제는 좋은 습관보다 나쁜 습관을 소유한 사람이 더 많다는 점이다. 서양 속담에 '훌륭한 사람은 훌륭한 습관을 가지고 있다'는 말이 있다. 사람이 훌륭하게 되는 것은 어떻게 태어나느냐가 아니고 어떤 습관을 갖느냐에 달려 있다.

프랑스의 철학자 파스칼은 '습관은 제2의 천성으로서 제1의 천성을 완전히 파괴한다'고 했다. 설령 좋은 성품을 가졌다 할지라도 친구를 잘못 사귀어서 나쁜 습관에 물들면 부모로부터 물려받은 천성과는 관계없이 불행해질 수도 있다는 말이다.

인간은 어떤 습관을 들이느냐에 따라 앞날이 달라진다. 좋은 사람이 된다거나 나쁜 사람이 되는 것 모두 습관에서 오는 열매라 할 수 있다. 어떤 습관을 들이냐에 따라 그 습관이 내 일생을 좌우하게 된다. 영국의 경제학자 케인스는 "습관은 성격을 형성하며 성격은 곧 운명이다"라고 했다. 파스칼은 "습관은 그것이 습관이기 때문에 따르는 것이다. 그것이 합리적이기 때문에 따르는 것은 절대 아니다"라고도 했다. 나쁜 길, 잘못된 길, 파멸의 길인 줄 알지만 습관이 되면 어쩔 수 없이 그 길로 가게 된다. 이 얼마나 무서운 일인가?

불행과 멸망은 모두 나쁜 습관에서 비롯된다. 우리 인간들은 대부분 나쁜 습관에 젖어 있다. 인간은 태어날 때부터 죄인이다. 죄인의 습관을 가지고 살아가는 것이 인간이다. 죄의 습관에 철저하게 물든 상태이다. 악역을 맡은 배우가 친숙해 보이면서 연기도 잘하는 것 같은 반면에 선한 성직자 역할을 맡은 배우가 왠지 어색해 보이면서 연기도 서툴게 느껴지는 것도 같은 이치이다. 사람들은 죄의 습관을 끊고자 무던히 노력하나 끊지 못하고 지금도 여전히 죄의 노예로 살아가고 있다.

하나님은 인간을 사랑하시어 죄 된 습관을 예수를 통하여 차단해주셨다. 이 사실을 믿는 사람들은 세상 습관에서 벗어나 새로운 신앙의 습관을 길들이기 위해 노력해야 한다. 교회를 도장(道場)으로 삼고 기도하는 습관, 설교 듣는 습관, 주일성수하는 습관, 예배드리는 습관과 헌신하고 충성하는 습관을 들여야 한다. 신앙의 모든 분야에 길들어 다른 사람에게 영향을 줄 수 있는 진정한 신앙의 습관에 젖도록 노력하는 성도가 되어야 한다. Ω

원망이 가득한 손자
the grandson's grudge

금번 여름방학을 맞아 손자 희창이와 사랑하는 딸과 함께 북한산 인수봉을 올랐다. 손자 녀석에게 등산을 하고 오면 용돈을 주기로 약속하고 이른 아침부터 데리고 나선 것이다. 세 시간여의 등산을 마치고 무사히 집으로 돌아왔다. 그리고 약속한 대로 용돈을 만 원 주었다. 평소에는 아이들에게 돈을 너무 많이 주는 것도 유익이 없다 하여 천 원씩만 주었는데 이에 비하면 파격적인 용돈이라 생각하고 건네주었다.

녀석은 "감사합니다" 하고는 얼른 제 용돈을 챙겼다. 그런 녀석에게 다시 만 원을 주면서 등산에 동참하지 않은 동생 희성에게도 나눠주라고 말했다. 그러자 손자 녀석은 등산하지도 않은 동생에게 자기랑 똑같은 액수의 용돈을 주는 것이 마음에 들지 않는지 식식거리면서 심부름을 하지 않겠다고 심술을 부렸다. 녀석의 태도를 보니 타락한 인간의 내면 세계가 느껴지며 예수님이 말씀하시던 품꾼의 비유가 떠올랐다.

천국은 마치 품꾼을 얻어 포도원에 들여보내려고 이른 아침에 나간 집주인과 같으니, 그가 하루 한 데나리온씩 품꾼들과 약속하여 포도원에 들여보내고 또 제삼시에 나가보니 장터에 놀고 서 있는 사람들이 또 있는지라, 그들에게 이르되 '너희도 포도원에 들어가라. 내가 너희에게 상당하게 주리라' 하니 그들이 가고 제육시와 제구시에 또 나가 그와 같이 하고 정오 열두시 오후 세시 제십일시에도 나가보니 서 있는 사람들이 또 있는지라, 이르되 '너희는 어찌하여 종일토록 놀고 여기 서 있느냐?' 이르되 '우리를 품꾼으로 쓰는 이가 없음이니이다' 이르되 '너희도 포도원에 들어가라' 하니라. 저물매 포도원 주인이 청지기에게 이르되 '품꾼들을 불러 나중 온 자로부터 시작하여 먼저 온 자까지 삯을 주라' 하니 제십일시에 온 자들이 와서 한 데나리온씩을 받거늘 먼저 온 자들이 와서 더 받을 줄 알았더니 그들도 한 데나리온씩 받은지라. 받은 후 집주인을 원망하여 이르되 '나중 온 이 사람들은 한 시간밖에 일하지 아니하였거늘, 그들을 종일 수고하며 더위를 견딘 우리와 같게 하였나이다' 하더라. (마 20:1~12)

손자 녀석이 바로 이 같은 교훈에 적합한 연출을 한 것이다. 자신은 힘들여 등산했는데 등산하지 않은 동생과 동일하게 취급하는 것은 바람직하지 않다고 투정을 부리니 말이다.

이에 집사람과 딸까지 필자더러 나쁘다며 동조하고 나섰다. 주려면 큰손자에게 다 줘야지, 등산도 하지 않은 동생에게 준다는 것은 큰손자를 농락한다는 말이었다. 졸지에 세 사람이 한편이 되어 공격하여 필자만 한순간에 나쁜 사람이 되었다.

이때 또다시 주님의 말씀을 생각하였다.

> 주인이 그 중의 한 사람에게 대답하여 이르되 '친구여 내가 네게 잘못한 것이 없노라. 네가 나와 한 데나리온의 약속을 하지 아니하였느냐? 네 것이나 가지고 가라. 나중 온 이 사람에게 너와 같이 주는 것이 너 뜻이니라. 내 것을 가지고 내 뜻대로 할 것이 아니냐? 내가 선하므로 네가 악하게 보느냐?' 하더라. (마 20:13~15)

필자 역시 마찬가지 생각이다. 내 돈 가지고 내 뜻대로 내 선한 마음으로 선을 행한 것이 어찌 부당할 수 있단 말인가. 두 손자를 놓고 판단하면 당연히 할아버지가 나쁜 사람이 된다. 이렇듯 다른 사람과 비교하다 보면 선한 주님도 악한 사람이 되기 마련이다. 이는 판단에서 오는 폐단의 한 단면을 보여준 말씀이다. 종종 사람들은 다른 사람들과 비교하고 판단하는 가운데 자신을 오히려 정죄하는 경우가 있다. 이때 떠오르는 말씀이 있다.

> 비판을 받지 아니하려거든 비판하지 말라. 너희가 비판하는 그 비판으로 너희가 비판을 받을 것이요, 너희가 헤아리는 그 헤아림으로 너희가 헤아림을 받을 것이니라. (마 7:1~2) Ω

손님 대접
to treat visitor

브라질 리시피(Recife)에는 최공필 장로가 살고 계신다. 그는 젊은 날 한국에서 일간지 신문기자로 일하다가 브라질 특파원으로 파송되었다. 그때 정이 들어 아예 붙박여 살기로 작정하고 직장까지 그만둔 채 눌러 앉아 지금까지 사시는 분이다.

최 장로님은 고대 경영학과를 나왔고 부인은 이대를 나온 인텔리로 금슬이 아주 좋은 부부이다. 이들 부부는 선교여행을 하다가 잠깐 들른 우리 4명을 따뜻하게 맞아주었고, 이틀 동안 극진히 대접해주었다. 두 분은 여행사에서 12인승 자동차를 세내어 우리 일행을 직접 마중 나와 주었고, 여러 곳을 돌아다니며 관광 안내까지 친절히 해주었다. 게다가 잠자리로 사용하라면서 부부가 쓰던 침실을 내어줄 만큼 손님에게 베푸는 마음 씀씀이가 여느 사람과 같지 않았다.

그분들의 침실을 사용하면서 어찌나 미안하던지 얼굴을 들 수 없을 정도였다. 나 역시 집에 온 손님을 정성껏 대접하지만 이분들처럼 나의 잠자리까지 제공한 적은 없었기 때문이다. 장로님 부부는 자신의 잠자리를 내어주는 일에 주저하지 않고 손님 접대를 하신 분들이다. 이 같은 대접을 받으면서 성경 한 구절이 떠올랐다.

> 형제 사랑하기를 계속하고 손님 대접하기를 잊지 말라. 이로써 부지중에 천사들을 대접한 이들이 있었느니라. (히 13:1~2)

장로님 부부는 이 말씀처럼 우리를 신앙으로 대접했고, 이는 부지중에 천사를 대접하는 복된 선행이 아닐까 생각된다. 뿐만 아니라 자신이 경영하는 식당에서 소고기를 준비하여 파티를 열어주었는데, 브라질교회 합창단 30여 명이 나와 한국민요와 성가를 부르면서 환영해줄 때는 정말 천국에 온 듯한 착각이 들 정도였다. 그 정도로 합창단원 전원과 우리 일행 4명에게 극진히 대접해주었다는 말이다.

자신의 소유를 아까워하지 않고 이틀 동안 후한 인심으로 손님을 대접하는 저들의 마음씨는 어디서 오는 것일까? 우리는 너무 감사한 마음에 조금이라도 부담을 덜어드리고자 일행 4명이서 얼마씩 추렴했다. 그러고는 부인인 권사님에게 화장품이라도 사서 쓰시라고 드렸다. 이때 두 분이서 한사코 고사하며 이런 말을 했다.

"하나님의 종님들이 우리 집에 한 사람도 아니고 네 분씩이나 찾아오셨는데, 무엇으로 대접할지 오히려 송구스럽기 그지없답니다."

우리 일행을 하나님의 종으로 인정함에 너무 감격했고 감사한 마음이 들었다. 찾아온 손님을 하나님이 보내주신 것으로 알고, 아브라함이 자기 집에 찾아온 천사들을 대접하듯 목회자들을 대접하는 두 분의 신앙심에 깊이 감동했다. 우리의 호의를 거절하는 두 분의 마음속에는 보다 진실한 신앙심이 녹아 있었다. 인간으로부터 보상을 받지 않고 하나님께 받겠다는 신앙심! 이러한 것은 신앙인으로서 꼭 가져야 할 믿음이다. 이는 인간의 도움보다도 하나님의 축복을 기대하는 마음이므로 하나님이 많은 것으로 채워주시리라 믿는다. 나는 지금도 이 일이 잊혀지지 않고 감사가 넘쳐난다. 대접을 받아서라기보다 나를 하나님의 종으로 인정하고 하나님 섬기듯 대접하는 이들의 신앙에 감사할 따름이다.

사랑하시는 여러분이여! 나는 이 같은 은혜를 받고 몸둘 바를 모를 만큼 마음의 부담을 가졌다. 나도 이 장로님처럼 살아야 하는 것이 아니냐, 이 같은 은혜를 받고도 아무런 반응이 없다면 인간이기를 포기하는 것이 아니냐 하는 생각을 가져본다.

모든 사람이 이 분들 같은 선행을 베푼다면 이기적이고 혼탁한 세상은 정화될 것이며, 살기 좋은 사회가 될 것이다. 이 같은 세상이 바로 천국이 아닐까 하는 생각을 해본다. Ω

축구 관전
a football inspection

　TV에서 올림픽 축구 예선을 거쳐 8강에 오르는 경기를 관람했다. 일본과 파라과이와의 일전이었다. 3:2로 일본이 패했으나 3:3이 될까봐 마음 졸이며 경기를 보았다. 우리와의 경기도 아닌데 왜 그렇게 애가 탔나 생각해보면 일본이 패하기를 원했기 때문이다. 일본은 우리나라와 상당히 근접해 있고 파라과이는 먼 나라이다. 응원을 하려면 가까운 이웃나라인 일본을 응원해야 마땅하다. 그런데 일본이 아닌 파라과이를 응원한 것이다. 왜 그럴까? 이는 일제 36년 동안 압박을 받았으며 숱한 고난을 당하고 설움으로 한 맺힌 사연이 얽혀 있기 때문이다.

　8·15 해방이 된 지 어언 59년이라는, 반세기의 세월이 훨씬 넘었다. 이제는 잊을 만하지만 그래도 당한 일을 생각한다면 잊을 수가 없겠기에 아직까지 일본에 대한 감정이 좋지 않은 것이 우리나라 국민 정서이다. 종종 국제무대에서 우리나라와 맞붙는 일이 있을 때마다 우리나라가 일본을 이기는 것을 보곤 했다. 실력이 일본만 못해도 일본만은 반드시 이겨야 한다는 강박관념에서 선수들이 최선을 다해 뛰고 국민 전체가 힘을 모아 응원해주기 때문이다.

　물론 일본이 36년 동안 우리나라에 저질렀던 만행을 생각하면 그 정도 승부욕은 아무것도 아니다. 그러나 곰곰 생각해보면 일본이 우리나라를 점령하고 박해하고 인권을 짓밟아야겠다고 해서 그리된 것은 아니다. 신앙인은 역사의 주인공이신 하나님이 우리나라에 대한 섭리와 뜻이 있었기에 일본을 들어 우리나라를 깨닫게 하시기 위한 것임을 믿어야 한다.

　성경을 보면 바벨론 나라나 애굽의 나라가 이스라엘을 점령하고 박해한 이야기가 나온다. 이들의 등장은 어느 누구도 아닌 하나님에 의하여 된 것이다. 하나님의 나라 이스라엘이 하나님을 배신하고 우상을 섬기고 범죄한 결과 이들을 징계하기 위한 채찍으로 바벨론을 불러들이고 애굽을 불러들인 것이다. 우리 또한 하나님의 징계로 우리의 잘못을 벌 주고 경각심을 불러일으키기 위해 일본이 점령한 것으로 받아들여야 한다. 그 당시에는 징계가 나쁘다고 생각되지만 훗날 돌이켜보면 나쁜 것만은 아닌 것이다.

하나님은 4백 년이란 긴 세월 동안 아니면 70년 동안을 저들 나라에 붙여서 이스라엘 백성에게 압박을 가했다. 이스라엘 민족으로서 해야 할 일은 회개하는 일이요, 하나님 앞에서 자신의 모습을 발견하고 겸손히 하나님을 섬기는 일이다. 하나님은 바벨론 또는 애굽 사람들에게 반감을 가지고 보복할 것을 원하지 않을 것이다. 하나님이 원하시는 것은 원수 갚는 일을 친히 행하지 말고 하나님에게 맡기는 것이다.

> 내 사랑하는 자들아! 너희가 친히 원수를 갚지 말고 진노하심에 맡기라. 기록되었으되 원수 갚는 것이 내게 있으니 내가 갚으리라고 주께서 말씀하시니라. 네 원수가 주리거든 먹이고 목마르거든 마시우라. 그리함으로 네가 숯불을 그 머리에 쌓아놓으리라. (롬 12:19~20)

더 이상 일본을 미워하고 복수심에 사로잡혀서는 안 된다. 우리 민족이 해야 할 일은 우상을 섬긴 죄를 회개하고 하나님을 섬기는 일에 최선을 다하는 것이다. 이 일만이 하나님에게 축복받을 일이다. 언제까지 일본을 미워할 수는 없는 일이다. 이제 일본에 대한 심판은 하나님에게 맡기고 원수를 사랑하는 것이 우리의 할 일이다. 때 묻은 지난 감정에 얽매여 복수심에 불탄 나머지 하나님의 뜻에 반한 행동을 해서는 안 된다. 하나님을 섬기는 신앙인으로서 할 일은 한·일 감정이 좋지 않은 이때에 바람직한 생활로 세상의 잘못된 사고를 정화시키는 것이다. Ω

유도왕 이원희 승리
a Christian's Victory

올림픽 유도의 영웅 이원희는 경기를 하다가 손가락에 부상을 입었다. 아픈 손을 가지고 어떻게 경기에 임하겠냐면서 진통제를 먹든지 아니면 치료를 먼저 한 후 경기에 임하라고 코치가 권했을 때 그가 말하기를 "주님은 나 위해 십자가를 지시기까지 하셨는데, 이만한 고통은 견딜 수 있다"면서 경기에 임했다고 한다. 그는 신앙의 사람임에 틀림없다. 그가 평소에 좋아하는 성구(聖句)는 다음과 같다.

내게 능력 주시는 자 안에서 내가 모든 것을 할 수 있느니라. (빌 4:13)

그가 금메달을 손에 거머쥐는 순간, 크리스천의 정체성을 보여준 세레모니가 인상적이다.

"하나님, 감사합니다!"

그의 입에서 감사의 말씀이 터져나온 것이다. 올림픽 유도의 영웅 이원희 선수는 상대를 통쾌한 한판승으로 제압한 후 무릎을 꿇고 두 손 모아 하나님께 영광을 돌리며 감사를 드렸다. 이 얼마나 아름다운 모습인가? 주위에 있는 사람들이 어떤 시선으로 보든지 무어라 수군거리든지 개의치 않고 하나님에게 영광을 돌리는 모습은 참으로 아름다웠다. 이원희 선수는 그 순간을 얼마나 기다려왔을까? 4년이란 긴 세월 동안 고된 훈련을 하면서 그날을 기다려왔을 것이다.

신앙인이라면 그 모습을 바라볼 때 큰 감동을 받지 않을 수 없다. 통쾌한 한판 승부를 마친 후 두 손 들어 하나님에게 영광을 돌리는 모습을 보고 있자니 크리스천으로서 정말 대견스럽고 자랑스러울 따름이다. 그의 승리는 하나님의 승리이다. 그의 행동은 하나님에게 존귀영광을 돌려드리기 위한 행동이었다. 이에 하나님은 진정으로 그의 오른손을 높이 드시는 것으로 반응하셨다. 그는 유도의 왕이 아니라 신앙의 장군이다.

승리의 월계관을 쓰려면 얼마나 피나는 훈련을 했을까 하고 사람들은 궁금해할 것이다. 물론 오랜 기간 노력한 선수들의 피와 땀을 무시하고 싶지는 않다. 그러나 근본적으로 하나님의 역사(役事)가 있어야 온전한 승리를 거둘 수 있다고 본다.

열심히 노력하여 훈련을 받고 강인한 체력으로 싸워서 승리한 것이라면 누구든 훈련받고 체력만 좋으면 승리할 수 있다는 말이다. 그러나 좋은 체력에 강도 높은 훈련을 받았다 해서 모두 다 승리하는 것은 아니다. 만약 그렇게 해서 승리한 사람이라면 패배한 사람들을 바라볼 때 체력이 좋지 않다거나 훈련을 제대로 받지 않았다 해서 멸시할 가능성이 있다. 즉 교만한 사람이 될 것이다. 그러나 하나님의 도움으로 승리했다고 믿는 사람은 겸손히 자신을 낮추게 될 것이다. 자신이 승리한 것이 아니고 하나님에 의하여 승리했기 때문이다. 즉 승리의 주체가 자신이냐 하나님이냐에 따라 겸손과 교만이 가늠되는 것이다. 승리한 후 맨 먼저 "하나님 감사합니다!"하고 외치는 탄성은 하나님에 의하여 승리한 것이라고 자신의 신앙을 고백하는 것과 같다.

세상의 모든 일은 인간의 역사에 의하여 만들어지는 것이 아니라 하나님에 의하여 만들어진다는 사실을 믿는 믿음의 열매는 먼저 입술의 열매로 나타난다. 그러므로 감사와 영광을 하나님에게 돌려드리는 기도는 너무나 당연한 일이다. 보도에 의하면 이원희 선수의 가족은 신앙가족이라고 한다. 양친부모와 더불어 조부모님께서도 하나님을 섬기는 신앙가족이라고 한다. 그의 승리는 기도의 승리요, 신앙의 승리라고 해도 과언이 아니다. 주어진 여건 속에서 행여 우리에게 크고 작은 승리가 있을 때 하나님께 감사와 영광을 돌리는 일을 잊어서는 안 된다.

"하나님, 감사합니다!"

이 위대한 신앙고백이 입가의 열매로 맺어지기를 바란다. Ω

도군자(盜君子)
dignified thief

중국에 양상군자(梁上君子)가 있다면 우리나라에는 도군자(盜君子)가 있다. 법도가 있고 위신을 차리며 인간성까지 제대로 갖춘 도둑을 도군자라고 한다. 이러한 도군자에 관하여 예로부터 전래되는 이야기들이 아주 많다.

어느 집에 도둑이 들었는데 어찌나 가난하던지 갖고 나갈 것이 아무것도 없었다. 도둑이 빈손으로 나가려 하자, 잠든 체하고 누워 있던 주인이 "문이나 잘 닫고 가소"하고는 이에 덧붙여 "여기까지 오는데 신발이 닳았을 테니 짚신이나 바꿔 신고 가게나"하고 점잖게 말했다. 이때 도둑이 신발을 바꿔 신고 보니 자신이 신고 온 짚신보다 더 낡아 발바닥이 땅에 닿을 지경이었다. 도둑은 너무나 주인이 가엾어서 성한 제 신발을 벗어놓은 채 낡은 신발을 신고 담을 넘어갔다고 한다.

이것이 바로 우리나라의 도군자이다.

또 다른 도둑 이야기도 있다. 어느 한 도둑이 선비 집에 들어가 지묵(紙墨)을 훔쳐 품에 넣고 근처에 있는 상놈 집에 침입하여 마루 밑에 숨어 있었다. 마침 그날은 그 집의 제삿날이라 제사상을 차려놓았으나 주인이 상놈이라서 제문(祭文)을 쓸 줄 몰라 전전긍긍하고 있었다. 마루 밑에 숨어서 이를 지켜보던 도둑이 마침 글깨나 했던지라 옷을 털고 나아가 훔쳐온 지묵으로 제문을 써주었다. 그러자 집주인이 "도둑 양반님, 고맙습니다"하며 큰절을 했다고 한다.

이것이 바로 우리나라의 도군자인 것이다.

지난 5일 이 모(33세·경기도 안산시) 씨가 강릉시 연곡면 삼산리 민박집에 피서를 갔다가 민박집 주인 김 모 씨의 소유인 산삼을 훔쳐 먹어 화근이 되었다. 이 산삼은 지난 6월 민박집 주인이 심마니 동료 2인과 함께 산에 올랐다가 발견한 것으로, 150년 된 산삼인데 집 뒤에 심어두었다고 한다. 주인 말에 의하면 최근 4,500만 원에 살 사람이 있었지만 가격이 약한 것 같아 팔지 않고 그대로 두었는데, 술에 취한 이씨가 이 산삼을 장뇌삼으로 오인하고 캐먹었다는 것이다. 결국 경찰에 붙잡힌 이씨는 산삼 주인들에게 2,500만 원을 물어주기로 합의하고 풀려났다.

이씨는 초범이고 피해자와 합의한 점을 고려하여 불구속하라는 검사의 지휘에 따라 돌려보냈다고 한다. 이씨의 변을 들어보면 사건 당시 술에 취한 상태라 이런 범행을 저질렀다그 한다. 그러나 실로 어처구니없는 변명일 뿐이다. 술 먹은 사람은 남의 것을 취득해도 된다는 말인지, 아무런 책임도 없다는 말인지 궁금하다. 또한 산삼이 아니라 장뇌삼인 줄 알고 먹었다는 것 역시 말도 안 되는 변명이다. 장뇌삼은 주인 허락 없이 먹어도 된다는 말인지 궁금하다. 문제는 이씨가 삶의 철학을 제대로 정립하지 못했다는 점이다. 이 같은 사고를 가지고 산다면 언제든 같은 범행을 재현할 가능성이 있다. 술 먹고 한 행동은 책임지지 않아도 되고, 가격이 비싼 것은 훔치면 안 되지만 가격이 싼 것은 훔쳐도 된다고 생각하기 때문이다.

산삼 주인은 이씨에게 말하기를 "귀한 산삼의 임자는 따로 있는 법이다" 하며 2,500만 원을 챙겼다고 한다. 사실 그가 실제로 산삼을 캐왔는지도 모르겠고, 장뇌삼인지 산삼인지의 가격이 4,500만 원을 호가하는 것인지도 모르겠다. 다만 신문지상에 공개된 것으로 보아 그렇게 알 뿐이다. 아무튼 얼떨결에 산삼 2,500만 원어치를 사먹었으니 이씨도 도군자라 할 수 있을까?

이 같은 행동은 절대 해서는 안 된다. 행동을 조심하는 삶이 나의 방종한 삶을 막아줄 것이다. 그러나 이씨의 행동은 우리나라 사람이라면 누구든 했을 법한 행동이다. 이렇게 잘못된 풍토 속에 살고 있는 우리로서는 살아 계신 하나님이 지켜주지 않는 한 이와 같은 범주에 빠질 수밖에 없다. Ω

사탄을 사랑해야 하나?
Shall I love SATAN?

성경에서는 '원수를 사랑하라'고 했다. 사탄이 우리의 원수라면 사랑해야 할까? 그러나 사탄을 사랑한다는 것은 말도 안 된다. 사랑한다면 하나님을 사랑하고 이웃을 사랑해야 한다. 사탄은 사랑의 대상이 아니다. 사랑한다면 어불성설(語不成說)이다. 사탄과는 대적해야 한다. 이는 성경에서도 근거를 찾을 수 있다.

마귀의 궤계를 능히 대적하기 위하여 하나님의 전신갑주를 입으라. (엡 6:11)

사탄과는 전신갑주를 입고 싸워야 한다. 싸움에서는 물론 승리해야 한다. 사탄과 싸워 패배한다면 비참한 자리에 설 것이다. 진 자는 이긴 자의 종이 되기 때문이다. 사탄의 종이 되지 않기 위해서는 피나는 사투(死鬪)가 있어야 한다.

사탄은 우리 눈에 보이지 않는다. 종종 우리 앞에 나타날 때는 사람의 모습으로 또는 물질이나 영으로 나타나 우리를 괴롭힌다. 때문에 우리는 치열한 경쟁관계에서 패배하여 경제적인 손실을 떠안기도 하고, 정신적인 면에서 마음에 깊은 상처를 입기도 한다. 때로는 절망하고 좌절하여 삶을 포기하기도 한다. 또한 대인관계에서 더 이상 설자리가 없도록 역사하는 경우도 있다. 어떻게 하면 이러한 사탄과 싸워 승리할 수 있을까? 신앙생활을 하는 사람들은 "사탄아 물러가라. 나사렛 예수의 이름으로 명하노니, 사탄아 물러가라!"하고 소리친다. 또는 "믿습니다!" 하고 목에 시퍼런 힘줄이 불거지도록 고함을 친다. 그리스도가 어둠의 권세를 제압하시고 승리하였기에 그리스도의 이름이 아니고는 물러가지 않음을 알아 이토록 눈을 감고 힘껏, 큰 믿음으로 외친다.

사탄은 인격체로 나타나 우리를 괴롭힐 때가 많다. 사탄은 신앙인을 괴롭히므로 신앙인의 원수이다. 사탄을 통해서 우리에게 다가오는 많은 어려움을 생각할 때 나를 대적하고 괴롭히는 실체가 바로 인격으로 가장한 사탄일 것이다. 때로는 사랑하는 남편이나 아내로, 때로는 친한 친구로, 때로는 가까운 일가친척이나 성직자로, 때로는 성도로 나타나기도 한다. 이때 우리는 이들을 물리치기 위해 "사탄아 물러가라!"하고 소리치며 기도해야 할까? 성경에서는 원수를 사랑하라고 했다. 사탄이 인격화된 원수라면 사랑으로 물리쳐야 하지 않을까?

다음과 같은 일화가 있다.

어떤 부인의 경우 남편이 하도 마귀 노릇을 하기에 남편에게 "사탄아, 물러가라!"하고 외쳤다. 이 말을 들은 남편이 자기를 보고 사탄이라 한다 하여 부인을 아예 교회도 못 나가게 했다고 한다. 사탄이 인격체로 나타난다면 그 사탄을 사랑하라는 것이 성경의 원리이다. 즉 사탄의 행위는 미워하되 그 인격은 사랑으로 물리치는 방법이 바로 원수 사랑인 것이다.

성경 속에서 바울은 다음과 같이 말하고 있다.

> 내 사랑하는 자들아, 너희가 친히 원수를 갚지 말고 하나님의 진노하심에 맡기라. 기록되었으되 '원수 갚는 것이 내게 있으니 내가 갚으리라' 고 주께서 말씀하시니라. 네 원수가 주리거든 먹이고 목마르거든 마시게 하라. 그리함으로 네가 숯불을 그 머리에 쌓아 놓으리라. 악에게 지지 말고 선으로 악을 이기라. (롬 12:19~21)

인격체의 사탄은 미워하고 싸울 것이 아니라 사랑으로 대처해야 한다. 신앙인의 성숙한 자세로 대처해야 한다. "원수 사탄아, 물러가라!"하고 큰소리로 기도한다면 사탄은 물러가지 않을 뿐더러 대인관계만 더 악화될 뿐이다. 교회생활을 하다 보면 사탄을 쫓는 사랑의 방법을 몰라 오히려 사탄에게 패배하는 경우를 많이 본다. 우리의 생각을 바꾸고 진리 위에 서는 성도가 되기를 바란다. ♬

환상에 사는 사람
a person with phantom

환상이란 곧 꿈을 의미한다. 현실과 꿈은 엄청난 괴리가 있다. 꿈속에서의 거지가 실제로는 부자로 살아가기도 하고, 꿈속에서는 권력을 가진 자가 현실에서는 힘없는 서민인 경우도 있다. 이와 같이 현실과 꿈은 서로 맞지 않는다. 우리 같은 신앙인은 가능하면 꿈과 환상 속에서 살아야 하지 않을까 싶다.

> 이 사람들은 다 믿음을 따라 죽었으며 약속을 받지 못하였으되 그것들을 멀리서 보고 환영하며 또 땅에서는 외국인과 나그네로라 증거하였으니, 이같이 말하는 자들은 본향 찾는 것을 나타냄이라. (히 11:13~14)

성경에서는 신앙인의 실체를 외국인과 나그네라고 했다. 그러나 정작 신앙인들은 자신이 외국인과 나그네라고 생각하지 않으며 현실 세상의 주인으로 살아간다.

신앙인의 본국은 대한민국이 아니라 본향을 의미하는 천국이다. 육신은 대한민국에 국적을 두고 살지만 신앙 면에서는 천국 시민으로 살아야 한다. 즉 신앙인은 천국 시민으로 살아가되 외국인과 나그네로 삶의 내용을 채워가야 한다. 말로는 믿음을 가졌다고 하면서 외국인과 나그네와 전혀 상관없는 내용의 삶을 산다면 신앙을 포기한 사람일 것이다.

세상 사람들은 현실에 중점을 두고 살지만 신앙인은 영원한 천국에 초점을 두고 사는 사람들이다. 따라서 세인들은 신앙인을 환상 속에 사는 사람으로 치부할 수도 있을 것이다. 신앙인은 그들과는 전혀 다른 삶을 살기 때문이다. 믿는 이와 믿지 않는 이 가운데 누가 착각과 환상 속에 사는 것이며 누가 바람직한 삶을 사는 것인지 지금은 구분할 수 없다. 그러나 머잖아 하나님 앞에 나아가 심판받을 때 백일하에 드러날 것이다. 이날을 대비한 삶이 바로 본향을 찾는, 환상으로 살아가는 삶이다. 미국과 이라크 간의 전쟁 중에 사담 후세인이 검거되어 포로가 되었다. 미국은 사담 후세인 이라크 전 대통령을 전범으로 체포한 이후 지난 7개월 동안 집요한 심문을 계속했다. 후세인은 미 중앙정보국(CIA)의 조사를 받았으나 비협조적인 태도로 일관하자 나중에는 연방수사국(FBI)이 심문을 주도했다. 그 후로 그의 신병을 이라크에 넘겨 심문을 받게 하였다.

이라크 판사가 그에게 "당신의 직업은 무엇인가?"하고 물었다. 후세인은 "나는 현직 이라크 대통령이다"하고 대답하더니 판사에게 질문을 던졌다. "당신도 내게 자신을 소개하라." 이에 후세인을 심문하던 판사가 "나는 이라크의 중앙법원 심문 판사다"하고 대꾸했다. 이 말을 들은 후세인은 "이 법정은 어떤 법으로 진행되는가?"하고 다시 물었다. 판사가 "연합군의 법으로 진행된다"고 대답하자, 후세인은 "나는 이라크 대통령이니 연합군의 법정에서 답변할 필요가 없다"면서 덧붙이기를 "나는 범죄자가 아니다. 진짜 범죄자는 미국의 조지 부시 대통령이다"하고 거듭 강조했다.

이와 같은 사담 후세인의 주장은 허상일 뿐이다. 두 손조차 묶여 있는 좁은 공간, 자유가 제한된 현실을 인정하지 않는 행위라 할 수 있다. 이런 상황에서 자신이 이라크 대통령이라고 주장하는 것은 정신이상자나 꿈속을 헤매는 사람의 망언과 다를 바 없다. 비록 허상이지만 꿈의 위력이 그의 건강이나 모든 것을 건재케 한다. 현실을 생각한다면 그는 낙심 절망으로 비관하고 자살로 생을 마칠 수도 있다. 그러나 아직도 자신이 만들어놓은 환상 속에서 이라크 대통령으로 큰소리치며 살아가는 모습을 보면 꿈과 환상, 아니 허상의 위력이 얼마나 큰가를 절감할 수 있다.

우리 신앙인도 꿈과 환상을 가지고 살아가야 할 것이다. 후세인과 같은 허상이 아니라 본향을 찾는 외국인과 나그네로서 남은 생을 불태우는, 아름다운 환상 속에서 이상적인 삶을 살아가는 본향의 주인이 되어야 할 것이다. Ω

대사의 처신
Christian are an Heaven's ambassador

한 일간지 보도에 따르면 한승주(韓昇洲) 주미대사가 럼스펠드 미국 국방장관의 외교사절 초청행사에 불참한 채 부인의 출판기념회에 참석했다고 한다. 이와 관련해 외교통상부가 한승주 대사에게 주의 조치를 내릴 것이라고 한다. 한 대사가 럼스펠드 리셉션에 파월 국무장관 등 요인들이 참석한다는 사실을 미처 파악하지 못해 불참한 사실을 질책하는 의미라는 것이다.

한 대사가 부인의 출판기념회에 간 것 자체를 나무랄 수는 없다. 아무리 중요한 일을 하고, 바쁜 일이 있더라도 공직자로서 가족을 챙기는 것이 흠일 수는 없기 때문이다. 그러나 병상의 아내를 간병한다거나 어린 자식들을 돌봐야 할 피치 못할 사정으로 어쩔 수 없이 자기 일을 포기하고 가정으로 돌아가는 사례들에 비해 부인의 출판기념식에 참석하려고 공직자로서의 업무를 유기하는 행위는 바람직하지 않다고 본다.

이번 일은 공직자에게 사생활을 희생해가며 모든 것을 공무에 바치기를 요구하는 원리가 아직까지 이행되지 않으므로 주의 조치를 준 것으로 안다. 지나친 사생활 침해도 옳지 않지만 한 대사의 이날 행동이 적절했다고 말하기는 어렵다. 지금 대미(對美) 외교는 사상 최악이다. 대한민국에서 그 사실을 한 대사만큼 속속들이 아는 사람도 없을 텐데 너무 경솔한 처신(處身)이 아니었나 싶다.

최근 일만 꼽아도 부시 대통령은 이라크 참전국을 거명하면서 '실수로' 한국을 빠뜨리고, 북한 양강도 폭발에 관해서는 동맹관계에 있다는 한국의 통일부장관과 미국 국무장관이 동시에 다른 말을 하고, 한국의 우라늄 추출 의혹은 여전히 오리무중인 상태다. 이런 상황에서 대미 외교의 일선 지휘관으로서는 마음도 급하고 몸도 바쁠 수밖에 없다. 그러나 이번에 한 대사가 보여준 행동은 급한 마음과 바쁜 몸이라 할지라도 정당하게 읽힐 수 없는 행동이다.

현직 대사는 대한민국에서 파송했으며 국가의 녹을 먹고 살아가는 사람이다. 그가 받는 급료가 얼마나 되는지는 모르지만 상당한 액수임에 틀림없다. 이 급료는 국가를 대신하여 대미 외교를 담당해줄 것을 믿고 국민이 낸 혈세로 매월 지급되는 돈이다. 따라서 그의 행동 기준에서 제1순위는 대한민국 주미대사로서의 임무이다. 사생활에 우선권을 주어서는 안 될 일이다.

필자는 이 기사를 읽으면서 많은 생각을 했다. 우리는 하나님 나라에서 파송받은 천국대사(天國大使)이다. 대사의 일에서 가장 우선순위는 하나님의 나라이다. 그럼에도 불구하고 파송받은 하나님 나라와는 무관하게 살아가고 있음을 종종 느낀다. 교회 일보다는 다른 데 어디 먹자판이 없을까, 어디 재미있는 일이 없을까 하여 세상일에 마음을 빼앗기는 신앙인이 많다. 그러나 성경에서 보듯이 우리의 가치기준에서 무엇보다 우선은 주님에게 두어야 할 것이다.

> 이는 다 이방인들이 구하는 것이라. 너희 천부께서 이 모든 것이 너희에게 있어야 할 줄을 아시느니라. 너희는 먼저 그의 나라와 그의 의를 구하라. 그리하면 이 모든 것을 너희에게 더하시리라. (마 6:32~33)

주님의 말씀처럼 신앙인은 이방인과 차별화되어야 한다. 즉 이방인은 의식주 문제에 가장 큰 가치를 두지만 신앙인은 하나님의 의를 구하는 데 최우선순위를 두어야 할 것이다.

세상을 살아가는 데 있어 의식주 문제는 매우 중요하고 심각하다. 이 중요하고 심각한 문제를 뒤로 한 채 가장 먼저 해야 할 일이 하나님의 일이다. 지금까지 그렇게 살지 못했던 데 대해 깊이 반성해야 할 것이다. 신앙인으로서 의식주 문제를 앞세워 하나님의 일을 그르치는 행위는 한승주 대사처럼 주의 조치를 당할 수밖에 없다.

다시 한 번 경각심을 가지고 주님의 일에 우선순위를 두도록 하자. *Ω*

최고경영자(CEO)가 되는 길
Chief of Executive Officer

성공이란 단어는 아주 매혹적이다. 성공 일변도의 세상을 살다 보니 너나없이 성공하기에 혈안이 되어 있다. 어떻게 하면 성공할 수 있을까? 보다 쉬운 성공의 방법은 없을까? 누가 성공했을까? 혹시라도 성공했다는 말이 들리면 사람들의 관심이 그에게로 쏠린다. 성공의 비결을 배우기 위해서이다.

교계 역시 이와 동일하다. 어떤 목회자가 불과 몇 년 안에 교인 천 명을 모으는 일에 성공했다면 그 사람은 개척교회 성공사례로 각종 세미나 또는 부흥집회의 강사로 초빙되는 등 교계에서 일약 스타로 환영받는다. 그러나 그 속을 들여다보면 전도해서 새 신자가 모인 것이 아니라 다른 교회에 다니던 기성교인들을 모아온 경우가 허다하다. 수직이동이 아니라 수평이동을 한 셈이다. 철새처럼 몰려다니는 사람들은 언젠가는 다른 데로 갈 확률이 많다. 따라서 진정한 부흥과 성공을 했다고 보기에는 성급한 일이 아닐 수 없다.

어느 일간지에 게재된 기사를 읽은 적이 있다. 내용인즉 CEO의 성공에 대해 분석한 글이었다. 거기에 나열된 내용들을 옮겨본다.

첫째, 위험에 맞서라. 즉 냉철한 판단력을 가지고 목표를 향해서 과감하게 투자하라는 것이다. 모험 없이는 성공도 할 수 없다는 의미이리라. 여기에 준한 인물로는 마이크로소프트사의 빌 게이츠(Bill Gatts)를 꼽는다.

둘째, 혁신으로 돌파하라. 기존의 사고방식과 패러다임으로는 5% 개선도 힘들지만 혁신을 통해서 30% 이상 생산성을 높일 수 있다고 한다. 이 조건에 맞는 인물로는 백색가전 신화의 주인공인 LG전자 부회장 김쌍수 씨를 꼽는다.

셋째, 고객의 말은 항상 맞다는 것을 믿어라. 여기에 맞는 인물로는 델 컴퓨터사의 마이클 델을 꼽는다.

넷째, 가는 길에 이정표를 정해라. 이 조건에 적절하다고 꼽는 인물은 GE 회장인 잭 웰치이다.

다섯째, 나를 따르라. 조건을 제시하여 상대를 설득할 수 있는 능력을 키우라는 의미이다.

여섯째, 말보다 행동을 먼저 하라.

일곱째, 꾸준히 독서하라.

이상은 전문가가 꼽은 CEO로 성공할 수 있는 덕목이다.

얼핏 보기에 정당하고 논리적인 것 같다. 그러나 성공과 실패는 인간에게 있지 않고 살아 계신 역사의 주인공이신 하나님에게 있다. 위의 주장들을 보면 하나님에 대해서는 하나같이 침묵하고 있다. 인간이 노력하면 최고경영자에 도전할 수 있음을 시사하고 있을 뿐이다. 이는 자력주의요, 인본주의의 산물이다. CEO의 꿈을 가진 자는 하나님의 존재를 먼저 인정해야 한다. 성경의 히브리서 기자는 다음과 같이 말하고 있다.

> 믿음이 없이는 하나님을 기쁘시게 못하나니, 하나님께 나아가는 자는 반드시 그가 계신 것과 또한 그가 자기를 찾는 자들에게 상 주심을 믿어야 할지니라. (히 11:6)

믿음을 가진 자에게 하나님은 꿈을 이루게 하신다. 그런데 이상하게도 불신자들이 CEO의 자리에서 활약하는 것을 볼 수 있다. 하나님은 기독교의 주장대로 믿음을 가진 자에게 최고경영자(CEO)가 되게 해야 하는데 그렇지 않은 경우를 본다. 그렇기에 하나님을 믿어야 할 선택받은 사람들까지도 방황하게 된다. 그러다가 결국 실패하여 두 손 들고 "천부여, 의지 없어서…" 하며 하나님을 찾는 것이다. 우리는 이를 믿음의 시금석(試金石)으로 삼아야 한다. 하나님이 성공과 실패를 좌우하신다는 견고한 믿음으로 굳은 신앙을 가지고 하나님이 주시는 CEO가 되는 축복을 받자. Ω

나의 구주 예수님
JESUS is my lord

예수님이 활발하게 활동하실 당시 그 분을 따르는 사람들이 많았다. 그 따르는 수가 디베랴 광야에서 오병이어(五餅二魚)의 기적을 행할 때는 3천 명 내지 5천 명이었다. 삭개오라는 세리장은 뽕나무 위에 올라가 여리고로 지나가시는 예수님의 행렬을 지켜보았다고 하니 주님이 가는 곳곳마다 얼마나 많은 사람을 동원했는지 짐작할 수 있다. 갈릴리 바닷가에서 전도하실 때는 대중이 얼마나 많은지 바다 한가운데 배를 띄워 배 위에서 대중을 바라보며 설교를 하셔야 했다. 당시 사람들은 왜 그토록 예수님을 따랐을까? 과연 예수를 따라야 했을까, 따르지 말아야 했을까? 종이 주인을 따르는 것이 필연이라면 성경 속의 제자들은 어떤 마음가짐으로 예수를 따랐는지 알아보자.

첫째, 출세를 위해서이다. 제자들은 우정승, 좌정승의 자리에 연연하면서 주님을 따른다.

그때에 세베대의 아들의 어머니가 그 아들들을 데리고 예수께 와서 절하며 무엇을 구하니, 예수께서 이르시되 '무엇을 원하느냐' 이르되 '나의 이 두 아들을 주의 나라에서 하나는 주의 우편에, 하나는 주의 좌편에 앉게 명하소서.' 예수께서 대답하여 이르시되 '너희는 너희가 구하는 것을 알지 못하는도다. 내가 마시려는 잔을 너희가 마실 수 있느냐?' 그들이 말하되 '할 수 있나이다' 고 하더라. (마 20:20~22).

로마의 억압에서 유대가 회복되기 위해서는 갖가지 기적을 행하는 예수님이 왕이 되어야 한다고 생각하여 추대한 까닭도 바로 여기에 있다. 오늘의 신앙인도 이같이 출세를 위해 주님을 따르는 것은 아닌지 반성해볼 일이다.

둘째, 떡 먹고 배부른 까닭이다. 예수님은 오병이어의 기적으로 굶주린 대중을 먹여주셨다. 주님은 이때를 기회로 알고 자신이 하늘에서 내려온 산 떡임을 강조하시며 대중에게 자신이 하나님의 아들이요, 구세

주임을 증언했다. 그 후로 수많은 대중이 하나하나 떠나가기 시작하여 나중에는 제자만이 남았다. 남은 제자에게 주님이 "너희들도 떠나려 하느냐?"하고 물을 때 베드로는 말하기를 "주께 영생의 말씀이 있사오매 뉘게로 가오리까?" 하였다. 이때 주님은 다음과 같이 말씀하셨다.

> 예수께서 대답하여 이르시되 '내가 진실로 진실로 너희에게 이르노니, 너희가 나를 찾는 것은 표적을 본 까닭이 아니요, 떡을 먹고 배부른 까닭이로다' 하였다. (요 6:26)

셋째, 호기심으로 따른 것이다. 가이사랴 빌립보 지경에서 예수님은 제자들에게 사람들이 왜 나를 따르는지 아냐고 물어보았다. 그들의 대답은 이러했다.

> 더러는 세례 요한, 더러는 엘리야, 어떤 이는 예레미야나 선지자 중의 하나라 하나이다. (마16:14)

여기에 나오는 인물들은 하나같이 예수님이 많은 기적과 이적을 행한 사람으로 알고 따랐다. 즉 자신들의 호기심을 채우기 위해서 주님을 따랐다는 것이다. 이들이 주님을 따르는 행동은 바람직하지 못하다. 하기야 예수님 당시의 바리새인들도 주님을 따랐으나 그 이유는 말꼬리 잡고자 설교를 들었고, 안식일에 어떤 일을 하지 않나 하여 뒤를 좇았을 뿐이다.

오늘 우리의 모습은 어떠한가? 주님이 베드로에게 "너는 나를 누구로 알고 따르느냐?"하고 물었을 때 베드로는 "주는 그리스도요, 살아 계신 하나님의 아들이시니이다"하고 고백했다. 예수를 따르는 바람직한 태도는 베드로의 신앙고백처럼 제물이 되어 헌신적으로 따르는 것이다. 그때 주님은 기뻐하시고 우리의 수고 또한 헛되지 않고 훗날에 후회를 남기지 않을 것이다. 베드로의 신앙고백은 노력이나 교육으로 된 것이 아니라 하늘에 계신 하나님이 허락한 사람만이 가질 수 있는 특권이다. 신앙인이라면 예수가 나의 구주임을 믿고 따르는 제자인지 스스로에게 따져 물어야 할 것이다. Ω

단명(短命)케 하는 거짓말
a lie cut life

한 기독교 신문에서 '정직한 자는 장수한다'는 내용의 글을 읽었다. 이 말을 뒤집어 생각한다면 거짓말하는 사람은 단명한다는 뜻일 것이다. 그러나 주변을 둘러보면 그렇지도 않은 것 같다. 거짓을 말하지 않는 사람이 없는 지금 세상인데, 장수한 사람들이 정직만을 말하고 살았다는 것은 모순일 뿐이다. 복잡한 세상살이에 거짓말이라도 해서 적당하게 살아가면 그만 아닌가. 그런데도 정직해야 장수할 수 있다고 강조한다. 의학적으로 볼 때도 거짓말하는 사람은 그렇지 않은 사람보다 훨씬 수명이 단축된다고 한다.

한 가지 거짓말을 하게 되면 그것으로 끝나는 것이 아니라 그에 따른 수백, 수천 가지의 거짓말을 해야 하므로 거짓말이 나쁜 것이다. 물론 기억력도 좋아야 거짓말을 할 수 있다. 이 사람에게 무슨 거짓말을 했는지 분명히 기억해두어야 다음에 실수를 면할 수 있기 때문이다. 거짓말하는 사람일수록 수명이 단축된다는 것도 일리는 있는 말이다. 저 사람을 만나면 또 어떤 거짓말을 꾸며대야 하나 고민하다 보니 그 신경이 얼마나 피곤하겠는가? 또한 모두에게 한 거짓말을 일일이 다 기억하고 있으려니 얼마나 피곤하겠는가? 그뿐만이 아니다. 혹시 거짓말한 것이 탄로나 나지 않을까 싶어 가슴이 조마조마하고 눈만 찡긋해도 가슴이 철렁 내려앉을 것이다. 상대가 머리만 갸우뚱해도 들통 난 것이 아닐까 싶어 전전긍긍하다 보면 신경이 쇠약하여 신경성 질병들이 뒤를 잇게 될 것은 자명한 일이다. 걱정과 근심은 고혈압, 심장병, 동맥경화증, 중풍의 원인이 된다고 한다.

이에 대한 증거로 한 사건을 이야기해보고자 한다.

독일 정치의 기념비적 인물로 알려진 헬무트 콜 전 총리의 70회 생일을 맞았을 때 일이다. 당에서는 반 년 전부터 베를린에 큰 연회장을 빌려놓고 천여 명의 축하객을 초청해둔 상태였다. 그러나 범국민적 행사로 벌일 계획이었던 콜의 70회 생일 축하 파티는 모두 물거품이 되고 말았다. 거년에 터지기 시작한 비자금 스캔들로 콜 자신은 물론 기민당 전체가 쑥밭이 되었기 때문이다. 결국 측근들만 모여 그의 고향에서 조촐한 파티를 열기로 했으나 비자금 파문이 확산되면서 이마저도 취소되고 말았다.

25년에 걸친 총재직, 전후 독일의 최장수(16년) 총리로서의 명예를 자랑하던 콜이 칠순 잔치마저 못하게 된 이유는 한 마디로 '거짓말' 때문이다. 비자금 사건이 처음 터졌을 때 이를 솔직히 시인하고 사과만 했어도 상황이 이처럼 악화되지는 않았을 것이다. 한 번 거짓말을 하고 이를 덮기 위해 계속 거짓말을 하다 보니 정직과 성실의 상징처럼 알려진 콜의 명성이 거짓과 위선의 대명사로 전락하고 간 것이다. 거짓말 한 마디로 25년간의 총재직, 16년간의 총리직, 독일 통일의 영웅이라는 명예가 하루아침에 일장춘몽의 물거품이 되어버렸다. 모든 것이 무너진 것을 말하려는 것이 아니라 거짓말을 위해 얼마나 많은 신경을 써야 했을까 하는 점이 오늘 이야기하고 싶은 주제이다. 거짓말을 덮기 위해서 또 다른 거짓말을 생각하고 궁리하고 염려하는 일에 얼마나 시달렸을까?

이로 인한 많은 고민과 불안이 그의 생명을 단축시켰으리라 믿는다. 물론 성경에서는 사람의 목숨이 하늘에 달렸다고 말하지만 주어진 운명을 파괴시킬 만큼 대단한 힘을 가지고 있는 것이 거짓말임을 다시 한 번 입증해준 사건이다. 하나님은 사람들에게 각자의 몫에 맞는 사명을 맡기시어 세상에서 정직하고 성실하게 수행하도록 명하셨다.

그런데 우리는 나의 욕심을 채우기 위해서 하지 말아야 할 거짓말을 하고 근심과 걱정, 염려로 나에게 주신 생명을 단축하는 데 수고를 아끼지 않는다. 잘못을 하지 말아야 하지만 설령 잘못이 드러났다 해도 그것을 덮기 위해 거짓말을 하지 말고 겸손히 자신을 낮추어 잘못을 뉘우치고 회개하는 것만이 거짓을 덮고 장수하는 길이다. Ω

햇빛이 다른 나라
another sunshine

　햇빛은 동일하다. 다르다고 하면 이상하다. 어떤 나라의 햇빛이 다를까? 우리나라를 비롯하여 세계 어느 나라든 햇빛은 골고루 비친다. 다르다면 지구에 있는 나라가 아니다.

　지난번 선교 여행할 때 미국 아들집에 머물면서 아침 햇빛을 받으며 조깅을 한 적이 있다. 그때의 햇빛은 유난히도 깨끗하고 밝은 빛이었다. 우리나라와는 전혀 다른 느낌의 햇빛이었다. 마치 깊은 산 나무 사이로 아침 햇살이 비치는 것처럼 선명해 보였다. 반면에 우리나라는 하늘이 뿌옇게 흐린 날이 많아 아침에도 환한 햇살을 보기가 힘들다. 행여 맑은 날 아침 햇빛을 보더라도 희뿌연 하늘 탓에 나이 많은 노인의 오줌줄기처럼 햇살이 뻗다가 말아버린다.

　미국의 나무들은 외양부터가 다르다. 침엽수의 경우는 그 잎이 대단히 크다. 우리나라의 솔잎보다 세 배 이상은 큰 것 같다. 잎도 잎이지만 굵은 몸통에 힘차게 뻗은 나무줄기를 보면 우리나라의 나무들과는 확실히 다른 느낌이 든다.

　왜 그럴까? 한 마디로 말하면 공기 오염이 주범이다. 공해로 인해 매연이 하늘을 뒤덮는 바람에 햇빛이 제대로 비치지 못하는 것이다. 그렇다면 미국은 오염이 없을까? 그렇지 않다. 그 나라도 공기를 오염시킬 만한 여건은 너무나 많다. 자동차로 말하면 우리나라의 몇 배나 되리만치 많다. 그렇다면 미국의 햇빛이 깨끗하고 오염도 없는 것을 어떻게 설명할 수 있을까? 그것은 미국이라는 나라가 그만큼 넓기 때문이다. 즉 태평양 바다에 수질을 오염시킬 만한 더러운 물이 계속 흘러 들어가지만 워낙 넓은 바다라 자정능력(自靜能力)을 가지고 있어 여전히 푸른 물로 출렁거리는 것과 같은 이치이다. 반면에 우리나라는 좁은 땅덩어리에 공기가 더러워지고 대기가 오염되어 자정능력을 상실함으로써 햇빛조차 제대로 비칠 수 없는 것이다.

신령적인 면에서도 오염이 너무 심각하여 자정능력을 잃는 바람에 영적인 능력이 저하되고 있다. 우리나라 기독교의 위상은 세계적인 수준이다. 교회의 숫자나 시설, 질적인 면에서 어느 나라보다 앞서 있다. 이에 걸맞도록 영적인 선행능력도 세계적이어야 할 텐데 그렇지 못한 것이 오늘날 우리 교회의 현실이다.

프랑스의 석학 장 보들리야르가 일주일간의 방한 일정을 마치고 본국으로 돌아가기 전날 프랑스 대사가 만찬을 베풀었다. 만찬장에서 대사는 그에게 한국을 이렇게 소개했다.

"보들리야르 씨, 한국이 어떤 나라인 줄 아십니까? 인구당 휴대폰 보유량 세계 1위, 초고속 인터넷 가입률 세계 1위, 화장품 소비량 세계 1위, 성형수술률 세계 1위, 보톡스 주사 소비율 세계 1위인 국가입니다. 세계에서 가장 역동적으로 변화하는 도시가 바로 서울과 상하이라고 합니다."

이 같은 소개는 오히려 웃어넘길 만한 것들이다. 세계적으로 부끄러울 수밖에 없는 것들은 너무 많다. 교통사고율 및 음주운전도 세계 1위이고 사회 부문에서는 인구 1천 명당 이혼율 2.8쌍으로 세계 3위에 올랐으며 수입에서 교육비의 비중은 전 세계 1위를 차지한다. 교회가 많은 나라임에도 불구하고 투신자살이나 음독자살이 그치지 않는 것을 볼 때 자살률은 교회 숫자와는 아무 상관도 없는 듯하다. 이런 현상은 영적인 오염이 너무 심해 교회가 제 기능을 발휘할 수 없어 생기는 것 아닐까? 이와 같이 심각한 문제들을 해결할 비결은 무엇일까?

신앙인은 신앙인대로, 교회는 교회 나름대로 영적 오염을 자정시킬 능력을 키워나갈 때 교회의 능력도 제대로 발휘할 수 있다. 하나님의 은혜를 그대로 받아 누수 없이 반영하는 교회가 될 때 치욕스런 세계 1위의 오명(汚名)들도 깨끗이 씻어낼 수 있을 것이다. Ω

충견(忠犬)
be loyal dog

　브라질로 선교여행 겸 선교지를 방문했던 적이 있다. 브라질 북단에 있는 리시피(Recife)라는 해변은 광활한 수평선 너머의 해돋이가 아주 일품인 곳이다. 아침 일찍 일어나 해변을 거닐던 중 주민 한 사람이 파도가 넘실대는 해변에 개를 데리고 나와 함께 뛰는 모습을 발견했다. 주인이 개 앞에 물체를 던지면 개는 얼른 뛰어가 물고 온다. 다시 던지면 개는 헐떡이면서도 쫓아가 물고 오는 행동을 반복한다. 그런데 물체를 바다 한가운데로 던져도 개는 아랑곳하지 않고 바닷속으로 뛰어들어가 헤엄쳐 가져온다. 개는 파도에 휩쓸려 목숨을 잃을지도 모른다는 생각은 전혀 하지 않고 주인이 시키는 대로 물체를 입에 물고 달려온다. 주인의 명령에 반항하지 않고 최선을 다하는 것이야말로 충성이 아닌가?

　부산의 어느 부잣집에 영리한 개가 한 마리 있었다. 주인아주머니가 바구니에 고기 한 근 값을 넣어주면 정육점까지 혼자 가서 고기를 사오곤 했다. 아주머니가 살코기만 사오라고 명령하면 신기하게도 살로만 받아왔다. 그런데 어느 날 아주머니 식구가 모두 서울로 이사를 오게 되었다. 새로 이사 온 집 건너편에서 몇 집만 지나면 정육점이 있었다. 영리하고 훈련이 잘된 개인지라 아주머니는 부산에서처럼 고기 한 근을 사오라고 심부름을 시켰다. 그러나 30분이 지나고 한 시간이 지나도 개는 돌아오지 않았다. 아주머니는 서울에는 개 도둑이 많다고 들은 기억이 나서 누군가 잡아간 것으로 생각했다.

　사흘이 지난 후 저녁시간에 아주머니가 시장을 보러 나갔는데 멀리서 낯익은 개가 광주리를 입에 문 채 힘없이 걸어오고 있었다. 아주머니가 달려가서 개를 껴안으려 했으나 그 개는 주인을 확인하자마자 그 자리에 쓰러져 죽고 말았다. 개는 주인의 요청에 따라 부산까지 가서 고기 한 근을 사가지고 서울로 온 것이다. 광주리 안에는 이미 다 썩은 고기

한 근이 그대로 있었다.

이 이야기 속의 개는 주인의 명령에 충성한다. 이 개에게는 고기를 사오라는 명령만이 중요했던 것이다. 비록 미련스럽지만 개가 보여준 큰 충성은 우리가 하나님 앞에서 가져야 할 태도가 아닌가 싶다. 사람 잘못된 것은 개만도 못하다고 한다.

우리는 하나님의 종이며 하나님은 우리의 주인이시다. 신앙인은 하나님과 주종관계로 살아간다. 충성은 주인에게만 해야 한다. 개는 다른 사람이 아무리 어르고 윽박질러도 말을 안 듣는다. 부산에서 고기를 사온 개는 자기 주인에게만 충성을 바쳤다. 마찬가지로 신앙인은 주인이신 하나님에게만 충성해야 한다. 반면에 어리석은 사람은 자신을 위하여 충성한다. 사람들은 자신에게 충성하기 위해 돈을 벌고 권력을 잡고 명예를 얻으려 하며 학문에 열정을 쏟는다. 그러나 이런 일들은 하나님이 아니라 자신을 위한 충성에 불과하다. 주인인 하나님은 안중에도 없다.

물론 자신을 위한 삶을 포기하라는 것은 아니다. 다만 자신을 위한 충성으로 하나님을 멀리하는 행동은 바람직하지 않다는 것이다. 충성은 주인을 위해 하는 것이지, 나의 필요 때문에 하는 것은 충성이 아니다. 주인의 명령을 따른다면 무엇을 하든지 충성으로 간주할 수 있다. 하나님이 시키지도 않고 명령이 없음에도 불구하고 자신의 만족을 위해 하는 충성은 주님이 기뻐하실 일이 아니다.

우리는 하나님의 종 된 자들로서 주인의 명령에 순종할 수 있는 신앙을 지녀야 한다. 명령하지도 않고 시키심이 없음에도 불구하고 자신의 한풀이를 위해 아니면 뭔가를 소유하기 위해, 스스로 만족하기 위해 바빠 살아가는 사람들이 있다. 이러한 세태 속에서 충견(忠犬)이 주는 교훈을 생각하며 하나님의 종으로서 하나님께 받은 사명을 우선순위에 두고 충성해야겠다. *Ω*

흑백논리(黑白論理)
a black and white logic

요즘 들어 신문을 펼치면 굵직굵직한 활자로 시선을 끄는 사회문제들이 한둘이 아니다. 굳이 말한다면 헌법재판소에서 위헌(違憲)으로 판정을 내린 행정수도 이전 문제라든지 과거사 바로 세우기 운동 그리고 이미 파병이 되었지만 자이툰 부대의 이라크 파병 문제라든지 시끌시끌한 사건들 때문에 한시도 잠잠할 틈이 없다.

게다가 사안마다 여야가 대립하여 당위성을 주장하거나 부당함을 외치며 싸우는 것들을 아침저녁 뉴스 시간을 통해 듣게 된다. 매스컴에서 우리가 평소에 가졌던 생각들을 대변해줄 때는 긍정적으로 듣지만 생각해보지도 않았거나 행해서는 안 될 사안들을 강요할 때는 비판적으로 듣게 된다. 내 생각을 다른 사람이 대변하는 것을 보면 대리만족을 느끼면서 그 사람 편을 드는 것은 자연스러운 일이다. 반면에 내 생각과 전혀 다를 경우 매스컴의 목소리와 정반대 입장에 서는 것 또한 당연하다.

어쩌다 보면 나도 모르는 새에 흑백논리에 말려들어 어느 한쪽의 입장에서 흥분하는 내 모습을 발견할 때가 있다. 즉 내 의견에 다수가 공감할 때는 '사람들도 나와 같은 생각을 하고 있구나' 싶어 내 사상이 건전한 것을 새삼 확인한 듯 기쁘기도 하지만 내 뜻과 정반대 입장에 선 사람들에게는 편견이나 오해가 생겨 좋지 않은 감정을 갖게 된다. 이렇듯 흑백논리로 치열한 혈전을 벌일 때는 이성보다 감정이 앞서 불편한 심기를 드러낸다.

반대 입장이든 찬성 입장이든 흑백논리에 휘말리면 공정성을 잃기 마련이다. 그렇게 되면 이미 잘못된 자리에 서게 된 것이다. 그렇다면 어떤 잘못이 있을까?

첫째, 상대를 미워하는 감정을 갖게 된다. 나와 의견이 같지 않으므로 미운 감정이 생긴다. 그러나 상대에 대한 미움을 갖는 것은 주님의 의도에 반하는 것이다. 예수님은 성경에서 '미움은 곧 살인이라' 하셨다. 미움을 갖는 것은 주님의 뜻에 반하는 것으로, 성경에서 요구하는 이웃사랑의 길을 포기하고 영적 살인자의 자리에 서는 것과 같다.

둘째, 상대에 대한 심판을 하게 된다. 미움으로 멈춘다면 좋으련만 상대방을 비난하고 허물을 들추는 잘못을 범하고 만다. 주님의 말씀에 다음과 같은 내용이 있다.

> 비판을 받지 아니하려거든 비판하지 말라. 너희가 비판하는 그 비판으로 너희가 비판을 받을 것이요, 너희가 헤아리는 그 헤아림으로 너희가 헤아림을 받을 것이니라. 어찌하여 형제의 눈 속에 있는 티는 보고 네 눈 속에 있는 들보는 깨닫지 못하느냐. (마 7:1~3)

비판을 좋아하는 사람은 그 자신도 하나님과 다른 사람들에 의해 비판받을 수 있음을 명심해야 한다. 그러면 상대에 대한 비난을 삼가게 될 것이다. 심판은 하나님이 하실 성역이다. 비판은 하나님의 주권을 침해하는 잘못을 범하는 것과 같다.

셋째, 상대에 대해 공격하게 된다. 상대를 미워하고 심판하는 사람은 상대에게 공격을 가한다. 언어폭력이든 물리적 폭력이든 가리지 않고 행사하여 상대방을 굴복시키려 한다. 이로 인하여 분쟁과 다툼이 있고 화목해야 할 사람들이 화목하지 못하게 된다. 자유민주주의는 상대방의 의견을 존중하고 인정하는 바탕에서 꽃피기 마련이다. 내 마음에 들지 않는다고 상대를 마구잡이로 공격한다면 주님이 강조하신 이웃사랑과는 거리가 멀어진다.

신앙인은 흑백논리에 휘말려서는 안 된다. 신앙인은 자신이 맡은 복음에 최선을 다하는 나팔수가 되어야 한다. 아무런 의식도, 관심도, 생각도 없이 정치판의 흑백논리에 휘말려 깨춤을 추는 바보놀음은 신앙인이 해서는 안 될 일이다. 정치는 정치인에게 맡기고 신앙인은 신앙에 관심을 갖고 복음 전파에 힘써야 할 것이다. Ω

물어보고 행동하자
ask and act!

　일전에 집에서 있었던 일이다. 아내가 밥을 짓다가 내게 오더니 가스레인지에 불이 켜지지 않는다면서 당신이 한번 고쳐보라고 했다. 나는 가스레인지 쪽으로 다가가서 스위치를 이렇게도 돌려보고 저렇게도 돌려보았으나 돌리는 손만 아팠다. 가스레인지 둘레를 이리저리 둘러봐도 멀쩡하기만 한데 막상 불이 켜지지 않는 것이다. 옆에서 잔뜩 기대를 걸고 나만 쳐다보는 아내에게 실망을 주는 것 같아 미안한 마음이 들었다. 그러나 사람이 모든 것을 다 알 수는 없는 일이다. 저마다 전문 분야가 따로 있기에 그렇다. 그래도 미안한 마음이 드는 것은 어쩔 수 없었다.

　도저히 내 힘으로는 고칠 수가 없어 잠시 일을 중단한 채 고민에 빠졌다. 그러다가 가스레인지를 만든 회사에 연락하여 서비스를 받아야겠다는 생각이 들었다. 인터넷을 뒤져 회사 전화번호를 알아낸 뒤 통화를 시도했다. "가스레인지에 불이 들어오지 않아서 서비스를 신청하려 한다"고 하자 직원이 하는 말이 "어떻게 안 되느냐?"고 묻기에 "스위치를 아무리 켜도 안 된다"고 대답했다. 그랬더니 그가 하는 말이 "4개 전부 불이 들어오지 않느냐?"고 다시 물었다. "그렇다"고 하니 그가 하는 말이 "배터리가 다 된 것 같으니 새 걸로 갈아 끼워보라"는 것이다. 배터리를 부랴부랴 사와서 다시금 갈아 끼우니 4개의 스위치 모두 원터치로 잘 켜졌다.

　가스레인지가 켜지지 않듯이 일상생활을 하다 보면 어떤 문제가 발생하곤 한다. 문제의 심각성은 상황마다 다르고 이에 대한 반응도 사람마다 다를 것이다. 어른은 어른대로 아이들은 아이들대로 학생은 학생대로 직장인은 직장인대로 사업주는 사업주대로 다양한 반응을 보일 것이다. 어떤 문제에 닥쳤을 때 내가 풀고자 하는 것은 잘못된 생각이다. 모든 분야에 전문가가 아닌데도 무조건 하면 된다는 식으로 고집을 피우면 안 된다. 그러다가 막상 하지도 못하고 망신만 당하는 사례가 허다하기 때문이다.

시험을 보는 일 같은 것은 혼자 힘으로 해야 한다. 그것말고는 매사를 물어서 처리한다면 통쾌하게 해결할 수 있음을 믿어야 한다. 신앙생활이 바로 이 같은 것이 아닌가 생각한다. 문제가 발생했을 때 곧바로 기도를 하여 하나님에게 물어본다면 해결되지 않을 일이 없다. 기도가 없는 성도들을 보면 마음이 아프다. 하나님 앞에 기도만 하면 될 터인데 하는 안타까움이 생긴다. 하나님은 부르짖기만 하면 응답할 것을 약속했기 때문이다.

> 일을 행하시는 여호와, 그것을 만들며 성취하시는 여호와, 그의 이름을 여호와라 하는 이가 이와 같이 이르시도다. 너는 내게 부르짖으라. 내가 네게 응답하겠고 네가 알지 못하는 크고 은밀한 일을 네게 보이리라. (렘 33:2~3)

이토록 위대하신 하나님이 우리에게 응답의 약속을 했건만 사람들은 스스로를 도사나 해결사로 자처하고 모든 것을 직접 해결하고자 하는 독선을 버리지 못한다. 게다가 치열한 경쟁시대가 되어 누구 하나 도움을 주지도 않는다. 그러나 혼자서 하면 그만큼 어렵고 해결할 시간이 지연될 뿐이다. 본인이 모든 것을 다 아는 전문가가 아니므로 물어야 한다. 행여 사람은 도움을 주지 않는다 해도 살아 계신 하나님은 우리에게 도움을 주기 위해 기다리고 계신 분임을 믿어야 한다.

> 구하라! 그러면 너희에게 주실 것이요, 찾으라! 그러면 찾을 것이요, 문을 두드리라! 그러면 너희에게 열릴 것이니. (마 7:7~8)

살아 계신 하나님이 있는 한 우리는 도움을 요청할 수 있다. 길이 있는 한 묻는 일에 익숙한 성도가 되어 막힘없는 생을 누리도록 하자. Ω

세상과 역행하는 신앙
world and faith

세상살이에 역행하는 것이 신앙이다. 신앙은 세상의 입장과 달라야 한다. 달라도 완벽히 달라서 정반대의 입장에 서야 한다. 신앙인이 세상과 역행하지 않는다면 세상 사람과 다를 바 없다. 이는 예수님이 하신 말씀 가운데 산상보훈에서도 찾을 수 있다. 가난한 자가 복이 있다는 말씀이라든지 우는 자가 복이 있다는 말씀은 세상 사람들이 잘 이해할 수 없는 것들이다. 세상 사람들 입장에서는 웃어야 더 좋은 거라 생각하고 부자가 되어야 복이 있는 것으로 간주할 것이다.

《구약》을 통해 세상과 구별해야 할 문제점들을 생각해보자.

머리 가를 둥글게 깎지 말며 수염 끝을 손상하지 말며…. (레 19:27)

이 말은 정(淨)하고 부정(不淨)한 삶에 대한 규례이다. 정하게 살고자 하면 머리를 깎지 말고 수염을 깎지 말아야 한다. 그래야 정하게 살 수 있다고 말하는 것이다.

《구약》을 보면 나실인은 머리를 깎지 않고 수염을 밀지 않았음을 알 수 있다. 그가 바로 우리가 잘 아는 삼손이다. 삼손은 이방 여인 들리라에 의하여 머리에 삭도를 대었고, 수염이 밀리어 힘이 빠지자 결국 선지자의 신분에서 연자방아를 돌리는 노예로 전락하게 된다.

오늘날 세인들은 머리를 깎고 수염도 깨끗하게 밀어야 제대로 된 사람으로 본다. 만약 수염을 밀지 않고 머리도 깎지 않은 채 그대로 두어 자연스럽게 자라게 한다면 어떠할까? 우선 본인이 견디지 못할 것이다. 꾀죄죄한 자신의 모습이 시대에 뒤떨어지는 것만 같아 당장이라도 깎고 싶은 충동을 느낄 것이다. 반면에 머리를 깎지 않고 수염을 밀지 않다 보면 예전의 생활이 얼마나 귀찮고 불편했는지 실감할 수도 있을 것이다. 어쩌다 머리를 감으려 해도 귀찮고 경제적인 측면에서 볼 때 비누라도 한 번 더 써야 할 테니 그냥 있자는 유혹에 빠져들지도 모르겠다.

대인관계 측면에서 생각한다면 다른 사람들은 말끔하게 하고 다니는데 유독 혼자만 성경대로 사는 것은 자신에게 너무 잔인한 것 아니냐는 생각이 들 수도 있다. 반면에 세인들이 볼 때 머리를 깎지 않고 수염을 밀지 않은 모습이 더 좋다고 말할 수도 있다. 신앙인이라면 성경대로 살아가는 것이 옳은 거라고 칭찬을 아끼지 않을지도 모르겠다. 이들은 매우 보수적인 사람들이라 할 수 있다. 그러나 추레한 모습으로 사는 것은 성경을 잘못 믿는 것이라고 말하는 사람들도 있을 것이다.

남들 눈에 띌 정도로 특별나게 믿을 필요가 있냐고 반문하는 사람들도 있을 것이다. 그저 다른 사람들이 믿는 방식대로 티내지 않고 믿으면 되지 않겠냐고 말하는 사람도 있을 것이다. 물론 이웃한 사람들 가운데는 유별나게 믿는다면서 핍박하고 정조하고 비난하는 사람들도 있을 것이다. 즉 머리를 깎지 않고 수염을 밀지 않은 채 신앙생활을 한다면 이에 따른 많은 에피소드가 생겨날 것이다.

성경에서 말하는 정케 되는 일이 《구약》에서는 수염을 밀지 않고 머리를 깎지 않는 것이지만 이 규례는 시대에 따라 달라진다. 예수 그리스도를 믿음으로 말미암아 부정한 자 정하게 되며, 죄 있는 자 의롭게 된다는 진리가 오늘날 이 시대를 살아가는 우리의 진리이다. 그러므로 믿음이 있느냐 없느냐에 따라 정과 부정이 가늠될 따름이다.

아무리 좋은 옷을 입고 몸을 깨끗하게 하고 수염을 말끔히 밀고 머리를 짧게 깎는다 해도 예수를 믿지 않는 자는 하나님이 보시기에 부정한 사람이다. 반면에 《구약》에서처럼 수염과 머리를 깎지 않는 수고와 당하는 고난만큼 믿음으로 사는 성도들은 믿음으로써 오는 고난이나 고통을 감수해야 하며, 우리의 믿음이 다른 사람들의 유혹으로 훼손당할 때 최선을 다해야 할 것이다. 믿음으로써 구원받고 정하게 되는 진리를 믿으며 하나님 은혜에 감사하는 성도들이 되어야겠다. Ω

탈북자에 대한 북한의 반응
boat people from the North Korea

지난 7월 북한을 탈출한 탈북자 460여 명이 제3국을 통해 집단으로 입국했다. 이들의 한국행에 대해 북한은 '조직적이며 계획적인 유인 납치 행위'이며 '백주의 테러 범죄'라는 논평을 내고 격렬하게 비난했다. 그리고 이에 대해 '정당한 계산을 할 것'이라면서 강도 높게 위협했다.

북한의 억지 주장이야 세상이 다 아는 일이지만 갖은 고생을 하며 외국에서 떠돌던 탈북자들을 남한 정부가 인도주의 입장에서 받아들인 것은 잘한 일이다. 이를 두고 납치니 테러니 주장하는 북한의 행태를 보니 정말 어이가 없다. 북한 당국은 남한 정부가 이들을 받아들여 정착할 수 있도록 도와주고 정착금까지 주는 등 세심하게 배려해준 데 대해 오히려 감사해야 할 것이다. 그리고 다시는 이 같은 사건이 재발하지 않도록 정책적인 변화를 추구해야 할 것이다.

애당초 탈북자가 왜 생겼는가? 굶다 못해, 억압받다 못해 살 길을 찾아 정든 고향을 버리고 혈연관계까지 비정하게 끊고서 목숨을 걸고 북한을 탈출한 사람들이 이들 탈북자이다. 북한에서 잘 먹고 잘살 수 있었다면 하나밖에 없는 생명까지 걸고 위험한 탈출을 감행하는 어리석은 짓은 하지 않았을 것이다. 그런데 북한 당국이 다른 때보다 강도 높은 발언으로 남한을 비난한 이유는 무엇일까? 그 이유는 이렇게 설명할 수 있다. 이번에 남한으로 입국한 탈북자가 5백 명에 가까운 대규모인 만큼 세계의 눈에 북한이 인권 탄압 국가라는 부정적 이미지로 비칠까봐 우려하여 국제 여론이 북한에 유리하도록 미리 수를 쓰는 것이다.

북한은 이번 사건을 두고 '북한의 권위와 이미지를 깎아내리는 것'이라며 연일 비난의 강도를 높이고 있다. 이 또한 북한 주민들이 탈북자 소식을 듣고 마음의 동요를 일으키지 않도록 은폐하기 위한 수단일 뿐이다. 그러나 북한의 이런 행태는 손바닥으로 하늘을 가리는 격이다. 언젠가는 이들도 더 이상 북한 주민을 우롱하거나 기만하지 못할 때가 올 것이다.

성경에도 이 같은 사건이 있다. 당시 이스라엘 국가는 남과 북으로 분열된 지 얼마 안 된 상황이었다. 남쪽 예루살렘으로 찾아가 절기를 지키는 예배를 드리기 위한 백성들의 행렬이 줄을 잇는 가운데 북조 이스라엘의 왕인 여로보암은 시기심을 느낀 나머지 예배 행렬을 그대로 방치하면 안 될 것 같아 묘책을 마련했다.

> '만일 이 백성이 예루살렘에 있는 여호와의 성전에 제사를 드리고자 하여 올라가면 이 백성의 마음이 유다 왕 된 그들의 즉 르호보암에게로 돌아가서 나를 죽이고 유다의 왕 르호보암에게로 돌아가리로다' 하고, 이에 계획하고 두 금송아지를 만들고 무리에게 말하기를 '너희가 다시는 예루살렘에 올라갈 것이 없도다. 이스라엘아, 이는 너희를 애굽 땅에서 인도하여 올린 너희의 신들이라' 하고 하나는 벧엘에 두고 하나는 단에 둔지라. (왕상 12:27~29)

백성의 형편과 처지를 알아 선정을 베풀지 않고 그들의 귀와 입을 막으려고 한 여로보암 왕은 아람 나라에 의하여 패망하는 비운을 맞는다.

또한 예수님이 갖가지 기적과 이적을 행하여 가난하고 병든 사람들에게 은혜를 베풀자 백성들의 마음이 이반하여 기득권층인 바리새인과 서기관에게서 떠나게 된다. 이때부터 이들은 예수님에게 죄를 뒤집어씌워 십자가에 죽이는 일에 앞장섰다. 그 후 정적을 제거하는 일에는 승리를 거두었으나 죽은 자가 무덤에 있지 않고 사흘 만에 되살아남으로써 이들은 뜻을 이루었으되 결국 망하고 만다.

북한은 이번 사건을 은폐하기에 급급할 것이 아니라 더 이상 탈북자가 나오지 않도록 주민들의 생계 및 인권 개선에 전력을 기울여야 한다. 북한의 경제 상황이 좋아지거나 인권 개선이 없는 한 탈북자 행렬과 그들의 남한 입국은 계속 이어질 것이다. *Ω*

잘 관리한다는 것
to control

　노무현 대통령이 남미 3개국 순방길에 나섰다. 노 대통령은 지난 11월 14일 오후(한국 시간 15일 오전) 연설에서 "한반도도 언제 사고가 터질지 모르는 불안지역에 속하지만 우리를 둘러싸고 있는 4강 국가 어디도 분쟁을 원하지 않는다"고 말했다. 남미 3개국 방문과 아·태 경제협력체(APEC) 정상회의 참석을 위해 출국한 노 대통령은 이날 아르헨티나의 수도 부에노스아이레스에 도착하여 가진 동포간담회에서 북핵 문제와 관련 이같이 밝혔다.

　이어 노 대통령은 "남북간에도 분쟁을 원하지 않는다"며 "과거에는 남북간 체제경쟁이 있어서 아주 민감했는데 이제 체제경쟁은 끝이 났다"고 설명했다. 또한 "제일 어려운 것은 북한에 시장경제 바람이 들어오면 사회가 흔들리기 때문에 속도 조절하는 것"이라며 "잘 관리하면 한반도 지역은 더 이상 분쟁지역이 아니다"하고 강조했다.

　대통령의 연설은 우리나라도 잘만 관리하면 분쟁지역이 아닌, 살기 좋은 남북한이 되어 이상적인 나라가 될 수 있음을 강조하고 있다. 그렇다면 잘 관리한다는 것은 무엇을 의미할까? 정치적인 의미로 볼 때 북한의 비위를 건드리지 않고 잘 맞춰주는 것을 의미하는 듯하다. 이는 북한과의 거리를 적절히 조절하면 남북한의 무력충돌도 일어나지 않고 좋은 관계를 맺어 상호 협조체제가 이루어지는 평화로운 대한민국이 될 것이라는 기대에서 나온 말 같다.

　하긴 무엇이든 잘 관리해서 안 되는 일은 없을 것이다. 우리의 인생도 마찬가지다. 인생 관리를 잘하면 행복한 삶을 살 수 있다. 기업을 잘 관리하면 재벌이 될 수 있다. 하다못해 허름한 구멍가게를 하더라도 잘만 관리하면 크게 성공할 수 있다. 너무나 당연한 말 아닌가?

　'잘 관리한다' 는 말 속에는 인본주의 냄새가 물씬 풍긴다. 결국 사람이 잘하면 문제될 것이 전혀 없다는 말이기 때문이다. 정치적인 측면에서 본다면 자력주의(自力主義)를 의미한다고도 할 수 있다. 물론 역대 정권들도 남북한의 분쟁을 막고 잘살아보기 위해 많은 노력을 기울여왔다. 심지어 어느 정권에서는 북한에 단 1달러도 주지 않았다는 실세의 강변에도 불구하고 국민의 혈세인 1억 달러가 슬그머니 넘어갔다는 사실이 밝혀지고 있지 않은가. 1억 달러를 한화로 환산하면 1천2백억 원이다. 이처럼 막대한 돈이 국민의 합의도 이루어지지 않은 채 오로지 통치자의 판단에 따라 북한으로 넘어갔다는 말이다. 이 역시 '잘 관리하기 위해서' 주었을 것이다. 국민으로서는 할 말이 없다. 통치자의 통치행위이기 때문이다.

그러나 문제는 남북한의 정상들이 만나 합의한 대로 약속이 잘 지켜지지 않는다는 데 있다. 정상들이 만난 이후토 불안한 요소들이 오히려 더 많아지는 듯하다. 아침저녁 뉴스 시간마다 6자 회담에 대한 북핵문제가 불거져나오고 서해 5도 NLL(Northern Limit Line : 북방한계선) 지역에 북한 함정이 출몰하는 등 남북관계가 더욱 긴장된 분위기로 흐르는 상황을 볼 때 남북한 모두 그다지 잘 관리하는 것 같지 않다. 시간이 흐를수록 남북문제가 점점 꼬이는 것으로 보아 지금 상황은 인간의 한계를 벗어났음을 알 수 있다. 이처럼 인간의 힘으로 잘 관리할 수 없는 일도 하나님에게 맡기면 완벽하게 처리할 수 있다. 위정자들이 하나님에게 의뢰하여 분쟁의 문제를 전폭적으로 맡긴다면 한반도는 더 이상 분쟁지역이 아닐 것이다.

지금 우리의 모습은 어떠한가? 불안, 근심, 걱정 등으로 마음의 분쟁 속에 놓여 있지는 않은가? 만약 그렇다면 내 힘으로 관리하겠다는 고집부터 버려야 한다. 일단 마음을 비우고 난 뒤 나의 인생을 주관하시는 하나님에게 전적으로 맡겨 관리토록 하자. Ω

살인한 자가 복을 받음
a murderer's fortune

　살인한 자가 복을 받았다면 다들 이상하게 생각할 것이다. 어떻게 살인자가 복을 받을 수 있나 싶어 어불성설(語不成說)이라고 고개를 설레설레 저을지도 모르겠다. 복이 아니라 벌을 받아야 마땅할 텐데, 사람을 하나도 아니고 둘씩이나 죽인 자가 복을 받은 사례가 성경에 나와 있다.

> 제사장 아론의 손자 엘르아살의 아들 비느하스가 보고 회중 가운데에서 일어나 손에 창을 들고 그 이스라엘 남자를 따라 그의 막사에 들어가 이스라엘 남자와 그 여인의 배를 꿰뚫어서 두 사람을 죽이니 염병이 이스라엘 자손에게서 그쳤더라. (민 25:7~8)

　이는 성범죄 현장에서 비느하스가 창으로 두 남녀의 배를 꿰뚫어 살해한 사건이다. 비느하스가 이 일을 하나님의 질투심으로 감행했다고 하여 복을 허락하게 된다.

> 그러므로 말하라. 내가 그에게 내 평화의 언약을 주리니, 그와 그의 후손에게 영원한 제사장 직분의 언약이라. 그가 그의 하나님을 위하여 질투하여 이스라엘 자손을 속죄하였음이니라. (민 25:12~13)

　이 사건을 계기로 하나님의 진노로 발발한 염병이 이스라엘 진영에서 그쳤다고 한다.

　한국은 자유민주주의 체제를 수호하는 법치국가이다. 법치국가에서는 위와 같은 일이 벌어졌을 경우 법의 심판을 받아야 한다. 이런 관점에서 볼 때 하나님이 살인자 비느하스에게 복을 주셨다는 것은 다분히 오해의 소지가 있다. 하나님의 복을 받는 비느하스가 오늘날 우리에게 주는 교훈은 무엇이며, 신약시대에 사는 우리는 이 사건을 어떻게 적용할 것인가?

당시 이스라엘 사람들이 모압 여인과 더불어 음행하자 하나님이 진노하여 2만 4천 명이 염병으로 죽어가는(민 25:9) 어려운 난국에 처한다. 이때 백성들은 회막 문에서 울며 회개하는 기막힌 처지에 놓인다. 이 같은 분위기로 보아 한 청년이 모압 여인과 음행하고자 여인을 데리고 진안으로 들어와 성범죄를 저지른 사건은 절대 용납할 수 없는 일이다. 비느하스는 당시 제사장으로서 의분을 품고는 남녀가 음행하는 현장에서 하나님의 법을 집행하는 심판도구로 사용되어 이들을 살해한다.

> 하나님이 그 아들을 세상에 보내신 것은 세상을 심판하려 하심이 아니요, 그로 말미암아 세상이 구원을 받게 하려 하심이라. 그를 믿는 자는 심판을 받지 아니하는 것이요, 믿지 아니하는 자는 하나님의 독생자의 이름을 믿지 아니하므로 벌써 심판을 받은 것이니라. (요 3:17~18)

오늘날 우리도 비느하스처럼 하나님의 심판도구가 되어 복음으로 이 세상을 정죄하고 심판해야 한다. 복음을 전할 때 예수를 구주로 받아들이는 자는 구원을 받지만 그렇지 않은 자는 사망이다. 복음으로 알곡과 쭉정이를 가려내는 사명이 믿는 자에게 주어진 것이다. 이 사명을 감당할 때 믿는 자는 구원이요, 믿지 않는 자는 벌써 심판을 받았다 하여 살았다 해도 실상은 죽은 자로 구별한다.

한국 초대교회사를 보면 1869년 1월 7일 평양 장경문에서 아버지 준서(俊瑞)와 어머니 전씨(全氏) 사이의 3남으로 태어나 6세 때부터 한학을 배운 최권능 목사의 그 유명한 '예수천당' 이야기가 나온다. 예수천당이란 믿는 자는 천당을 가지만 믿지 않는 자는 지옥에 간다는 이야기이다. 최 목사는 하나님의 심판도구가 되어 복음으로 심판함으로써 하나님의 마음을 기쁘시게 하여 복을 받았다. 마찬가지로 신앙을 소유한 모든 사람은 복음을 가지고 하나님의 의로운 병기로서 복음으로 세상을 심판하는 일에 앞장서야 한다. 그리하면 비느하스처럼 하나님의 복을 받는 역사가 있을 것이다. Ω

제비뽑기
Draw Lots

제비뽑기(Draw Lots)를 백과사전에서 찾아보면 다음과 같다.

"제비를 만들어 뽑음으로써 사람의 운명·길흉·승패·당락·차례 등을 결정짓는 놀이의 한 방법으로 추첨(抽籤)이라고도 한다. 본래는 점의 일종으로서 신의 뜻을 묻는 수단의 하나로 행했으나 차츰 주술적 요소를 벗어나 분쟁을 해결하는 수단의 하나로 행하게 되었다. 전통적인 제비의 방법에는 구슬제비·뽑음제비·흔듦제비 등이 있으며 지방에 따라 다양한 방식으로 행하고 있다."

성경을 보면 어떤 일을 결정할 때 흔히 제비뽑기를 한다. 제비뽑기의 재료로는 우림과 둠밈, 나무, 토기조각패, 동물의 간, 동전 등 여러 가지가 사용된다. 성경에서 제비뽑기를 한 예로 다음의 경우가 있다. 이스라엘 자손들이 가나안 땅을 분배할 때 유다지파를 선두로 하여 각 지파가 차례로 제비를 뽑아 자기들의 땅을 정했다고 한다. 가나안 땅을 정탐할 때 12지파 가운데 출전 병력을 선발할 경우에도 제비를 뽑았고, 아간의 범죄 사실을 밝혀낼 때(수 7:14~18), 제사장들의 성전 직무를 정할 때(대상 25:8), 재난에 대한 원인을 규명할 때(욘 1:7)도 제비뽑기를 했으며 로마 군인들이 예수님의 옷을 제비뽑기한 경우도 있다. 그들이 제비뽑기를 한 이유는 자기의 판단은 의지할 수 없으므로 하나님께 전적으로 맡기기 위해서이다.

제비뽑기를 하는 경우는 매우 다양하다 하겠다. 좋고 나쁜 물건들이 있어 이를 분배할 때 제비뽑기를 한다. 물건은 한정되어 있는데 서로 갖겠다고 할 때도 제비뽑기를 동원한다. 길을 가다가 두 갈래 길이 나왔을 때 어느 길로 가야 할지 몰라 고민할 때 역시 제비뽑기를 한다. 즉 특정 상황에서 혼자 힘으로 해결할 수 없을 때 그 결과를 신에게 맡기고 제비뽑기를 결행하는 것이다.

제비는 사람이 뽑으나 모든 일을 작정하기는 여호와께 있느니라. (잠 16:33)

이는 모든 일을 하나님이 주장하시므로 결과가 나오면 승복해야 한다는 의미이다. 물론 내가 원하는 대로 되어지지 않을 때 원망과 불평이 있기 마련이다. 그럼에도 불구하고 결과에 승복해야 마땅한 이유는 자신이 선택했기 때문이다. 예를 들어 어떤 물건을 제비뽑기해서 나눠 가지려 할 때 좋은 물건이 라이벌에게 돌아간다 하더라도 원망과 불평이 있을 수 없다. 또한 제비뽑기를 잘못하여 원하지 않는 길로 들어섰다 하더라도 불평할 수 없다. 왜냐하면 제비뽑기를 선택한 것도 자신이고 그 방법대로 감행한 것도 결국 자신이기 때문이다. 대한예수교장로회 교단에서도 임원진을 선출할 때 제비뽑기 방식을 사용한다. 이때 대부분의 패자는 말도 많고 불평도 많지만 자신이 제비뽑은 결과이므로 어떠한 원망이나 불평이 있을 수 없다.

우리의 인생살이도 동일한 원리를 가진다. 우리는 매 순간에 선택의 권리를 선용한다. 무엇을 해야 할까? 어떤 음식을 먹어야 할까? 어디를 가야 할까? 이 모든 것이 선택권에 의한 의지이고 그에 따라 겪는 모든 것 또한 선택권에 따른 결과이다. 이 결과는 하나님이 주신 운명과도 같다. 따라서 내가 지금 당하는 역경과 고난은 내 선택의 결과이므로 고스란히 하나님이 주신 것으로 알고 승복하는 신앙인의 자세가 필요하다.

우리는 매번 일이 생길 때마다 좋은 일은 자신이 선택을 잘한 것으로 생각하고 자랑하지만 잘못되어 불행한 일들은 남에게 또는 조상에게 탓하고 원망과 불평을 일삼는다. 일에 대한 결과가 좋든 나쁘든 그것은 자신이 선택한 결과요 하나님이 주신 것으로 알아 순종하고 당한 일들을 감내하는 지혜를 가져야 한다. 나의 불행은 내 스스로 선택한 결과요, 신이 나에게 주신 운명으로 알아 하나님에게 순종하고 감사하며 즐기는 인생을 살아가자. Ω

베들레헴
Bethlehem

베들레헴(Bethlehem)은 아람어로 Bayt Lahm으로 '푸줏간'이라는 의미이며, 히브리어로는 Bet Lehem으로 '빵집'이라는 의미를 가지고 있다. 오늘날 떡집 또는 빵이라는 의미로 통용되기도 한다. 이 베들레헴 마을에서 우리가 잘 아는 하나님의 아들 예수님이 탄생하셨다. 하나님이 사람의 몸을 입으시고 육신으로 탄생하신 곳이 바로 이 마을이다.

예수님은 스스로 원해서 이 세상에 오신 것이 아니다. 오래 전에 미가(Micah)라는 선지자가 예언하신 대로 오셨을 뿐이다. 베들레헴 역시 주님을 탄생시키겠다고 하여 임의로 탄생시킨 곳은 아니다. 다만 선지자 미가의 예언에 따라 이 마을에서 주님을 탄생하게 했을 뿐이다.

> 베들레헴 에브라다야, 너는 유다 족속 중에 작을지라도 이스라엘을 다스릴 자가 네게서 내게로 나올 것이라. 그의 근본은 상고에, 영원에 있느니라. (미 5:2)

예수님이 태어나신 유대 땅 베들레헴은 성탄절이 다가오면 늘 주목받는 동네이기도 하다. 이 작은 촌락은 예루살렘에서 약 10킬로미터 떨어진 곳에 위치해 있다. 베들레헴 하면 가장 먼저 떠오르는 것은 무엇일까? 우선 이곳은 야곱의 영원한 연인이었던 라헬의 무덤이 있는 곳이다. 야곱이 가장 사랑했던 여인이 잠든 이곳을 야곱과 그의 후손들은 두고 두고 잊지 못할 것이다. 또한 베들레헴 하면 떠오르는 사람은 바로 룻이다. 이방 여인 룻과 보아스의 애틋한 연정 그리고 룻과 시어머니 나오미와의 푸근한 정겨움이 서려 있는 곳이 바로 유대 땅 베들레헴이다. 또한 이곳은 사울 다음으로 이스라엘을 다스린 다윗 왕의 고향이기도 하다. 게다가 다윗의 자손인 아기 예수가 태어난 곳이기에 우리 같은 기독교인들의 가슴속에는 영원히 잊을 수 없는 연모의 땅으로 자리잡고 있다.

베들레헴 촌락은 그리 크지 않고 보잘것없는 마을이다. 성경에도 '너는 유다 족속 중에 작을지라도'라는 표현이 있듯이 우리나라의 평범한 농촌 마을 같은 느낌을 준다. 그런데 성경에서 크지 않다고 표현한 것은 크다는 것을 강조하기도 한다. 물론 여기서 '크다'라고 표현한 것은 지역적으로 넓다거나 도시적인 웅대함을 갖췄다거나 시설 면에서 잘 갖춰졌다는 뜻은 아니다. 베들레헴이 갖고 있는 이미지, 즉 그 의미로 볼 때 크다는 것이다.

예루살렘 변방의 작은 촌락이었던 베들레헴은 이토록 크게 기억되고 유명해져서 수많은 관광객의 입에 오르내리며 오늘도 사람들의 발길이 끊이지 않고 있다. 또한 성탄절 즈음이면 전 세계의 어린아이와 어른들이 찾아와 부르는 캐럴송이 마을 곳곳에 울려퍼지고 있다. 베들레헴은 이제 특별히 돈을 들여 홍보하지 않아도 그 명성이 후대에까지 이어질 것이다. 이처럼 작은 농촌 마을이었던 베들레헴이 사람들의 입에 오르내릴 만큼 유명해진 것은 말할 것도 없이 만왕의 왕이신 그리스도께서 탄생하셨기 때문이다.

지금 이 시간에도 주님은 개인마다 가정마다 교회마다 영적인 면에서 거듭 태어나 새로운 삶을 살고 계시다. 예수님이 탄생하신 곳 또한 계속 유명해지고 있으며, 작은 마을조차 크게 느껴지는 기적도 영원히 계속될 것이다. 이와 같이 날로 새롭게 주님을 잉태하고 탄생시키는 역사는 곧 우리에게 맡겨진 과업이기도 하다. 주님을 잉태하여 탄생시키기까지 산고의 고난을 감수하는 성도가 될 때 우리도 유명해지고 커지는 기적을 맛보게 될 것이다.

지금도 나는 작다고 생각하며 뭔가 부족하다는 감정을 지울 수 없어 고민하는 사람들이 있다면 자신 안에서 주님을 잉태하여 탄생시키도록 해보라. 그러면 불황을 당한 이때에 호황을 누릴 것이고, 나를 외면했던 사람들의 관심을 받으며 나날이 행복해질 것이다. *Ω*

믿음을 통한 기적
a miracle is in the faith

목회 초창기에 있었던 일이다. 처음 개척하는 과정에서 교인수도 많지 않고 경제적으로도 어려운 처지라 교인 하나가 아쉬운 때였다. 한 번은 중년이 넘어 머리가 희끗희끗한 사람이 찾아와 상담을 청해왔다. 내용을 듣고 보니 자기 부인이 암에 걸려 사형선고를 받았다는 것이다. 이 병만 낫게 해준다면 가족들을 모두 데리고 교회에 나오겠다고 했다. 자기에게는 동생들도 많고 그 동생들이 장성하여 결혼했으니 자녀들까지 합치면 어림잡아 20여 명은 된다고 했다. 자기 부인 암만 고쳐준다면 그 많은 가족을 이끌고 교회에 나오겠다는 말이다. 얼마나 다급하면 저럴까 싶어 안쓰럽기도 하고 교인이 한꺼번에 20여 명이나 늘어날 것을 생각하니 기쁜 마음에 흥분이 되기도 했다.

그 남자의 부인이 걸렸다는 암만 낫게 해준다면 교회의 열악한 환경이 변하리라는 기대 속에 나는 부지런히 심방을 가고 예배와 합심한 기도와 안수를 정성 들여 했다. 또한 특별한 관심을 가지고 크고 작은 집회를 열어 부인의 병이 낫도록 교인들과 함께 부지런히 합심기도를 드렸다. 그러나 부인의 병은 호전되기는커녕 날이 갈수록 점점 쇠약해져 풍성하던 체격이 여위어가더니 급기야 세상을 떠나고 말았다.

그 후 환자 가족을 보기도 민망스럽고 주고받는 인사도 씁쓸했다. 모든 노력이 허사로 돌아간 탓인지 허탈감이 엄습하여 하나님이라도 죽은 양 신앙이 해이해지기 시작했다. 또한 그와 그의 가족이 하나님에 대하여 좋지 않은 감정을 갖게 되지는 않을까 하여 마음 아파 견딜 수 없었다. 그러고 나서도 한참을 지나서야 간신히 마음을 추스를 수 있었다.

간혹 그때의 일을 회상하면 지금도 얼굴이 화끈거리곤 한다. 기적(奇蹟)으로 교회를 부흥시키려 했던 나의 무지가 부끄러워서이다. 교회는 믿음이지 표적이 아니다. 하나님은 이미 표적을 보여주셨다. 이 시대가 표적을 구하나 요나의 표적밖에 보여줄 것이 없다고 하셨다. 그럼에도 불구하고 지금도 계속해서 기적이나 표적을 구하는 것은 진정한 신앙인의 자세가 아니다.

《구약》에서는 수많은 기적과 이적을 이스라엘 사람들에게 보여주었다. 애굽에서의 10가지 재앙, 홍해를 가르고 애굽 군인들을 수장했으며 바다 가운데서 구원을 얻게 되는 기적까지 몸소 체험했다. 뿐만 아니라 광야에 들어가 쓴물이 단물이 되고 반석을 쳐서 물을 내는 기적을 보았으며 만나와 낮이면 불기둥, 밤이면 구름기둥으로 보호하고 인도하는 기적을 체험하였다. 그러나 이스라엘 사람들은 그 많은 기적을 체험했으면서도 늘 불만이었고 늘 불평을 터뜨렸다. 가나안 정탐을 마친 12정탐 가운데 2명만이 하나님의 마음에 맞는 보고를 했을 뿐이다. 이스라엘 사람들은 광야 40년간의 생활 동안 기적 속에서 살았지만 결국 이들은 모두 광야의 시체가 되고 말았다. 으로지 믿음으로 예수님을 따르던 여호수아 갈렙만이 가나안의 주인공이 되었다. 《구약》 속의 이 이야기는 보고 믿으려 하지 말고 믿음으로써 구원을 받으라는 교훈을 우리에게 주고 있다.

신앙인이라면 진실한 믿음으로 기적을 만들어내도록 노력해야 한다. 기적은 한순간을 만족하게 하지만 진정한 구원은 믿음으로 이루어진다. 가난한 사람에게 직접 고기를 줄 것이 아니라 고기 잡는 법을 가르쳐주는 것이 지혜로운 사람의 교육법이라고 했다. 하나님은 《구약》에서는 친히 기적을 행했으나 《신약》에서는 낚시 도구를 주듯이 믿음을 주시어 기적과 표적을 신앙인 스스로 행할 수 있도록 해주셨다. 기적을 보려 하지 말고 주신 믿음을 찾아 열심히 살다 보면 미처 알지 못한 기적을 보게 될 것이다. 표적으로 하나님을 시험하지 말고 주신 믿음에 따라 기적을 이루어내는 차원 높은 신앙인이 되어야 한다. 이것이 신앙인의 현주소임을 알고 믿음으로써 나의 모든 영역에서 기적을 이루어내자. Ω

누군가를 좋아하는 사람

　나는 지금까지 살아오면서 수많은 설교를 해왔다. 설교를 그토록 많이 했다면 나름대로 노하우가 생겨 풍부한 경험을 바탕으로 교인들을 설득하는 설교를 잘할 수 있어야 한다. 강단 위에서 오랜 시간에 걸쳐 훈련된 설교라면 많은 교인이 회집되어 설교를 기다릴 정도가 되어야 하고 다른 목회자들의 부러움도 많이 사야 할 것이다. 그러나 나는 지금껏 설교를 잘한다고 생각한 적이 단 한 번도 없다. 목회 열매와 설교를 비교한다면 나 같은 사람은 하나님 앞에 무익한 종이므로 면류관이나 상급은 바랄 수도 없다.

　설교는 자신이 하는 것이 아니라 대언의 영에 의하여 하는 것이다. 내가 한다면 그토록 많은 훈련을 받고 경험을 쌓고 노하우까지 있으므로 설교를 아주 잘해야 할 텐데 나는 그렇지 못하다. 간혹 다른 설교자들을 보면 혀가 내둘릴 정도로 잘하는 사람들이 많다. 표현력도 좋고 풍부한 감정으로 설득력 있게 설교하는 모습을 볼 때 설교가 본업인 나로서는 여간 부러운 것이 아니다. 나도 저렇게 잘했으면 하는 바람을 가져본 적이 한두 번이 아니다.

　말 잘하는 사람도 부럽기는 매한가지다. 막힘없이 부드럽게 대화를 이어가는 사람들을 보면 감탄이 절로 나온다. 간혹 사람을 만났을 때 얼굴은 낯이 익은데도 이름이 떠오르지 않아 한참을 당황할 때가 있다. 평소에 이름을 몰라서가 아니라 잘 알지만 기억이 나지 않아 대화를 제대로 이어가지 못하는 것이다. 또한 어쩌다 새로운 단어를 발견하면 이번 설교에는 이 단어를 꼭 써먹어야겠다고 결심하지만 실제로 강단에 올라서는 까맣게 잊어버리고 그냥 내려올 때가 많다. 그러고는 나중에 생각나서 아쉬움에 발을 동동 구르기도 한다. 이 같은 현상은 노화에서 오는 것이므로 인간의 힘으로는 어쩔 수 없다고 스스로를 위로할 때도 있다. 그러나 젊은 사람들 중에도 기억력이 없어 깜빡깜빡 잊어버리는 모습을 보면 노화 탓만 하기에는 민망한 감이 없지 않다.

　말도 잘하고 설교도 잘할 수 있는 비결은 없을까? 물론 그런 비결이 당연히 있다. 사람이란 누군가 좋아하면 전에는 몰랐던 여러 가지 능력이 나타나는데, 그 중 하나가 좋아하는 상대방의 마음을 신통하리만치 읽어내는 능력이다. 그 이유는 자신의 감각을 총동원하여 상대방의 말을 하나라도 놓칠세라 경청하기 때문이다. 누군가를 존경하고 사랑하면 그에 대해서 알고 싶고 궁금한 것이 닳아진다. 그는 누구인가? 무엇을 하는 사람인가? 어디에 살고 있는가? 좋은 사람인가, 나쁜 사람인가? 직업이 무엇인가? 이러한 궁금증을 해소하고 상대방에 대해 알려면 일단 그가 하는 말을 잘 들어야 한다. 말은 자신의 정체를 밝히는 열쇠이기 때문이다.

　상대의 말을 귀 기울여 들음으로써 그에 대한 해박한 지식을 쌓으면 그 사람을 다른 사람에게 소개할 때도 자연스럽게 이야기할 수 있다. 즉 누군가를 좋아할수록 그의 말을 잘 듣게 되고 그럼으로써 그에 대한 정보를 차곡차곡 쌓아가다 보면 결국 그 사람에 대해 거의 전문가 수준의 지식이 생겨 다른 사람에게 소개할 때도 조리 있고 설득력 있게 말할 수 있는 것이다.

　설교도 이와 마찬가지라고 생각한다. 하나님을 사랑하고 존경하게 되면 하나님에 대해 좀 더 알고 싶고 궁금증도 많아질 것이다. 하나님은 과연 존재하는가? 하나님은 어떤 일을 하시는가? 하나님도 잠을 주무실까? 하나님은 어떤 사람을 사랑하실까? 이렇게 궁금증이 생기면 성경을 통해 지식을 쌓기도 하고, 교회에 찾아가 목사님의 설교를 들으며 해결하기도 한다. 또한 하나님의 말씀을 열심히 들음으로써 신앙에 대한 지식이 풍부해져 말씀을 듣지 않은 사람과는 전혀 다른 지식으로 하나님을 소개하여 하나님을 거부하는 상대의 마음을 움직일 수도 있다. 이런 사람을 가리켜 설교를 잘하는 사람이라고 할 것이다. *Ω*

좋아하는 감정
like

인간은 자신이 좋아하는 대로 행동한다. 싫으면 아예 행동하지 않는다. 평양 감사라도 자기 싫으면 하지 않는다고 한다. 평양 감사 하면 높은 벼슬이요 좋은 직장이요 돈이 많이 생기는 곳이다. 평양 감사 정도면 출세했다고 다들 우러러보는 자리이다. 그럼에도 불구하고 내팽개치는 사람이 있는 것은 그 일을 좋아하지 않기 때문이다.

직장도 자신이 싫어하면 매일 출근하기가 수월치 않다. 하루 이틀 나가고 끝낼 거라면 몰라도 평생직장이라면 적성에 맞아야 하고, 일이 즐거워야 직장생활에 충성할 수 있다. 결혼도 이와 마찬가지다. 신랑 신부가 서로 좋아해야 한다. 좋아하지 않으면 평생을 함께 살 수 없으므로 결국 이혼하고 만다. 신랑 신부 어느 한쪽만 좋아해서는 행복한 결혼생활을 꾸려나갈 수 없다. 그러므로 남녀가 서로 좋아해서 결혼한다면 그야말로 천생배필이요 하늘이 맺어준 인연이라 할 수 있다.

이런저런 면에서 따져볼 때 좋아함의 위력은 실로 대단하다 하겠다. 좋아하지 않으면 행복할 수도 없다. 그러나 좋아해서는 안 될 것을 좋아한다면 이는 잘못된 선택이요 불행의 시초가 된다. 즉 남녀가 좋아하지 말아야 할 유부남이나 유부녀를 좋아하게 되면 피차 불행해질 수밖에 없다. 돈을 좋아하는 것 역시 도에 넘치면 수전노라 불리며 손가락질을 받게 된다.

성경에 보면 삼손이라는 이스라엘의 사사가 아내를 얻기 위해 부모를 설득하는 이야기가 나온다.

삼손이 딤나에 내려가서 거기서 블레셋 사람의 딸들 중에서 한 여자를 보고 올라와서 자기 부모에게 말하여 이르되 '내가 딤나에서 블레셋 사람의 딸들 중에서 한 여자를 보았사오니 이제 그를 맞이하여 내 아내로 삼게 하소서' 하매, 그의 부모가 그에게 이르되 '네 형제들의 딸들 중에나 내 백성 중에 어찌 여자가 없어서 네가 할

례받지 아니한 블레셋 사람에게 가서 아내를 맞으려 하느냐?' 하니, 삼손이 그의 아버지에게 이르되 '내가 그 여자를 좋아하니 나를 위하여 그 여자를 데려오소서' 하니라. (삿 14:1~3)

삼손이 여자를 선택하는 기준은 내가 좋아하느냐 좋아하지 않느냐이다. 나만 좋아하면 다른 사람이 뭐라 하든 아무 상관이 없다고 잘라 말한다. 부모님이 데리고 살 것도 아닌데 왜 안 된다고 반대를 하냐면서 따져 묻는다. 그러나 이는 불신에 찬 젊은이의 오기일 뿐 신앙인에게는 하늘에 계신 하나님이 존재한다. 즉 하나님이 좋아하느냐 좋아하지 않느냐가 가장 중요하다. 신앙인은 임의로 사는 사람이 아니다. 하나님의 뜻을 따라 사는 사람이다. 진정한 신앙인이라면 하나님이 원하시느냐 원하지 않으시느냐로 행동의 기준을 삼아야 한다. 내가 좋아하는 것이 중요한 게 아니라 하나님이 좋아하시는 것이 우선이다.

그렇다면 하나님은 인간을 좋게 하기 위하여 어떤 일을 하셨을까? 독생자 예수님을 세상에 보내주고 성령을 주시어 감동받게 함으로써 예수님을 영접하게 해주셨다. 그러므로 이제는 임의로 살지 않고 하나님을 주인 삼아 종으로 살고자 하나님 앞에 서약하고 세상 지배자인 사단에서 전향하여 하나님 앞으로 떳떳이 나아가야 할 것이다.

무엇이든 함부로 좋아해서는 안 된다. 좋아 보이고 좋은 감정이 있다면 하나님의 뜻을 먼저 물어야 한다. 만약 하나님의 뜻과 대치된다면 과감하게 정리해야 한다.

오늘날 젊은이들은 상대를 좋아하는 감정보다 미모라든지 재력, 재능, 학력, 배경 등을 우선시한다. 하나님이 어떻게 생각하시는지 관심조차 없는 것이 오늘날 젊은이의 결혼 문화임을 생각할 때 참으로 서글픈 일이다. 삼손은 결국 자기 좋을 대로 처신하다가 비참한 최후를 맞았다. 삼손의 죽음을 통해 우리 젊은이들이 많은 것을 깨닫기 바란다. Ω

상대적 박탈감
relative deprivation

제2차 세계대전 중 미군의 진급과 사기에 따른 상관관계를 분석한 논문 가운데 꽤 흥미로운 내용이 있어 소개한다. 공군 병사의 진급률은 평균 47%로 헌병대의 진급률 24%보다 훨씬 높은데도 불구하고 공군 병사들이 자신의 진급 가능성에 대해 헌병보다 월등히 낮다고 느끼며 불만도 더 크다고 한다. 다시 말해 객관적 상황이 어떠하든 사람들은 자신을 둘러싼 조건이 나아질수록 기대감도 커지기 마련이며, 그 기대감이 충족되지 않을 때는 주위의 다른 사람들과 비교해가며 일종의 박탈감을 느끼게 된다는 것이다. 이를 가리켜 상대적 박탈감(Relative Deprivation)이라고 한다.

일전에 30대 후반의 젊은 사람을 만나 이런저런 이야기를 나눈 적이 있다. 일산에 사는 사람으로 2년 전에 아파트를 샀는데 지금은 2억 정도 올랐다고 한다. 그것 때문에 기분이 상당히 좋으면서도 현 사회가 큰 문제라며 한탄을 하는 것이다. 내용인즉은 자기 또래 직장인의 평균 연봉이 2, 3천만 원 정도인데 그들이 10년 동안 모아도 손에 쥘까 말까한 2억을 자기는 불과 2년 만에 큰 노력 없이 번 셈이니 기분이 좋으면서도 한편으로 이 사회의 구조적 모순을 생각하면 마음이 씁쓸름해진다는 것이다.

서민 입장에서 1년에 1천만 원 모으기가 수월한 일은 아니다. 허리띠를 졸라매고 근검절약하여 먹을 것을 먹지 않고 입을 것을 입지 않은 채 피나는 생활을 한다 해도 수월한 일은 아니다. 서민들이 20년을 모아도 모을 수 없는 돈을 불과 2년 만에 모았다면 재수 좋은 사람이라고 할 것이다. 이 이야기에 귀가 솔깃한 사람들은 죄다 부동산 투기를 하고 싶어 할 것이고 또 기회만 닿는다면 모두 하게 될 것이다. 아무도 뼈 빠지게 일하려고 하지 않을 테고, 어떻게든 부동산 투기로 돈을 벌려고 혈안이 될 것이다. 하기야 고위공직자나 정치인들도 부동산으로 치부(致富)하는 것이 이 시대의 유행처럼 번져가는 것도 사실이다.

문제는 부동산 투기를 한다고 해서 다 돈을 버는 것은 아니라는 점이다. 부동산 투기로 돈을 벌 확률은 2%도 안 된다고 한다. 2%의 성공한 사람들 이야기를 듣고 대다수의 서민들이 돈만 있으면 부동산 투기를 하겠다고 벼르는 상황이다. 대기업 역시 기술 개발에 투자해서 정당한 수입을 올리려는 노력은 아예 하지도 않는다. 대기업이 부동산에 투자하여 재벌이 되었다는 이야기는 알 만한 사람들은 다 아는 일이다. 너나할 것이 없이 부동산 투기를 하여 힘 들이지 않고 쉽게 돈 벌고 갑부가 된다면 대한민국에서 일할 사람이 누구며, 힘들여 노동하는 사람이 어디 있겠는가. 다들 어쩔 수 없어 일하는 것이지 좋아서 일을 하는 사람은 없다. 정정당당하게 땀 흘려 일하지 않고 수월하게 돈 벌어 여행이나 다니고 골프나 치러 다닌다면 이를 바라보는 서민들의 눈길이 고울 리 없다.

다른 목회자들에게서 종종 듣는 말이 있다. 어떤 사람은 개척을 하여 불과 몇 년 만에 몇백 명이 모이는 교회를 일구었다고도 하고, 교회 부지를 샀는데 아파트단지로 지정되면서 땅값이 엄청 올라 교회 부흥이 되었다고도 한다. 이런 이야기들을 듣고 있자면 그동안 나는 무엇을 했나 하는 열등감이 일어난다. 이를 가리켜 상대적 박탈감에서 오는 마음의 괴로움이라 할 것이다.

상대적 박탈감을 치유할 사람은 자기 자신밖에 없다. 누가 부동산 투기를 해서 부자가 되었다든지, 교회가 순간적으로 부흥이 되었다든지, 배경이 좋아서 크게 출세를 했다든지 하는 말들에 귀를 기울이지 않고 나의 위치에서 주어진 일에 최선을 다하는 것이 나의 길임을 알아 현실에 충실해야 할 것이다. 때가 되면 하나님이 충성하는 당신의 종들에게 이로운 복을 주신다는 확신을 가지고 열심히 살아야겠다. Ω

결혼 풍속도(風俗圖)
marriage customs

《구약》의 〈사사기서〉를 보면 재미있는 이야기가 있다. 삼손은 결혼하기 위해 부모를 졸라서 신붓감의 집이 있는 블레셋 지역의 딤나로 내려간다. 당시 블레셋의 결혼 풍속에는 신랑 또래의 동네 청년 30명을 데려다가 신랑 동무로 삼고 결혼식 흥을 돋우는 놀이가 있었다. 신랑을 장승처럼 우두커니 세워놓기가 안쓰러워 동네 청년들과 대화도 하고 친교를 갖게 하자는 의도에서 생긴 풍속이다. 이때 삼손은 퀴즈를 내어 문제를 풀면 여기에 상응할 만한 상급을 주고 풀지 못하면 반대로 그들이 상급을 주어야 한다는 제의를 한다. 성경에서의 문제는 다음과 같다.

> 삼손이 그들에게 이르되 '먹는 자에게서 먹는 것이 나오고 강한 자에게서 단 것이 나왔느니라' 하니라. 그들이 사흘이 되도록 수수께끼를 풀지 못하였더라. (삿 14:14)

또한 삼손은 상급을 다음과 같이 제의한다.

> 삼손이 그들에게 이르되 '이제 내가 너희에게 수수께끼를 내리니 잔치하는 이레 동안에 너희가 그것을 풀어 내게 말하면 내가 베옷 삼십 벌과 겉옷 삼십 벌을 너희에게 주리라.' (삿 14:12)

결국 동네 청년들은 문제를 풀지 못한다. 약속대로라면 그들은 삼손에게 베옷 30벌과 겉옷 30벌을 주어야 한다. 물론 삼손이 퀴즈를 낼 때만 해도 그들은 퀴즈를 풀지 못하리라는 생각은 않고 상급 탈 일만 머릿속에 가득했을 것이다. 그래서 퀴즈를 풀 노력은 하지도 않고 삼손의 여자에게 "너의 신랑을 꾀어 문제를 알아내라. 그리하지 않으면 너와 네 아비의 집을 불사르리라"고 협박한다.

이들의 약속에는 몇 가지 잘못된 점이 있다. 첫째, 퀴즈를 낼 때 겉옷 30벌과 베옷 30벌을 주기로 한 약속이다. 물론 퀴즈를 푼다면야 그들이 상급을 챙기면 되니까 문제될 것이 없다. 그러나 퀴즈를 풀지 못할 경우 벌금을 내야 하는데, 의도적으로 삼손의 처가에 그 책임을 전가하는 행동은 잘못된 것이다. 둘째, 친구들은 말에 대한 책임을 져야 한다. 물론 그들 역시 처음부터 삼손의 처가에 짐을 지우기로 한 것은 아니다. 그러나 삼손이 먼저 동네 친구들이 질 경우 처가에서 책임져야 한다고 못 박아 말했다면 동네 친구들의 행동이 옳다 하겠으나 성경에서는 그러한 약속을 찾아볼 수 없다. 셋째, 다수의 힘을 빌려 약자의 집에 불사르겠다고 협박하는 것은 힘 있는 자가 해서는 안 될 행동이다.

오늘날에도 이 같은 잘못을 저지르는 사람들이 많다. '초청했으니 초청한 자가 모든 것을 책임지라' 는 논리는 인간적인 면에서 공감을 얻을지 모르나 경우에 어긋난 행동이다. 신앙인들은 하나님에 의하여 초청된 사람들이기 때문이다.

수고하고 무거운 짐 진 자들아, 다 내게로 오라. 내가 너희를 쉬게 하리라. (마 11:28)

교회생활을 하다 보면 좋은 일만 있는 것이 아니다. 궂은일도 있고 시험에 드는 일도 있고 손해 보는 일도 있다. 물론 유익한 일이 생겼을 경우에는 문제될 것이 없다. 그러나 어려운 일을 당하거나 사업에 실패하거나 가정파탄이 일어났을 경우 불만을 터뜨리는 사람들이 종종 있다.

"하나님이 나를 초청했는데 어찌하여 고난의 연속이며 손해 보는 일들이 많이 생기는가?"

하나님이 나를 초청했으니 책임지라든지 교회에 모든 책임을 전가하는 일은 바람직하지 못하다. 자신은 아무런 책임도 지지 않고 모든 잘못을 교회에 떠넘기려는 발상은 잘못된 것이다. 우리는 이와 같은 억지를 부린 적이 없는지 곰곰 생각해볼 일이다. Ω

영적 건강
spiritual healthy

요즘처럼 건강에 대한 관심이 큰 적도 없을 것이다. 현대인의 가장 큰 관심사는 건강이다. 젊은이든 나이 든 노인이든 간에 건강을 생애 최대의 목표로 삼고 살아간다. 레저 산업이 크게 발전하는 것도 여기에 기인한다. 각종 운동들이 활성화되는 것 역시 삶에 있어 건강의 비중이 크기 때문이다. 구기 종목의 스포츠와 수영, 등산, 조깅 같은 운동들도 모두 건강하게 살고자 하는 마음에서 출발한다. 건강을 지키기 싫어하는 사람이 있을까마는 주위를 보면 정작 건강한 삶을 즐기는 사람들은 별로 없고 병원을 찾는 사람들의 수만 늘어간다.

이런 현상들을 볼 때 참된 건강은 인간에게 있는 것이 아니라 신에게 있다 할 것이다. 건강하기 위해서 식이요법을 감행하는 사람들도 많다. 여기에는 몬도가네 식품이라든지 몸에 좋다는 보약들도 한 몫을 한다. 보신음식들이 얼마나 많은지 그 수를 헤아릴 수 없을 정도이다. 이처럼 육체적 건강에는 엄청난 물질적 희생을 감수하면서 정신건강이나 신앙건강에는 대부분 무방비 상태에 있다. 특히 무엇보다 중요한 영적인 건강관리는 황폐화되어 있다 해도 과언이 아니다. 신앙인이라면 육신의 건강보다 영적인 건강에 더 많은 관심을 가져야 할 것이다. 일시적인 육신보다 무한한 영(靈)이 더 소중하기 때문이다. 성경에서도 '너희는 먼저 그 나라와 그 의를 구하라' 고 강조하고 있다.

어느 날 미국의 초대 대통령 워싱턴(George Washington)에게 한 사람이 찾아와 물었다.

"각하는 이렇다 할 도락(道樂)도 없는 것 같은데, 대체 무엇을 즐기십니까?"

그러자 워싱턴은 빙긋이 웃으며 다음과 같이 대답했다.

"나는 무슨 일이나 다 즐겁소. 특히 건강하게 살아가는 것이 무엇보다 즐거운 일이오."

이는 정신적인 건강이 있어 즐겁고, 즐거운 생활을 하다 보니 육체적 건강에도 영향을 미쳐 건강함에 감사한다는 의미이다. 누구나 정신적인 건강보다 영적인 건강이 우선시되어야 한다는 원리를 알아야 한다. 신앙생활을 하면서 영적인 건강에 관심이 없다고 해서는 안 된다.

주님은 산상보훈 가운데 다음과 같이 말하고 있다.

> 무엇을 먹을까 무엇을 마실까 무엇을 입을까 하지 말라. 이는 다 이방인들이 구하는 것이라. 너희 하늘 아버지께서 이 모든 것이 너희에게 있어야 할 줄을 아시느니라. 그런즉 너희는 먼저 그의 나라와 그의 의를 구하라. 그리하면 이 모든 것을 너희에게 더하시리라. (마 6:31~33)

이는 의식주 문제는 하나님이 책임지신다는 말이다. 특히 선택받은 자들의 의식주는 하나님이 책임져주신다는 사실을 잊지 말아야 한다. 사람들은 남들보다 앞서기를 원하며 치열한 경쟁에서 이기기 위해 혼신의 힘을 쏟는다. 교회의 지도자들 역시 교회 성장을 위해 중압감을 느끼고 있다. 다른 교회에 뒤지지 않기 위해 받는 육체적 피로와 정신적 스트레스가 여간 크지 않다. 그러나 신앙적으로 볼 때 목회자의 성장과 발전은 하나님에게 있지 결코 인간에게 있는 것이 아니다.

주어진 목회 현장에서 최선을 다하는 것으로 만족해야 하지만 치열한 경쟁사회에서는 어려움을 겪게 마련이다. 경제적인 성장과 자기 성장이 자신에게 있는 것이 아니라 하나님에게 있음을 알아 영적인 건강을 위해 매일매일 신앙훈련에 최선을 다하는 성도들이 되어야겠다. 예배생활과 기도생활에 제대로 훈련되어 매일매일 건강을 점검하고 경건훈련에 최선을 다하는 지혜를 가져야 한다. 기도 없이 앞산을 오르는 일도 중요하지만, 하나님의 성산에 오르는 일이 선행되어야 신앙인으로서 영적인 건강을 제대로 관리하는 것이 아닌가 생각해본다. *Ω*

힘든 자녀 교육의 문제
the education of one's children

　요즘 부모들은 그 어느 때보다 자녀 양육하기가 힘들다고 입을 모아 말한다. 물론 자녀 양육이 그리 수월한 일은 아닐 것이다. 어린아이들은 먹고 마시는 것은 물론 대·소변까지 가려주는 등 성장에 필요한 모든 것을 도와줘야 하는데, 이는 어린 자녀를 둔 부모의 가장 직접적이고 현실적인 문제일 뿐이다. 그 후 사춘기 자녀들의 성장통을 지켜보는 부모의 심정은 자식을 키워보지 않은 이들은 알지 못한다. 자녀를 키우는 순간순간마다 힘든 과정을 겪는 것은 어느 부모라도 예외가 없다. 자녀의 탈선이나 불량스런 행동들로 인해 부모의 마음에 새겨진 상처라든지 늘 마음 졸이며 살아가는 부모의 심정을 누가 알랴! 자녀를 키우는 부모가 힘든 이유를 구체적으로 살펴보면 다음과 같다.

　첫째, 내가 원하는 대로 양육하기 때문이다. 부모들이 자녀를 대리만족의 수단으로 보기 때문에 힘든 것이다. 즉 자신이 이루지 못한 꿈을 자녀로 하여금 이루고자 하는 욕망 때문에 힘들다는 말이다. 이는 나의 자녀가 하나님이 주신 선물임을 잊은 행동이다. 아무리 내가 낳은 자식이라 해도 내 마음대로 양육할 것이 아니라 하나님의 뜻에 따라야 한다. 내가 원하는 자녀가 아니라 하나님이 원하시는 자녀로 양육해야 할 의무와 책임이 부모에게 있음을 명심한다면 힘든 일이 많지 않다.

　둘째, 자녀의 행복보다 성공을 원하기 때문이다. 세상의 모든 부모는 자기 자녀가 성공하기를 바란다. 그렇다면 성공이란 무엇일까? 자녀들이 즐거운 마음으로 일하고 행복을 느낄 때 그것이 곧 성공이라 할 수 있다. 여기서 부모의 역할이란 자녀가 어떤 일을 할 때 행복해하는지 지켜보고 그 분야에서 일할 수 있도록 인도하고 뒷받침해주는 것이다. 독일 프랑크푸르트에 살고 있는 보도 새퍼의 말이 기억난다. 독일 부모들은 자녀가 행복하기를 바라는데 한국 부모들은 자녀가 성공하기를 바란다는 것이다. 이와 같은 고정관념을 바꾸지 않는 한 한국 부모들의 자녀 교육은 계속 힘들 것이다.

셋째, 자녀들을 이해하지 못하기 때문이다. 자녀의 연령과 같은 시기에 과연 그들은 부모 마음에 쏙 드는 학생이었을까? 자신도 부모에게는 부담스럽고 애물단지였다는 사실을 까마득히 잊은 채 자녀에게만 지나친 요구를 하므로 자녀 교육이 힘든 것이다. 아이들은 부모의 품안에 있을 때는 우물 안 개구리처럼 사방을 모르고 살다가 사춘기에 접어들면서 친구들과의 비교를 시작한다. 경제력은 물론 부모의 사회적 위치나 교양 정도 등 모든 것이 비교 대상이 된다. 그리하여 자신의 부모가 형편없다고 느껴지면 부모를 부끄러워하거나 배척하게 된다. 이럴 경우 부모는 자녀 교육이 매우 어렵다고 느끼면서도 자녀의 고민을 진심으로 이해하지는 못한다.

부모들이 힘들어하는 여러 가지 문제를 해결할 방안은 없을까? 아무리 생각해봐도 결국 신앙의 힘을 빌릴 수밖에 없다. 무엇보다 가장 우선순위에 둘 것은 주님을 영접토록 하는 것이다. 어디를 가든지 무엇을 하든지 주님이 모든 문제를 해결해주실 것을 믿는 부모가 되어야 한다. 주님이 함께 한다면 무엇을 걱정할 필요가 있겠는가. 무엇이든 내가 직접 인도하고 장래를 책임지려 할 때 힘들고 어렵다는 푸념이 새어나오는 것이다. 성경에서 다윗은 다음과 같이 노래하고 있다.

> 여호와는 나의 목자시니 내게 부족함이 없으리로다. 그가 나를 푸른 풀밭에 누이시며 쉴 만한 물 가로 인도하시는도다. 내 영혼을 소생시키시고 자기 이름을 위하여 의의 길로 인도하시는도다. 내가 사망의 음침한 골짜기로 다닐지라도 해를 두려워하지 않을 것은 주께서 나와 함께 하심이라. 주의 지팡이와 막대기가 나를 안위하시나이다. 주께서 내 원수의 목전에서 내게 상을 차려주시고 기름을 내 머리에 부으셨으니 내 잔이 넘치나이다. 내 평생에 선하심과 인자하심이 반드시 나를 따르리니 내가 여호와의 집에 영원히 살리로다. (시 23편)

하나님께 모든 염려와 문제를 맡기고 즐거운 삶을 살자. Ω

헝그리 정신
hungry mind

　헝그리 정신이란 '배고픈 정신'이라는 의미로, '배부른 정신'과는 상반되는 말이다. 지난날 한국에는 복싱 선수들이 많았다. 이들은 모두 헝그리 정신으로 무장한 채 권투를 했다. 즉 먹고 살기 위해 복싱을 했다는 말이다. 그러나 지금은 직업적인 복싱 선수가 많지 않다. 어느 정도 풍요로운 시절이라 먹고 살기 위해 굳이 복싱까지 할 필요를 못 느끼는 것이다.

　한국전쟁 이후 북한에 사는 주민 가운데 많은 이들이 남한으로 이주해왔다. 흔히 하는 말로 아바이들이라 하겠다. 이들은 대부분이 피난민이요, 고향을 떠난 난민들이다. 그러나 지금은 남한 사회에서 가진 자로 혹은 있는 자로 군림하는데, 여기에는 그만한 이유가 있다. 월남한 피난민에게 먹고 살아가는 일은 그리 수월하지 않았을 것이다. 이들은 피나는 생존경쟁에 뛰어든 사람들이다. 한 마디로 먹고 살기 위해 일을 해왔고, 살아남기 위해 하나밖에 없는 자기 목숨까지 걸었다. 생계 문제를 죽느냐 사느냐의 문제로 여겨 죽기 살기로 노동을 했고 장사를 했으며 사업을 키워나갔다. 이런 마음가짐으로 일을 해왔기에 난민들은 경제적인 면에서 성공한 사람들이라 하겠다.

　공중파 방송에서도 쉽지 않은 15%의 시청률이 케이블 TV에서 나온 적이 있다. 바로 킥복싱 경기인 K-1의 최홍만과 외국 선수 밥샘(Bobsam)이 대결할 때였다. 무대포 주먹질의 사나이요, 야수인 밥샘이 그토록 처참하게 최홍만의 밥이 될 거라 생각한 사람이 과연 몇이나 될까? 천하장사에서 K-1 장사로 변신에 성공한 최홍만! 그 원동력이 무엇인지 산전수전 공중전까지 겪어봤다는 개그맨 김구라 씨가 나름대로 논평한 말이 있다.

　"최홍만이 K-1 진출을 선언했을 때 씨름판은 엉망이었고, 씨름 선수들은 당장 먹고 사는 문제를 고민해야 했다. 이러한 상황에서 최홍만이 일본으로 간 이유는 결국 생존 때문이 아니었을까? 키가 채 2미터도 안 되는 나 같은 놈도 한 끼 굶으면 방송 때 목소리가 갈라지는 판인데, 최홍만 같은 거구한테 먹고 사는 문제가 휘청거리면 정말 미칠 노릇이었을 거다."

눈앞의 상대가 그저 무시무시한 야수로 보이는 사람과 내가 살기 위해 쓰러뜨려야 할 절박한 밥으로 보이는 사람은 싸움에 임하는 마음가짐부터 다르다. 한 마디로 최홍만은 밥을 위하여, 즉 생존을 위하여 싸운 것이다. 이는 세속적이고 저속하고 약육강식(弱肉强食)의 짐승 세계를 살았다는 의미이기도 하다. 먹기 위하여 살아야 하다니, 서글픈 인생이라 하겠다.

이보다 나은 상위 단계의 사람들은 사명을 위해 살아간다. '내가 이 땅 위에 왜 사는가?' 물었을 때 신을 위해 산다고 대답할 수 있다면 신령한 삶을 사는 것이다. 신을 위한 구체적인 삶은 이웃을 위한 삶이라 할 수 있다. 이웃을 위한 삶의 방편은 사랑일 것이요, 최선의 사랑 방법은 복음을 전하는 것이다. 복음을 위하여 산다면 하나님은 인간에게 필요한 의식주 문제를 반드시 해결해주신다. 그러나 신앙인에게 있어 먹고 사는 문제는 최홍만처럼 생명을 걸 정도로 큰일은 아니다. 하나님의 아들이 되면 곧 하나님을 보호자로 두는 것이므로 의식주 문제는 크게 걱정하지 않아도 된다.

> 그러므로 염려하여 이르기를 무엇을 먹을까 무엇을 마실까 무엇을 입을까 하지 말라. 이는 다 이방인들이 구하는 것이라. 너희 하늘 아버지께서 이 모든 것이 너희에게 있어야 할 줄을 아시느니라. (마 6:31~32)

의식주 문제를 모두 하나님께 맡긴 바울 역시 "주 예수께 받은 사명, 곧 하나님 은혜의 복음 증거하는 일을 마치려 함에는 나의 생명을 조금도 귀한 것으로 여기지 아니하노라"고 말하였다. Ω

사랑의 본드
Love Bond

사랑이란 무엇일까? 사랑은 주는 것이다, 사랑은 받는 것이다, 사랑은 주고받는 것이다, 사랑은 빼앗는 것이다, 사랑은 눈물의 씨앗이다, 사랑은 상대방의 잘못을 용서하는 것이다, 사랑은 장점만 보는 것이다, 사랑은 상대방의 입장에서 생각하는 것이다, 사랑은 상대방의 숱한 허물을 덮는다, 사랑은 모든 것을 자라나게 하는 것이다, 사랑은 온전케 하는 것이다 등등 사랑에 대한 정의는 실로 다양하다 하겠다.

성경을 보면 사랑에 대해서 원론적으로 말한 것이 있다. 하나님은 사랑이라고 하였다. 이는 모든 사랑의 표현은 하나님 안에 있음을 의미한다. 사랑이 무엇인가를 알고 싶고 보고 싶다면 하나님에게서 발견해야 한다. 사랑의 반대는 미움이다. 미움으로 분열과 분쟁, 다툼, 한없는 갈등의 심연 속에서 헤어나오지 못하는 인간들을 하나님이 사랑하심으로써 봉합이 되고 행복한 가정을 이루며 살아가게 된다. 하나님이 세상을 이처럼 사랑하사 자신의 독생자이신 예수님을 세상에 주신 것이다.

시멘트는 수많은 모래 알갱이를 하나로 결속하여 콘크리트가 되며 이것으로 집을 건축하거나 시설물들을 만들어낸다. 아교는 조각난 나무들을 붙여 아름다운 작품으로 탄생시킨다. 용접은 단단한 쇠를 녹여 다양한 형체를 갖게 한다. 본드는 강한 접착력으로 둘로 나뉜 것들을 하나로 묶는 역할을 한다. 마찬가지로 사랑은 살아온 환경이 다르고 생각이 다르고 개성이 다른 사람들을 하나로 결속하는 위대한 기적을 낳는다.

매일 저녁 술이나 마시고 불량한 욕설을 해대고 부모에게 행패를 부리는 불효 막급한 청년이 있었다. 낭비와 허영의 대명사로, 차라리 태어나지 않는 게 훨씬 좋았을 그런 인물이었다. 주위 사람들에게 도움은커녕 해만 될 뿐이라 사회 정화 차원에서 격리시켜야 할 위인이었다. 이 같은 사람이 좋은 배필을 만나 개과천선(改過遷善)하여 부모에게 효도

하고 성심으로 이웃을 돕는 청년으로 새로운 인생을 살아가는 모습을 보았다. 실로 사랑의 위대한 기적이라 아니할 수 없다.

사랑에는 몇 가지 유형이 있다. 먼저는 에로스이다. 남녀가 이성에 대한 그리움과 호감을 가지고 다가가려 하는 충동적 사랑이 바로 에로스이다. 반면에 부모가 자녀를 위해 기쁨으로 희생하는 혈연적인 사랑은 스톨게이다. 한편 우정이나 학문에 관한 관심, 직업에 대한 애착 같은 사랑은 필레아라고 한다. 이 사랑이 불량한 청년을 선량한 청년으로 바꾸기도 한다. 그러나 무엇보다 최고의 가치를 지닌 사랑은 바로 아가페이다. 이 사랑은 절대적인 사랑이요, 즈건 없는 사랑이다. 신이 인간을 사랑하는 마음이 곧 아가페이다. 즉 의인과 악인을 구별하지 않고 골고루 햇빛과 비를 주시는 사랑을 의미한다.

하나님은 이 같은 사랑을 우리 인간에게 실천해주신 분이다. 하나님의 아들이신 예수 그리스도를 나를 위해서 보내주셨다. 그리고 2000년 전 독생자 예수님은 골고다 산상에서 나를 위해 대신 죽으시고 받아야 할 형벌을 대신 받으셨다. 나에게 고운 데가 있다거나 선한 데가 있어서도 아니다. 주님의 사랑을 받을 만한 조건이 없음에도 불구하고 아무런 조건 없이 나를 사랑하신 것이다. 이와 같이 놀라운 사랑, 즉 아가페의 힘으로 이 땅 위의 많은 불량자가 성자로 변했다.

하나님으로부터 아가페적인 사랑을 받은 우리는 지금도 음지에서 방황하며 고통당하는 사람들에게 사랑의 손길을 내밀어야 한다. 그래서 하나님의 사랑을 전하고 분쟁과 다툼, 분열이 있는 곳에 사랑의 본드(bond)가 되어 하나로 결속시키는 사신(使臣)이 되자. Ω

헛된 기도
empty prayer

"내가 너를 위해 도와줄 것은 기도밖에 없다."

이것은 어느 드라마에 나오는 대사이다. 배경을 설명하자면 동생이 가톨릭교회에 수녀로 있는 누나를 찾아가 자신의 형편과 사정을 이야기하자 누나가 하는 말이다.

이 대사를 들으면서 상당한 충격을 받았다. 동생은 지금 결혼한 상태이다. 그런데 아내와 마음이 맞지 않는 것도 아니면서 달리 사귀는 여자가 있다. 새로 만난 여자를 위해 지금의 아내와 헤어지고 싶다는 동생에게 신앙인인 누나가 이런 말을 할 수 있을까? 이는 성경의 뜻에 어긋날 뿐 아니라 기독교 정서에도 맞지 않는 말이다.

기도를 한다는 것은 하나님의 뜻이 어디 있는지 분간할 수 없는 상태에 처했을 때 기도로 하나님의 뜻을 물어보고 행동하겠다는 의미이다. 하나님의 뜻인 줄 알고 여러 번 행동으로 옮겼지만 번번이 실패하여 하나님의 도우심을 새롭게 요청할 때 필요한 것이 기도이다. 이혼과 결혼에 대한 하나님의 뜻이 분명함에도 불구하고 새삼스레 기도를 한다는 것은 잘못된 일이다.

성경은 일부일처주의(一夫一妻主義)를 원칙으로 하며 이혼은 다음 두 가지의 경우에만 가능하다. 즉 사랑하는 사람과 사별하였다든지, 배우자가 음행한 행위를 했을 때 이외에는 이혼할 수 없다. 하나님이 짝지어 주신 것을 인간이 함부로 나눌 수 없음을 성경에서도 분명히 밝히고 있다. 동생이 잘못된 행동을 했음에도 그 잘못을 따끔하게 꾸짖지 않고 오히려 기도를 해주겠다고 말하는 것은 진정한 신앙인의 자세가 아니다. 이는 왜곡된 신앙인의 모습을 보여주는 것이다.

오늘날 많은 신앙인이 이 같은 삐뚤어진 신앙심을 가지고 있다는 데 개탄하지 않을 수 없다. 기도는 만능이다. 기도해야 한다. 기도는 천국

문을 여는 열쇠이다. 구하면 주시고 두드리면 열어주신다. 찾는 자에게
나타나는 것은 주님이 약속한 복이다. 이와 같은 축복의 기도를 불의와
불법을 행하는 데 사용해서는 안 된다. 더욱이 불법이 이루어지도록 해
달라고 기도한다면 기도를 빙자해 공범자가 되는 일이다. 도적과 함께
불법과 불의를 저지를 때만 공범자가 되는 것이 아니다. 하나님의 거룩
한 뜻에 부합하지 않는 기도 역시 범죄자와 동일한 공범자를 만드는 일
이다.

위의 드라마 같은 경우 지금 상황에서 동생이 사귀는 여자와 맺어지
려면 먼저 이혼을 해야 한다. 그런 다음에 새로운 부인을 맞는 것이 순
리에 맞다. 그러나 헤어지는 일도 하나님의 뜻에 맞아야 하며 새로운 부
인을 맞는 일도 기독교 윤리에 맞아야 한다. 오늘의 결혼 풍속도는 기독
교 윤리에서 많이 벗어나 있다. 결혼의 진정한 의미를 망각한 채 잘못된
이방 풍속이 봇물 터지듯이 넘쳐나 기독교 윤리까지 망가뜨리고 있다.
그러다 보니 신앙인 중에서도 다양한 이유를 대면서 이혼하는 사람들이
점점 많아진다. 인간 사회의 잘못된 풍조가 교회 안으로까지 밀려들어
걷잡을 수 없는 상황에 빠진 탓이다.

진정한 신앙인이라면 성경의 검증 없이 이러한 것들을 받아들여서는
안 된다. 하나님의 뜻이 무엇인지 참된 마음으로 알아보고 가능하면 성
경 속의 진리를 지키도록 노력해야 한다. 하나님의 뜻을 잘 알지 못한다
면 겸손한 마음으로 기도할 때 신령한 하나님의 음성을 듣게 될 것이다.
성경 말씀을 제쳐두고 부인 아닌 다른 여자와 사귀는 일에 기도밖에 도
울 길이 없다는 이야기는 기도의 본질을 모르고 하는 말이다. 이런 식의
기도는 헛수고이자 시간 낭비에 불과하다.

지금 우리가 사는 사회는 불분명한 어둠으로 가득 차 있다. 삶의 절벽
에 선 채 진리와 진리 아닌 것을 분간할 수 없어 헤매고 있다. 우리는 불
의와 타협하는 거룩한 공범자가 되지 않기 위해 지혜의 빛을 밝혀야 한
다. ☯

사이다 맛
A taste

중국에서는 아이가 갓 태어나면 젖을 먹이기 전에 5향(五香)이라 해서 다섯 가지 맛을 먼저 알게 한다. 첫 번째는 초 한 방울을 혀에 묻혀 신맛을 알게 하고, 두 번째는 소금을 혀끝으로 핥게 하여 짠맛을 알게 해주며, 세 번째는 씀바귀의 흰 즙을 혀에 묻혀 쓴맛을 알려주고, 네 번째는 가시로 혀끝을 찔러 통증을 알게 해주며, 다섯 번째는 사탕을 핥게 해서 단맛을 알게 해준다.

이런 모습을 미국의 선교사가 보고 '신생아를 학대하는 원시적인 악습'이라면서 강하게 비판했다. 그러자 중국의 석학 임어당 박사가 이렇게 맞받아쳤다고 한다.

"이로써 서양 문명이 인생을 보는 한계를 알 수 있다."

옛날 우리나라에서도 정초 시식 때는 아이들에게 고들빼기와 씀바귀 나물을 먹였다고 한다. '인생은 맵고 짜고 쓰고 아픈 맛을 감내하지 못하면 단맛을 볼 수 없다' 하여 음식을 통해서 교육시키고자 했던 것이다. 오늘날에는 이런 교육이 없어 아쉽지만 신앙인들은 맛을 보아야 할 것들이 많다.

금년 겨울, 가장 추웠던 영하권의 날씨에 친구와 함께 산에 올랐다. 그날따라 얼마나 춥던지 모자를 푹 눌러썼는데도 머리가 시릴 정도였다. 산 아래의 기온이 영하 12도 정도라면 도봉산 정상에 올랐을 때의 체감온도는 감내하기 힘들 만큼 혹한이다. 골짜기에 쌓인 눈 위로 불어오는 바람은 살을 에듯이 차가웠다.

이때 옆에 있던 친구가 추운 날씨의 산행을 비유하여 운동 후 사이다를 들이켤 때의 맛과 같다고 했던 말이 기억난다. 사이다 맛은 어떤 맛인가? 시원하고 상쾌한 맛을 낸다. 가히 좋다는 것을 표현한 말이기도 하다. 너무 추워 운신조차 할 수 없는 형편을 사이다 맛으로 표현한 것은 등산의 맛을 좋은 감정에서 표현한 말이다. 이 맛을 아는 사람만이 등산의 묘미를 음미할 수 있다.

흔히 하는 말 가운데 자장면을 먹어본 사람만이 그 맛을 안다고 한다. 직접 먹어보지 않고는 자장면의 참맛을 알 수가 없다. 등산에만 맛이 있는 것은 아니다. 모든 것에 맛이 있음을 알아야 한다. 주먹에도 맛이 있다고 한다. 이는 내 주먹의 매운 맛을 알고 상대에게 과시할 때 주로 쓰는 말이다. 또한 많은 사람이 맛을 보고 나서 다른 사람들에게 전하여 경험하도록 하는 경우가 있다.

> 너희는 여호와의 선하심을 맛보아 알지어다. (시 34:8)
> 하나님의 말씀은 꿀과 송이 꿀보다 더 달다. (시 34:10)

기도와 찬송의 매력은 밤 가는 줄 모르고 추위와 더위를 잊어버릴 정도로 깊은 맛이 있다. 예수님은 자신이 '하늘로부터 내려온 산 떡'이라고 하였다. 이는 떡에도 맛이 있듯이 예수님의 말씀에도 맛이 있음을 보여주는 말이다.

예수님을 맛보아 안다는 것은 예수님을 직접 경험하기 전에는 알 수 없다는 말이다. 예수님을 경험하기 위해 그를 믿고 순종하는 것이다. 예수님을 접한 경험적인 신앙으로 다른 사람에게 전할 때 보다 실감나게 전할 수 있을 것이다. 또한 전해들은 사람들이 예수를 직접 경험함으로써 하나님의 나라가 확장케 될 것이다. 먼저 우리 전도자들이 신앙의 경험자가 되어야 한다. 등산의 상쾌함을 사이다 맛에 비유할 줄 아는 사람만이 따로 시간을 내어 산에 오르는 기쁨을 닷볼 수 있다. 그러므로 신앙의 맛을 본 사람들은 그 맛을 모르는 사람들에게 내가 맛본 것을 실감나게 경험할 수 있도록 도와주어야 한다.

오늘의 대한민국 사람 네 명당 한 사람이 신앙인이라 한다. 이 사람들이 신앙의 맛을 알게 된다면 한국은 순간적으로 하나님의 나라로 오염될 것이다. ♫

시각차(視覺差)
the sense difference of sight

지난 2월 20일 서울 서초동 대법원에서 열린 신임 법관 임명식에서 이용훈 대법원장이 임명장을 받았다. 법원 사상 처음으로 신임 법관들의 가족이 참석한 가운데 열린 이번 임명식에서는 종전의 방식과 달리 법관 개개인의 인사 명령문을 일일이 낭독한 후에야 임명장을 수여했다. 이날 이 대법원장은 신임 법관 임용식 훈시를 통해 다음과 같이 강조함으로써 사람들의 주목을 받았다.

"우리 법관에게 재판권을 수여한 주체가 국민이라는 점을 명심해야 한다. 재판은 국민의 이름으로 하는 것이지, 판사의 이름으로 하는 것이 아니다."

이는 법조계의 수장으로서 마땅히 해야 할 말을 했다고 할 수 있다. 그러나 신앙인으로서는 전혀 다른 차원의 발언이다. 하나님을 신앙하는 사람에게 있어 재판권은 하나님이 주신 것이지, 국민이 준 것이 아니다. 따라서 재판할 때 국민의 이름으로 재판할 것이 아니라 하나님의 이름으로 해야 한다. 만약 재판권을 국민이 주었다면 국민의 이름으로 재판해야 할 것은 너무도 당연한 논리이다. 그러나 신앙인으로서는 국민이 재판권을 주어 국민의 이름으로 재판한다는 것은 용납할 수 없는 일이다. 왜냐하면 신앙인은 재판권을 하나님이 주신 것임을 믿기 때문이다. 그러므로 재판할 때 국민의 이름이 아닌 하나님의 이름으로 재판해야 한다.

성경은 법관이 되는 것은 국민이 아니라 하나님이시라고 했다. 법관이 되는 과정은 매우 고단하다. 그러나 인간이 아무리 노력하고 뼈를 깎는 고생을 하여 법관에 올랐다 하더라도 인간이 아닌 배후에 역사하시는 하나님이 계시기에 출세한 것이라고 할 수 있다. 인간의 생사화복을 주관하시는 분은 하나님임을 믿는다.

출생할 때도 오고 싶어 온 사람이 없고 죽을 때도 가고 싶어 가는 사람은 없다. 인간의 삶과 죽음은 자신의 뜻과 전혀 상관없는 것이다. 성장하는 과정이라든지 건강을 보존할 수 있는 모든 것이 하나님이 섭리하시고 주관하심에 있다.

법관이 되는 사람은 남다른 준수한 머리를 가지고 있다. 학문을 할 수 있는 뛰어난 좋은 머리를 갖고 태어났다는 말이다. 자신이 좋은 머리를 가졌다 해도 그 자신에게 근거를 두지 않는다. 이 모든 것은 자신이 선택할 아무런 권리를 가지고 있지 않다. 운명의 선택은 하나님이시기 때문이다. 재판관이 되는 것도, 재판권을 소유하게 되는 것도 인간의 선택에 있지 않고 하나님이 계시기에 가능한 것이다.

재판관은 재판권을 준 임명권자에게 충성하여야 한다. 자신이 노력해서 법관이 되었다면 자신에게 충성하는 사람이 될 것이다. 백성이 주었다면 백성에게 충성해야 할 것이다. 국가를 임명권자로 믿는다면 당연히 국가에 충성해야 한다. 그러나 자신 또는 국민, 국가가 아닌 하나님이 임명권자라면 하나님의 이름으로 하나님의 영광을 위하여 재판해야 할 것은 지극히 당연하다. 스스로 노력해서 어렵게 재판관으로 출세했다면 재판권을 이용하여 부귀영화를 누리며 살게 될 것이다. 반면에 국가와 국민이 재판권을 준 것으로 믿는다면 국가와 국민 앞에 충성스런 서비스를 해야 할 것이다.

> 각 사람은 위에 있는 권세들에게 굴복하라. 권세는 하나님께로 나지 않음이 없나니 모든 권세는 다 하나님의 정하신 바이니라. (로마서 13:1~2)

인간에게는 아무런 공로도 있지 않다. 하나님에 의하여 주어진 권세로서 의당 권세를 주신 하나님의 이름으로 재판해야 할 것이며 그 목적도 하나님에게 영광을 돌리는 데 있다. Ω

오아시스의 교훈
a wisdom of the Oasis

　백과사전을 보면 오아시스는 건조지역의 사막에 물이 있는 곳이며 천지(泉地)라고도 한다. 즉 사막에 있는 샘, 지하수, 하천, 찬정(鑽井) 등으로, 언제나 물을 얻기 쉬운 비옥한 지역을 말한다. 샘으로서의 오아시스는 사막 안의 낮은 웅덩이에 지하수가 용수천(湧水泉)으로 솟아나와 물이 고인 것으로, 넓이가 다양하다. 일반적으로 오아시스라 함은 이를 가리킨다. 사하라 사막을 비롯한 세계 각처의 사막에 무수히 분포된 오아시스는 천혜의 농경지를 이루어 인간의 거주지역이 되므로 취락이 발달했으며 대상(隊商)들이 쉬어가는 곳이기도 하다. 샘으로서의 오아시스는 이곳 사하라 사막의 시(市)와 오아시스가 대표적이다.

　한 사막에 조그마한 오두막을 짓고 사는 노인이 있었다. 그는 이곳에 맑은 물이 솟아나고 우거진 야자수가 있어 사막의 더위를 식혀줄 수 있는 입지적 조건이 좋은 것을 보고 주거지로 삼았다. 이 같은 좋은 곳에 자리를 잡고 살아가던 노인은 나그네에게 시원한 샘물을 퍼주며 기쁨과 보람을 느꼈다. 그런데 언제부터인가 나그네들은 물을 얻어먹고 몇 푼씩 동전을 건네주었다. 노인은 처음 돈을 받을 때는 대수롭지 않게 여기고 무심히 챙겼다. 세월이 흐르면서 차곡차곡 쌓인 동전은 상당한 재력이 되었고 그에 따른 욕심도 생겨났다. 노인은 돈을 모으는 일에 몰입하여 샘물을 철저히 관리하기 시작했다. 심지어 나그네에게 노골적으로 돈을 요구하기에 이르렀다.

　그런데 한재(旱災)로 인하여 물이 급격히 줄어들기 시작했다. 노인의 입장에서 볼 때 물이 줄어든다는 것은 수입이 줄어드는 일이다. 노인은 한재 때문에 물이 증발하여 줄어드는 것도 있지만 보다 근본적인 원인은 가뭄으로 야자수가 샘물을 흡수하기 때문이라고 판단했다. 그래서 줄어드는 샘물을 보존키 위하여 야자수를 잘라버리기로 작정하고 실천에 옮겼다. 결국 샘물은 말라버렸고 야자수가 만들어낸 그늘도 없어졌다. 이제 노인의 오두막을 찾는 사람은 아무도 없었다. 노인은 더 이상 그곳에 머물 명분이 없게 되었다. 생존에 문제가 생긴 것이다. 이처럼 인간의 탐욕은 생존에 필요한 것까지 송두리째 빼앗아갈 수 있음을 보여주는 교훈이다. 즉 인간의 욕심을 경계해야 한다는 말이다.

그리스 신화에 나오는 술의 신 디오니소스가 평소 친하게 지내던 미다스 왕에게 원하는 것을 베풀어주고 싶다면서 제의했다.

"무엇이든지 다 들어줄 테니 딱 한 가지만 말해보라."

욕심 많은 미다스 왕은 손에 닿는 것은 모조리 황금으로 변하게 해달라고 부탁했고, 디오니소스는 이를 쾌히 승낙했다. 미다스 왕은 시험 삼아 정원에 있는 바위에 손을 갖다 댔다. 순간, 커다란 바위가 번쩍이는 황금으로 변했다. 신바람이 난 미다스 왕이 기르던 강아지와 공작새를 연이어 만지자, 그것들도 순식간에 금덩이로 변했다. 왕은 이 기쁜 소식을 왕비에게 알리기 위해 내전으로 들어갔다.

"여보, 우리는 이제 세상에서 제일가는 부자가 되었소!"

이렇게 소리치며 왕비를 얼싸안자 그녀는 순식간에 누런 황금으로 변해버렸다.

지나친 욕심은 인간에게 불행을 가져온다는 것이 이 이야기가 주는 교훈이다. 인간의 욕심을 제거할 길은 없을까? 인류 역사 이후로 사람들은 욕심을 제거하기 위해 무던히도 노력해왔다. 그러나 인간은 여전히 욕심의 지배를 받고 있다.

> 그리스도 예수의 사람들은 육체와 함께 그 정욕과 탐심을 십자가에 못 박았느니라. (갈 5:24)

바울은 정욕과 탐심을 십자가에 못 박고 새로운 사람으로 성령의 소욕을 따라 사는 길만이 인간의 욕심을 버릴 수 있다고 충고했다. Ω

양극화 해소 방안
both extremities society

최근 들어 한국에서 이슈로 등장한 단어가 양극화(兩極化)이다. 제정 러시아 시대에도 빈익빈 부익부 현상이 심해 상류층인 황실과 귀족, 부농, 자본가들이 절대 다수인 노동자, 농민과 도시빈민의 고혈을 빨아먹고 살았다. 상류층은 일하지 않고 부유하게 살아가는 사람들인 반면 굶주림과 추위에 떨어야 하는 이들은 일하는 사람들이었다.

낫과 망치를 들고 나와 호의호식하는 사람들을 숙청해버리고 가진 자의 재산을 나누자는 것이 공산주의자들의 생각이다. 이는 다 같이 일하고 다 같이 먹고 살자는 주장으로, 이상적인 발상이기는 하다. 일하지 않고 먹는 사람들이 있으면 일하면서도 먹지 못해 굶주리는 이들이 생기기 마련이다. 이처럼 불평등한 사회는 양극화 현상 때문에 바람직하지 못하다.

그런데 과연 일이란 무엇일까? 일에 대한 정의가 세워지지 않고는 양극화를 해결할 수 없다. 일이란 노동자가 공장에서 물건을 만들거나 농민이 논밭에서 농사를 짓는 행위이므로 노동자, 농민을 일하는 사람이라 할 것이다. 문제는 어린아이나 노인 계층의 사람들은 일하고 싶어도 어리거나 늙고 힘이 없어 일하지 못한다는 점이다. 일하지 못하는 어린이는 성장 후에 일할 것이고, 노인들은 젊었을 때 열심히 일했으므로 굳이 해명하지 않는다 해도 이해할 것이다. 그런데 문제는 장애인들이다. 이들은 어떻게 해야 할 것인가? 이들은 불로소득의 계층이고 평생 일하지 못하는 소모적인 존재들이다. 공산주의 사회에서 장애인은 발붙일 데가 없다.

탈북한 새터민의 간증을 들어본 적이 있다. 장애인이 있는 가정에서는 이들을 제거하라는 압력을 받는다고 한다. 장애인은 사회에서 소모적인 존재로, 공산주의 이론에 배치되기 때문이다. 일본에서도 장애인은 사회복지에 저해되는 요인이므로 이들을 모두 배에 태워 바닷속에 던져버렸다는 일화가 있다. 그래서 한동안 일본에는 장애인들이 없었다고 한다. 반면에 우리나라는 그래도 장애인과 더불어 살아가고 안락사도 없는, 생명의 존엄성을 인정받으며 살아갈 자유가 있는 나라이다. 즉 살기 좋은 나라라고 할 수 있다.

그런 한국에서 요즘 웬 양극화 논쟁이 그리 거셀까? 마치 부자들 때문에 못사는 것처럼 노동자 농민을 추켜세우는 현실, 이들이 저임금을 받는 것은 어마어마한 연봉을 받는 사람들 때문인 것처럼 야단들이다. 중소기업은 대기업 때문에 못 살겠다 하고 정치권에서도 여당은 야당 때문에 정책을 펼 수 없다고 한다. 야당을 부자당, 강남당, 가진 자의 당, 보수당으로 매도하는 여당은 사회 양극화 현상이 이들 탓인 양 여론을 호도하며 여당만이 진정한 양극화 문제를 해결할 의지가 있는 것처럼 군림하고 있다. 그러나 이들을 바라보는 국민들의 모습은 냉소적이다.

그렇다면 과연 양극화를 통쾌하게 해결할 길은 없는가? 이 세상의 어떤 권력도 이 문제를 해결할 수 없다. 무덤이 없는, 살아 계신 하나님만이 양극화의 문제를 비로소 해결할 수 있다. 선과 악이 양극화되어 모두가 악으로 삼킴을 당하여 멸망할 수밖에 없는 인간들을 위해 독생자 예수를 십자가에 내어줌으로써 하나님은 선과 악의 양극화 현상을 해결하셨다. 믿음을 소유한 자에게 의롭다 칭의하시는 방법으로 해결책을 모색하셨다.

> 우리 주 예수 그리스도의 은혜를 너희가 알거니와 부요하신 이로서 너희를 위하여 가난하게 되심은 그의 가난함으로 말미암아 너희를 부요하게 하려 하심이라. (고후 8:9)

부요와 가난이 극에 달하는 양극화 현상을 주님이 해결하셨다는 말이다. 양극화 현상이 극심할수록 우리의 주님을 더욱 신뢰해야 하는 이유가 바로 여기에 있다. Ω

휴대폰
cellphone

2006학년도 대학수학능력시험이 실시된 전국 966개 시험장은 수험생들을 격려하기 위해 이른 새벽부터 몰려든 학부모와 선후배들의 구호로 메아리쳤다. 일부 시험장에서는 수험생들이 휴대폰을 들고 입실하는 바람에 부정행위자로 간주되는 등 소동이 벌어지기도 했다. 지난해 대규모 부정사태가 빚어져 금년에는 보다 철저를 기하다 보니 그런 일들이 벌어진 듯하다.

뉴스를 통해 보니 휴대폰을 소지했다가 퇴실당한 수험생만도 35명이나 되었다. 필자는 이 뉴스를 듣고 충격이 아닐 수 없었다. 서울의 한 고등학교에서는 검정고시 출신 수험생이 언어영역 시험 도중 화장실에 가려고 나갔다가 복도에서 감독관이 금속 탐지기를 들이대자 자진해서 주머니에 있던 휴대폰을 꺼내놓았다고 한다. 과연 이 학생은 몰라서 휴대폰을 휴대했을까? TV에 비쳐진 화면을 보니 고사장 주변에는 휴대폰을 부모에게 건네고 시험장으로 들어가는 수험생들도 곳곳에서 눈에 띄었다. 반면에 많은 학생이 부모의 설득에도 불구하고 '시험이 끝난 뒤 친구들과 통화해야 한다' 면서 가지고 들어갔다. 이날 시험장에서는 교실당 10~15개의 휴대폰과 MP3 등이 수거되었다고 한다.

생각해보면 휴대폰을 가져오지 말라고 매스컴을 통해 그렇게 방송하였건만 이들은 어찌하여 순종하지 못했을까? 한 마디로 상대의 말을 우습게 알았다고밖에 볼 수 없다. 휴대폰 반입 금지조치를 아예 몰랐거나 부정행위를 하지 말라는 의미로만 알았지, 휴대폰을 휴대해서는 안 된다는 것은 아니라고 임의 해석했다가 따끔한 맛을 보았다 할 것이다. 같은 친구들과 이웃한 사람들, 더욱이 부모나 형제들이 당부하고 부탁하기도 했을 텐데 말이다.

작년에 수능시험을 볼 때도 휴대폰 부정사건으로 얼마나 말이 많았는지 생각할 때 이에 대한 관심조차 아예 없었나 하는 의구심이 든다. 눈과 귀가 있는 학생이라면 매시간 방송에서 하는 말을 보기도 하고 듣기도 했을 것이다. 따라서 처벌받을 거라는 생각을 전혀 하지 않고 제멋대로 행동한 저들은 구제불능이라 하겠다. 어쩌면 처음부터 불순한 동기가 있었거나 차라리 나는 처벌받겠다는 결심을 하고 휴대폰을 휴대했는지도 모를 일이다.

대다수 네티즌들은 '시·도교육청 조사 결과 35명 모두가 시험 시간대에 휴대폰을 사용하지 않았고, 문자 메시지를 주고받지도 않은 것으로 파악되었다는 점에서 해당 학생의 구제방안을 마련해야 한다'고 주장했다. 반면에 또 다른 네티즌들은 '수험생 입장에서는 안타깝지만 법은 지키라고 있는 것이므로 인정에 휘말려 하나하나 봐주다가는 제2의 휴대폰 시험부정사건이 발생하지 말라는 보장이 없다'면서 규정대로 처벌을 요구하고 있다.

교육부 관계자는 '일부 동정론도 있지만 감독관들이 휴대폰 맡길 것을 호소했는데도 그대로 갖고 있던 수험생에 대한 질타의 목소리 또한 높다면서 수능부정행위를 막기 위해 법대로 할 수밖에 없다'고 말했다.

성경을 보면 '인간이 한번 죽는 것은 정한 이치요, 그 후에 심판이 있다. 심판 때 나는 몰라 믿지 못했다고 말할 수 없다고 했다'고 했다. 수능시험에 관심 없는 사람들조차 휴대폰 반입금지 사항을 알고 있듯이 예수를 모른다고 할 수는 없다. 바울은 듣든지 안 듣든지 전하라고 했다. 이에 대해 아무런 핑계도 댈 수 없는 것은 예수에 대해 모른다고 변명할 수 없을 만큼 다들 아는 예수이기 때문이다.

> 이 천국 복음이 모든 민족에게 증언되기 위하여 온 세상에 전파되리니 그제야 끝이 오리라. (마 24:14)

끝이 온 것은 예수가 전파되었기 때문이다. 따라서 어떠한 핑계도 댈 수 없다. *Ω*

낭비하는 기도
a wasteful prayer

최근에 감기로 많은 고생을 했다. 나이가 들어서인지 반갑지 않은 감기가 사람을 몹시 괴롭히고 있다. 하나님에게 기도하는 것은 물론 병원을 찾기도 했으나 여전히 감기는 물러가지 않고 나를 괴롭힌다. 왜 그럴까? 그래도 내가 할 수 있는 일들은 나름대로 최선을 다했다.

병원에서 있었던 일들을 생각해본다. 병원을 찾은 나는 순서가 되어 병원 원장을 만나게 되었다.

"어떻게 오셨습니까?"

나는 기회다 싶어 아픈 곳을 소상하게 말하기 시작했다.

"오한이 나고 기침도 합니다. 그리고 근육통이 있어 아프지 않은 지체가 없으리만치 모든 몸이 아픕니다. 틀림없이 감기입니다."

의사는 내 말을 다 듣고 나서 처방을 하기 위해 컴퓨터를 두드렸다.

나는 수납창구에 가서 돈을 내고 처방전을 받아들고 나왔다. 그러고는 약국에서 약을 조제하여 집으로 돌아왔다. 하지만 약을 먹었음에도 어인 일인지 낫지 않고 신통치 않았다. 가만히 생각해보니 나의 행동은 참으로 웃기는 것이다. 자신이 진단하고 자신이 감기로 정해 의사에게 통고한 셈이다.

의사 선생은 뭘 하는 사람인가? 고도의 현대의학을 공부하고 인턴 과정을 거쳐 의사 시험을 통과하여 전문의가 된 사람이다. 게다가 해당 분야에 권위를 가지고 병원을 개업한 사람이다. 의사는 전문가로서 사람들의 질병을 진단하고 무슨 병인지 가르쳐주며 진단 결과에 따라 처방하고 치료해주는 사람이다. 나는 기도하는 가운데 자신이 얼마나 웃기는 행동을 했나 생각하여 혼자서 박장대소(拍掌大笑)를 했다. 환자인 주제에 의사가 되어 의사가 할 일을 다 한 셈이다. 의사로 하여금 나의 병을 정확히 진단케 하여 처방하고 치료를 받아야 함에도 말이다.

이런 생각을 하면서 나는 자신에 대해서 미운 감정이 들며 짜증이 났다. 하고 나면 실패요, 후회를 낳는 일은 염증을 느낄 정도이다. 감히 고개를 꼿꼿이 들 수 없을 정도로 창피스럽고 한심한 자신의 모습을 본다.

신앙생활도 동일한 원리가 있다. 기도하는 가운데 사건을 두고 조용히 앉아 내가 진단할 것이 아니라 하나님에게 맡기어 진단토록 해야 하며 하나님으로 하여금 치료토록 해야 한다. 그런데 혼자서 북 치고 장구 치듯 기도하는 사람 주제에 하나님이 하실 일을 다 해버리니 응답 같아도 응답이 아니며, 콧노래를 부르면서 기쁨에 잠기었다 한들 여전히 자신의 짐을 싸들고 온 것이나 다를 바 없다. 아무리 기도한들 응답은 응답이 아니며, 스스로 만든 응답임에 틀림없다. 문제가 해결되는 것이 아니라 더 엉클어져 해결할 수 없는 문제로 남을 수밖에 없다.

예수께서 산에서 내려오시니 허다한 무리가 좇으니라. 한 문둥병자가 나와 절하고 가로되 '주여 원하시면 저를 깨끗게 하실 수 있나이다' 하느니라. (마 8:1~2)

문둥병자는 자신이 원한다 해서 문둥병이 치병되는 것이 아니라 주님이 원하셔야 문둥병이 깨끗이 치병된다는 믿음이 있었다. 그리하여 문제의 문둥병을 주님에게 모두 맡기어 주님으로 하여금 치병토록 한 것이다. 우리의 기도를 보면 자신의 문제를 주님에게 가지고 와서는 맡기지도 않고 스스로 해결을 시도하다가 다시금 어깨에 지고 돌아가는 것이나 다를 바가 없다. 문제를 제단에 가지고 왔다면 하나님에게 다 내놓고 맡기어 해결토록 함이 우리의 할 일이다.

사랑하는 성도 여러분! 환자는 의사가 아닙니다. 또한 하나님도 아닙니다. 의사 되시는 하나님으로 하여금 해결토록 합시다. Ω

나 가져!
Have me

어느 드라마에서 청춘남녀가 주고받는 대화를 옮겨본다.

"나는 당신 것이니 가져. 그냥 가져! 부담 없이 다 가져."

이렇게 말하면서 여자는 자신의 인생을 주도하지 않고 모든 것을 포기한 채 남편의 인생을 함께 산다는 내용이다. 같은 고향 마을에서 젊은 남녀가 혼기가 되어 결혼을 앞두었는데 이들은 연인관계이다. 남자 입장은 아직 공부의 과정이 남아 있어 당장 결혼하게 되면 가정을 이룰 만한 여유가 없는 형편이다. 그러나 여자 입장은 부모로부터 다른 남자와 선을 보라는 압력을 받는 상황이다. 이 같은 여건 속에 있던 여자는 용기를 내어 '이렇게 당신을 사랑하고 있으니 결혼하지 못할 바에야 나는 내 것이 아니라 당신의 것이니 나를 가지라'고 남자에게 말한다.

이 같은 사건은 비단 드라마 속에만 있는 것이 아니다. 성경에서도 볼 수 있다.

도마라는 제자는 다른 제자들이 부활하신 주님을 보았다는 말을 들었을 때 "그의 못 자국과 창 자국을 만져보지 않고는 믿을 수 없다"고 말했다. 불안에 떠는 제자들이 문고리를 잠그고 모였을 때 사랑하는 주님이 나타나 도마에게 말씀하시기를 "보지 않고 믿는 자가 복이 있다"고 하시면서 손을 내밀어 못 자국과 창 자국을 만져보라고 했다. 그제야 도마가 고백하기를 "나의 주이시며 나의 하나님이시니이다"하고 말했다.

이는 도마 자신은 예수님의 종이라는 고백이다. 즉 나는 내 것이 아니고 당신의 소유라는 것이다. 이 같은 고백을 한 도마는 오순절 마가 다락방에서 성령을 받고 인도에 가서 선교하다가 순교하여 주님의 인생을 살았다.

성경에서는 다음과 같이 말하고 있다.

> 너희 몸은 너희가 하나님께로부터 받은 바 너희 가운데 계신 성령의 전인 줄을 알지 못하느냐? 너희는 너희 자신의 것이 아니라 값으로 산 것이 되었으니 그런즉 너희 몸으로 하나님께 영광을 돌리라. (고전 6 19~20)

이사야 선지자는 하나님의 거룩한 성전에서 기도하다가 신의 음성을 들었다.

> 내가 또 주의 목소리를 들으니 주께서 이르시되 '내가 누구를 보내며 누가 우리를 위하여 갈꼬' 하시니 그때에 내가 이르되 '내가 여기 있나이다. 나를 보내소서' 하였다. (이 6:8)

성경에서도 알 수 있듯이 나는 나의 것이 아니라 하나님에게 바쳐진 주님의 소유이다. 우리는 은혜를 받으면 자신을 인정하지 않고 주님의 것으로 고백한다. 그리고 하나님의 뜻대로 살고자 마음에 굳게 다짐하며 "부름 받아 나선 이 몸 어디든지 가오리이다"하고 찬양하면서 종으로서의 삶을 다짐한다. 그러다가도 살 만하면 언제 그랬냐는 식으로 임의대로 주님의 것으로 인정하지 않고 내 것은 내 것으로 내 인생을 살아간다.

내 인생이 내 것인지 아니면 주님의 인생인지 혼란스러울 때가 많다. 나의 호주머니에 들어 있는 돈은 주님의 것이 될 수도 있고 내 것이 될 수도 있다. 문제는 주님의 뜻에 따라 돈을 쓰면 자신도 함께 주님의 것이지만 내 임의대로 사용한다면 돈과 함께 자신도 하나님의 것이 아니다. 또한 나에게 있는 은사(恩賜)도 동일한 원리가 있다. 나의 은사를 하나님 뜻대로 사용한다면 자신은 하나님의 소유가 되지만 내가 가지고 있는 은사를 하나님에게 묻지도 않고 주님의 뜻과 정반대로 사용한다면 은사도 자신도 하나님의 것이 아니다. 그러므로 항시 내게 있는 것을 어떻게 사용하느냐에 따라 하나님 뜻대로 살아갈 수도 있고, 헌신과는 전혀 관계없이 자신만의 인생을 살아갈 수도 있는 것이다. Ω

어머니가 나를 만들었어요
I am from My mother

한국인 어머니의 피와 눈물로 성장한 하인스 워드! 피츠버그 스틸러스에서 뛰고 있는 그가 2006년 2월 6일(한국 시각) 미국 디트로이트에서 열린 시애틀 시호크스와의 NFL(미국 프로 풋볼 리그) 슈퍼볼에서 팀이 21:10으로 승리하는 데 최고의 활약을 펼쳐 최우수선수(MVP)에 선정되었을 때 미국인들은 열광했다. 그가 승리한 후 인터뷰에서 제일 먼저 한 말은 다음과 같다.

"나를 낳아주신 어머니가 나를 만들었습니다."

즉 어머니는 자신을 낳아주신 분인 동시에 오늘 승리를 하는 데 결정적인 역할을 했다는 의미이다. 이 말은 곧 그가 은혜를 아는 사람이라는 것이다.

물론 하인스 자신이 훌륭해서 최우수선수가 된 것으로 생각할 수도 있다. 그동안의 피나는 훈련을 통해 승리자가 되었다고 자부심을 가질 수도 있다. 또한 심은 대로 거두었다고도 할 수 있지만 승리의 영광을 자신이 아닌 어머니에게 돌린 것은 참으로 바람직한 일이며, 어머니와 자식 간의 유대를 견고히 함에 부족이 없다.

한 가지 아쉬운 것이 있다면 그 영광을 하나님에게 돌린다면 금상첨화겠지만 하나님을 알면서도 먼저 하나님께 영광을 돌리기보다 눈에 보이는 어머니에게 돌리는 것은 인간 사회에서 최고의 가치라 할 수 있다. 두 사람은 앞으로 어머니에게는 좋은 아들이요, 아들에게는 좋은 어머니로서의 관계가 계속 이어질 것이다. 그동안 고된 삶을 살아온 하인스의 어머니는 아들의 지극한 효심에 온갖 시름이 한순간에 사라졌을 것이다.

어머니 김영희 씨는 주한 미군과 결혼해 미국으로 건너갔으나 남편에게서 버림받은 뒤 역경 속에서도 아들을 미식축구 최고의 스타로 키워

냈다. 김씨는 '영어를 못하고 경제 능력이 없다'는 이유 때문에 법원으로부터 양육권마저 박탈당했다. 그러나 김씨는 '아들과 같이 살겠다'는 일념으로 아는 사람 하나 없는 미국에 남았다. 그러고는 닥치는 대로 허드렛일을 하며 돈을 모은 뒤 시부모를 설득해 워드를 자신이 머무는 애틀랜타 인근의 포레스트 파크에 데려왔다.

김씨는 잠자는 시간만 빼고는 하루 16시간씩 세 가지 일을 했다. 접시를 닦고 호텔 청소를 하고 잡화점 계산대에서 쉬지 않고 일했다. 아들이 깨기 전 밥을 차려놓고 출근해서는 아들이 학교를 끝내고 들어오기 전에 집에 잠깐 들러 저녁을 차려놓고 다른 일터로 나가는 식이었다.

이같이 피나는 고생을 해가면서 그녀는 자식을 키웠다. 그야말로 최선을 다해 공을 들인 것이다. 오직 자식 하나 바라보고 앞만 향해 뛰었던 어머니였다. 그 결과 슈퍼볼 최우수선수(MVP)가 되었다. 하인스 워드는 슈퍼볼 우승으로 구단으로부터 250만 달러(약 25억 원)의 보너스를 받았다. 여기에 슈퍼볼 배당금을 합치면 총액은 1천만 달러(약 1백억 원)가 넘을 것이다.

하인스는 지난해 9월, 구단 역사상 최고의 계약금인 1,200만 달러를 포함해 4년간 2,580만 달러를 받기로 하고 피츠버그와 재계약했다. 3년 후 재계약 때는 슈퍼볼 MVP 경력을 앞세워 NFL 최고 연봉 기록을 세울지도 모른다. 한 마디로 돈방석에 오른 셈이다. 앞으로 돈에 대한 염려와 걱정은 모르고 살 수 있는 기반이 마련된 셈이다.

하인스가 이처럼 성공하고 최우수선수가 되게 하신 분이 또 한 분 있다. 물론 어머니의 따뜻한 보살핌과 사랑이 그를 우승자가 되게 했다고 신문이나 방송에서 연일 대서특필하고 있지만 이는 결국 보이지 않는 하나님에 의해 만들어진 사건이다. 인간의 생사와 화복을 다스리는 분은 하나님이시다. 어머니로부터 물려받은 신앙이 그와 그의 어머니를 지탱케 한 것이다. Ω

문제풀이
to solve a question

시험은 문제를 잘 풀고 못 푸는 데 성패(成敗)가 달려 있다. 학생들은 시험지의 문제를 잘 푸는 여하에 따라 등급이 매겨지고 상장과 상품이 뒤따른다. 뿐만 아니라 친구들의 시선을 한 몸에 받으며 어른들의 칭찬도 쏟아진다. 반면에 문제를 못 푸는 학생은 사람들의 관심은커녕 코가 빠질 수밖에 없다.

젊은 청년들이 좋은 대학에 들어가고 못 들어가는 것은 시험 답안지에 얼마나 만족스런 문제풀이를 했느냐에 따라 결정된다. 좋은 대학에 들어갔다는 것은 문제를 잘 풀었다는 의미이다. 또한 치열한 경쟁 속에서 기업체에 들어가고자 하는 젊은 사람은 입사시험에서 얼마나 문제를 잘 푸느냐에 따라 취업이 가능된다. 시험관들이 만족할 정도로 문제를 풀었다면 취업은 따 놓은 당상이다.

1+1=2라는 것은 너무나 당연한 진리처럼 여겨지는 정답이지만 물리학에서는 1+1=1이 정답일 때도 있다. 그리고 시험관은 때때로 후자의 답을 요구하기도 한다. 이때 평소의 생각대로 1+1=2라고 기록한 사람은 뒤통수를 얻어맞은 듯 매우 황당할 것이다. 그래서 억울한 마음에 법에 호소하여 시험관이 잘못되었음을 인정해달라고 요구할지도 모른다. 그러나 시험관이 자신의 답을 고집한다면 수험생은 패할 수밖에 없는 것이 현실이다.

인생에 있어서도 동일한 원리가 있다. 이 세상을 살아가는 가운데 크고 작은 문제들이 얼마나 많이 일어나는가? 가정 문제, 부부 문제, 자녀 문제, 인생 문제, 노사 문제, 경제 문제, 양극화 문제 등 이루 말할 수가 없다. 이 같은 문제들을 시험관이 요구한 대로 얼마나 정확하게 푸느냐에 따라 잘살고 못사는 것이 나누어진다. 문제를 한번 잘못 풀어놓으면 잘못된 문제들이 꼬리에 꼬리를 물고 이어져 고민하고 슬퍼하고 괴로워하며 한숨짓는 것이 오늘날 인간의 현주소이다.

결혼한 어떤 여성이 가정 문제로 고민하다가 상담소를 찾았다. 남편이 결혼 초기에는 그러지 않았는데 언젠가부터 술 먹고 집에 늦게 들어와서는 술주정을 한다는 것이다. 험한 말로 모욕을 주거나 욕설을 퍼붓는 등 언어폭력은 물론이고 물건을 내던지거나 구타를 하는 등 육체적 폭력을 마구 휘두른다고 털어놓았다. 하루 이틀이라면 참고 견딜 수 있겠지만 너무나 오랜 시간을 당하고만 살다보니 이제는 함께 사는 것이 불가능해 이혼을 원한다고 했다.

이는 전통적으로 한국의 어머니들이 겪어온 일들이다. 정도의 차이는 있을지 모르나 결혼한 여성이라면 누구에게나 해당하는 문제인 것이다. 요즘 상담소에서는 남편을 고소하여 두 번 다시 같은 행동을 못하도록 하라는 충고도 해줄 것이고, 이혼하라는 말로 이 문제를 푸는 경우도 있을 것이다.

그런데 이런 방식이 과연 바람직한 문제풀이가 될까? 성경을 통해 볼 때 이는 결코 용납할 수없는 문제풀이다. 한번 결혼했으면 두 가지 이유가 아니고는 결혼을 파기할 수 없다. 사별이나 음행한 연고 외에는 이혼을 할 수 없음에도 불구하고 이혼을 판정해준다면 하나님이 짝지어준 것을 사람이 임의로 나누는 것이 된다. 이는 문제를 제대로 풀었다고 할 수 없다. 문제를 바로 풀어야 반복되는 고난이나 불행을 미연에 방지할 수 있건만 바로 풀지 못함으로써 모두가 불행해질 수 있다.

신앙인들은 문제가 있을 때 하나님에게 기도로 물어야 하며 성경 속에서 해답을 찾아야 한다. 이도 못한다면 현명한 신앙의 선배들에게 물어보아 문제를 풀어야 한다. 하나님 뜻에 맞는 통쾌한 문제풀이가 될 때 밝은 미래가 보장되며 길이 훤하게 뚫린 고속도로와 같이 앞날이 보일 것이다. 문제를 바로 풀지 못한다면 불행의 늪에 빠져 헤어나올 수 없게 된다. Ω

눈물 흘리는 여당
a tear of the party out of power

눈물의 의미는 다양하다. 기뻐서 우는 눈물도 있고 슬퍼서 우는 눈물도 있다. 억울해서 울기도 하고 괴로워서 울기도 한다. 억누를 수 없는 자신의 감정을 눈물로 표현하기도 한다.

〈파리의 미국인〉〈랩소디 인 블루〉 등의 명곡을 쓴 미국의 작곡가 거슈윈(Gershwin)의 일화를 소개한다. 그의 곡들은 대중에게 매우 인기가 높았다. 그래서 일찌감치 돈과 명예를 두 손에 거머쥘 수 있었다.

어느 날 파티가 한창일 때 오토칸이란 친구가 다가와 그에게 진심 어린 충고를 했다.

"자네의 음악에는 슬픔의 요소가 빠졌어. 고통에 대한 경험이 없기 때문일 거야. 인간의 뜨거운 눈물이야말로 예술의 진정한 거름이 되는 법일세."

이 말을 들은 거슈윈은 오랜 노력 끝에 하루하루를 힘겹게 살아가는 흑인들의 고단한 삶을 다룬 오페라 〈포기와 베스〉를 창작하여 큰 성공을 거두었다.

5·31 선거를 앞두고 열린우리당의 서울 시장 후보 강금실과 경기도 지사 후보 진대제가 눈물 흘리는 장면을 인터넷에 큼지막하게 내걸어 집중 홍보하는 모습이 눈에 띈다. 하기야 당선을 위해서는 무슨 짓을 못하랴! 당락 설문에 항상 밀리니 만회하기 위해서 눈물로 호소하는 것으로 받아들일 수도 있다. 그런데 여기에 합세하여 2002년 대선 때 '노무현의 눈물' 이라는 CF로 유권자의 감성을 자극했던 것을 연상시키는 듯한 화면을 나란히 홍보하고 있다.

그 내용은 강금실 서울 시장 후보측이 지난 5월 10일 서울 종로구의 한 쪽방촌에서 거주자와 얘기를 나누면서 눈물 흘리는 장면을 인터넷에 띄워 홍보하는 것이다. 그때 어떤 이야기가 오고갔으며, 강 후보는 어떤 동기로 눈물을 흘린 것일까? 나라를 사랑하는 마음의 발로로 흘린 눈물인지 아니면 국가안전망에서 비껴간 저소득층 사람들의 불행이 안쓰러워 흘린 눈물인지 나로서는 알 수 없다. 아무튼 평소에 나라를 염려하고 서울 시정을 걱정하여 흘린 눈물이라면 대단한 효과가 있을 것이다. 그러나 5·31 선거를 며칠 앞둔 상황에서 흘린 눈물이라면 속 보이는 쇼(Show)에 불과하다. 그런 쇼가 얼마나 큰 효과가 있을까 하는 생각을 해 본다.

경기도 도백(道伯)으로 출마한 진대제 후보도 5월 14일 '진대제의 눈물'이라는 보도자료를 냈다. 내용인즉은 진 후보가 13일 경기 의왕시의 한 행사에서 할머니들을 보고 "어머니가 살아 계셨다면 아흔 살이 넘었을 것"이라며 눈물을 흘렸다는 것이다. 부모를 생각하면서 못 다한 효도를 후회하며 흘리는 눈물이라면 선거와는 전혀 상관없는 눈물이 아니냐 하는 생각이 든다. 어떤 효과를 얻을지 모르지만 가식적인 눈물에 유권자들의 마음이 움직일 수 있을까? 게다가 노무현 대통령이 2002년 대선 후보 때 찍은 '노무현의 눈물' 광고도 게재, 홍보하고 있다.

국민의 한 사람으로서 바라보는 시각은 그리 동정할 만한 선거 홍보가 아닌 듯하다. 이들이 흘리는 눈물이 평소에 나라와 민족을 걱정하며 서민과 함께 흘리는 눈물이라면 효과가 극대화될 것이다. 또한 궁핍하게 살아가는 서민의 어려움을 자신들의 어려움으로 알고 흘리는 눈물이라면 동정이 갈 것이다. 뿐만 아니라 잘못된 제도나 열악한 기구(機構)로 인해 피해를 받은 사람들을 위해 울분을 터뜨리는 눈물이라면 이해할 수 있을 것이다. 그러나 악어의 눈물과 같은 위선적인 눈물을 흘리는 정치가를 바라보는 국민들의 마음이 어떻게 움직일지는 모르겠다. 이런 일들이 얼마나 표로 이어질지는 예측할 수 없는 일이다. Ω

이가봇
Ichabod

언젠가 여성도로부터 진솔한 신앙 고백을 들은 적이 있다. 사회에서 자신의 이름을 불러주는 곳이 그리 많지 않은데 교회에 오니 자기 이름을 불러주어 그리 좋을 수가 없다는 것이다. 흔히 여인들은 아이들의 이름을 따라 아무개 엄마로 불린다. 그렇지 않으면 시집오기 전에 친정집이 있던 지역을 따라 수원댁이니 부산댁 등으로 불리는 것이 상례이다.

일단 시집을 가면 여자의 이름은 온데간데없다. 그러다가 자녀를 생산하면 집안 어른이나 작명소를 찾아 작명하게 되는데, 이 정도라면 집안 환경이 상당히 높은 수준에 있다 할 것이다. 평범한 사람들은 아이가 태어나면 이름이 천해야 수명이 길다 하여 개똥이니 끝순이니 말순이니 하는 식으로 불렀다. 여자의 경우는 남자의 경우보다 더 천박하게 작명하는 경우를 본다. 그러다 보니 자신의 이름에 만족하는 예는 그리 흔치 않다.

내가 아는 목사님의 이름을 보면 안수만 목사 같은 경우 "평생 안수만 하나?" 하는 놀림을 당하기도 하고, 허부덕 장로님 같은 경우 "항상 물에 빠져 허부덕거리나?" 하는 우스갯소리를 듣곤 한다고 한다. 그런가 하면 이런 일화도 있다. 어떤 사람이 농촌 길을 가다가 다 쓰러져가는 촌가를 발견했는데 문패를 보니 김대부(金大富)라고 씌어 있었다고 한다. 이름은 상당히 부유해 보이는데 집이 너무 허름해서 이름처럼 대부(大富) 같지 않아 피식 웃고 말았다는 것이다.

성경에 이가봇(Ichabod)이란 이름을 가지고 평생을 살아간 사람이 있다. 이 이름의 의미는 하나님의 영광이 떠나갔다는 뜻인데, 엘리의 손자요, 비느하스의 아들 이름이다. 비느하스의 아내가 산기가 차서 해산하는데 남편이 전쟁터에 나가 시동생인 홉니와 함께 죽었다는 소식을 듣게 된다. 이 같은 비보를 전해들은 시아버지 엘리는 충격을 받아 의자에서 떨어져 죽고 만다. 이 사건을 알게 된 비느하스의 부인은 해산을 한 후 아들 이름을 이가봇으로 지었다. 이는 아이가 태어날 당시의 정황으로 보아 합당한 이름처럼 생각된다. 그러나 이가봇이란 이름으로 평생을 살아야 할 아이 입장에서는 상당히 큰 문제가 아닐 수 없다. 자신의 이름대로 산다면 불행할 것이고 이름의 뜻에 역행하여 산다면 하나님의 영광과는 등 돌린 채 살아야 할 것이기 때문이다. 아무튼 이가봇은 일생을 어머니에 대한 원망과 불만으로 가득 찬 삶을 살았으며 사람들의 놀림감이 되어야 했다.

> 사람이 마음으로 믿어 의에 이르고 입으로 시인하여 구원에 이르느니라. (롬 10:10)

아마도 그는 남들 입에 오르내리는 이가봇이란 호칭에 감당할 수 없는 마음의 불안과 부담을 안고 평생을 살았을 것이다.

사실 나의 이름을 진정으로 만족스러워하는가 하는 질문에 그렇다고 할 사람이 얼마나 있을까? 이름을 짓는 사람은 성경이 말한 대로 제한된 인간이다. 의인은 없나니 한 사람도 없다고 하였다. 결국 모든 이름은 죄인이 작명한 것이고, 그렇다면 만족할 만한 이름이라 생각할 수 없다. 그래서 하나님은 이 같은 인간의 모습을 아시고 자신의 이름을 가지고 살 것이 아니라 주님의 이름으로 인생을 살아가도록 섭리하시고 역사하신 것이다.

2000년 전 하나님의 아들 예수가 이 땅 위에 오셔서 인간을 대신하여 십자가에 죽으심으로써 죽어야 할 인간의 죄를 대속하시고 죽은 자 가운데서 3일 만에 부활하시어 죄인 된 인간들을 의롭다 하셨다. 그러므로 우리는 나의 이름으로 살 것이 아니라 예수의 이름으로 살아야 한다. 나의 이름으로 사는 것은 헛되고 헛되도다. 주님의 이름으로 기도도 하고 구제도 하며 평생을 주님의 이름으로 사는 사람은 헛되지 않은 알찬 삶을 살리라 말씀하시고 계시다. Ω

개의 운명
dog's fate

어느 월요일에 도봉산을 오른 적이 있다. 동료와 함께 산행하면서 정상(頂上)을 벗어나고 있을 때 개 한 마리가 나타나 줄렁줄렁 따라왔다. 지켜보니 외모는 아주 잘생겨 진돗개와 모양이 비슷했다.

전문가가 아니라 잘 모르지만 진돗개처럼 두 귀가 쫑긋 섰고 꼬리는 위로 솟구쳐 있으며 황갈색을 띤 개였다. 그런데 행색이 남루하여 목욕 한 번 하지 않은 듯 털은 윤기를 잃었고 더러운 먼지를 뒤집어쓴 모습이었다. 개가 따라오기에 머리를 쓰다듬어주고 긁어주기도 하니 좋아라 하고 계속 따라왔다. 간혹 옆길로 샌다 하더라도 휘파람을 불면 곧바로 따라오곤 했다. 한적한 곳에 앉아 가져온 음식을 먹으면서 개에게도 던져 주니 잘 받아먹었다.

개를 교회로 데려와 뒷마당에 매놓으면 좋겠다고 생각하며 우이암 쪽으로 내려오다 돌아보니 개가 보이지 않았다. 휘파람을 부르면 곧바로 달려오곤 하던 개가 눈에 띄지 않는 것이다. 이리저리 찾아보니 다른 등산객이 먹는 음식을 얻어먹기 위해 시선을 집중한 채 기다리고 있었다. 아무리 불러도 대답이 없고 따라오지도 않아 그만 포기하고 산을 내려오면서 이런저런 걱정이 앞섰다.

개의 운명은 어떻게 되었을까? 누군가에게 붙잡혀 가서 보신탕 신세나 되지 않았을까?

개는 가축이다. 집에서 기르는 애완견이기도 하다. 집에 있어야 할 개가 산속을 돌아다닌다는 것은 잘못이다. 산에서 살아가는 개라면 먹이를 스스로 해결할 수 있어야 한다. 초식동물처럼 풀을 뜯어 먹고 살든지, 육식동물처럼 고기를 먹고 살아야 한다. 깊은 산속에서 덩치 큰 동물들이 살 수 있는 것은 먹이사슬이 형성되어 있기 때문이다. 즉 호랑이는 그들의 먹잇감인 돼지나 노루, 토끼 같은 동물들이 있어야 산에서 살아갈 수 있는 것이다.

이와 마찬가지로 개가 산에서 살아야 한다면 풀을 뜯어먹든지 육식을 할 수 있는 몸으로 태어나야 한다. 그런데 운명적으로 개는 가축의 체질을 타고 났으니 가정에서 사람에 의존하여 살 수밖에 없다. 줄에 묶인 개가 하루 종일 집안에만 있는 것을 보면 참으로 안됐다는 생각이 들기도 한다. 얼마나 따분할까? 주인이 밥을 제때 주지 않을 수도 있다. 묶인 사슬을 끊고 도망치고 싶은 충동도 없지 않아 있을 것이다. 그러나 운명적으로 개로 탄생했으니 어쩌랴.

개가 집안에서 뛰쳐나와 산속을 돌아다닌다면 당연히 먼저 본 사람이 임자일 것이다. 주변을 보면 산속에서 만난 떨썽꾸러기 개처럼 한 곳에 안주하지 못하고 제멋대로 살아가는 사람들이 꽤 많다. 사실 인간은 스스로 살아갈 수 없는 의존적인 존재이다. 이것이 인간의 운명이다. 그래서 하나님에게 의지해야 간신히 생존할 수 있다.

인간은 스스로 존재할 수 있을 만큼 능력자도 아니며, 자력으로 살아갈 수 있을 만큼 지혜가 특출한 것도 아니다. 미래를 내다볼 수 있는 혜안(慧眼)이 있지도 않다. 한 시간 후에 벌어질 사건조차 내다볼 수 없는 게 무지한 인간들이다. 그럼에도 불구하고 산속의 개처럼 정함이 없이 무리를 이루어 거리를 쏘다니는 사람들을 본다면 하나님이 얼마나 마음이 아프실까? 하나님의 품을 떠나 유리방황하는 어리석은 사람들의 모습은 안쓰럽기 그지없다.

성경을 보면 다음과 같은 내용이 나온다.

> 근신하라. 깨어라. 너희 대적 마귀가 우는 사자같이 두루 다니며 삼킬 자를 찾나니. (벧전 5:8)

사탄이 하루 24시간, 1년 365일 내내 밤잠을 자지 않고 삼킬 자를 찾고자 설쳐대는 판국에 집을 뛰쳐나온 개의 운명은 죽음으로 이어지듯이 사람의 운명도 사탄의 밥이 될 것은 당연하다 하겠다. Ω

맹모삼천지교(孟母三遷之敎)
the teaching of Mencius's Mother

중국 전국시대 사상가인 맹자의 어머니는 아들 교육을 위해 세 번이나 집을 옮겨 다녔다고 한다.

한(漢)나라의 유향(劉向)이 지은 《열녀전(烈女傳)》 1권을 보면 맹모는 처음 묘지 가까이에 집을 정했으나 맹자가 장례식 흉내만을 내는 것을 보고 시장 가까이로 옮겨 살았다. 그러자 이번에는 장사꾼 흉내를 내므로 이곳도 내 아들의 교육에 마땅한 곳이 아니라 여겨 학교 가까이로 집을 옮겼다. 그제야 맹자가 즐거워하며 글 읽는 것을 보고 맹모는 이곳이야말로 내 아들이 있을 만한 곳이라 찬탄하고 그곳에다 주거를 정했다. 이처럼 맹모가 아들의 교육을 위하여 세 번이나 이사했다고 하여 맹모삼천지교(孟母三遷之敎)라는 말이 생겨났다. 이는 맹모가 자녀를 훌륭하게 성장시킨 사례를 말한다.

요즘 자녀를 둔 어머니들은 너나할 것 없이 맹모가 되려고 한다. 자녀의 교육을 위한다면 강남도 마다 않고 외국이 좋다 하면 기꺼이 기러기 부부가 되어 많은 돈을 투자한다. 부모가 자녀 뒷바라지에 열심인 것은 좋으나 과연 그 자녀가 훌륭하게 자랄 수 있을지는 생각해볼 문제이다. 꾸준히 공부하여 대학 교수가 된 사람이 있다. 교수라면 지성인이요 이 시대 양심의 보루로서 모든 이에게 본이 되는 사람이다. 그런데 아버지가 재산을 분배해주지 않는다 하여 부모를 살해했다. 그의 부모는 맹모처럼 희생했지만 결국 부모의 수고가 헛된 것임을 보여주는 사건이다.

《구약》에 보면 엘리라는 대제사장에게 두 아들이 있었으니 홉니와 비느하스이다. 이들은 아버지와 같이 제사장으로 헌신하지만 아버지를 닮아서인지 하나님을 모르며 불량을 떨고 강포를 행하는 사람들이다. 이에 반해 사무엘의 두 아들도 있으니 요엘이요 아비야이다. 이들은 아버지 사무엘을 따라 살지 않고 이(利)를 따라 뇌물을 취하는 자들이다.

그의 아들들이 자기 아버지의 행위를 따르지 아니하고 이익을 따라 뇌물을 받고
판결을 굽게 하니라. (삼상 8:3)

엘리는 불의한 아버지이기에 아들들이 불량을 떨고 폭력으로 살아가
는 것은 부전자전(父傳子傳)으로서 이해하지만 경건한 사무엘의 아들들
이 뇌물을 받는다면 어떻게 해명해야 할까? 여기서 나는 세 가지 오해를
말하고자 한다.

첫째, 혈통에 기준을 둔 시각이다. 훌륭한 자녀는 좋은 혈통에서 나온
다는 믿음은 잘못된 것이다. 엘리나 사무엘 같은 경우 혈통이 좋은 사람
들이지만 그 자녀들의 태도는 혈통에 걸맞지 않은 것으로 보아 좋은 자
녀는 혈통에 있지 않다.

영접하는 자 곧 그 이름을 믿는 자들에게는 하나님의 자녀가 되는 권세를 주셨으
니, 이는 혈통으로나 육정으로나 사람의 뜻으로 나지 아니하고 오직 하나님께로부
터 난 자들이니라. (요 1:12~13)

둘째, 교육에 기준을 둔 시각이다. 당아지를 낳으면 제주도로 보내고
사람을 낳으면 서울로 보내라는 말이 있다. 이는 인간을 교육의 관점에
서 평가한 말이다. 배우지 못한 무지한 자는 금수만도 못하다고 한다.
그러나 엘리의 두 아들과 사무엘의 두 아들은 많은 교육과 가르침을 받
지 않았던가.

셋째, 환경에 기준을 둔 시각이다. 훌륭한 자녀 여부는 환경에 있다고
한다. 엘리나 사무엘의 가정은 당시 기준으로 보면 하이클래스에 해당
한다. 그러나 이들은 결코 훌륭한 자녀가 되지 못했다.

맹모가 되려고 부단한 노력을 아끼지 않고 노심초사하며 자녀를 위하
여 모든 것을 투자하는 부모는 이 말씀으로 자신의 삶을 조명해보는 것
도 좋을 것이다. 헛된 일에 수고하지 말고 자녀의 미래가 신앙에 있음을
알아 신앙에 관심을 쏟도록 가르쳐야 한다. Ω

명품(名品)
Treasure

　누구나 명품을 선호하는 마음이 있다. 여성에게 주는 뇌물로는 명품이 최고다. 검찰은 신은경(박성범 씨 부인) 씨가 청탁과 함께 받은 물품을 공개했다. '여성에게 주는 뇌물은 돈보다는 호화 명품이 최고(?)' 라는 말이 바로 여기서 입증되었다.

　한나라당 박성범 의원의 부인 신은경 씨가 구청장 공천 청탁과 함께 갖가지 호화 명품을 받은 것으로 드러났다. 신씨에게 전달된 것으로 알려진 명품은 명품 중에서도 최고로 여기는 이탈리아 명품 브랜드 로베르트 까발리의 650만 원 상당하는 코트로 밍크털 장식에 색깔은 중년 여성들이 선호하는 연한 베이지색이다. 시가 230만 원 상당의 검은색 여성용 샤넬 핸드백도 포함되어 있다. 지난해 1월 MBC의 한 기자가 구찌 핸드백을 받았다가 돌려준 것처럼 명품 핸드백은 종종 뇌물로 이용되고 있다.

　또한 테두리 부분이 밍크로 장식된 1백만 원 상당의 여성용 세이블 캐시미어 숄과 30만 원 상당의 발렌티노 숄, 50만 원 상당의 발렌티노 스카프 등도 함께 건넸다고 한다. 40만 원짜리 남성용 구찌 머플러 1개와 12만 원 하는 페르가모 넥타이 2개는 남편 박 의원을 위한 것으로 추정된다. 또한 시중에서 3백만 원이 넘는 양주 루이 13세 1병도 선물했다고 한다. 숙성 기간만 50년이 넘는 이 양주는 크리스털 병의 목 부분이 14K 금으로 장식된 최고가 제품이다. 이러한 명품 외에도 미화 21만 달러(약 2억 원)가 든 쇼핑백을 신씨에게 건넸다고 한다. 박 의원측은 받은 선물을 모두 되돌려주었으며 21만 달러도 쇼핑백을 받아와 집에서 풀어보니 돈이 들어 있어 곧바로 돌려보냈다며 금품 수수 사실을 완강히 부인하는 것으로 전해졌다.

　여기서 필자가 말하고자 하는 것은 대부분의 사람들이 명품을 선호한다는 점이다. 왜냐하면 남들이 갖지 못한 명품을 소유하면 신분상승 효과를 가져오고 남들에게 인정받는 것 같은 우월감이 들기 때문이다. 박 의원측은 모든 것을 선한 양심으로 되돌려주었다고 하지만 발각되지 않았다면 되돌려줄 사람이 과연 얼마나 될까?

정작 큰 문제는 명품을 가져 만족을 누리고 사람들에게 선망의 대상이 되어 부러움을 사고 스스로 위안을 삼고자 하는 마음이 어찌 정치인들뿐이겠냐는 점이다. 능력이 없어서 그렇지, 할 수만 있다면 다들 선망의 대상이 되고 싶은 것은 타락한 인간이기 때문이다.

내가 아는 한 사람이 있다. 이 사람은 등산에 대한 전문 지식은커녕 아무런 관심도 없고 등산을 좋아하지도 않는다. 그럼에도 불구하고 히말라야 고산을 오를 수 있는 명품 등산화를 가보처럼 소중히 여기며 남들에게 자랑하곤 한다. 등산이라고는 앞산을 오르는 것조차 귀찮아하는 사람이 남들에게 등산 전문가로 인정받고 싶어하고 남들의 칭찬에 스스로 만족해한다. 이는 자동차를 한 번도 운전해보지 않은 사람이 시간이 흘러 면허증을 2종에서 1종으로 바꾸고는 마치 운전을 잘하는 사람처럼 군림하는 것이나 다름없다.

과연 나의 명품은 어떤 것일까? 다른 사람에게 자랑도 하고 인정도 받고 남들 앞에 턱 내놓으면 다들 부러워할 만한 것이 있다면 과연 무엇일까? 뇌물 따위를 받아 남들 앞에 드러내놓고 자랑한다면 이는 부끄러워할 줄 알아야 한다. 그런 것말고 내 생애 최고로 가치 있는 명품, 감히 값으로 계산할 수 없는 명품을 자랑할 수 있어야 한다. 특히 신앙인이라면 우리의 명품은 예수 그리스도가 되어야 한다. 다시 말해서 신앙이어야 한다.

나의 신앙을 자랑하고 내세울 줄 아는 신자는 사람들로부터 선망의 대상이 될 것이다. *Ω*

붉은 악마의 세대
Red Devils

붉은 악마(Red Devils)는 대한민국 국가 대표팀 축구 응원단을 일컫는 공식 명칭이다. 유래를 살펴보면 1997년 초 PC 통신의 축구 관련 동호회에서 '98 프랑스 월드컵 아시아 예선'을 앞두고 국가 대표팀에게 조직적인 응원이 필요하다는 의견이 개진되면서 탄생하게 되었다. 이후 통신 게시판을 통해 정식 명칭을 공모하여 1997년 8월 마침내 '붉은 악마'로 정식 명칭을 확정했다.

붉은 악마는 성경에 근원을 두고 있다. 성경적인 근거를 보면 첫 번째 등장은 아담이 에덴동산에서 뱀을 이용하여 실낙원하도록 하는 데 결정적인 역할을 한 것이다. 이로 인해 아담은 에덴에서 쫓겨나는 신세가 되었다. 또한 성경에는 이런 내용도 나온다.

> 하늘에 전쟁이 있으니 미가엘과 그의 사자들이 용과 더불어 싸울새 용과 그의 사자들도 싸우나 이기지 못하여 다시 하늘에서 그들이 있을 곳을 얻지 못한지라. (계 12:7~8)

즉 붉은 악마의 운명은 영원한 음부로 내려앉을 것을 보여준다는 말씀이다.

이로 보건대 붉은 악마의 운명은 악을 지배하고 하나님과 대적하다가 마지막으로 영원한 형벌을 받는 것이다. 그럼에도 불구하고 공식 명칭을 붉은 천사라든지 하얀 천사라 하지 않고 굳이 붉은 악마라고 해야 할 명분이 있을까?

붉은 악마라는 이름의 유래를 보면 1983년 멕시코 세계 청소년 축구 대회로 거슬러 올라간다. 당시 우리 대표팀은 아무도 예상치 못한 4강에 올랐고, 외국 언론들은 우리 대표팀을 붉은 악령(Red Furies) 등으로 호칭하며 놀라움을 표시했다. 당시 외국 언론들은 한국이 예상 외로 축구를 잘해서 좋은 성적을 내자 개천에서 용 났다는 식으로 비아냥거린 말인데, 이를 그대로 따라 붉은 악마라 칭하게 된 것이다. 아무튼 붉은 악마라는 이름 속에는 1983년 청소년 대회 때 세계를 경악케 한 것처럼 대표팀이 세계 축구 정상의 반열에 오르기를 염원하는 뜻이 담겨 있다 할 것이다.

그 후 2002년 한·일 월드컵에서 4강으로 브상할 때 12번째 축구선수로서 붉은 악마가 서울 광화문 시청 앞과 전국 각 지역 군소 도시에 모여 보여주었던 응원의 열기는 결코 인위적인 것이 아니다. 그 뜨거운 열기에 맞추어 우리 대표팀은 4강까지 진출하는 놀라운 실력을 보여주었다. 그때 골대 뒤에서 광적인 응원 활동을 펼친 붉은 악마는 2006년 6월에 열릴 독일 월드컵에서도 보다 단결된 힘을 보여주리라 예상된다.

그러나 아무리 생각해도 축구 응원 집단을 붉은 악마라고 부르는 것은 마음에 들지 않는다. 기독교 단체들이 붉은 악마의 이름을 사용하지 말 것을 법정에 가처분 신청한 적도 있었다. 그러나 법원도 기독교의 손을 들어주지는 않았다. 아마도 광화문 시청 앞 광장의 붉은 악마에게서 터져나오는 뜨거운 열기를 잠재울 세력은 더 이상 나타나지 않을 것이다. 붉은 악마라는 호칭이 싫어 마음으로 괴롭지만 그들의 활동은 여전히 식을 줄 모른다. 붉은 악마는 2006년에 개최될 독일 월드컵에서도 2002년 한·일 월드컵 때보다 더 막강한 힘을 과시할 것이다.

따라서 오늘날의 이 시대는 어쩔 수 없이 붉은 악마의 시대라 할 수 있다. 좋든 싫든 붉은 악마로 덮여 있는 세상이니 그 그늘에서 안주할 수밖에 없다. 그러나 그 힘이 아무리 강하다 해도 순순히 인정할 수는 없다. 불의와 불법이 나쁘다고 하는 것은 양심이 아는 바이므로 대세에 밀려 악과 동조할 수는 없다. 신앙인으로서 불의와 불법의 저지를 위하여 그리고 선(善)과 의(義)의 활성화를 위하여 하나님 앞에 열심히 기도드릴 수밖에 없다. *Ω*

왕자와 거지
a Prince & a Beggar

헨리 8세의 외아들인 에드워드 왕자와 부랑자의 아들 톰 캔티는 한날 한시에 전혀 다른 운명을 갖고 태어난다. 톰의 어머니는 자식이라도 훌륭하게 키우고 싶은 마음에 토머스 신부에게 아들의 교육을 부탁하고 소년으로 자란 톰은 아버지의 핍박 속에서도 어렵사리 읽기와 쓰기를 공부한다.

병든 헨리 8세를 대신해 장래의 왕으로 책정된 에드워드는 궁정을 거닐다가 거지 옷을 입은 채 성문 밖에서 서성이던 톰을 우연히 만나 궁 안으로 데려온다. 서로의 모습이 똑같은데 흥미를 느낀 왕자는 옷을 바꿔 입자고 톰에게 제안한다. 아무리 허름한 거지 옷을 입어도 자신이 왕자임을 확신하는 에드워드지만 순식간에 궁 밖으로 쫓겨나고 만다. 낯선 환경에서 태어난 거지 톰과 왕자 에드워드는 서로의 옷을 바꿔 입은 것이라고 변명하지만 어느 누구도 그들의 말을 믿어주지 않는다. 그러고는 왕자가 아니라고 말하는 톰을, 거지가 아니라고 말하는 에드워드를 미쳤다고 손가락질한다.

톰의 아버지는 왕자인 에드워드를 시장으로 데려가 소매치기를 가르치고, 싸움을 벌이다가 사람까지 죽이고는 에드워드를 끌고 도망친다. 에드워드는 만나는 사람들에게 자신은 왕자이다, 지금은 상황이 좋지 않아 이렇게 부당한 대우를 받지만 머잖아 헨리 8세를 이어 영국의 국왕이 될 사람이라고 거듭 주장하지만 그의 말을 들어주는 사람은 아무도 없다. 그는 힘든 노역을 비롯해 온갖 어려움을 겪게 된다. 그러면서도 궁 안으로 들어가기 위해 애쓰지만 법도가 준엄한 궁에서는 어느 누구도 그를 알아주지 않고 인정해주지 않는다. 에드워드 왕자는 고귀한 신분을 갖고 태어났으면서도 실제로는 고생만 하고, 한을 품은 채 살아가는 신세가 되고 만다.

이처럼 고귀한 신분을 가졌다 해도 사람들의 인정을 받지 못한다면 아무 소용이 없다. 그러나 에드워드는 남들이 인정하든 인정하지 않든 자신이 왕자라는 확고한 신념과 믿음이 있다. 태어나면서부터 왕자로서의 생활을 하며 엄한 교육을 받아왔기에 왕자라고 우겨댈 필요조차 없다. 자신이 왕자라는 강한 믿음 때문에 지금 처지가 거지로서 비참한 생활을 하고 있지만 회의나 갈등을 느끼지 않는다. 자신의 신분과 가치를 알기 때문이다. 그러므로 언젠가는 왕이 되리라는 확신과 믿음이 있어 좌절하지 않고 낙심하지 않는다.

우리 신앙인은 어떠한가?

> 영접하는 자, 곧 그 이름을 믿는 자들에게는 하나님의 자녀가 되는 권세를 주셨으니…. (요 1:12)

예수를 믿으면 곧 하나님의 자녀가 되는 왕자와 같다. 나의 가치는 왕자라는 의지와 믿음을 가져 나의 위상을 스스르 높여야 한다. 고난과 역경, 불행과 가난이 거듭될수록 하나님의 자녀로서, 하나님의 왕자로서 갈등을 느끼지 않고 꿋꿋이 왕자의 길을 가야 한다. 나의 가치는 내가 선택하여 얻은 것이 아니다. 하나님의 선택과 믿음으로 하나님의 자녀가 되었으므로 10고을 5고을을 다스릴 왕자가 되리라는 확신을 갖고 흔들림 없이 신앙생활을 해야 한다. 다른 사람들이 인정하든 인정하지 않든 개의치 않고 초연한 자세로 하나님의 왕자임을 믿어 위상을 지켜나가야 한다.

쿠데타로 정권을 수탈하여 호화스럽게 생활하는 일부 지도층을 볼 때마다 회의를 느끼지 않을 수 없다. 졸부들이 부동산 투기, 아파트 투기, 환 투기로 거부가 되어 거들먹거리며 살아가는 모습들을 볼 때마다 씁쓸한 마음이 드는 것을 어쩔 수 없다. 그러나 나는 하나님 나라의 왕이다. 나의 가치와 위상을 바로 알아 흔들림 없는 생활이 있어야 한다. Ω

공동체의 기적
a miracle of community

벽돌공장을 운영하는 사장님에게서 들은 이야기 가운데 교훈이 되는 내용이 있어 적어본다. 한국서 벽돌공장을 운영하던 사장님은 일본에 가서 경영기법을 배우던 중에 스미토모 벽돌공장을 방문하였다고 한다. 그곳은 스미토모라는 공장 주인의 이름을 따서 지은 벽돌공장인데, 그곳 사장을 만났을 때의 일화이다.

공장 주인은 임종할 때 사랑하는 4형제를 불러놓고 "각목 나무로 우물을 짜 올라가는데, 그 중에 하나라도 빠지면 무너지므로 좋은 물을 먹을 수 없으니 너희 4형제가 하나가 되어 공장을 잘 운영하면 먹고 살아가는 데는 아무런 타격이 없을 것이다"하고 유언했다고 한다. 결국은 4형제가 합심하여 생업에 열중한다면 번창하게 될 것이며, 사는 데 지장이 없을 것이라는 말이다. 반면에 4형제가 분쟁을 일삼고 다툰다면 공장은 산산조각이 날 것이며, 이들은 살아가는 데 지장이 있을 것이다. 아버지의 유언에 따라 이들은 마음을 모아 공장을 운영하여 스미토모라는 명성 있는 벽돌공장을 유지, 발전할 수 있었다고 한다.

생각해보면 부모님의 말을 잘 들어 이들 4형제는 잘살 수 있었다는 이야기이다. 성경에도 이 같은 말이 있다.

한 사람이면 패하겠거니와 두 사람이면 능히 당하나니 삼겹 줄은 쉽게 끊어지지 아니하느니라. (전 4:12)

마음을 같이 하여 합심하고 하나가 아닌 여러 명이 뜻을 모은다면 생생한 기적이 나타날 것이다. 이는 당연한 일로써 무엇보다 마음과 뜻을 모으는 일이 우선되어야 한다. 사람은 같은 형제라도 생각이 다르고 이해관계에 민감할 수 있으며, 각자 배우고 처한 환경이 달라 마음과 뜻을 하나로 묶을 수 없는 일들이 많다. 한순간은 하나가 될 수 있을지 모르나 막상 어려운 일을 당하면 흩어질 가능성이 있는 연약한 존재가 바로 인간이다.

그렇다면 어떻게 해야 하나가 될 수 있을까? 하나님을 믿음으로써 하나가 될 수 있다. 믿는 자들은 주님을 머리로 하고 자신들은 여러 지체(肢體)가 되어 하나의 공동체가 된다. 즉 공동체(共同體)란 몸을 말하는데, 몸에 있는 수많은 지체를 하나로 묶어 믿음으로써 한 몸 이룬 공동체가 되는 것이다. 이로 인하여 생각하는 것이나 말하는 것이나 행동하는 모든 것이 머리를 중심으로 일사불란하게 하나 된 삶을 살게 되는 것이다.

4형제는 부모님의 유언에 따라 마음은 상하지만 하나 되기 위해서 자신을 포기하고 마음을 모았을 것이다. 불신자들도 하나 되기 위해서 억지로 힘을 모으거나 이해관계를 따져 합심했을 것이다. 이처럼 자신에게 불리하면 언제든지 배신할 수 있는 것이 인간이다. 그러나 몸은 그렇지 않다. 손이 아무리 많은 수고를 한다 하더라도 자랑하고 교만하여 자신을 드러내놓지 않는다. 그리고 아무리 수고했더라도 마땅히 할 일을 한 것으로 생각하고 손해 본 감정을 갖지 않는다. 그러므로 몸은 평안한 가운데 온 지체가 하나로 보존되는 것이다.

치열한 경쟁관계에서는 남보다 자신이 앞서야 하며, 남들보다 자신이 행복해야 한다고 생각하기 마련이다. 따라서 세상은 하나가 될 수 없다. 하나가 될 수 있는 것은 분열 위한 징조임을 알아야 한다. 신앙 안에서만 하나가 될 수 있음을 알아 하나의 기적을 이루자. *Ω*